Yaacov Lozowick

Israels Existenzkampf

Schriftenreihe   Band 605

Yaacov Lozowick

Israels Existenzkampf

Eine moralische Verteidigung seiner Kriege

Aus dem Englischen
von Ulrike Borchardt

bpb: Bundeszentrale für politische Bildung

Die Originalausgabe erschien 2003 unter dem Titel
Right to Exist. A Moral Defense of Israel's Wars
bei Doubleday, New York
Copyright © Yaacov Lozowick

Autor und Verlag danken den Landesstiftungen der
Heinrich-Böll-Stiftung in Bremen, Mecklenburg-Vorpommern
und im Saarland für die gute Zusammenarbeit
bei der Herausgabe dieses Buches.

Für Malka Lozowick, die mich lehrte, moralisch zu handeln

Bonn 2006
Lizenzausgabe für die Bundeszentrale für politische Bildung
Adenauerallee 86, 53113 Bonn

Für die deutsche Ausgabe:
© 2006 Konkret Literatur Verlag, Hamburg
Lektorat: Nicole Petersen
Karten: Jeffrey L. Ward

Umschlaggestaltung: Michael Rechl, Kassel
Umschlagabbildung: Roland Marske / Voller Ernst

Satz: satzbau GmbH, Hamburg
Druck: Clausen & Bosse, Leck

ISBN 3-89331-746-5

www.bpb.de

Inhalt

Verzeichnis der Karten

Vorbemerkung

Moral hat mit Entscheidungen zu tun. Ein moralisches Leben zu führen bedeutet moralische Entscheidungen zu treffen. Moral ist kein Ausdruck eines sozialen Status' noch einer ethnischen oder nationalen Identität. Im Gegenteil. Wir werden ungefragt in eine Gruppe, eine Nation und in besondere historische Situationen hineingeboren. Wir können zwar die moralischen Zwangslagen nicht bestimmen, denen wir ausgesetzt sind – aber wir sind voll verantwortlich dafür, wie wir damit umgehen. Wenn wir Glück haben, sind wir nur mit geringen Herausforderungen konfrontiert, andernfalls können wir immer noch die richtige oder die falsche Entscheidung treffen. Das gilt immer, gleichgültig wie hart die äußeren Bedingungen auch sein mögen. Selbst in der siebten Hölle des Holocaust konnten Juden noch entscheiden, sich liebevoll um ihre Kinder zu kümmern oder nur an sich selbst zu denken, andere zu verraten in der Hoffnung auf die eigene Rettung oder nach den moralischen Prinzipien, an die sie schon immer geglaubt haben, zu leben und zu sterben. Da es sogar in Auschwitz möglich war, nach moralischen Grundsätzen zu handeln, ist es überall und immer möglich.

Was das Töten von Kindern so äußerst und unbedingt falsch macht, ist dies: Erwachsene, die unschuldig getötet wurden, hatten zumindest die Gelegenheit, in ihrem Leben richtige oder falsche Entscheidungen zu treffen, selbst wenn das keine Auswirkungen auf ihren Tod hatte. Nicht so bei Kindern. Da sie nicht in moralischen Kategorien denken können, kann man auf keine ihrer Handlungen verweisen, die ihren Tod in irgendeiner Form rechtfertigen würde; noch kann man sich damit trösten, dass sie in ihrem Leben zumindest moralische Entscheidungen getroffen hätten.

Im Sommer 2006, während Israel seinen zweiten Libanon-Krieg führt, wird leider klar, dass das Töten unschuldiger Kinder unvermeidbar ist. Wie ich in diesem Buch beschreibe, überzeugte der Zusammenbruch des Osloer Friedensprozesses die meisten Israelis davon, dass der Konflikt mit den Palästinensern nicht friedlich gelöst werden kann. Das war 2000. Im Jahr 2005 zog sich Israel einseitig aus dem Gazastreifen zurück, Tausende von Siedlern wurden entwurzelt, nur um sich dafür Angriffe von jenseits der Grenze auf seine Bürger einzuhandeln. Die Palästinenser werteten den Rückzug Israels als ein Zeichen von Schwäche und sie bekräftigten ihre Entschlossenheit, Israel irgendwann zu zerstören. Im Libanon-Krieg ging es jedoch nicht um die Palästinenser. Die Hisbollah ist eine Schöpfung des Iran, eines Landes, das niemals politische oder militärische Auseinandersetzungen mit Israel hatte – sondern ausschließlich ideologische und religiöse. Die Gegnerschaft der Hisbollah war so lange nachvollziehbar, bis Israel sich im Mai 2000 aus dem Südlibanon zurückzog. Zu diesem Zeitpunkt glaubten die Israelis, sie hätten ihren Konflikt mit dem Libanon beendet. Die Hisbollah dagegen rüstete auf und bereitete sich auf einen künftigen Krieg vor, in dessen Verlauf es ihr früher oder später gelingen würde, das »zionistische Gebilde« zu zerstören.

Es gibt keinen vernünftigen Grund für den Fanatismus der Hisbollah, gegen Israel zu kämpfen, keine verständliche Erklärung für die massive öffentliche Unterstützung dieses Kampfes in der arabischen Welt, es sei denn die Ablehnung von Israels Existenzrecht. Diese grundsätzliche Ablehnung steht in keinem Verhältnis zu den für sie negativen Folgen der israelischen Politik. Es ist die bewusste Entscheidung, den jüdischen Staat zu hassen und entsprechend zu handeln. Es ist eine unmoralische Entscheidung, die die Juden in eine moralische Zwangslage bringt.

Wieder einmal sind Juden unversöhnlichen Feinden ausgesetzt, die sie vernichten wollen. Feinde, die den Mord an jüdischen Kindern verherrlichen. Die einzige Neuerung – falls es tatsächlich eine Neuerung ist – besteht heute darin, dass die Militärstrategie des Feindes, die systematische »Verwendung« von Zivilisten – Kindern – als menschliche Schutzschilde, garantieren soll, dass jeder israelische Versuch, gegen seine Feinde zu kämpfen, Kinder töten wird.

Israel kann sich nicht darauf festlegen, niemals mehr Krieg zu führen, da sich seine Feinde bereits für Krieg entschieden haben. Israel muss sein Äußerstes versuchen, keine Unschuldigen zu töten, aber das wird niemals vollkommen möglich sein. Kinder zu töten ist entsetzlich. Die Entscheidung, jüdische Kinder nicht zu beschützen mit dem Ziel, keine anderen Kinder zu verletzen, ist unmoralisch.

Das ist die Lage Israels im Sommer 2006 und so wird es für lange Zeit bleiben. Und die Deutschen? Wo stehen sie? Welche Entscheidung werden sie im Rahmen ihrer Möglichkeiten treffen?

Jerusalem, August 2006

Vorwort

Manchmal sagt ein Satz mehr als tausend Worte. Ein Treffen in Jerusalem Anfang 2006. Etwa zehn Leute – Historiker, Archivare, Systemanalytiker und Softwaredesigner – suchen nach einem Weg, einen Arbeitsschritt mit einem Softwareprogramm zu überbrücken. Einige sind alte Freunde, die anderen kennen sich kaum. Hätte man mich gefragt, ich hätte die politische Einstellung von höchstens zwei oder drei von ihnen nennen können. Irgendwann fragte jemand mich, als den Leiter dieses Treffens, ob meiner Meinung nach jemals Frieden zwischen Israelis und Palästinensern erreicht werden könne. Von der Frage etwas irritiert, die mir für unser Thema völlig irrelevant schien, sagte ich nein, ich halte Frieden zwischen Israelis und Palästinensern für unmöglich, aber warum jetzt darüber diskutieren? »Natürlich kann es keinen Frieden mit den Palästinensern geben, Yaacov, wir alle wissen das. Und es gibt auch keine Softwarelösung für das Problem, an dem wir gerade sitzen. Also tun wir doch nicht länger so, als gäbe es eine und suchen wir nach einem Weg, das Problem zu umgehen.« Alle lachten und wir begannen, in eine andere Richtung zu denken.

Die Israelis haben oft das Gefühl, in einem anderen Universum zu leben als die meisten Menschen im Westen. Was für sie offensichtlich ist, scheinen Europäer und Amerikaner nicht wahrnehmen zu können, während diese wiederum der Meinung zu sein scheinen, die Israelis wären mit einer unerklärlichen Blindheit geschlagen und daher unfähig, für jeden normalen Menschen sichtbare Zusammenhänge zu erkennen. Erstaunlicherweise besteht diese Diskrepanz nicht zwischen Israelis und Palästinensern. Es besteht absolute Uneinigkeit, sogar bis zur Bereitschaft, für seine Überzeugungen zu töten, aber beide Seiten machen sich wenig Illusionen über den Kern des Problems. Manchmal vermuten westliche Beobachter, dass die beiden Kriegsparteien genau wissen, worüber sie sich streiten, aber da diese Streitpunkte für Außenseiter meist unsichtbar bleiben, schreiben sie die Kontrahenten für gewöhnlich ab als einen feindseligen Haufen, dessen Wahrnehmung gestört zu sein scheint: Wenn sie sich nur über ihre Querelen erheben und ihre eigene Dummheit sehen könnten, würden sie ihre Konflikte sofort beilegen und sich wie normale Menschen benehmen.

Diese Vorurteile sind zu Klischees geworden. Wie oft haben sich in den vergangenen Jahren Vertreter der EU, der UN oder einer anderen illustren Runde versammelt, um über die Probleme im Nahen Osten zu diskutieren. Sie untersuchen das Verhalten der beiden Parteien, rügen sie wegen ihrer Unnachgiebigkeit und ermahnen sie, vernünftig zu werden. Als wären die Gegner achtjährige Kinder und die Erwachsenen müssten sie für ihr kindisches Verhalten schelten und ihnen sagen, sie sollen endlich erwachsen werden.

Nachdem die Israelis diese Ermahnungen jahrelang über sich ergehen lassen mussten, hat eine kleine Minderheit akzeptiert, dass die Beobachter im Recht sein müssen. Die meisten von uns haben sie jedoch – im besten Fall – als wohlmeinende, aber ahnungslose Außenseiter abgeschrieben.

Die Israelis wollen in Frieden leben. Da die Palästinenser ihre nächsten Nachbarn sind, wollen sie in erster Linie mit ihnen in Frieden leben. Viele Europäer würden dies ebenfalls gern sehen, aber es hat kaum einen Einfluss auf ihr tägliches Leben. Die Israelis wollen die Palästinenser nicht beherrschen, und die meisten von ihnen wissen, dass Frieden bedeutet, einen souveränen Palästinenserstaat zu akzeptieren. Die Israelis beobachten die palästinensische Politik und die Stimmungen in der Öffentlichkeit sehr viel genauer als irgendjemand im Westen. Und sie nehmen die Ergebnisse sehr ernst. Sie begreifen im Allgemeinen das Ausmaß der Probleme, die ihre politischen Entscheidungen den Palästinensern bereiten. Keine dieser Stimmungen bringt die Israelis jedoch von ihrem Entschluss ab, den Krieg solange fortzuführen, wie es nötig ist, selbst wenn er Generationen dauern sollte.

Ein Widerspruch? Nicht im Geringsten. Ambivalenz? Möglich, wenn mit Ambivalenz die Fähigkeit gemeint ist, mit gegensätzlichen Positionen zu leben. Ambivalenz hat im Leben der Juden schon immer eine große Rolle gespielt. Dieses Buch beschäftigt sich im Kern mit den Themen, dass die Israelis sich nach Frieden sehnen, unnachgiebig auf dem Krieg beharren und gleichzeitig nach Moral streben, und das alles schon seit langer Zeit.

Ein weiteres Thema, wenn es auch mehr im Subtext angesprochen wird, ist das grundsätzliche demokratische Verhalten der Israelis. Das israelische Volk bestimmt die Richtung der politischen und militärischen Handlungen des Landes und zwingt den politischen Führern unablässig seinen Willen auf. In 35 Jahren, seit den frühen 1970ern, hat kaum je ein israelischer Premierminister zwei aufeinanderfolgende Wahlen gewonnen. Golda Meir wurde 1974 wiedergewählt, aber schon fünf Monate später zum Rücktritt gezwungen. Ihr Nachfolger war Itzhak Rabin, der danach bis 1992 nicht wiedergewählt wurde. Menachem Begin schloss Frieden mit Ägypten – eine Leistung, die ihm immens viele Sympathien einbrachte –, doch 1981 gewann er seine Wiederwahl mit einem Vorsprung von gerade einem Prozent der Stimmen. Danach gewann 22 Jahre lang niemand mehr zwei Wahlen hintereinander. Ganze drei Wahlen gewann in der Geschichte Israels nur einer: David Ben-Gurion, der Gründungsvater des Landes.

2001 gewann Ariel Sharon seine erste Wahl mit dem größten Vorsprung, den es in der israelischen Geschichte je gab. 2003 ging er wieder als klarer Sieger aus den Wahlen hervor. Doch seine Geschichte geht noch weiter. Immer wieder haben sich in der Vergangenheit politische Führer in Israel mit ihren Parteien überworfen und neue gegründet. Jeder Einzelne von ihnen – selbst Ben-Gurion – wurde dafür von den Wählern abgestraft. Im November 2005 verließ Sharon seine Partei Likud und gründete eine neue, Kadima. Umfragen ergaben, dass Sharon eine dritte Amtszeit gewinnen würde – und das auch noch mit einer neu gegründeten Partei. Sechs Wochen später erlitt er einen Gehirnschlag und verschwand von der politischen Bühne. An seiner Stelle gewann Ehud Olmert – ein zweitklassiger Politiker, den niemand jemals als Premierminister gesehen hätte – die Wahlen und nahm Sharons Platz ein.

Widersprach das nicht jeder politischen Regel in Israel? Ja und nein. Sharon und nach ihm Olmert befolgten die wichtigste Regel in einer Demokratie: Sie taten, was die Wähler wollten. Oder, präziser ausgedrückt: Sharon lieferte die Vorlage und Olmert machte die richtigen Versprechen.

Sharons erste Aufgabe war es, den Krieg zu gewinnen, der im September 2000 begonnen hatte. Kapitel neun behandelt dieses Thema ausführlich. Sharons Wahlsieg war jedoch an eine wichtige Bedingung geknüpft: die Errichtung eines Zaunes, einer Mauer, einer Barriere.

Niemand in Sharons großer Koalition, die von 2001 bis 2003 die Regierung bildete, wollte diese Mauer bauen. Für die Rechten bedeutete die Errichtung einer Barriere das Eingeständnis, dass die gesamte Region auf der anderen Seite endgültig verloren war. Die Linken sahen darin die Unmöglichkeit, doch noch zu einer Einigung zu gelangen. Und so stand, während der palästinensische Terror in israelischen Städten immer schlimmer wurde, eine lange Schlange von Politikern vor den Kameras der Journalisten und erklärte, warum es keine Lösung für das Problem gebe, dass Terroristen in einer Stunde aus den palästinensischen Gebieten in israelische Städte gelangen könnten, um dort Menschen zu töten. Die Wähler forderten die Politiker auf, keine Reden mehr zu halten und die Mauer zu bauen.

Ihre Errichtung geriet zur Lachnummer. An den meisten Stellen besteht sie aus einer Reihe von bewachten Straßen und Zaunstücken, die jeweils um die hundert Meter breit sind. An den Stellen, wo die Barriere zwischen Gebäuden verläuft oder palästinensische Heckenschützen auf israelische Ziele schießen könnten, besteht sie aus einer acht Meter hohen Mauer. Diese Mauer erregte sofort das Interesse der Weltpresse, die sich eifrig auf die palästinensische Bezeichnung »Apartheidsmauer« stürzte, obwohl weniger als fünf Prozent der Grenzsicherung tatsächlich Mauer sind und die daraus resultierende Apartheid zwischen zwei Nationen besteht, die einfach nicht miteinander leben können.

Ursprünglich wurde ihr Verlauf von Experten des israelischen Militärs festgelegt, deren Hauptinteresse der Verteidigung mit minimalem Aufwand galt. Das Ergebnis war ein humanitärer und politischer Alptraum. Die Planer rühmten sich damit, kein einziges Gebäude zerstört zu haben, aber sie übersahen völlig, dass die Mauer an viele Stellen mitten durch Weideland verlief und viele Bauern von ihren Äckern abschnitt. Also wurden Tore eingebaut, um den dortigen Bewohnern den Zugang zur jeweils anderen Seite zu ermöglichen. Diese Übergänge mussten ständig bewacht werden. Die Kontrollen waren jedoch völlig unangemessen und führten zu neuen Horrorgeschichten über die Grausamkeit der Israelis. Sharons Regierung versuchte die Quadratur des Kreises und ließ eine Mauer errichten, die fast sämtliche israelischen Siedlungen einschloss und nahezu alle palästinensischen außen vor ließ. Dabei ließ es sich nicht vermeiden, dass die Mauer in einem verwirrenden und komplizierten Zick-Zack-Muster verlief. Die Palästinenser stürzten sich sofort auf die Karten und behaupteten, die israelischen Besatzer würden palästinensische Bantustans errichten und sich fünfzig Prozent der Westbank einverleiben. Die internationale Gemeinschaft war sich wie üblich einig und verurteilte diese neuen israelischen Verbrechen.

Die Realität sah wie gewöhnlich anders aus. Der wichtigste Punkt war, dass der Terror in israelischen Städten abnahm, je länger der Zaun wurde. Es war ganz einfach: Selbstmordattentäter konnten nicht auf die andere Seite des Zauns gelangen. Nach einiger Zeit legte der Oberste Gerichtshof fest, dass die Regionen, in denen die Bedürfnisse der Palästinenser nicht ausreichend berücksichtigt wurden, neu vermessen werden sollten. Das bedeutete, dass der größte Teil der Barriere auf oder nahe an der Grünen Linie von 1967 errichtet wurde. Fast neunzig Prozent der Westbank liegen dahinter. Die Trennungslinien zwischen Israelis und Palästinensern wurden deutlich sichtbar.

2003 nutzte Sharon, der clevere Politiker, die Gunst der Stunde und erriet, was die Wähler wollten. Die meisten wollten Frieden, verstanden aber, dass dieser nicht erreicht werden konnte. Also sollte der Konflikt zumindest möglichst effektiv verwaltet werden. Verwaltung ist nie abgeschlossen; es ist ein endloser Prozess. Darüber hinaus verlangt die Verwaltung eines Konflikts ständigen Einsatz und persönliches Engagement. Techniken, die versagt haben, müssen korrigiert oder verworfen werden, aber selbst erfolgreiche Strategien müssen ständig auf den neuesten Stand gebracht werden, denn was letztes Jahr funktioniert hat, muss in diesem Jahr noch lange nicht funktionieren.

Sharon musste die Palästinenser ihrer zwei mächtigsten Waffen berauben. Die eine, taktische Waffe, die Selbstmordattentäter, war so gut wie entschärft worden durch die harten Maßnahmen von Unterdrückung, strenger militärischer Überwachung und die Mauer. Besonders diese Härte jedoch stärkte die zweite, strategische Waffe der Palästinenser: ihre Besetzung durch die Israelis.

Die Besatzung ist für Israel in vieler Hinsicht eine Bedrohung.

Zum einen befähigt sie die Palästinenser so zu tun, als würden sie dagegen kämpfen und nicht gegen die Existenz des Staates Israel an sich. Zum anderen – und das ist der wichtigere Punkt – bedeutet es eine Negierung des Zionismus, dem es um die Verbesserung der Situation der Juden geht, nicht um die Kontrolle über die Araber. Zugegeben, in den 1970ern spielte Israel mit dem Gedanken, die Palästinenser zu einem friedlichen Zusammenleben unter israelischer Herrschaft überreden zu können, aber schon in den 1980ern wurde diese Idee verworfen und in den 1990ern waren die Israelis der Meinung, sie würden mit den Palästinensern über einen Frieden im Austausch mit dem Ende der Besatzung verhandeln. 2003 verkündete Sharon öffentlich, was die meisten Israelis ohnehin dachten: Da die Besatzung nicht im Gegenzug für Frieden aufgegeben werden konnte, musste sie ohne Forderungen beendet werden. Damit wäre der Konflikt natürlich nicht gelöst, aber wenigstens würde es den Palästinensern die Grundlage nehmen, sich als die armen Opfer der Israelis auszugeben. Aus diesem Grund zog Sharon 2005 die Truppen aus Gaza ab, ohne in Friedensverhandlungen zu treten. Der Konflikt wird natürlich weitergehen, da er sich um die Existenz des Staates Israel dreht, nicht um die Besatzung, aber wenigstens verlieren die Palästinenser ihre strategische Waffe, sich als Opfer der Israelis darstellen zu können.

Aus diesem Grund zog Sharon 2005 die Truppen aus Gaza ab und räumte mehr als 20 jüdische Siedlungen. Er erreichte keinen Frieden, aber größtmögliche Unterstützung der Wähler. Das ist der Grund, warum er auf dem besten Weg war, seinen dritten Wahlsieg zu erringen: die Annahme, dass Gaza erst der Anfang sei. Der Sieg der Kadima in den Wahlen 2006 hatte die Macht der Geschichte hinter sich. Er war kein Zufall.

In den zwölf Wochen zwischen Sharons Abgang von der politischen Bühne und den Wahlen war noch Zeit für drei wichtige Entwicklungen. Die erste war der Wahlsieg der Hamas. Der gesamte Westen war sich einig, dass dies nicht bedeutete, was es zu bedeuten schien, sondern bedeutete, was es nicht bedeutete. Die Palästinenser hätten gar keine andere Wahl gehabt, als die Hamas zu wählen, da sich ihre Regierung als korrupt und unfähig herausgestellt habe. Die offene Ablehnung des Staates Israel – für den die

Hamas steht –, sei dabei kein treibender Faktor gewesen. Das entspricht natürlich nicht dem Empfinden des palästinensischen Volkes. Die Frage, warum die Palästinenser Salam Faid und Hanan Ashrawi – zwei fähige, nicht korrupte Politiker, die ebenfalls kandidierten – nicht wählen konnten, wurde nicht gestellt und nicht beantwortet.

Die israelische Wählerschaft sah das Ergebnis, zuckte angesichts dieser unsinnigen Logik resigniert mit den Schultern und machte weiter, als sei nichts geschehen. Ebenso wie die israelischen Wähler meinen auch die palästinensischen am Wahltag genau das, was sie aussagen. Die Palästinenser hatten den Israelis unmissverständlich mitgeteilt, dass sie nicht bereit waren, einen jüdischen Staat zu akzeptieren. Die Israelis ihrerseits wählten Sharons Partei Kadima genau aus dem Grund, weil sie in der Lage ist, den Konflikt zu verwalten, aber nicht zu beenden.

Die zweite bedeutende Entwicklung betraf Olmert, der aus Sharons Schatten heraustrat. Während Sharon es sich aufgrund seiner Reputation hatte leisten können, in seinen Äußerungen vage zu bleiben und sich so einen taktischen Vorteil zu sichern, sagte Olmert gerade heraus, was er vorhatte. Er sah den Wählern direkt in die Augen, als er ihre Unterstützung erbat, um Israels Grenzen ohne die Besatzung zu ziehen, und gewann mit dieser Taktik.

Doch dann kam in den letzten Wochen vor den Wahlen ein altbekanntes Gefühl in den Wählern hoch: Misstrauen gegenüber den Mächtigen und Zynismus gegenüber Politikern. Die Wähler fragten sich: Wollen wir, dass Olmert die Besatzung beendet? Ja. Wollen wir, dass er eine große, mächtige Partei anführt, die das politische Feld dominiert und alle anderen Parteien kontrolliert? Nein. Können wir zulassen, dass ihn die Rechten – die Siedler und Hardcore-Likudniks – blockieren? Nein. Wollen wir einen Ausgleich zur Kadima schaffen, indem wir die verbliebene Linke reaktivieren, die ihn zwingen soll, mit der Hamas zu verhandeln, bevor er die Westbank aufgibt? Natürlich nicht. Also, was sollen wir tun?

Die Lösung, die die israelische Wählerschaft fand, deckte sich mit ihren politischen Traditionen: Olmert erhielt das Mandat, aber mit begrenzten Befugnissen. Sollte er sich als fähiger Führer erweisen, gut (und vielleicht wählen wir ihn noch einmal, obwohl wahrscheinlich eher nicht). Sollte er sich jedoch als unfähig erweisen, wird seine Koalition zerbrechen und es wird Neuwahlen geben. Schließlich müssen die Israelis nicht nur den Konflikt mit den Palästinensern regeln, sie müssen auch ihre politischen Führer im Zaum halten. Schlussendlich ist es das, worum es bei der Souveränität geht. Und in der Geschichte des Zionismus geht es darum, Verantwortung zu tragen und Souveränität zu wahren, in guten wie in schlechten Zeiten.

Jerusalem, Mai 2006

EINLEITUNG
Warum ich Sharon wählte

Der Krieg gegen die Juden hört nicht auf. Jüdische Kinder werden im Schlaf erschossen und die Schützen als Helden gefeiert. Jüdische Teenager werden von Bomben zerfetzt und die Mütter ihrer Mörder jubeln. Erwachsene erleiden tödliche Verbrennungen, und die Killer brüsten sich damit auf ihren Websites. In der gesamten islamischen Welt, von Pakistan bis Marokko, haben Millionen von Menschen nichts anderes im Sinn, als lauthals den »Tod der Juden« zu fordern. Wenn man überhaupt eine Lehre aus dem zwanzigsten Jahrhundert ziehen kann, dann ist es diese: Wer ständig verkündet, er wünsche den Juden den Tod, meint das auch so. Und wenn der Rest der Welt wegschaut oder vorgibt, nichts zu hören, dann nehmen die Mörder dieses Schweigen als Billigung, die Billigung als Einverständnis und das Einverständnis als Unterstützung.

Allerdings sind die Juden heute sehr wohl in der Lage, sich selbst zu verteidigen, und das macht die Sache kompliziert. Der irrationale Wunsch, die Juden mögen verschwinden, kann sich wohl kaum hinter politischen Erwägungen verstecken: Die Juden müssen sich ändern, bevor man mit ihnen zusammenleben kann. Die Unmoral der passiven Unterstützung der Mörder kann sich – nahezu plausibel – hinter der Missbilligung gegenüber der Art der Machtausübung der Juden verstecken: Die Juden haben den Zorn ihrer Feinde selbst zu verantworten. Schlimmer noch: Die Entschlossenheit der Juden, niemals zu unterliegen, kann durch ihre eigenen Zweifel darüber untergraben werden, ob es weise ist, durch das Schwert zu überleben, und durch ihre Hoffnungen, Anerkennung durch politische Schachzüge zu erzielen: Wären wir doch nur ein wenig freundlicher und entgegenkommender, würden unsere Feinde uns akzeptieren.

Die Juden können nicht für die Araber die Entscheidung treffen, Israels Existenzrecht anzuerkennen. Sie können nicht für Israels westliche Kritiker entscheiden, die Moral seiner getroffenen Entscheidungen zu akzeptieren. Aber Israel kann und muss sein Bestes tun, um sicherzustellen, dass seine Entscheidungen moralisch und klug sind; sind sie es nicht, müssen sie korrigiert werden. Juden waren und sind sehr moralbewusst; darin lag eine ihrer Stärken auch in schwierigen Situationen. Da die Situation schwierig geblieben ist, ist die Stärke, die aus der Moral gewonnen wird, wichtiger denn je.

Mein ursprüngliches Verständnis des Zionismus war naiv, wie das der meisten Erwachsenen, die ich kannte. Es gab eine gute Seite, die Israelis, und eine schlechte Seite, die Araber, und die waren dermaßen schlecht, dass ihr Verhalten nahezu unerklärlich erschien. Die Araber hielten an ihrer Absicht fest, Israel zu zerstören. Israel konnte mit seinen moralischen Methoden, Krieg zu führen, die furchtbaren arabischen Angriffe immer wieder zurückschlagen. Die Ereignisse des Frühjahrs 1967 – kämpferische Reden der Araber über die Zerstörung Israels, die totale Unfähigkeit der internationalen Gemeinschaft, sie aufzuhalten, und dann die scheinbar wundersame Befreiung und der Sieg Israels – diese Ereignisse prägten meine Kindheit.

Meine arrogante Selbstgefälligkeit erhielt ihren ersten Dämpfer an jenem grauen Nachmittag des 21. Februar 1973, als unsere Kampfpiloten ein libysches Passagierflugzeug abschossen, das über dem Sinai in israelischen Luftraum geraten war. Ich war entsetzt über den Tod sämtlicher Insassen und erschrocken über den absoluten Mangel an Bedauern auf Seiten der Armeeführung und der beiden politischen Hauptverantwortlichen, Verteidigungsminister Moshe Dayan und Premierministerin Golda Meir. Das Flugzeug hatte kein Recht, sich dort aufzuhalten, lautete ihre Erklärung. Es war über eine militärische Einrichtung geflogen. Es hätte spionieren können, das konnte man nicht ausschließen. Deshalb hatten sie den Befehl gegeben, das Flugzeug abzuschießen.

Damals war ich ein Teenager, und als ersten politischen Akt meines Lebens forderte ich von meinen Altersgenossen, in der folgendem Einschätzung mit mir übereinzustimmen: Obwohl der Zionismus noch immer seine Berechtigung hatte, mussten genau diese Zionisten abtreten. Fast keiner stimmte mir zu.

1975 ging ich für drei Jahre zur Armee. Damals war die Armee immer noch geprägt von der Brutalität des 1973 geführten Jom-Kippur-Krieges, in dem auch Menschen, die ich kannte, umgebracht worden waren; wir verbrachten die meiste Zeit in der Sinai-Wüste, wo wir uns darauf vorbereiteten, einen möglichen weiteren ägyptischen Angriff aufzuhalten oder zu vereiteln. Glaubt man heute den Kritikern Israels, hielt Israel schon damals seit einem Jahrzehnt palästinensische Gebiete mit brutaler Gewalt besetzt. Tatsächlich erlebten weder ich noch irgendjemand, den ich kannte, militärische Zusammenstöße mit Palästinensern aus den besetzten Gebieten. Wir taten unseren Dienst an den Grenzen und standen arabischen Armeen oder palästinensischen Soldaten im Libanon gegenüber. Die Palästinenser, die in den von uns besetzten Gebieten lebten, gingen in Israel zur Arbeit, und obwohl sie uns zweifellos zutiefst verabscheuten, taten sie doch sehr wenig, was eine brutale Unterdrückung hätte rechtfertigen können. Während unseres Urlaubs konnten wir uns unbekümmert frei bewegen, manchmal fuhren wir sogar mit palästinensischen Bussen durch palästinensische Dörfer. Ein Bild ist mir immer noch in Erinnerung: Acht oder neun von uns stehen in einem palästinensischen Dorf und Avi Greenwald erzählt jiddische Witze, zur allergrößten Belustigung junger Palästinenser, die um uns herumstehen. Avi wurde ein paar Jahre später getötet, als er gegen die Syrer kämpfte. Ich bin sicher, dass auch einige dieser jungen Palästinenser später im Kampf gegen uns getötet wurden. Solch eine schlichte Szene kann man sich heute schwer vorstellen.

Einige Jahre später, inzwischen war ich aus der Armee entlassen, studierte ich Geschichte, insbesondere die Geschichte des jüdischen Staates. Die »Gut-gegen-Böse-Version« der Geschichte, mit der ich aufgewachsen war, verlor ihre Anziehungskraft; die Geschichte des Zionismus bekam dunkle Flecken und die Gegnerschaft der Araber wurde weniger unerklärlich. Sie hatten uns nicht darum gebeten, in ihr Land zu kommen; ich lernte, dass die einfache Version des Zionismus als nationale Bewegung, die niemals etwas Falsches tat, nicht die ganze Wahrheit war. Im Laufe der Zeit schien es mir, dass es zur Rettung der Idee des zionistischen Projektes unerlässlich war, die arabische Notlage anzuerkennen. Wir mussten zu einer gemeinsamen Übereinkunft über die grundlegenden Bedürfnisse kommen, nicht nur der Juden, sondern auch unserer Nachbarn, insbesondere der Palästinenser. Ägypten galt als leuchtendes Beispiel für die Realisierung eines derartigen Vorhabens.

1978 ging eine Trias aus amerikanischen, ägyptischen und israelischen Führern in Camp David in Klausur. Das Ergebnis war ein Vertrag, der einige ziemlich harte Prüfungen überstand. Es waren außergewöhnliche Tage. Bei seiner Rückkehr wurde Premierminister Menachem Begin am Flughafen von Tausenden jubelnder Demonstranten begrüßt. Ein Vertreter der Friedensbewegung »Peace Now« verkündete: »Wir haben Begin nicht gewählt, aber weil er uns diesen historischen Augenblick beschert hat, werden wir all unsere Kräfte zu seiner Unterstützung mobilisieren.« Das Bild war in Schwarz-Weiß: Farbfernsehen gab es in Israel erst einige Jahre später. Der physische Eindruck war unvergesslich. Die Vorstellung, in einem Land ohne Krieg zu leben – einem »normalen Land« – rührte mich zu Tränen. Obwohl ich damals selbst politisch nicht aktiv war, war ich doch bereit, jeden zu unterstützen, der nach Friedenspartnern suchte, selbst wenn dies die Rückgabe von noch mehr Land bedeutete, das wir seit 1967 besaßen. Diese Einstellung brachte mich an den linken Flügel der politischen Mitte, denn die meisten Menschen sahen außer Ägypten keine weiteren Gesprächspartner für einen Friedensschluss.

Alle Zweifel an meiner politischen Haltung wurden 1982 beseitigt, als wir gegen den Libanon in den Krieg zogen. Der Libanon-Krieg war Israels fünfter Krieg seit 1947, allerdings der erste, über den sich viele von uns schon im Vorfeld wunderten. Denn erstens schien dies kein unvermeidbarer Selbstverteidigungskrieg wie die vorherigen zu sein. Zweitens wurde er genau zu dem Zeitpunkt geplant, an dem wir unseren Rückzug aus dem Sinai als Teil des Übereinkommens mit Ägypten abschlossen, ein Frieden, der bis dahin nicht den Eindruck erweckt hatte, auf den Rest der arabischen Welt überzugreifen.

Die letzte Phase dieses Abkommens schloss den Abbau der Siedlungen im Sinai mit ein, die nach dem Sechs-Tage-Krieg aufgebaut worden waren, und stand unter der Obhut eines ungewöhnlichen Duos zweier Falken, Menachem Begin und Ariel Sharon, seinem Verteidigungsminister. Sharon, der bereits damals den Spitznamen »der Bulldozer« trug, weil er dafür sorgte, dass alles sofort umgesetzt wurde, machte die Siedlungen im wahrsten Sinne des Wortes platt. Damit die Siedler nicht zurückkehren, sagte er – oder die Ägypter sie benutzen könnten, mutmaßten einige von uns. Dann führten uns diese beiden »Friedensstifter« innerhalb von zwei Monaten in den Krieg.

Der Plan schien ziemlich einfach. Wir würden die bewaffneten Einheiten der Palästinensischen Befreiungsorganisation (PLO) von unseren Nordgrenzen vertreiben, von denen aus sie seit einigen Jahren Israel angriffen; der Krieg würde begrenzt, verlustarm und rasch beendet sein. Mit den Syrern würden wir nicht aneinander geraten, solange diese nicht mit uns aneinander geraten wollten. Das Ganze lief unter dem zauberhaften Namen »Operation Frieden für Galiläa«.

Bereits nach wenigen Tagen begannen wir an diesem Plan zu zweifeln. Gerüchte über Zusammenstöße mit den Syrern ließen darauf schließen, dass einige der Provokationen von uns und nicht von ihnen ausgegangen waren. Die Regierung hatte uns versichert, dass wir nicht mehr als vierzig Kilometer über unsere nördliche Grenze vorrücken würden, aber wir stoppten offensichtlich nicht an dieser Linie – auch war der Krieg nicht innerhalb weniger Tage zu Ende. Eine Gruppe von Reserveoffizieren, gerade vom aktiven Dienst an der Front zurückgekehrt, erklärte einer völlig überraschten Nation, dass dies ein dummer Krieg sei.

Als aus Wochen Monate wurden, verschlechterte sich die Lage zusehends. Abend für Abend sahen wir in den Nachrichten, wie unsere Flugzeuge Beirut bombardierten. Dort gab es Hochhäuser. Wie kann man sie bombardieren, ohne dabei die falschen Leute zu treffen? Die Frau eines Oberstleutnants, den ich aus dem Gymnasium kannte, veröffentlichte den Protestbrief ihres Mannes in *Haaretz*, einer linksintellektuellen Zeitung, der daraufhin sofort aus der Armee entlassen wurde. Die rebellierenden Reservisten wurden danach von einem Berufsoffizier unterstützt, einem richtigen Oberst, der es vorzog, seinen Dienst zu quittieren, anstatt seine Leute in den Häuserkampf Beiruts zu schicken. Sogar Mitglieder des Kabinetts begannen zu murren, dass dies nicht die Operation sei, die sie autorisiert hätten, und verweigerten jede weitere Unterstützung.

Begin schien jegliche Übersicht verloren zu haben. Während eines Besuchs bei Stoßtruppen, die gerade einen stark abgesicherten PLO-Stützpunkt in einer alten Kreuzritterburg namens Beaufort eingenommen und dabei ihren Führungsoffizier verloren hatten, fragte er, ob der Feind »Feuer-Maschinen« – ein altertümliches Wort für Maschinengewehre – benutzt habe. Dann verglich er Jassir Arafat in seinem Bunker mit Hitler, worauf Amos Oz mit seinem berühmten Artikel »Hitler ist tot, Herr Premierminister!« antwortete. Bald begann Begins Stern zu verblassen, er verschwand aus dem Bewusstsein der Öffentlichkeit und schließlich ganz von der politischen Bühne. Zu allem Übel blieb uns der größere Schurke, Ariel Sharon, Verteidigungsminister und Initiator der gesamten Operation, erhalten.

Viele hegten wie ich keinerlei Sympathien für Sharon, nicht einmal vor 1982. Obwohl er ein Held des Unabhängigkeitskrieges war und ein anerkanntes taktisches Genie, haftete ihm eine gewisse Brutalität an. Er setzte Ziele ohne Rücksicht auf Menschenleben durch, sei es in der arabischen Stadt Kibiya 1953, bei der Schlacht am Mitla-Pass 1956 oder bei der Unterwerfung der Flüchtlingslager in Gaza 1970. Selbst als es ihm 1973 beim Sinai-Feldzug gelang, das Ruder herumzureißen, wurden Gerüchte laut, dass dies nur aufgrund grober Missachtung seiner Befugnisse und auf Kosten von Menschenleben möglich gewesen war. Das Beunruhigendste an seinem Verhalten war seine absolute Überzeugung, immer im Recht zu sein, während alle anderen sich irrten. Seit seinem Rückzug aus der Armee und seinem Eintritt in die Politik 1973 gehörte er zu den Hardlinern unter den Kabinettsmitgliedern, war der Chefarchitekt der neuen Siedlungen, die überall entlang der Westbank entstanden. Die politische Rechte liebte ihn und die Linke hasste ihn, beide aus demselben Grund: Er verkörperte die zionistische Verwandlung von schwachen, aber moralischen Juden in unmoralische Machtmenschen.

Ende September 1982 wurde der gerade gewählte libanesische Präsident Bashir Gemayel, der als Israel-freundlich galt, von syrischen Auftragskillern ermordet. Obwohl die Umstände noch nicht geklärt waren, erlaubten die Israelis Einheiten von Gemayels Paramilitärs den Zugriff auf die Flüchtlingslager von Sabra und Shatila in der Nähe Beiruts, wo sie Hunderte schutzloser palästinensischer Zivilisten massakrierten. In einem ersten Anflug von Panik fürchteten wir, unsere eigenen Leute könnten in die Sache verwickelt sein. Aber auch als wir erfuhren, dass die Täter Araber waren, waren wir immer noch entsetzt darüber, dass wir zu Komplizen von Mörderbanden geworden waren. Das Gefühl des Unbehagens in uns wuchs und die Ablehnung, die sich im Laufe des Sommers entwickelt hatte, steigerte sich zu einem gewaltigen Schuldkomplex und dem intensiven Gefühl moralischer Beschmutzung. Wie hatte es jemand wagen können, uns dermaßen zu erniedrigen? Unser ganzer Zorn richtete sich gegen den Mann, der uns an diesen Abgrund geführt hatte: Ariel Sharon.

Es gab eine wahre Flut von Demonstrationen, deren Höhepunkt die »Versammlung der 400.000« bildete, obwohl der Platz, auf dem sie stattfand, weniger als die Hälfte dieser Menschen aufnehmen konnte. Aber selbst 200.000 Menschen sind immer noch fünf Prozent der Bevölkerung, was der Teilnahme von vier Millionen Deutschen an einer Demonstration entspräche. Die Regierung gab dem Druck der Massen nach und berief eine Untersuchungskommission unter dem Vorsitz des Gerichtspräsidenten Itzhak Kahan. Dann begann eine sehr spannungsgeladene Zeit des Wartens.

Der Winter 1983 war außergewöhnlich trostlos. Das Desaster im Libanon sollte ähnliche Auswirkungen haben wie die amerikanische Erfahrung in Vietnam. Die Bevölkerung war tief gespalten: Die enthusiastischen Unterstützer von Menachem Begin, bis vor kurzem noch ein charismatischer Führer und hypnotisierender Redner, hatten kein Verständnis für das, was sie als rückgratloses Verhalten angesichts einer feindlichen arabischen Welt ansahen. Wir in der Opposition waren aufs Äußerste beschämt über das, was uns als ein Niedergang unserer eigenen moralischen Integrität erschien. Dann folgte im Februar die Empfehlung der Kahan-Kommission. Sharon sollte seinen Posten als Verteidigungsminister aufgeben, da er die Gefahr, die der Einsatz von Phalange-Truppen in den Flüchtlingslagern heraufbeschwor, nicht frühzeitig erkannt hatte. Die Regierung musste diese Empfehlung nur noch billigen.

Die Spannung war praktisch mit Händen greifbar. Auf der Jehuda-Straße im Zentrum von Jerusalem stieß ich auf eine Ansammlung gestikulierender und fluchender Männer. Als ich mir den Weg durch die Menge gebahnt hatte, erkannte ich den Mann in ihrer Mitte: Wir hatten unseren Militärdienst gemeinsam absolviert. Klein, dunkel, irakischer Abstammung entsprach Nathan in keiner Weise dem Stereotyp des hellhäutigen Friedensaktivisten. Aber er vertrat stolz und zornig seine Meinung, verdammte Sharon und seine Fehler und zog damit den heiligen Zorn der umstehenden Männer auf sich. In der Hoffnung, die Situation etwas zu entspannen, hielt ich den Protestierern entgegen, dass Nathan in einem der härtesten Kämpfe, die er jetzt so verurteile, ein gutgläubiger Held gewesen sei; aber das war nur Wasser auf ihre Mühlen. »Wahrscheinlich haben sie dabei sein Hirn weggeblasen«, riefen sie, dann zuckten sie mit den Schultern und schrien aufs Neue auf ihn ein. An diesem Abend marschierten »Peace Now«-Demonstranten in einer engen Kette durch die Straßen von Jerusalem, umringt von höhnenden Massen, zum Büro des Premierministers, wo die Regierung immer noch verhandelte. Jonah Avrushmi, der sich selbst als Beschützer Sharons verstand, warf eine Granate auf die Demonstranten und tötete Emil Grynzweig.

Es war der erste politische Mord, den ich in Israel erlebt, und ich kann mich nur an einen weiteren seitdem erinnern. Angesichts des drohenden Chaos' beschloss die Regierung, Sharon als Minister zu entlassen. Wir schworen uns, dass er niemals wiederkommen sollte.

Achtzehn Jahre später, im Juli 2000 machte sich Premierminister Ehud Barak auf den Weg nach Camp David zu einer zweiten Runde trilateraler Friedensgespräche mit dem amerikanischen Präsidenten Bill Clinton und dem PLO-Vorsitzenden Jassir Arafat. Tausende von uns versammelten sich vor Baraks Amtssitz, um unsere Unterstützung zu demonstrieren. Der erste Redner, Tzali Reshef, gehörte zu den Prominenten der ersten Stunde von »Peace Now«; er war jetzt Ende vierzig. Er erinnerte seine Zuhörer an mehr als zwei Jahrzehnte Friedensbewegung – häufig unter den Bedingungen schärfster öffentlicher Ablehnung, da die Friedensbewegung gefordert hatte, den Traum von der Kontrolle über die Westbank aufzugeben. Und jetzt machte sich ein gewählter Premierminister mit einem Rückzugsmandat auf den Weg zu einer Übereinkunft mit Arafat. *»Das ist der entscheidende Moment!«* donnerte er.

Ein paar Wochen später war Barak wieder zu Hause, aber diesmal waren keine Massen auf den Flughafen gekommen, um ihn zu begrüßen. Israel hatte seine Kontrolle über die Palästinenser seit den Osloer Verträgen von 1993 gelockert. In Camp David hatte Barak tatsächlich das Ende der Besetzung angeboten: Israel würde das gesamte besetzte Territorium von Gaza räumen sowie mindestens 90 Prozent der Westbank und zahlreiche Siedlungen abbauen. Israel würde einen unabhängigen palästinensischen Staat in sämtlichen geräumten Gebieten anerkennen. In Bezug auf Jerusalem bot Barak die Teilung der Stadt an, wobei er lediglich darauf bestand, dass Israel weiterhin eine Art von Verbindung, und sei es nur symbolischer Art, zur Altstadt und zum Tempelberg haben sollte. Als Gegenleistung erwartete er von den Palästinensern, den Konflikt offiziell für beendet zu erklären. Bill Clinton lobte Barak für seine weitreichenden Angebote, bemerkte jedoch enttäuscht, dass Arafat durch seine fehlenden Gegenangebote die Verhandlungen zum Scheitern verurteilt hatte.

Shlomo Ben-Ami, der amtierende Außenminister, unternahm eine Blitzreise durch die Hauptstädte verschiedener Länder, um die Ereignisse von Camp David zu erläutern. Wo immer er hinkam, wurde er zur israelischen Haltung beglückwünscht und ermutigt, nicht aufzugeben. Und tatsächlich wurden die diplomatischen Aktivitäten auf beiden Seiten fortgesetzt. Am 24. September 2000 empfing Barak Arafat in seinem Haus. Nach diesem Treffen flogen Unterhändler beider Seiten zu Gesprächen nach Washington.

Am 27. September wurde ein israelischer Soldat, der neunzehnjährige David Biri aus Jerusalem, bei Netzarim, einem israelisch kontrollierten Gebiet im Gazastreifen, von einer Bombe getötet. Es war der erste derartiger Angriffe, seit Barak das Angebot zum Abbau der Siedlungen in Gaza gemacht hatte. Mit anderen Worten: Jedes Opfer seit August 2000 wird sinnlos, da die Palästinenser für etwas kämpfen, das sie ohne Blutvergießen hätten bekommen können. Die zweite Intifada hatte begonnen.

Am nächsten Tag besuchten Oppositionsführer Ariel Sharon und seine Mannschaft den Tempelberg. Der Besuch war zuvor mit der palästinensischen Autonomiebehörde abgesprochen worden. Shlomo Ben-Ami, kein Freund von Sharon, hatte persönlich mit Jibril Rajoub, einem der höchsten palästinensischen Sicherheitsoffiziere, darüber gesprochen. Rajoub hatte ihm versichert, solange Sharon sich von der Moschee fernhielte, gebe es kein Problem. Der Besuch selbst war kurz und unspektakulär; Sharon sagte den Reportern, wie wichtig der Tempelberg für die Juden sei und ging.

Freitag, 29. September: Muslimische Aufständische auf dem Tempelberg werfen Steine auf Juden, die unten an der westlichen Mauer beten. Ein Foto auf meinem Schreibtisch zeigt ein vierjähriges Mädchen, vor Angst schreiend, das von seiner Mutter von der Mauer fortgezogen wird; andere Frauen ergreifen die Flucht; ein Polizist schreit ihnen zu, sie sollten verschwinden. Oben auf dem Berg werden fünf Demonstranten bei den darauffolgenden Zusammenstößen mit der Polizei getötet. Yossi Tabaja, ein israelischer Polizist auf einer gemeinsamen Patrouille in der Nähe der Stadt Kalkilya, wurde getötet, als einer seiner palästinensischen Kollegen auf ihn schoss.

Während der nächsten beiden Tage hörte ich keine Nachrichten. Es war Rosh Hashana, einer der höchsten Festtage des Jahres, und wir verbrachten die meiste Zeit in der Synagoge. Der Höhepunkt des Tages, so schien es mir seit jeher, ist die Lesung eines Textes, der im elften Jahrhundert von Amnon von Magenza geschrieben wurde, als er, aufgrund der Folterungen, die er erdulden musste, auf dem Sterbebett lag. Er hatte sich geweigert, seinem Glauben abzuschwören und zum Christentum überzutreten. Magenza war der jüdische Name der deutschen Stadt Mainz. Einige Jahre später wurde die gesamte Gemeinde von Kreuzfahrern auf ihrem Weg nach Jerusalem zerstört. Die Überlebenden übernahmen begierig Rabbi Amnons kraftvolle Passage über den ehrfurchtgebietenden Tag jeden Jahres, an dem Gott entscheidet, wer leben und wer sterben wird. Darin wird die Wahrscheinlichkeit, ein weiteres Jahr zu leben, nur kurz erwähnt, während die Möglichkeiten des Todes vielfältig sind: »durch das Wasser, durch das Feuer, durch das Schwert, durch wilde Tiere, durch Hunger, durch Durst ... Der Mensch ist eine Scherbe, wie Heu im Wind, wie eine verwelkte Blume, ein vorbeiziehender Schatten, ein flüchtiger Traum.« Eine Tradition, die eine derartige Poesie aus den blutigen Überresten wachruft, ist es sicherlich wert, gelebt zu werden, selbst wenn es darum zu kämpfen gilt. Einige Kulturen würden nur den Hass heraufbeschwören.

Sonntagnacht, nach zwei Tagen des Gebetes und der inneren Einkehr, besuchte ich im Internet die Website der *New York Times*. Das Foto des zwölfjährigen palästinensischen Jungen Muhammad al-Durrah, der sich voller Angst und Schrecken an seinen Vater klammert, kurz bevor er erschossen wird, traf mich wie ein Faustschlag ins Gesicht. Als liberaler Humanist, Friedensfreund und Kämpfer für Gerechtigkeit und als Vater eines zwölfjährigen Sohnes schreckte ich vor diesem Bild zurück. Meine erste Reaktion darauf war ein innerer Aufschrei des Schmerzes und die grimmige Verurteilung unserer Unfähigkeit, die Kinder aus unseren Kriegen herauszuhalten. Dieses Foto steht auf meinem Schreibtisch, während ich schreibe, und ich habe es viele Stunden lang gründlich studiert, es ist mir in Herz und Verstand eingraviert. Es ist ein unglaublich eindrucksvolles Foto – so eindrucksvoll, dass es mich Wochen kostete, um die Wahrheit hinter dem Foto zu begreifen: dass dies in Netzarim geschehen war, einem Ort, der bereits zur Übergabe an die Palästinenser vorgesehen war. Dass Muhammads Vater *seine eigenen Landsleute* angeschrieen hatte, mit dem Schießen aufzuhören; dass ein französischer Kameramann – mysteriöserweise rechtzeitig vor dem Angriff darüber informiert – nur ein paar Meter entfernt stand und anstatt auf das dringliche Bitten des Vaters einzugehen, einfach seine Kamera auf die Szene gehalten hatte, die das Foto seines Lebens werden sollte; dass die palästinensischen Kämpfer selbst dermaßen darauf bedacht waren, durch ein Blutbad das zu erreichen, was sie in Verhandlungen abgelehnt hatten, dass es ihnen überhaupt nicht in den Sinn kam, mit dem Schießen aufzuhören; und dass es angesichts des Terrains und des Umfeldes äußerst unwahrscheinlich war, dass die israelischen Soldaten sich überhaupt vorstellen konnten, ein Kind könne sich dort aufhalten. In ihre Schützengräben geduckt, von drei Seiten her dem Maschinengewehrfeuer ausgesetzt, einige Tage nach dem Tod David Biris an derselben Stelle, konnten sie nicht angeklagt werden, ein Kind ruhig und gezielt getötet zu haben. Nur ein Narr würde das behaupten.

Aber genau das tat mein guter Freund Arthur. Arthur ist ein englischer Hochschullehrer, der seine nicht-jüdischen Studenten jedes Jahr zu den Konzentrationslagern in Polen führt. In einer hitzigen Diskussion lud er die ganze Schuld an der Gewalt auf Sharon und implizit auf Israels Beharren auf der Besetzung palästinensischer Gebiete. Außerdem erklärte er, dass Sharon ein Kriegsverbrecher sei und in einem »normalen« Land wegen seiner Verbrechen verurteilt worden wäre. Was das Fass zum Überlaufen brachte, war sein direkter Vergleich Sharons mit Slobodan Milosevic, dem serbischen Führer, der den Tod Hunderttausender auf dem Gewissen hat. Das war zuviel und zum ersten Mal seit Jahrzehnten fand ich mich in der Situation, Sharon verteidigen zu müssen, indem ich erwiderte, diese Verbrechen seien doch zu gravierend, um auch nur ansatzweise mit Sharons Taten verglichen zu werden, und wenn man schon nach einem Führer suche, der das Blut Unschuldiger an den Händen habe, würde das eher auf Arafat zutreffen. Als Reaktion darauf brach Arthur die Beziehung zu mir ab.

Ebenfalls für immer zerronnen war mein zweites, mühsam aufgebautes, immer wieder erneuertes Verständnis des zionistischen Projektes. In dieser Version, die so typisch für meine eigene Post-1967-Generation ist, musste das mächtige Israel den gekränkten Palästinensern nur seine Hand ausstrecken und ihnen großzügige Friedens- und Versöhnungsangebote machen, dann würden die Palästinenser mit Sicherheit diese Geste der Freundschaft auf gleiche Weise beantworten, denn schließlich will jeder lieber einen würdevollen Frieden als einen leidvollen Krieg. Nichts, was in den kommenden Monaten und Jahren geschehen sollte, würde mich jemals wieder zu meiner damaligen Einstellung zurückbringen.

Am 12. Oktober 2000 wurden Josef Avrahami und Vadim Novesche, zwei Reservisten, von einem Mob mitten im Zentrum von Ramallah gelyncht. Sie hatten die Stadt, in der Arafat sein Hauptquartier hatte, versehentlich betreten. Der vorgeblich so wilde und unkontrollierbare Mob war dennoch so geistesgegenwärtig, den Film des dort anwesenden Kameramanns zu konfiszieren. Allerdings gelang es einem Italiener, Videobilder heraus zu schmuggeln, auf denen die Killer triumphierend ihre Hände in jüdisches Blut tauchten. Das war eine zutiefst schockierende Szene des wilden Hasses eines Feindes, von dem wir geglaubt hatten, wir würden mit ihm Frieden schließen: Was immer man über die israelische Politik sagen kann, es gibt keinen einzigen Fall, in dem Juden ihre Hände im Blut ihrer Feinde gebadet hätten. Die Armee forderte die Palästinenser auf, das Polizeigebäude, in dem sich der Vorfall ereignet hatte, zu räumen und beschoss es von der Luft aus. Niemand wurde verletzt, aber die Fotos erzählten eine andere Geschichte: Hier das ohnmächtige Volk, dort die bedrohlichen

Hubschrauber; oben die mächtigen Besatzer, die aus sicherem Abstand schossen, unten die verzweifelten belagerten Menschen, die ihre Frustration mit bloßen Händen abreagierten.

Die Palästinenser hatten das Gefühl zu gewinnen. Auf den ersten Blick schien es auch so. Ein einziges Foto des zwölfjährigen Muhammad al-Durrah war wirkungsvoller als die seit sieben Jahren praktizierte israelische Politik der sukzessiven Machtübergabe an die Palästinenser. Baraks Vorschläge vom Treffen in Camp David waren nichts verglichen mit dem Tod palästinensischer Kinder. Die erste Intifada folgte der taktischen Überlegung: Solange ein unbewaffnetes Volk den Israelis gegenübersteht, ist die überwältigende Macht der Armee neutralisiert; sollten die Palästinenser jedoch Waffen benutzen, wären die Israelis berechtigt, mit Gewalt darauf zu reagieren und den Aufstand niederzuschlagen. Dieses Mal, in der zweiten Intifada, setzten die Palästinenser gleich zu Beginn Maschinengewehre ein. Die Israelis antworteten darauf mit einem Bruchteil des ihnen zur Verfügung stehenden Waffenarsenals. Dennoch reagierte die Welt mit Abscheu. Mit anderen Worten, die Palästinenser hatten außer ihrem Leben nichts zu verlieren, aber viel zu gewinnen. Sie gingen von der realistischen Annahme aus, dass ihnen keine israelische Regierung wesentlich mehr anbieten würde als Barak. Deshalb versuchten sie es mit einer Doppelstrategie: gewaltsamer Druck im Innern und massiver Druck von außen, mit dem gewünschten Ergebnis, noch bessere Bedingungen zu schaffen. Weshalb sollte man aufgeben, wenn man alle Trümpfe in der Hand hält?

Aber sie hatten sich doch gewaltig verrechnet. Trotz aller Reden, Deklarationen und Resolutionen müssen die Palästinenser mit Israel Frieden schließen, nicht mit den Vereinten Nationen oder der Europäischen Union. Die Meinung des amerikanischen Präsidenten ist natürlich wichtig, aber letztendlich sind es die israelischen Bürger, die die von den Palästinensern gewünschten Bedingungen akzeptieren oder ablehnen müssen. Jetzt waren die israelischen Wähler jedoch wütend auf die Palästinenser – und in keinem Punkt zum Nachgeben bereit.

Die Ersten, die diesen grausamen Abnutzungskrieg leid wurden, waren die vielen palästinensischen Männer, die täglich zu den militärischen Außenposten der Israelis außerhalb der Grenzen der von der Palästinensischen Autonomiebehörde (PA) verwalteten Enklaven hinauszogen, um dort die Soldaten zu verhöhnen und als lebende Schutzschilde für die bewaffneten Männer zu dienen, die aus dem Hinterhalt schossen. Nach ein oder zwei Monaten zogen sie sich aus der Konfrontation zurück. Von da an kämpften bewaffnete Männer gegen die Israelis – wobei man es vorzog, gegen weniger gefährliche Israelis zu kämpfen. Die Siedler in ihren Zivilfahrzeugen waren ein weitaus einfacheres Ziel und ein großer Teil der internationalen Gemeinschaft betrachtete sie als legitime Beute, denn schließlich widersetzten sich die Palästinenser der Besetzung und Vertreibung.

Niemand hat eine schlechtere Presse als die Siedler. Sie werden als unsympathische und gewalttätige Randgruppe der israelischen Gesellschaft porträtiert, mit ihrer Gier nach palästinensischem Land gelten sie als die treibende Kraft für den gesamten Konflikt. Meine eigene Beziehung zu ihnen war über lange Zeit ambivalent: Ich stimmte ihren Ansichten nicht zu, mochte aber viele von ihnen persönlich sehr gern. Fast alle, die mit mir zur Schule gingen, wurden später Siedler. Zwei Wochen nach dem Beginn der Gewaltakte traf ich mich mit einigen Siedlern zu einem gemeinsamen Mittagessen, und sie gratulierten sich selbst zu ihrer Voraussicht: Sie hätten gewusst, dass die Palästinenser keinen Frieden schließen würden und es sei ihnen gelungen, sie soweit zu bringen, die Karten offen auf den Tisch zu legen. »Hört auf, euch etwas vorzumachen«, antwortete ich. »Das hier hat mit euch nichts zu tun. Wenn die Palästinenser mit mir und meinesgleichen hätten Frieden schließen wollen, so hättet ihr uns nicht daran gehindert. Die Wahrheit ist, dass die Friedensbemühungen an Jerusalem zerbrochen sind, am Rückkehrrecht, vielleicht auch an unserer bloßen Existenz – an allem, aber nicht an den Siedlungen, die Barak zu räumen bereit war.«

Kollegen, die in Efrat oder Ofra wohnen, kommen morgens schon sehr früh zur Arbeit, um rechtzeitig vor der Abenddämmerung zu Hause zu sein. Eines Tages kam eine meiner Kolleginnen nicht zur Arbeit. Sie war zur Beerdigung ihres Nachbarn gegangen, der am Abend zuvor auf dem Heimweg in seinem Auto ermordet worden war. Entgegen ihres Rufs als zionistische Fanatiker, die nicht weniger militant als ihre palästinensischen Gegner seien, hielten sich die Siedler zurück. Praktisch jeder Haushalt in den Siedlungen besitzt ein bis drei Gewehre, viele von ihnen sogar Maschinengewehre, über die alle Reservisten der israelischen Armee verfügen. Es gibt 45.000 bewaffnete Palästinenser, wurde uns gesagt. Die Zahl der bewaffneten Siedler ist mindestens genau so hoch, viele von ihnen mit einer militärischen Ausbildung und Erfahrung, die die der Palästinenser bei weitem übersteigt. Obwohl sie von Gewalt umgeben sind, die das Leben ihrer Frauen und Kinder bedroht, halten sich diese angeblich so kriegslüsternen Extremisten beim Gebrauch von Schusswaffen zurück, selbst wenn sie mit den schlimmsten Provokationen konfrontiert werden.

Dr. Shmuel Gillis, 42 Jahre, Siedler und Vater von fünf Kindern, war Hämatologe am Haddassah Krankenhaus. Seine Kollegen lobten seine außergewöhnliche Professionalität und seinen Beitrag für das internationale Forschungsteam, zu dem er gehörte. Seine Patienten schätzten seinen einfühlsamen Umgang mit den Kranken. Nachdem man ihn erschossen hatte, trauerten selbst palästinensische Patienten um ihn und brachten ihre Klage offen in den Medien zum Ausdruck. Seine Beerdigung begann mit Tausenden von Trauernden in Haddassah; weitere Tausende säumten in stiller Trauer die Straße südlich von Jerusalem, wo er erschossen worden war.

Einige Tage später wurde der Siedler Zachi Sasson getötet, wieder südlich von Jerusalem. Er war früher Gemeindemitglied meiner Synagoge und deshalb hatte jemand eine Traueranzeige aufgegeben, in der auch darauf hingewiesen wurde, dass kugelsichere Busse für die Beerdigung bereit stünden. Ironischerweise bewirkten die Angriffe auf die Siedler genau das Gegenteil von dem, was ihre Initiatoren bezweckten. Die mörderische Kampagne hatte auf Jerusalem übergegriffen und auf die israelischen Städte Hadera, Holon und Netanya, wodurch die Trennungslinie zwischen Siedlern und der übrigen Bevölkerung verwischt wurde. Die Siedler hatten durch ihre kluge Zurückhaltung das Gefühl entstehen lassen, dass ihre Zwangslage von uns allen geteilt wurde und Teil einer palästinensischen Strategie gegen alle Israelis war – tatsächlich gegen die bloße Existenz des jüdischen Staates.

Jahrzehntelang habe ich Kandidaten und Parteien gewählt, die versprachen, nichts unversucht zu lassen, um einen dauerhaften Frieden herbeizuführen. Die Gewalt der zweiten Intifada hatte die

Übereinkünfte, auf denen der in Oslo erarbeitete Friedensprozess beruhte, vollkommen unterminiert, dennoch konnte man immer noch hoffen, dass ein Angebot von unserer Seite, das ihnen so weit wie nur möglich entgegenkäme, sie zu der Schlussfolgerung veranlassen könnte, sie hätten ihre äußerst realistischen Ziele erreicht und könnten Frieden schließen. Eine schlechtere Verhandlungsstrategie ist schwer vorstellbar, dennoch, um Leben auf beiden Seiten zu retten und die Ungerechtigkeiten, die wir über die Jahre hinweg begangen haben, zu korrigieren, wäre dies vielleicht der letzte Versuch, den wir noch unternehmen müssten. Aber als die Palästinenser damit begannen, israelische Zivilisten im Kernland Israels zu töten, schien diese Haltung zunehmend irrational. Auch ihre Behauptung, die Anschläge seien nur eine Reaktion auf die ungerechte Besatzung, verhallte angesichts der Tatsache, dass Israel die Besatzung hatte beenden wollen.

Als Barak im Dezember die Macht verlor und Neuwahlen für Februar 2001 angesetzt wurden, musste ich mir eingestehen, dass die rationale Wahlentscheidung darin lag, in einer Weise zu wählen, die der Lage entsprach. Meinen linken Grundsätzen treu zu bleiben wäre das gewesen, was mein Herz wünschte, aber es war nicht das, was mir mein Verstand diktierte.

Wahlenthaltung kam für mich nicht in Frage. Es ist die Pflicht eines Bürgers zu wählen, das war immer meine Überzeugung, und wenn man sich nicht dazu durchringen kann, dann muss man so lange darüber nachdenken, bis man es endlich kann. Aber konnte mein Herz wirklich eine Entscheidung für Sharon gutheißen?

Zeituni ist ein ungewöhnlicher Name und die Familie, die ihn trägt, hat eine lange Geschichte: Sie kann belegen, dass ihre Vorfahren dieses Land seit zweitausend Jahren, in denen die meisten Juden anderswo lebten, nicht verlassen haben. In den letzten Jahrhunderten lebten die Zeitunis in dem galiläischen Dorf Peki'in. Heute erinnert nur noch die Synagoge von Peki'in an sie. Die Bevölkerung ist arabisch und die Zeitunis leben irgendwo anders.

Im Januar 2001 ging ein junger Mann namens Etgar Zeituni, Besitzer eines Restaurants in Tel Aviv, zusammen mit seinem Cousin Motti Dayan und einem arabischen Israeli zu einem Arbeitstreffen in die palästinensische Stadt Tulkarm. Als sie im Restaurant saßen, wurden sie von zwei einheimischen Schlägertypen entführt, die ih-

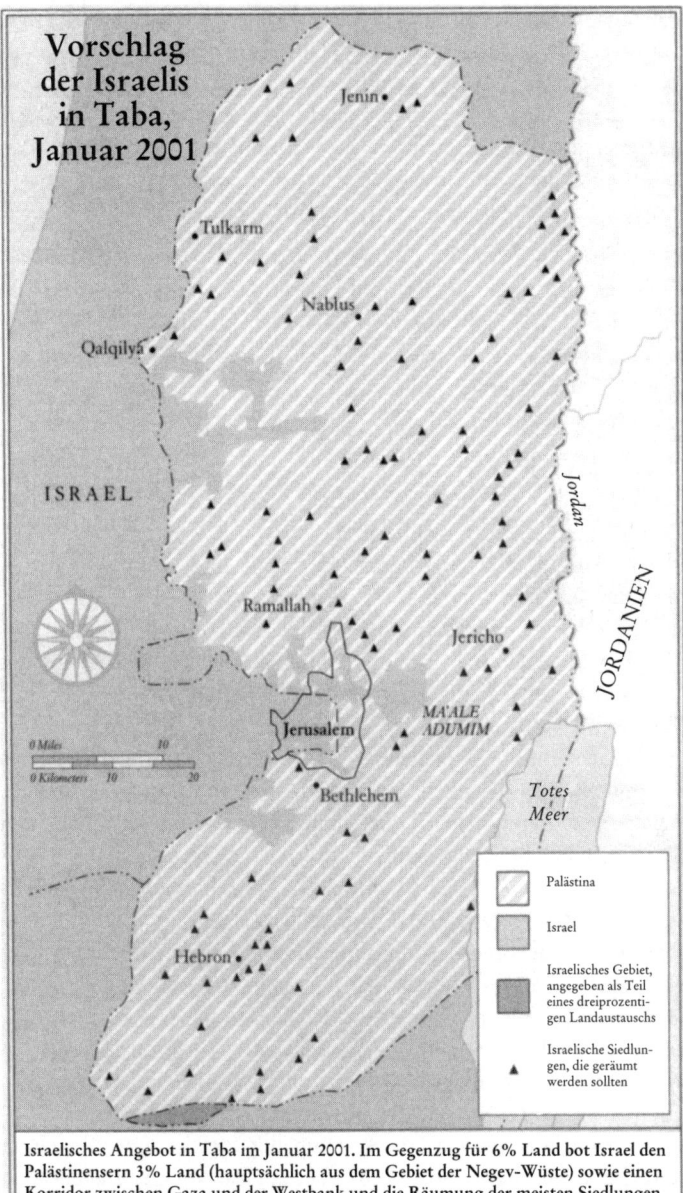

Vorschlag der Israelis in Taba, Januar 2001

Jenin

Tulkarm

Nablus

Qalqilya

ISRAEL

Jordan

Ramallah

Jericho

JORDANIEN

MA'ALE ADUMIM

Jerusalem

0 Miles 10

0 Kilometers 10 20

Bethlehem

Totes Meer

Hebron

Palästina

Israel

Israelisches Gebiet, angegeben als Teil eines dreiprozentigen Landaustauschs

Israelische Siedlungen, die geräumt werden sollten

Israelisches Angebot in Taba im Januar 2001. Im Gegenzug für 6% Land bot Israel den Palästinensern 3% Land (hauptsächlich aus dem Gebiet der Negev-Wüste) sowie einen Korridor zwischen Gaza und der Westbank und die Räumung der meisten Siedlungen nen zwei Minuten Zeit zum Gebet gaben und sie dann erschossen. Der arabische Israeli wurde nach Hause geschickt.

Ein junger Israeli, dessen Familie seit Jahrtausenden hier lebt, entwurzelt aus seinem ursprünglichen Heimatdorf, das arabisch wurde, versuchte trotz der nationalen Spannungen auf friedliche Weise mit einzelnen Palästinensern geschäftliche Beziehungen aufzubauen – und wurde deswegen ermordet. Eine wahre Geschichte, die jedes Klischee über den Konflikt im Nahen Osten Lügen straft.

Der Mord geschah, als sich hochrangige Vertreter beider Seiten in Taba trafen, direkt an der ägyptischen Grenze. Barak unterbrach die Verhandlungen für sechsunddreißig Stunden, und dies – glaubten zumindest die Optimisten – war der letzte entscheidende Schritt zu einem positiven Abschluss.

Barak hatte keine Mehrheit in der Knesset, als er nach Camp David reiste; aber er wurde auch nicht gestürzt und in jedem Fall konnte er zu Recht behaupten, dass er genau das tat, was er vor seiner Wahl angekündigt hatte, die er mit einer überwältigenden Mehrheit ein Jahr zuvor gewonnen hatte. Dennoch war das Ergebnis seiner Friedensbemühungen der Krieg und im Januar 2001 deuteten alle Meinungsumfragen auf eine schwere Niederlage hin. Nur ein Friedensvertrag hätte ihn retten können.

Bill Clintons Lösungsvorschläge konzentrierten sich auf zwei entscheidende Punkte: Israel müsse einer klaren Teilung Jerusalems zustimmen, ohne jegliche israelische Verbindung zur Altstadt, nicht einmal symbolischer Art, unabhängig davon, was den Juden als heilig galt; die Palästinenser ihrerseits müssten auf ihr Rückkehrrecht verzichten. Ob Barak ein Mandat hatte, einem derartigen Vorschlag zuzustimmen, war unklar, aber es war auch irrelevant, da die Palästinenser ihn ohne Gegenvorschlag ablehnten. Die Verhandlungen von Taba waren Baraks letzter verzweifelter Versuch, zu einer Übereinkunft mit den Palästinensern zu kommen, indem er noch über Clintons Vorschläge hinausging: Territorien sollten ausgetauscht werden, damit die Palästinenser das Äquivalent von hundert Prozent der besetzten Gebiete erhalten; am bedeutendsten war jedoch das Angebot der Israelis, eine Regelung zu diskutieren, die ein Rückkehrrecht der Palästinenser anerkannte, auch wenn dies vielleicht ein eingeschränktes praktisches Recht beinhalten sollte. Alles, was die Palästinenser zu tun hätten, sei die Beendigung des Terrors. Das stellte die israelische Wählerschaft vor eine harte Entscheidung zwischen Barak, der kurz vor Unterzeichnung des Vertrags stand, und Sharon. Unterdessen gingen die Morde weiter. Die Positionen beider Seiten wurden auf einer Pressekonferenz in Taba am letzten Abend der Gespräche deutlich formuliert. Shlomo Ben-Ami, unser Außenminister, sprach Hebräisch; Abu Ala, der palästinensische Verhandlungsführer, sprach Arabisch und wurde simultan übersetzt. Jeder sprach zu seiner eigenen Wählerschaft. Ben-Ami war voll auf Versöhnung eingestimmt: Das gegenseitige Vertrauen sei wiederhergestellt, behauptete er. Wählt nächste Woche Barak und der Friede wird kommen, hätte er beinahe hinzufügen können. Abu Ala war weniger optimistisch. Ja, es gebe Fortschritte in Bezug auf eine Beendigung der israelischen Aggression, aber die entscheidende Frage bleibe das Rückkehrrecht. Die Israelis, so vermittelte er seinen Landsleuten, seien noch nicht bereit, dieses unveräußerliche Recht zu akzeptieren. Wenn sie dazu nicht bereit seien, bekräftigte er, hätten die Palästinenser verschiedene Methoden, sie dazu zu zwingen. Wählt nächste Woche Sharon, hatte Abu Ala uns mehr oder weniger deutlich zu verstehen gegeben, da es sowieso keinen Frieden geben wird. Trotz Sharons unrühmlicher Vergangenheit und meiner persönlichen Abneigung verlangte die neue Realität, dass ich ihn wählte.

Es gab vier Gründe für meine Entscheidung: zwei gegen die Wahl Baraks und zwei für die Unterstützung Sharons.

Erstens, die vorgeblichen israelischen Friedensstifter mussten abgewählt werden – sogar eine überwältigende Niederlage erleiden –, um den Palästinensern deutlich zu machen, dass die angemessene Antwort auf Gewalt und Hinterhältigkeit nicht in weiteren Konzessionen liegen kann. Zugeständnisse sind nur in einem Prozess des beiderseitigen Nachgebens denkbar. Barak hatte in Camp David Konzessionen angeboten, aber die Palästinenser zerstörten die Grundlagen des gesamten Oslo-Prozesses, indem sie zu der Gewalt zurückkehrten, der sie 1993 angeblich unwiderruflich abgeschworen hatten. Die einzig akzeptable Antwort, solange der Terror andauert, hätte im Abbruch der Verhandlungen liegen müssen.

Zweitens, die Zugeständnisse, zu denen die israelischen Unterhändler in Camp David bereit waren, überschritten möglicherweise das Mandat, das Barak auf demokratische Weise 1999 erhalten hatte; aber hätte er den Frieden gebracht, so hätte er die Wahl leicht gewinnen können. Die Konzessionen, die nach dem Ausbruch des Terrors gemacht wurden, gingen weit darüber hinaus, und indem sie Barak eine erdrutschartige Wahlniederlage bereitete, machte die Wählerschaft deutlich, dass seine Verhandlungsposition der letzten Monate der verzweifelte Versuch einer kleinen Gruppe war, die keinerlei Kontakt mehr zur Bevölkerung hatte.

Das waren die beiden Gründe, gegen Barak zu stimmen. Für Sharon sprach sein Image als gefährlicher Kriegshetzer in der arabischen Welt: Da die Palästinenser Barak offensichtlich als einen Mann des Ausgleichs und der Befriedung ansahen, der bis an die Grenze und darüber hinaus getrieben werden konnte, musste ihnen gezeigt werden, dass die israelische Bevölkerung nicht auf Ausgleich und Befriedung bedacht war. Schließlich mussten für den Fall zukünftiger Verhandlungen unsere Vertreter skeptische Hardliner sein, da die vertrauensvollen, optimistischen, friedenssuchenden sich als verheerend naiv erwiesen hatten.

Das alles war jedoch reine politische Taktik. Meinen existenziellen Gewissenskonflikt hatte ich noch nicht gelöst. Was auch immer die Palästinenser taten, ich konnte nicht unsere Fehler aus meinem Gedächtnis löschen, die ich an jenem Nachmittag 1973 erkannte, als wir das libysche Passagierflugzeug abgeschossen hatten. Aber nichts von dem, was ich gelernt hatte, konnte unsere gegenwärtige Situation tatsächlich erklären, und so schloss ich daraus, dass ich meinen eigenen Zionismus einer gründlichen Neubewertung unterziehen musste. Währenddessen verschlimmerte sich die Lage zusehends.

Die Palästinenser reagierten auf den Wahlsieg Sharons mit noch mehr Gewalt. Während des einen Monats zwischen seinem Wahlsieg und der Bildung seiner neuen Regierung gab es fünf tödliche Angriffe auf Israelis, die vierzehn zivile Todesopfer forderten, darunter ein fünfundachtzigjähriger Rentner. Darin sind nicht die fehlgeschlagenen Anschläge enthalten wie die Bombe in Mea Shearim, die »nur« vier Fußgänger verletzte. Arafat hatte sämtliche Terroristen von Hamas und Islamischem Djihad freigelassen, die seit der vorangegangenen Gewaltwelle von 1996 in palästinensischen Gefängnissen gesessen hatten. Sie brauchten nur wenige Wochen, um neue Selbstmordattentäter gegen israelische Ziele zu mobilisieren.

Währenddessen erklärte ein Großteil der internationalen Presse, dass Sharons Wahlsieg Krieg bedeute. Am 7. März 2001 verkündete CNN klar und deutlich: »Sharon kann zwischen Frieden und Gewalt wählen, sagen die Araber.« Angesichts der Tatsache, dass Baraks Friedensangebote mit Gewalt vergolten wurden, war diese Behauptung ziemlich verwirrend. The Economist (London) hatte uns vor der Wahl gewarnt, dass wir mit einer Wahlentscheidung für Sharon »nein« zum Frieden sagen würden. In der darauf folgenden Woche kommentierten sie unsere demokratische Entscheidung durch ein Titelbild, auf dem ein Foto von Sharon vor schwarzem Hintergrund zu sehen war. Es trug die Schlagzeile: Sharon's Israel. The World's Worry. Einmal im Amt, setzte Sharon neue Regeln für eine Wiederaufnahme der Verhandlungen fest: Erstens, die Gewalt muss beendet werden. The Economist charakterisierte diese vernünftige Forderung, die mit den Oslo-Verträgen übereinstimmte, als »unverhüllte Erpressung«. The Guardian begrüßte die Wahl mit einer Karikatur von Sharon, der seine blutigen Fingerabdrücke auf der West-Mauer zurückläßt und brachte einen Artikel von Seamus Milne, der Sanktionen gegen Israel forderte, das einen schlimmeren Kriegsverbrecher als Chiles Augusto Pinochet gewählt habe.

Knapp drei Wochen nach der Amtsübernahme Sharons erklärte der dänische Außenminister, dass die israelische Besatzung der Grund für den Konflikt sei. Seine Erklärung stand im Kontext der Diskussionen, die in der UNO über die Entsendung einer internationalen Friedenstruppe zum Schutz der Palästinenser geführt wurden. Auf dem arabischen Gipfel in Amman vom März 2001 kritisierte der Generalsekretär der UNO, Kofi Annan, Israel vehement wegen seiner Besetzung arabischen Landes und sagte, dass Israels »kollektive« Bestrafung den Zorn und die Verzweiflung der Palästinenser geschürt habe. Pierre Sane, Generalsekretär von Amnesty International, stellte eine Reihe von Forderungen auf, darunter die nach bewaffneten internationalen Beobachtern auf der Westbank und in Gaza, sowie nach dem Rückkehrrecht palästinensischer Flüchtlinge. Jassir Arafat muss sich wie ein Mehrheitsführer gefühlt haben, als er in seiner Rede vor dem arabischen Gipfel betonte, dass »Israels Besatzung der größtmögliche Terrorismus (sei), während die Palästinenser den Terrorismus ablehnen und Frieden suchen«.

So weit die Reden. Die Aktionen vor Ort während derselben zwei Tage schienen auf einem anderen Planeten stattzufinden. In Hebron erschoss ein palästinensischer Heckenschütze auf einem Spielplatz die zehn Monate alte Shalhevet Pass in ihrem Kinderwagen. Im Zentrum von Petach Tikva wurde eine Bombe erfolgreich entschärft. Eine weitere Bombe ging in Süd-Jerusalem los, tötete jedoch niemanden. Am frühen Nachmittag, gerade als Arafat seine Rede hielt, die live im Radio übertragen wurde, sprengte sich ein Selbstmordattentäter in einem Bus der Linie 6, der in unser Viertel fährt, in die Luft. Meine beiden Söhne und ich fahren täglich mit diesem Bus.

Die ersten Wochen der Regierung Sharons waren durch ernsthafte Versuche zu einem langsamen Abbau der Restriktionen für die palästinensische Bevölkerung gekennzeichnet, einschließlich einer vorsichtigen Lockerung der Blockaden um die palästinensischen Städte. Früher, noch vor Oslo, waren derartige Blockaden unnötig, da die israelischen Sicherheitskräfte die Städte direkt beherrschten und offiziell die Mittel hatten, um potentielle Terrorzellen aufzuspüren. Das hatte zu unzähligen scheußlichen Szenen geführt und Leute, darunter auch mich, veranlasst, nach einem Ausweg zu suchen, aber im Rückblick war diese Situation weniger lebensbedrohlich und für beide Seiten erträglicher: Solange es keine Ausgangssperre gab – und dies war meistens der Fall –, konnten die Palästinenser ein normales Leben führen. Viele von ihnen gingen täglich nach Israel zur Arbeit. Bei der zweiten Intifada waren die Palästinenser – im Gegensatz zur ersten Intifada – bewaffnet und organisiert, und die Israelis sahen sich gezwungen, härtere Maßnahmen zu ergreifen.

Die gelockerten Restriktionen wurden begleitet von einem starken Anstieg der palästinensischen Angriffe auf zivile Ziele innerhalb Israels. In nur zwei Monaten verübten die Palästinenser sechs Selbstmordattentate und zündeten sechs Autobomben. In der Vergangenheit hätte man sagen können, dass der Terror der Preis für die israelische Kontrolle über die Palästinenser war. Aber was hatte die Ermordung von Zivilisten in Natanya, Kfar Saba und Hadera mit Verhandlungen zu tun, bei denen Israel bereits allem zugestimmt und klar und deutlich gesagt hatte, dass es keine Kontrolle über die Palästinenser haben wolle? Gab es da irgend etwas, das wir in der Hinterhand hatten und das dieses Handeln rechtfertigen konnte?

Sharons Regierung war in ihren Entscheidungen gefangen zwischen der Unmöglichkeit, die Palästinenser zufrieden zu stellen (weshalb sie ja auch gewählt worden war), den harten Forderungen der internationalen Gemeinschaft nachzugeben und die grundlegende Aufgabe der Regierung zu erfüllen: der Schutz des Lebens ihrer Bevölkerung. Nach der Ermordung von fünf Zivilisten, die an einem Freitagvormittag ihre Einkäufe in Netanya machten, wurden F-16 Bomber ausgeschickt, um eine Polizeistation in der Nähe von Nablus zu bombardieren. Der internationale Protest war ohrenbetäubend. Dann, am 1. Juni 2001, gelang es einem Selbstmordattentäter, in der Dolphinarium-Diskothek im Zentrum von Tel Aviv viele Israelis zu töten, fast alle von ihnen Jugendliche.

In einem unvorstellbaren Akt der Zurückhaltung unternahm Sharon nichts. Joschka Fischer, der deutsche Außenminister, der sich zufällig in der Nähe aufhielt, als die Detonation erfolgte, beschwor die Israelis, keine Vergeltung zu üben und rief Arafat eindringlich dazu auf, die Gewalt zu beenden. Die Israelis warteten ab und bewiesen allen, die es bereits wussten, dass es keinen »Teufelskreis der Gewalt« im israelisch-palästinensischen Konflikt gibt, sondern nur einseitige Aggression. Die Ruhe dauerte vier Tage; am 5. Juni wurde der Kopf des fünf Monate alten Yehuda Shoham durch einen Stein zerschmettert, der in das Auto seiner Eltern geworfen worden war. In dieser Woche veröffentlichte *Le Monde* auf der Titelseite eine Karikatur ihres preisgekrönten Zeichners Plantu mit dem Titel »Kamikaze-Kämpfer«. Es zeigte zwei gleichermaßen abstoßende Typen, einer mit Dynamitstangen, der andere mit Siedlungshäusern um seine Hüften gebunden. Ende Juni wurden acht weitere Israelis getötet, vier von ihnen Zivilisten, außerdem ein griechisch-orthodoxer Priester, der ein Auto mit israelischem Kennzeichen fuhr.

Mitte August zeigte mir ein Freund die Ergebnisse seiner Familienforschung, die kürzlich in einem polnischen Archiv fertiggestellt worden war. Jemand hatte die Meldeformulare ausgegraben, die Juden ausfüllen mussten, als die Deutschen ihre Stadt besetzten; die meisten Formulare enthielten Fotos der Erfassten. Mein Freund sah zum ersten Mal ein Foto seines Vaters als jungen Mann, vor der Shoah. Es war auch das erste Mal, dass er Bilder von seinen Tanten sah, die nicht überlebt hatten. Für ihn war die unglaubliche Ähnlichkeit seiner Tochter mit einer der Tanten das Erstaunlichste. Es war fast so, als ob ihr eine zweite Chance zum Leben gegeben worden wäre. Seine Tochter entwickelte nach dieser Entdeckung ein tiefes Bewusstsein für ihr eigenes Leben als Teil der jüdischen Geschichte. Die fünfzehn Jahre alte Malki Roth wurde in der Sbarro-Pizzeria im Zentrum von Jerusalem ermordet.

Worin bestand die angeblich so furchtbare Reaktion Israels auf den zweiten Massenmord an Zivilisten innerhalb von zehn Wochen? In der Schließung des inoffiziellen palästinensischen »Außenministeriums« in Jerusalem, dem Orient-Haus. Die Zahl der toten palästinensischen Zivilisten: null. Die Zahl der verwundeten Palästinenser: null. Die Zahl der toten oder verwundeten Schützen: null. Obwohl nicht zu rechtfertigen, übernahm BBC die Führung im Geschrei über israelische Vergeltung. Jossi Klein Halevy fand eine passende Metapher für das Dasein eines Israelis im Jahre 2001: Es sei, als ob man in einem schalldichten Raum mit einem psychopathischen Killer gefangen wäre, während die Außenstehenden hineinblickten und über die Irren redeten.

Am 11. September 2001 erreichte der Terrorismus seinen bisherigen Höhepunkt in den USA. Clyde Haberman von der *New York Times*, gerade aus Jerusalem zurück, fragte seine Leser: »Habt ihr es jetzt begriffen?« Unsere Gegner und unsere so genannten »kritischen Freunde« frohlockten, dies sei die Quittung für die einseitige amerikanische Unterstützung Israels. Der französische Botschafter in Israel löste eine Welle der Empörung aus, als er Osama Bin Laden als die Verkörperung des Bösen darstellte, den Palästinensern jedoch ein berechtigtes Anliegen einräumte. Aber in den USA wuchs die Zahl der Menschen, die begriffen, dass der Terrorismus kein »Anliegen« haben kann. Niemand, der politische Ziele mit derartig unmoralischen Mitteln erreichen will, verdient es, gehört zu werden, unabhängig von seiner elenden Lage.

Einen Monat später, auf einer Konferenz in Hamburg über den Nationalsozialismus, sagte mir ein Teilnehmer, dass dort, wo Menschen in Furcht leben, auch Hass herrsche. Ich antwortete ihm scharf: »Meine Kinder wachsen in Angst auf. Und die ist begründet, aber es ist ihnen nicht erlaubt zu hassen.«

Am 1. Dezember 2001 sprengten sich zwei Selbstmordattentäter in die Luft und eine Autobombe schlug im Zentrum von Jerusalem ein. Elf Jugendliche wurden getötet. Meir, mein siebzehnjähriger Sohn, stand in der Nähe, durch eine Häuserecke geschützt. Dadurch blieben er und seine Freunde unverletzt. Sie sahen jedoch Dinge mit an, die man besser nie sehen sollte.

Bevor die Nachricht im Radio gesendet wurde, rief er uns an, um zu sagen, dass ihm nichts passiert sei. Als er am Telefon war, hörten wir, wie sie nachzählten, ob noch alle da waren: »Efi ist dort drüben. Er ist okay. Hast du Itai gesehen? Wo ist Itai?« Er wollte uns mitteilen, dass er okay. war, aber auch das: »Ich kann viele meiner Freunde nicht finden und um mich herum liegen Tote.« Panik war in seiner Stimme. Als wir schließlich bei ihm waren, erzählte er uns immer wieder, wie sich jemand mit einem zerrissenen Bein an ihn gelehnt habe, bis ein Arzt gekommen sei, ihm gedankt und dann geschrieen habe: »Jetzt hau endlich ab!«

Am nächsten Tag versuchte er den Schock zu verarbeiten. »Wir sollten sie alle nach Afghanistan schicken. All diese Palästinenser. Sie können so viele Quadratkilometer haben wie sie wollen, dort ist genug Platz für alle.«

»Du willst Millionen von ihnen vertreiben?«, fragte ich.

Einige Minuten später ließ er diese Lösung fallen und suchte nach einer anderen. »Lass uns dorthin gehen und alle gesunden Männer zwischen achtzehn und vierzig verhaften und sie in eine tiefe Schlucht bringen. Dann werden wir alle Richter dorthin schicken, die wir haben, und jeder von ihnen wird vor einen Richter gestellt. Es wird drei verschiedene Urteile geben: Erschießung, lebenslange Haft oder Freilassung. Einige werden erschossen werden, die meisten werden ins Gefängnis gebracht, ganz wenige werden nach Hause geschickt werden.«

»Hunderttausende? Das klingt für mich nicht gerecht.«

»Ja, was können wir denn tun? Was sind denn das für Menschen, die ihre Männer stolz losschicken, um Kinder in die Luft zu sprengen?« Darauf hatte ich keine Antwort. »Ich will, dass sie verschwinden! Alle!«

»Meir, du weißt, dass ich solche Reden nicht hören will, selbst heute Abend nicht.«

Er ging in sein Zimmer – bis er mit einem anderen haarsträubenden Vorschlag zurückkam, obwohl er wusste, dass er inakzeptabel war, aber er musste ihn loswerden, hören, dass er abgelehnt wurde.

Er hatte das Böse erfahren, in seiner reinen und unverfälschten Form. Die meisten seiner Altersgenossen im Westen, ebenso wie deren Eltern, Politiker, Journalisten und Akademiker, haben und werden dies niemals erfahren. Wenn man sich anhört, was sie sagen, und liest, was sie schreiben, dann weiß man, dass sie niemals begreifen werden, was Meir mit siebzehn Jahren erfahren musste.

Irgendwann im März 2002, als die Selbstmordattentäter uns täglich angriffen und ihre Bewunderer verzückt ihre Helden feierten, schickte ich eine E-Mail an zwanzig oder dreißig Nicht-Israelis, Juden und Nicht-Juden, Amerikaner und Europäer: »Kann mir einer von euch ein überzeugendes Argument nennen, weshalb Israel die palästinensische Führung nicht militärisch entwaffnen sollte, Jassir Arafat hinausschmeißen, alle Waffen, die es bekommen kann, einsammeln und alle palästinensischen Waffenträger, die ihre Waffen nicht abgeben wollen, töten sollte?« Ich war überrascht, wie viele mit einem müden »Nein« antworteten. Einige jedoch wiederholten die Binsenweisheit über die Unmöglichkeit, irgend etwas durch Waffengewalt zu erreichen, obwohl das der gesamten Geschichte der Menschheit widerspricht. Ebenso, wissentlich oder aus Dummheit, wird die Wahrheit über die Gewalt der Palästinenser nicht gesehen: dass sie von Anfang an darauf aus waren, durch Waffengewalt Wesentliches zu erreichen und dass ihre Hoffnungen darauf seit Beginn des Jahres 2002 täglich stiegen. Natürlich konnte Israel nicht lange so weitermachen wie bisher, unter dem Druck von täglichen, bald stündlichen Morden an Zivilisten durch anscheinend unaufhaltbare Selbstmordattentäter. In kürzester Zeit musste es entweder zusammenbrechen oder zumindest über die Beendigung der Angriffe verhandeln, und dies um den Preis weit schlechterer Bedingungen, als es in Taba angeboten hatte; Bedingungen, die zu Israels baldigem Untergang führen würden. Die andere Alternative lautete: Es würde mit einer solchen Brutalität zurückschlagen, dass die internationale Gemeinschaft zum Eingreifen gezwungen wäre, um die Palästinenser zu retten, die unter dem Schutz der Israel feindlich gesinnten internationalen Truppen ihre Kampagne ungehindert fortsetzen würden. Der allgemeinen Ansicht zufolge handelten die Selbstmordattentäter aus »Verzweiflung«, aber wie der Kolumnist Charles Krauthammer bemerkte, war die tatsächliche Motivation für diese Angriffe nicht Verzweiflung, sondern Hoffnung. Hoffnung darauf, dass Israel daran zerbrechen könnte und letztendlich Hoffnung auf seine Zerstörung. Es war unbedingt notwendig, dass sie von diesen Wahnvorstellungen befreit wurden.

Eine Woche später schlug ein Selbstmordattentäter im Park Hotel in Netanya zu, wo er neunundzwanzig Israelis tötete, die dort gerade feierlich das Passahfest begingen – den wichtigsten Feiertag der jüdischen Familien. So tat Israel schließlich, was es tun musste. Durch die Verfolgung der Hintermänner der Terroristen und ihrer Helfershelfer im eigenen Lager änderte es seine Taktik. Als Symbol dieser Veränderung gilt die Schlacht von Jenin – tatsächlich ein Kampf um einen kleinen Teil einer kleinen Stadt, ungefähr von der Größe eines Fußballfeldes, wo sich die schlimmsten Mörder in einem Wohngebiet versteckt hielten, umgeben von Tonnen von Sprengstoff und Minen. Anstatt sie sicher aus der Luft zu zerstören, wofür ihre Ausrüstung aufs Beste geeignet war, erkämpften sich die Israelis Meter um Meter. Ein Kampf unter solchen Bedingungen ist vor allem eine Prüfung für den eigenen Mut, das Durchhaltevermögen und schließlich den festen Willen zu siegen, da die Palästinenser genau wussten, worum es ging und genug Zeit hatten, sich gründlich darauf vorzubereiten. Das erklärt die fast gleich große Opferzahl auf beiden Seiten – zweiundfünfzig Palästinenser und dreiunddreißig Israelis. Der israelische Sieg in diesem brutalen Wettbewerb der Entschlossenheit machte den Menschen zu Hause überdeutlich, dass die Dinge nicht so weiter gehen würden wie bisher. Das Blatt hatte sich gewendet.

Genau das mochte der Grund für die Welle des Hasses gewesen sein, die in dieser Woche Israel überrollte: weltweite Abscheu über das israelische Massaker an Hunderten von Zivilisten (die Palästinenser sprachen von Tausenden). Fernsehkorrespondenten und Zeitungsreporter erklärten zufrieden, der »Schlächter von Beirut« habe endlich sein wahres Gesicht gezeigt. So genannte Friedensaktivisten unterstützten die Palästinenser; eine von ihnen schrieb mir eine E-Mail, in der sie mir schilderte, wie sie das Leben der Palästinenser vor der israelischen Aggression schützte, genau wie einst eine Handvoll aufrechter Europäer Juden vor den Nazis gerettet hätten. Staatsführer riefen Sharon an, um gegen die Belagerung Arafats zu protestieren, niemals fragte jemand nach den Dutzenden Verwundeter Zivilisten des tatsächlichen Massakers, das sich gerade in Netanya ereignet hatte. Zigtausend Demonstranten zogen durch die Straßen europäischer Hauptstädte, um gegen Israels angebliche Kriegsverbrechen zu protestieren, und der CDU-Politiker Norbert Blüm strafte uns mit dem Wort *Vernichtungskrieg*, ein Begriff, der für die NS-Zeit verwendet wird. Die Vereinten Nationen setzten eine Kommission zur Untersuchung unserer »Verbrechen« in Jenin ein, unter dem Vorsitz eines Schweizer Beamten namens Saramuga, der in der Vergangenheit den Davidsstern mit dem Hakenkreuz verglichen hatte.

Meine Freundin Esther Golan ist eine Überlebende des Holocaust. Sie ist jetzt Ende siebzig. Am Nachmittag von Jom HaShoah, dem Gedenktag an den Holocaust, wollten wir gemeinsam bei einer öffentlichen Veranstaltung auftreten, bei der sie Yad Vashem eine Anzahl von Briefen schenken wollte, die ihre Mutter sechzig Jahre zuvor geschrieben hatte. Die Mutter, die sich verzweifelt fragte, ob sie ihre Kinder jemals wiedersehen würde, hatte sich, kurz bevor sie nach Auschwitz deportiert wurde, an die Hoffnung geklammert, dass sie sich eines Tages »in unserem eigenen Land« wiederfinden könnten. Esther erschien an diesem Nachmittag nicht. Ihr Enkel, Eyal Joel, war an diesem Vormittag in Jenin getötet worden. Als ich sie einige Tage später besuchte, fragte sie mich, ob sie den Sinn für die Realität oder ob die Welt den Verstand verliere? Ich versicherte ihr, es sei die Welt, die den Verstand verloren habe. Ich hatte über dieses Problem bereits mehr als ein Jahr gegrübelt, und jetzt hatte ich das Gefühl zu wissen, wie ich es beweisen könnte.

Die Juden waren die ersten Monotheisten der Menschheit, und in seiner Komplexität ist der Monotheismus universell. Der Monotheismus stellt es dem Einzelnen frei, an den einen Gott zu glauben. Er erklärt, dass es einen Gott gibt, der uns alle erschaffen hat, und er ist offen für alle, unabhängig von Rasse, Geschlecht, Status oder Reichtum. Er behauptet ebenfalls, dass es eine universelle Moral gibt. Es gibt unzählige Varianten, aber dies ist die Kernposition. In einem jüdischen Kontext zu leben bedeutet anzuerkennen, dass sowohl Erkenntnis als auch Moral grundlegend universell sind.

Die Prämisse dieses Buches lautet, dass es eine objektive Wahrheit gibt, die zumindest manchmal erkannt werden kann; es gibt Untersuchungsmethoden und Denkansätze, die jedem offen stehen und die zur Beweisführung benutzt werden können. Moral ist ebenfalls universell; obwohl nicht alle darin übereinstimmen mögen, was in einem bestimmten Kontext moralisch ist und was nicht, so kann doch jeder das Prinzip erkennen. Wahrheit und Moral sind nicht einer bestimmten Gruppe vorbehalten, obwohl es vorstellbar ist, dass einige Menschen oder Gruppen moralischer als andere sein können. Aber das lässt sich empirisch nachweisen, wenn man vorurteilsfrei an die Sache herangeht.

Einige Leser werden mit mir nicht darin übereinstimmen, dass Moral universell ist. Aber wenn sie es nicht wäre, gäbe es überhaupt keine Möglichkeit der Beurteilung. Angesichts der Fülle von Ansichten über Israels Verhalten wird deutlich, dass die Menschen offensichtlich spüren, dass es moralische Kriterien gibt, nach denen man messen und urteilen kann.

Die Anklagen, die gegen Israel erhoben werden, sind vielfältig und hart. Manche Behauptungen widersprechen sich gegenseitig, aber Ungereimtheiten haben die Menschen noch nie davon abgehalten, ihre Meinung lautstark zu äußern.

Zionismus wird grundsätzlich abgelehnt, unabhängig von seiner Politik oder seinem Handeln. Er wird als europäisches koloniales Projekt verdammt, was in diesen Zeiten der post-kolonialen Schuldgefühle einer absolut vernichtenden Kritik gleichkommt. Israel gilt gegenwärtig als das allerschlimmste sämtlicher kolonialer Projekte, da es das Einzige sei, das noch existiere. Die Araber dramatisieren diese Schuld noch durch die Behauptung, es gebe keinen Nachweis für eine jüdische Vergangenheit in Palästina.

Diesem Argument kann der Westen nicht zustimmen, denn es unterminiert das Christentum und seine eigene Geschichte. Aber er stimmt mit den Arabern darin überein, dass es, selbst wenn es eine jüdische Vergangenheit gegeben hat, diese zu weit zurückliegt, als dass sie heute noch eine Rolle spielen könnte. Schließlich gibt es Menschen, die sich selbst als Vertreter eines universellen Humanismus begreifen und den Zionismus aufgrund seiner Konzentration auf das Wohlergehen allein der Juden ablehnen: Eine derartige Konzentration auf eine einzige ethnische Gruppe muss ein Beispiel für Rassismus sein.

Nachdem sie den Juden das Recht auf nationale Selbstbestimmung in ihrem Land abgesprochen haben, stützen die Kritiker ihre Position mit Behauptungen über die Praxis des Zionismus. Die Palästinenser, so sagen sie, hätten friedlich in ihrem Land gelebt, bis die Juden eindrangen, sie vertrieben und ihnen ihr Land stahlen. Die Zionisten hätten immer versucht, die Palästinenser zu vernichten und würden nicht eher aufgeben, bis ihnen das gelungen sei. Daher sei Zionismus eine auf Völkermord ausgerichtete Bewegung, die vorzugsweise Terror gegen die wehrlose palästinensische Zivilbevölkerung einsetze. Unmittelbar nach dem Abzug der britischen Streitkräfte aus Palästina 1948 hätten die Zionisten damit begonnen, die Palästinenser aus ihrem Heimatland zu jagen. Danach setzten sie ihre Verfolgung fort, um jegliche Möglichkeit auf Frieden zu vereiteln, bevor das Vorhaben vollständig ausgeführt worden sei. 1967, so die Kritiker, provozierte Israel einen weiteren Krieg, indem es weite Teile Palästinas eroberte und noch mehr Palästinenser vertrieb. Als dies immer noch nicht den Widerstand der Palästinenser brechen konnte, hätten die Israelis ein Siedlungsprogramm in dem enteigneten Land gestartet, zur Unterdrückung der Palästinenser. Selbst wenn Israel offiziell mit den Palästinensern verhandle, geschehe dies niemals in guter Absicht; sein wahres Ziel sei die Unterwerfung der Palästinenser, egal mit welchen Mitteln.

Diese Version der Geschichte ist dermaßen judenfeindlich, dass die meisten Menschen in der westlichen Welt sie in einer solch kondensierten Form nicht teilen würden, aber jeder ihrer Bestandteile ist auf den Seiten zahlreicher europäischer Tageszeitungen zu finden. Ihre Macht liegt in den Körnchen Wahrheit, die sie enthält, und sie wird begünstigt durch die Ignoranz der Leser – und vielleicht auch der Schreiber selbst –, die diese Interpretationen der Fakten akzeptieren, da sie so gut zu den traditionellen Vorurteilen über die Juden passen.

Angesichts der angeblich unmenschlichen Politik der Israelis beginnt man zu verstehen, weshalb der Konflikt so langwierig ist. Die Palästinenser sind wütend über die Ungerechtigkeit der zionistischen Invasion, die Brutalität der israelischen Besatzung und die Gewalt der Siedler, die strategisch günstig auf den Hügeln sitzen. Ihr Widerstand ist nur natürlich, aber da die Israelis darauf bestehen, ihnen mit noch mehr Gewalt zu antworten, ist ein Teufelskreis entstanden, der nur schlimmer werden kann. Der Konflikt ist zu einer unlösbaren blutigen Fehde geworden, die sich selbst nährt, und die Protagonisten beider Seiten haben ihren Verstand verloren. Moral spielt keine Rolle mehr, da der Terrorist des einen der Freiheitskämpfer des anderen ist, macht aber genau den Unterschied, da der einzige Weg zur Beendigung des Konfliktes darin liegt, dass Israel die Ungerechtigkeiten, die es begangen hat, korrigiert. Da Israel der mächtige Aggressor ist, kann es sich leisten, großzügig gegenüber den Palästinensern zu sein, die schwach sind und es nicht bedrohen. Aber Israel lehnt natürlich all diese Ratschläge ab, denn sein Ziel bleibt die Vernichtung der Palästinenser und die Annektion ihres Landes zur Erfüllung der zionistischen Prophezeiungen.

Wiederholt habe ich Kritiker Israels gebeten, zu erklären, wie sie diese Ansicht mit den Wahlsiegen von Rabin und Barak oder Baraks Angeboten von 2000 in Einklang bringen. Diejenigen, die zu antworten bereit waren, sagten mir, die ganze Sache wäre ein Trick gewesen, israelische Propaganda. Alles, was Barak wirklich gewollt habe, sei die indirekte statt direkte Kontrolle der Palästinenser gewesen. Es ist erschreckend, wie tief verwurzelt die Furcht vor verdeckter jüdischer Macht tatsächlich ist.

Es ist genau diese ursprüngliche Furcht vor den Juden, genährt durch Jahrhunderte der Feindschaft, die die globale Bedeutung dieses Konfliktes zu irrationalen Dimensionen aufbläst. Angesichts des Ausmaßes an Beschimpfungen, denen es ausgesetzt ist, könnte man glauben, das winzige Israel sei eine Bedrohung für Weltfrieden und Stabilität (wie der französische Botschafter im

Vereinigten Königreich sagte: »Weshalb sollten wir alle in Gefahr leben wegen dieses beschissenen kleinen Israels?«). Menschen, die die Vereinigten Staaten hassen, hassen häufig auch Israel, weil es ein Vorposten der USA sei. In den letzten Jahren hat jedoch ein noch mächtigerer Vertreter dieser Theorie seinen Kopf erhoben, wie es deutlich in dem Schreiben Saddam Husseins an die Vereinten Nationen vom 19. September 2002 zum Ausdruck kommt: »Indem sie auf Irak zielt, handelt die US-Administration im Auftrag des Zionismus, der die heldenhaften Menschen Palästinas tötet, ihr Eigentum zerstört, ihre Kinder ermordet und danach trachtet, die Herrschaft der ganzen Welt zu übernehmen ... Sie werden bemerken, wie die Politik des Zionistischen Gebildes, das Palästina und die anderen arabischen Gebiete seit 1948 usurpiert hat, jetzt eins geworden ist mit der Politik und den Möglichkeiten der Vereinigten Staaten.«

Über eine solche Sichtweise kann genauso wenig diskutiert werden wie über die Nazipropaganda der frühen vierziger Jahre, die den Präsidenten der Vereinigten Staaten als Franklin Rosenfeld bezeichnete. Man könnte erwarten, dass die öffentliche Meinung im Westen in Bezug auf die Gefahren einer solchen Sichtweise etwas sensibler reagiert, doch man wird schwer enttäuscht. Saddams Unterstellungen, die zum Standardrepertoire der arabischen Propaganda gehören, riefen keinerlei Empörung in den Reihen der Israel-Kritiker hervor, auch keinerlei Nachdenken über deren fragwürdige Bundesgenossen. Als ob die Geschichte des Judenhasses nie existiert hätte, versichern sie uns weiterhin, dass von dem Zeitpunkt an, an dem wir alle Leiden der Palästinenser beenden, Friede und Freundschaft herrschen werde. Oder vielleicht ist es auch genau anders herum: Häufig tadeln sie die Israelis, sie hätten nichts aus ihrer eigenen Geschichte gelernt. Gerade die Juden sollten es von allen am besten wissen, lautet der Refrain. Da sie selbst doch so sehr gelitten haben, sollten sie die Letzten sein, die andere leiden lassen.

Die Bösartigkeit dieses Arguments hat viele Facetten. Es insinuiert, dass die Israelis die Palästinenser in gleicher Weise behandeln, wie die Nazis die Juden behandelt haben, und dass die Palästinenser ebenso unschuldig sind, wie es die Juden Europas waren. Während ganz einfach übersehen wird, dass die Juden niemals ihre

Folterknechte töteten, entschuldigt man die palästinensischen Verbrechen als Reaktion auf die Verfolgung. Alle diese Argumente lassen nur eine Schlussfolgerung zu: Da die Juden sich störrisch weigern, sich anständig zu benehmen, hat der Zionismus offenkundig versagt und muss vernichtet werden.

Nehmen wir den Oxford-Professor Tom Paulin, der im Februar 2001 ein Gedicht über die »Zionistische SS« veröffentlichte, die wehrlose palästinensische Kinder erschossen habe. Wenn Paulin derartige Vergleiche zieht, ruft er zur gewaltsamen Zerstörung des jüdischen Staates auf. Darüber hinaus erreicht sein Gift bereits den Mehrheitsdiskurs, wie dies der Streit einiger walisischer Lokalpolitiker vom Januar 2003 verdeutlicht.

Ein unbedeutender Labour-Politiker, Ray Davies, rief zwei etwas bedeutendere walisische Politiker auf, nicht nach Israel zu reisen, das er als »Apartheid-Staat« bezeichnete. »Hitlers Nazi-Regime besetzte Europa lediglich vier Jahre lang. Palästina und die Westbank sind schon seit 40 Jahren besetzt ... Ich ziehe diesen Vergleich bewusst, weil [dies] eine Gruppe von Leuten ist, die verstehen sollte, was Unterdrückung bedeutet und was es heißt, unter Besatzung zu leben.« Davies selbst hatte an einer Untersuchungsreise in die besetzten Gebiete teilgenommen, jedoch stolz erklärt, er habe sich »aufs Äußerste geweigert«, Israel selbst zu besuchen: »Wenn Sie dort ankommen, werden Sie wie ein König behandelt und ins Holocaust-Museum geführt, wo Ihnen soviel Sympathie wie nur eben möglich entgegen gebracht wird und ihnen die Schokoladenseite des Lebens in Israel vorgeführt wird ... Jeder, der Israel besucht, wird ins Holocaust-Museum geführt, damit er sieht, was den Israelis angetan wurde ... Aber das gibt der israelischen Regierung nicht das Recht, das zu tun, was sie den armen belagerten Palästinensern seit mehr als 40 Jahren antun. Das Leben in Palästina und in den besetzten Gebieten ist zur Zeit alles andere als erträglich.« Sein Appell wurde unterstützt von dem walisischen Kinderbuch-Preisträger Menna Elfyn.

Die Weigerung, Israel überhaupt nur zuzuhören, lässt die irrationale Tiefe der Animosität erkennen und die Unmöglichkeit, ihr durch einen Dialog zu begegnen – seit Jahrhunderten typische Kennzeichen des Antisemitismus. So lange Israel sich selbst verteidigen kann, muss die Tatsache, dass es von Leuten, die vernünftigen Argumenten nicht zugänglich sind, verunglimpft wird, kein Grund zur Verzweiflung sein; wenn aufgeklärte Rationalität wichtig ist, so sollte man stolz darauf sein können. Die Gefahr besteht darin, dass schließlich rationale Menschen an der Wahrheit dessen, was sie wissen, zu zweifeln beginnen.

Dieses Buch richtet sich an jeden, der offen ist für eine moralische Bewertung der Fakten. Da die Geschichte des Zionismus mit der Geschichte seiner Kriege verwoben ist, muss ein Versuch zur Bewertung des Zionismus in der Grundannahme über die Moral des Krieges verankert sein.

Es gibt vier wichtige Denkschulen über die Rechtfertigung von Kriegen.

Erstens gibt es religiöse Rechtfertigungen, in denen Kriege als die Erfüllung des göttlichen Willens angesehen werden. Die islamischen Eroberungen vom siebten bis neunten Jahrhundert oder die Kreuzzüge, die von 1095 an eine Antwort darauf waren, sind die besten Beispiele. Die modernen Atheisten dieser Schule ersetzen Gott durch die Zwangsläufigkeit der Geschichte, so geschehen im Nazismus, aber auch in einigen Phasen des Kommunismus. Diese Rechtfertigungen sind gewöhnlich nicht universell, da die Ungläubigen oder die Verlierer der Geschichte ausgeschlossen werden – die Juden und andere »Untermenschen« im Nazismus, die Bourgeoisie und die Kulaken im Kommunismus, und schließlich die angeblichen Intellektuellen im kommunistischen Kambodscha. Per definitionem sind diese Kriege nicht durch universell geltende Moralgesetze zu rechtfertigen.

Andere betrachten Krieg als unvermeidlichen Teil der Realpolitik – als Fortsetzung der Politik mit anderen Mitteln – und deshalb nicht als Gegenstand moralischer Überlegungen. Die meisten europäischen Kriege vom achtzehnten Jahrhundert an waren unmoralische Kriege; sie gipfelten im Ersten Weltkrieg, der als einfacher Krieg um das Machtgleichgewicht begann, jedoch auf schrecklichste Weise aus den Fugen geriet aufgrund des unmerklichen Fortschritts militärischer Technologie während der vorangegangenen Jahrzehnte. Die Kriege Afrikas, die gegenwärtig stattfinden, gehören ebenfalls in diese Kategorie: Es geht um Macht und Gier.

Pazifisten verdammen prinzipiell alle Kriege. Dies ist ein reizvoller Standpunkt und wenn er von der gesamten Menschheit gleichzeitig akzeptiert würde, wäre die Welt wahrlich ein besserer Ort. Bis dahin halten sich Pazifisten aus ungerechten Kriegen heraus und unterstützen damit die Aggressoren. Wo sie selbst die Angriffsziele sind, müssen sie sich entweder vollständig unterwerfen, vielleicht sogar ihr eigenes Leben opfern und das ihrer Mitbürger, die sie nicht verteidigen wollen, oder aber sie müssen auf jemand anderen vertrauen, der für sie kämpft. So war zum Beispiel der Defätismus der Franzosen 1940 vom Pazifismus beeinflusst, mit dem Ergebnis, dass die Kriegsmaschinerie der Nazis sie mit einer Leichtigkeit überrollte, die ihr tatsächliches militärisches Potential Lügen strafte und zur Deportation von siebzigtausend Juden in die Konzentrationslager führte, bevor die Alliierten den Krieg für die Franzosen führten und das Morden beendeten. Die westeuropäische Parole der Freunde der Sowjetunion »Lieber rot als tot« wurde zum Glück nicht auf die Probe gestellt, da andere bereit waren, den Roten gegenüberzutreten und sie zurückzudrängen. Die Weigerung, die eigene Macht zur Beendigung des Mordens einzusetzen, kostete während der neunziger Jahre Zehntausende in Bosnien und Hunderttausende in Ruanda das Leben. In einer solchen Welt ist Pazifismus moralisch nicht vertretbar[1].

Schließlich gibt es noch die moralische Denkschule, die anerkennt, dass Krieg Teil unserer Welt ist, jedoch versucht, Kriegsführung nach moralischen Überlegungen zu regeln. Ich stütze mich dabei hauptsächlich, wenn auch nicht ausschließlich, auf Michael Walzers Studien über diese Tradition in seinem Werk *Just and Unjust Wars: A Moral Argument with Historical Illustrations* (dt.: *Erklärte Kriege, Kriegserklärungen,* Hamburg 2003), obwohl ich nicht beurteilen kann, ob Walzer über meine Adaption seiner Gedanken erfreut wäre. Als Denkschule wurzelt die moralische Kriegstradition in der christlichen Theologie, noch tiefer jedoch im jüdischen Monotheismus. Das Verständnis des Krieges als ein menschliches Handeln, das sich nach moralischen Regeln richten muss, er-

---

1 Die deutschen Pazifisten der Zeugen Jehovas während der Nazizeit sind eine interessante Ausnahme, nicht weil sie sich weigerten, in einem außergewöhnlich unmoralischen Krieg zu kämpfen, sondern genau deshalb, weil sie bereit waren, den ultimativen Preis für ihre Überzeugungen zu zahlen und Jahre in Konzentrationslagern dahinsiechten. Hätten sie ihre Überzeugungen aufgegeben, wäre ihnen nichts geschehen. Sie bilden die Ausnahme von der Regel.

scheint zuerst im Deuteronomium (Fünftes Buch Mose, Anm. d. Ü.), beispielsweise im 20. Kapitel, das festlegt, wie die Armee sich auf den Kampf vorbereiten soll, wie die Belagerung durchzuführen und ihre Aufhebung auszuhandeln ist, sowie die Behandlung von Kriegsgefangenen.

Eine wichtige Unterscheidung bei der Diskussion über Moral und Krieg betrifft die zwischen dem *jus ad bellum*, dem Recht, einen Krieg zu führen, und dem *jus in bello*, dem Recht im Krieg. Ersteres fragt danach, ob man überhaupt das Recht hat, einen Krieg zu beginnen und antwortet, dass Nationen sich selbst vor Aggressionen schützen dürfen, um ihr Recht auf Selbstbestimmung zu wahren – die amerikanische Revolution ist ein anschauliches Beispiel dafür. Intervention in die Kriege anderer kann ebenfalls gerechtfertigt werden, wenn die Intervention darauf abzielt, der Aggression ein Ende zu bereiten. Dafür bietet der Kosovo-Krieg 1999 vielleicht das deutlichste Beispiel, oder die Vertreibung der irakischen Truppen aus Kuwait 1991. Ein anderer Punkt, den Walzer nicht erwähnt, ist der Preis zur Beendigung des Krieges, sei es durch Kapitulation, Verhandlungen oder Sieg. Der Preis, den jede Seite für den Frieden zu zahlen hat, kann Aufschluss über die ursprünglichen Kriegsziele und den Grad ihrer Moral geben. Das Verhalten der Amerikaner nach ihrem Sieg im Zweiten Weltkrieg spricht Bände über die Moral, in diesen Krieg überhaupt eingegriffen zu haben; das Schicksal der Tschechoslowakei nach München, 1938/39, beweist, wie moralisch (obgleich sinnlos) ein Krieg gegen Deutschland gewesen wäre.

Jus in bello ist der Versuch, Krieg gemäß bestimmter Regeln zu führen und annulliert gegebenenfalls durch das eigene Handeln, was immer es an Rechtfertigung für die ursprüngliche Entscheidung zum Kampf gegeben haben mag. Es ist getrennt vom *jus ad bellum* zu behandeln und erstreckt sich bis auf das individuelle Verhalten der Soldaten im Kampf, unabhängig davon, ob der Krieg, in dem sie sich befinden, gerecht ist oder nicht. Ein gerechter Krieg kann ungerecht geführt werden und ein ungerechter Krieg könnte durchaus gerecht geführt werden. Der entscheidende Punkt liegt darin, dass Krieg von Soldaten gegen andere Soldaten geführt wird. Zivilisten und gefangene Soldaten sind keine legitimen Ziele.

In meiner Untersuchung über Israels Kriege fand ich heraus, dass der Zionismus fast immer versucht hat, moralisch zu handeln. Manchmal machte er Fehler, aus denen er im Allgemeinen (wenn auch nicht immer) lernte. Obwohl er sich ständig im Kriegszustand befand, war er dennoch überraschend erfolgreich, wenn auch nicht vollkommen, in allen möglichen anderen Projekten, wie dem Aufbau einer ziemlich intakten Gesellschaft unserer äußerst heterogen zusammengesetzten Gemeinschaft. Gerade weil seine Gesamtbilanz grundlegend positiv ausfällt, sind seine Bürger seinem Erfolg zutiefst verpflichtet, selbst angesichts gewaltsamer Ablehnung durch die Nachbarn und weitverbreiteter internationaler Verurteilung. Vieles davon stammt aus der alten jüdischen Tradition, die im modernen Israel weiterhin großen Einfluss besitzt. Als Staat ist er nicht religiös, aber er ist sehr jüdisch, insbesondere in seinen Entscheidungen.

Denn der Kern der Moral ist die Wahlfreiheit. Die biblische Schöpfungsgeschichte unterstreicht, dass die Wahl zwischen Gut und Böse die Essenz des menschlichen Lebens ist. (Die marxistische Geschichtsauffassung setzt unsere Menschlichkeit herab durch die Reduktion unserer Verantwortung, moralisch zu entscheiden.) Das ursprüngliche zionistische Prinzip beinhaltete, dass das Ziel einer nationalen jüdischen Existenz beachtliche Anstrengungen wert war. Die daraus folgenden Entscheidungen drehten sich hauptsächlich um die zulässigen Mittel zur Aufrechterhaltung dieses Ziels.

Im April 2002 versuchte die saudi-arabische Regierung den übrigen Teil der arabischen Welt davon zu überzeugen, die Initiative zur Anerkennung Israels zu ergreifen und unter bestimmten Bedingungen Frieden zu schließen. Der Vorschlag wurde von beachtlicher Propaganda begleitet und erfolgte auf einer arabischen Konferenz in Beirut. Ob die Saudis es ernst meinten, ist schwer zu sagen, in jedem Fall vernebelte die Propaganda die Tatsache, dass die meisten Staaten der arabischen Welt sich immer noch nicht dazu durchgerungen haben, Israels Existenzrecht anzuerkennen. Welche Mittel gewählt wurden, um diese Weigerung zu bekräftigen, zeigte sich etwa vier Stunden nach den Diskussionen in Beirut, als neunundzwanzig Juden in Netanya am Seder-Tisch ermordet wurden. Das Protestgeheul im Westen nach der Entscheidung Israels, zum Schutz seiner Bürger Gewalt anzuwenden, war ebenfalls eine moralische Entscheidung, gleichermaßen anerkannt von Arabern und Juden.

Wenn also unsere Feinde uns das Existenzrecht streitig machen, lasst uns wenigstens sicherstellen, dass wir unsere Handlungen vor uns selbst rechtfertigen können. Das wird unserer Zuversicht Kraft verleihen, unserer Entschlossenheit Stärke und Ermutigung sein für all jene Verbündeten, die uns geblieben sind. Sicherzustellen, dass unsere Kriege gerecht sind, wird auch garantieren, dass die unserer Feinde es nicht sind, und dieses Wissen wird uns stärken bis zu dem Tag, an dem sie müde werden, weiterhin Blut zu vergießen für ein Ziel, das niemals erreicht werden sollte.

Erstes Kapitel
Die Anfänge des Zionismus: Die Machtfrage wird entschieden

Aus der Palästinensischen Nationalcharta (1968)[2]: »*Artikel 20*: ... Ansprüche der Juden auf historische und religiöse Bindungen an Palästina stimmen nicht mit den geschichtlichen Tatsachen und dem wahren Begriff dessen, was Eigenstaatlichkeit bedeutet, überein. Das Judentum ist eine Religion und keine unabhängige Nationalität; ebenso wenig stellen die Juden ein einzelnes Volk mit eigener Identität dar, vielmehr sind sie Bürger der Staaten, denen sie angehören.

Artikel 22: Der Zionismus ist eine politische Bewegung, die organisch mit dem internationalen Imperialismus verbunden ist und im Widerspruch zu allen Befreiungsaktionen und der progressiven Bewegung in der Welt steht. Er ist rassistischer und fanatischer Natur; seine Ziele sind aggressiv, expansionistisch und kolonialistisch; seine Methoden sind faschistisch. Er ist das Instrument der zionistischen Bewegung und ein geographischer Stützpunkt des Imperialismus, strategisch inmitten des palästinensischen Heimatlandes gelagert, um die Hoffnungen des arabischen Volkes auf Befreiung, Unabhängigkeit und Fortschritt zu bekämpfen. Israel ist eine ständige Quelle der Bedrohung des Friedens im Nahen Osten und in der ganzen Welt ...«

Die Charta der PLO ist das bedeutendste Dokument in der Geschichte der Palästinenser, jahrzehntelang war es die Grundlage ihrer nationalen Bestrebungen. Teile der Charta mögen in den 1990er Jahren modifiziert worden sein, aber die Grundzüge wurden bislang unverändert beibehalten. Allerdings geht auch aus dieser Charta nicht deutlich hervor, wie die Palästinenser ihren Feind wirklich sehen: Sind die Juden lediglich eine religiöse Gruppierung, wie es klar und deutlich in Artikel 20 zum Ausdruck kommt? Oder bilden sie ein geheimes Netzwerk bösartiger Ver-

---

2 Die deutsche Übersetzung ist übernommen aus http://www.palaestina.org/ dokumente/plo/palaestinensische-nationalcharta.pdf (25.01.06)

schwörer, wie in den »Protokollen der Weisen von Zion« suggeriert wird – rassistisch, fanatisch, aggressiv, expansionistisch, kolonialistisch und faschistisch –, nicht zuletzt darauf aus, die arabische Welt und ihre Werte zu vernichten, wie Artikel 22 impliziert? Natürlich haben solche Charakterisierungen mit der Realität nichts zu tun, sie sind reine Propaganda. Wahr ist, dass die jüdische Nation eine ungewöhnliche Geschichte hat: Die Juden bildeten ursprünglich eine Nation mit einer Religion, wurden dann zu einer Religion mit Nation und bildeten anschließend Jahrhunderte lang eine lockere religiöse Gemeinschaft, die dabei immer noch wesentlich mehr von einer Nation hatte als alle anderen Gesellschaften in ihrem Umfeld. Daraus erklärt sich, warum die Juden nicht als eindeutig definierte gesellschaftliche Gruppe erscheinen. In der Zeit der Aufklärung gaben viele Juden vor, lediglich zu einer Religionsgemeinschaft zu gehören, aber auch das erwies sich als problematisch; später entstand die Idee des Zionismus, der für das Ziel eintrat, wieder eine eigene jüdische Nation zu gründen. Natürlich war der Zionismus stark religiös beeinflusst. Aber auch darüber, wie eng sein Bezug zur Religion ist, sind die Meinungen geteilt: Einige definieren den Zionismus eher religiös als national; andere hingegen begreifen ihn als Werkzeug zur Befreiung der Nation von der Religion.

Die wechselvolle Geschichte der Juden begann bereits vor dreitausend Jahren. Damals schuf eine junge Nation, die sich selbst »die Stämme Israels« nannte, ein Werk, das zu den berühmtesten und unvergänglichsten Texten der Menschheit gehört, und zwar genau an jenem Ort, der heute noch im Mittelpunkt des Nahost-Konflikts steht. Jahrtausende später sind selbst die aussichtsreichsten Friedenspläne an Jerusalem gescheitert, daher muss die Bedeutung und die Schlüsselstellung dieser Stadt erläutert werden.

Während der ersten zweitausend Jahre seiner fünftausendjährigen Geschichte war Jerusalem ein kleiner und unbedeutender Ort. Er lag auf einem niedrigen Hügel, der im Osten, Süden und Westen steil abfiel, sodass er nur im Norden verteidigt werden musste. Im Süden verbreitete sich das Tal auf eine Länge von zwei bis drei Kilometern, so dass genügend landwirtschaftlich nutzbarer Boden vorhanden war, um die wenigen Leute, die oben auf dem Hügel lebten, zu ernähren. Nach Osten hin, genau dort, wo das Tal sich erweitert, befand sich die einzige ausreichend große Quelle im Umkreis von mehreren Kilometern.

Alle anderen Hügel in der Umgebung waren höher und zu einer Zeit, in der man ausschließlich zu Fuß unterwegs war, stellte dies sicher, dass durch dieses Gelände keine Hauptstraße führte, da sie für Fußmärsche viel zu beschwerlich gewesen wäre. Zwei oder drei Kilometer weiter westlich verlief an der Kuppe eines Bergrückens eine Straße, aber das Gebiet war klein und die Straße von geringer Bedeutung. Alles in allem war Jerusalem also ein unbedeutender Ort und nichts ließ erkennen, dass sich das jemals ändern würde. Selbst Joshua und seine Armeen ließen Jerusalem bei ihrem Eroberungsfeldzug links liegen.

Die Schicksalsstunde Jerusalems schlug vor fast genau dreitausend Jahren. David, der Sohn Isaias', war zum König von Judäa gesalbt worden. Er war jedoch nur von seinem eigenen Stamm, den Judäern, sowie von dem kleinen Stamm der Benjamin anerkannt worden. Die anderen zehn Stämme, die in Israel lebten, verweigerten ihm die Anerkennung und bestanden weiter auf ihrer Treue zum Hause Sauls, der kurz zuvor in einer Schlacht gefallen war. Da David einen neutralen Stützpunkt brauchte, erklärte er Jerusalem zu seiner Hauptstadt. Dort hatte keiner der Stämme Rechtsbefugnisse und es war zentraler gelegen als die judäische Hauptstadt Hebron.

Einige Zeit später wurde noch eine weitere bemerkenswerte Eigenschaft der Stadt Davids, wie einige sie nun nannten, offenbar: Der westlich von Jerusalem gelegene Hügel wies eine tiefe Schlucht in westlicher Richtung auf; im Norden war er mit dem Bergkamm verbunden, auf dem Jerusalem lag. Wollte man also die Stadt vergrößern, musste man trotzdem nicht auf ihre strategischen Vorteile verzichten: Schluchten auf drei Seiten, Wasser und landwirtschaftlich nutzbares Land in mehreren Richtungen. Nur wenig später baute man bereits Zisternen, um Wasser darin zu sammeln. So war die wachsende Bevölkerung nicht mehr länger auf die einzige Quelle angewiesen.

Nachdem er nun eine Hauptstadt hatte, wollte David einen Tempel für den Herrn bauen. Die Legende erzählt, dass Gott ihn fallen ließ, weil David ein Mann des Krieges war und der Tempel von einem Mann des Friedens gebaut werden musste. In der biblischen

Geschichte ist Davids Leben gespalten in das des jungen heldenhaften Draufgängers und in sein rastloses und sorgenvolles Dasein als König, beginnend mit dem Mord an Uriah, seinem Untergebenen, dessen Frau David geschwängert hatte. Während dieser Jahre schrieb er viele seiner Psalmen und wurde zu einem der berühmtesten Dichter der Welt.

An seiner Stelle ließ sein Sohn Salomon den Tempel auf der Spitze eines Hügels nördlich von Jerusalem – Berg Moriah genannt – erbauen. Das Bauwerk entstand um 950 v. Chr., also etwa fünfzig Jahre nach der Eroberung der Stadt. Später verlegte die jüdische religiöse Überlieferung Ereignisse, die lange vor dem Tempelbau stattgefunden hatten, an diesen Ort; von größter Bedeutung war dabei die Geschichte von Abraham, der beinahe seinen Sohn Isaak geopfert hatte. In der ursprünglichen Version dieser Geschichte, die in der Genesis erzählt wird, ist lediglich die Rede davon, dass das Opfer auf einem Berg drei Tagesmärsche nördlich von Beer Sheva stattfinden sollte, das trifft nicht nur auf den Berg Moriah zu, sondern auf ein Dutzend weiterer Hügel in Judäa. Aber es ging denen, die den Berg Moriah als Ort des Opfers bestimmten, nicht um geographisch korrekte Details, sondern um die religiöse Bedeutung: Die Geschichte Davids sollte eng mit der Tradition des jüdischen Volkes verknüpft werden, man wollte eine direkte Linie von den Vorvätern zu den Erbauern des Tempels und von diesen zum Messias ziehen. In dieser Darstellung ist also Jerusalem der eigentliche Mittelpunkt, das Herz des Judentums.

Welche Tatsachen bestätigen diese Beziehung und was ist reiner Mythos? Es gibt wenig archäologische Beweise für die Erzählungen der Patriarchen. Woher sollten sie auch kommen? Siebzig Nomaden, die vor 3.300 Jahren in der Gegend von Jerusalem in Zelten lebten, hinterließen natürlich kaum Spuren, die archäologisch zu verifizieren – oder zu falsifizieren – wären. Selbst von den Hunderttausenden Nomaden, die vierzig Jahre im Sinai umherzogen, sind nicht mehr viele Spuren festzustellen.

Israelische Untersuchungen in der Westbank scheinen allerdings einen Beleg für eine neue Siedlungswelle im elften Jahrhundert v. Chr. zutage gefördert zu haben. Die meisten Archäologen vermuten dahinter keine militärische Invasion, sondern einen längeren Besiedlungsprozess. Viele sind skeptisch in Bezug auf die Gewalt, die in der Bibel beschrieben wird, aber vieles deutet darauf hin, dass irgendein außerordentliches Ereignis das Siedlungsmuster auf den Hügeln des heutigen Westjordanlandes verändert haben muss. Es gibt keine eindeutigen Beweise dafür, dass Jerusalem zur Zeit König Davids die Hauptstadt einer Regionalmacht war. Aber eine Entdeckung in Dan, in der Nähe der heutigen libanesischen Grenze, beweist, dass es das Haus Davids gegeben hat.

Bereits seit dem neunten Jahrhundert v. Chr. *existieren* erste Beweise – zu denen im Laufe der Jahrhunderte weitere hinzukamen –, die die Hauptpunkte der biblischen Geschichte belegen. Die meisten Archäologen sind sich darüber einig, dass Grundzüge der biblischen Geschichte mit realen Ereignissen vom siebten Jahrhundert an übereinstimmen, auch wenn sie im Detail oft unterschiedliche Meinungen vertreten und daran erinnern, dass die Bibel keine objektive Sicht der Geschichte vermittelt. Die Bibel ist seit dem fünften Jahrhundert v. Chr. wiederholt überarbeitet worden. Die Sprache, in der die Geschichten der Patriarchen erzählt werden, unterscheidet sich jedoch erheblich von der der Schriftgelehrten, deshalb müssen diese aus einem früheren Zeitalter stammen.

Lediglich eine kleine Gruppe von Forschern, die als Kopenhagener Schule oder als Minimalisten bezeichnet werden, datiert die jüdische Beziehung zum heiligen Land auf einen viel späteren Zeitpunkt. In der akademischen Diskussion wird ihr Standpunkt oft als Folie für einen Großteil der gängigsten Forschungspositionen und Diskussionen benutzt; die These der Kopenhagener Schule ist aber vor allem Ausdruck ihrer politischen Ausrichtung: Die gängige archäologische Forschung sei inakzeptabel, weil sie den politischen Interessen Israels diene und die Unterdrückung der Palästinenser fördere.

Die Archäologen haben noch keine Erklärung für den Monotheismus gefunden, aber das hat auf die Überzeugung der Gläubigen keinen Einfluss. Das jüdische Ideal der Freiheit von Knechtschaft ist Jahrtausende alt. Davids besondere Stellung in der Geschichte der Juden resultiert nicht aus der Schaffung eines Reiches, sondern aus der Begründung einer nationalen Tradition, er schuf die Psalmen und war anscheinend kein gewalttätiger Herrscher. Die Überlieferung berichtet zwar von einem blutigen Eroberungskrieg, zu der Zeit nichts Ungewöhnliches, doch neueste Erkenntnisse stellen den Wahrheitsgehalt dieser Überlieferung in Frage. Manche Anti-Zionisten bezeichnen die Eroberung Kanaans als Vorläufer der zionistischen Invasion Palästinas. Aber die wachsende jüdische Präsenz im Land scheint sich aus heutiger Sicht zu langsam entwickelt zu haben, als dass sie das Ergebnis eines Völkermordes gewesen sein könnte. Wenn es also diese ersten Jahrhunderte der Gewalt niemals gab, hieße das, dass die Juden über einen Zeitraum von dreitausend Jahren zur Durchsetzung ihrer politischen Ziele niemals Völkermord begangen haben. Dies ist erstaunlich und einzigartig im Vergleich zu anderen Entwicklungen auf der ganzen Welt.

Hesekiel, ein direkter Nachkomme Davids und Salomons, der Jerusalem 250 Jahre nach ihnen regierte, war ein großer Baumeister. Als bekannt wurde, dass die marodierende assyrische Armee im Anmarsch sei, ließ Hesekiel mehrere Festungen erbauen, von denen zwei erwähnenswert sind. Eine davon diente zur Umleitung des Quellwassers von der östlichen Seite der Stadt, die unterhalb der Mauern lag, zur westlichen Seite des Hügels; die andere sollte eine neue Mauer auf der westlichen Seite bilden. Der westliche Gully lag jetzt innerhalb der Stadt. Um das Wasser umzuleiten gruben Hesekiels Baumeister einen Tunnel unter der Stadt hindurch. Das Einfachste wäre gewesen, in den Hügel hineinzugraben, die Quelle immer hinter sich, dann wäre man bald auf der anderen Seite herausgekommen.

Stattdessen aber begannen die Ingenieure gleichzeitig von beiden Seiten zu graben, und zwar in einer Steigung, die dem Wasser freien Lauf ermöglichen sollte. Keine Mannschaft verirrte sich oder musste umkehren und sie trafen sich jeder ca. 250 Meter vom Ausgangspunkt entfernt tief unter dem Berg. An dieser Stelle platzierten sie einen Gedenkstein, der 2700 Jahre später wiederentdeckt wurde. Immer noch ist es rätselhaft, wie sie dieses Unternehmen (in der Eisenzeit!) bewerkstelligen konnten. Ingenieure des einundzwanzigsten Jahrhunderts versicherten mir, dass sie nicht in der Lage wären, diese Leistung zu wiederholen.

Der Prophet Jesaja, ein Zeitgenosse Hesekiels, sah seine Mission darin, die Welt zu verbessern und verstand sich eigentlich gar nicht als Prophet. Er kann aus gutem Grund als bedeutendster

Fürsprecher für Gerechtigkeit in der Geschichte der Menschheit bezeichnet werden: »Waschet, reiniget euch, tut euer böses Wesen von meinen Augen, lasst ab vom Bösen; lernet Gutes zu tun, trachtet nach Recht, helfet dem Unterdrückten, schaffet dem Waisen Recht, führet der Witwe Sache« (Kap. 1, Verse 16-17). Jesaja war den Ereignissen in Jerusalem sein langes Leben über immer eng verbunden. Er ermahnte die Menschen vor dem Krieg gegen die Assyrer, gerecht und gefasst zu bleiben: »Ihr werdet auch die Häuser zu Jerusalem zählen; ja, ihr werdet die Häuser abbrechen, die Mauer befestigen ... Darum wird der Herr Zebaoth zu der Zeit rufen lassen, dass man weine und klage und sich das Haar abschere und Säcke anziehe. Wiewohl jetzt, sieh, ist's eitel Freude und Wonne, Ochsen würgen, Schafe schlachten, Fleisch essen, Wein trinken und ihr sprecht: ›Lasst uns essen und trinken, wir sterben doch morgen!‹« (Kapitel 22, Verse 10-13). Schon für ihn galt: Krieg kann nicht auf Kosten der Armen oder grundlos geführt werden, er erfordert Überlegung und Moral.

Die Wasserleitung wurde im neunzehnten Jahrhundert wiederentdeckt. Die Mauer, die Hesekiel bauen ließ, entdeckte man in den 1970er Jahren, im Zentrum des heutigen Judenviertels der Altstadt von Jerusalem. Noch heute sieht man, wo sie ein zusammenhängendes Wohngebiet durchschneidet, sogar durch einzelne Häuser führt: Man kann genau die Steine sehen, die Jesajas Zorn erregten. Trotz seines Zorns darüber, wie der Krieg geführt wurde, sah Jesaja dessen grundsätzliche Notwendigkeit und unterstützte daher auch den unsicheren König und seine Offiziere, als die Lage düster schien. Hat diese Geschichte eine Moral? Vielleicht die, dass Krieg nicht die schlechteste Wahl ist, dass er jedoch gerecht geführt werden muss. Es liegt etwas grundlegend Jüdisches in der Tatsache, dass der Prophet, der unsere Vorväter für ihre Schwäche strafte, eine lebendige Figur geblieben ist, seine Worte immer noch voller Dringlichkeit und Wahrheit klingen, während der König, der die Mauern erbauen und den Tunnel graben ließ, einfach nur als ein König gesehen wird, der bauen und graben ließ.

Der assyrische König und seine Armee versuchten 701 v. Chr. Jerusalem einzunehmen, doch die Aktion schlug fehl und die Assyrer zogen wieder ab. Nebukadnezar von Babylon gelang es aber 586 v. Chr., die Stadt und ihren Tempel zu zerstören. Er ließ dem letzten König des Hauses David die Augen ausstechen, zerstörte damit eine vierhundert Jahre alte Dynastie und trieb viele Menschen ins Exil, die ihr Unglück betrauerten:

An den Wasserläufen Babylons,
dort saßen wir,
und wir weinten,
wenn wir Zions gedachten
[...]
Vergesse ich deiner, Jerusalem,
soll meine Rechte [verdorren]!
Kleben bleibe meine Zunge am Gaumen,
gedenke ich deiner nicht mehr,
erhebe ich Jerusalem nicht auf den Gipfel meiner Freude.
(Psalm 137)

Der erste Vers wurde zu einer Allegorie der menschlichen Sehnsucht nach besseren Zeiten. Verdi schuf daraus den »Chor der Gefangenen« für seine Oper *Nabucco*. Die Verse über Jerusalem wurden weniger bekannt. Für die Juden sind sie natürlich nicht allegorisch.

Fünfzig Jahre später, 538 v. Chr., eroberte Cyrus der Große, König von Persien, Babylon und erließ ein Dekret, demzufolge alle im Exil lebenden Juden in ihr Land zurückkehren konnten. Einige entschieden sich dagegen und ihre Nachfahren lebten im Irak, bis sie 1949 aus diesem Land vertrieben wurden. Der Zweite Tempel wurde 516 v. Chr. an derselben Stelle wie der Erste Tempel eingeweiht, siebzig Jahre nach dessen Zerstörung. Die Juden von Judäa erlebten eine Zeit des Wohlstands, die Bevölkerung wuchs und ihre Hauptstadt ebenfalls. Von Zeit zu Zeit mussten daher neue Festungsmauern gebaut werden. Unter den Hasmonäern erlebte die Stadt ihren größten Zuwachs vor dem zwanzigsten Jahrhundert. Dreimal wurden neue Mauern gebaut, jede weiter nördlich gelegen als die vorige. (Golgatha, wo Jesus gekreuzigt worden sein soll, lag zwischen der zweiten und dritten Mauer.) Mit der Zeit wurden sowohl der Hügel als auch die erste Mauer von mehreren Schuttschichten überdeckt.

Der größte jüdische Bauherr aller Zeiten war Herodes, den Römern bekannt als »König der Juden«, obwohl ihn die meisten seiner Untertanen nicht als jüdisch angesehen haben dürften. Die meisten hassten ihn. Er war jedoch nicht nur ein brutaler Mensch, sondern auch ein geschickter Politiker. Neben solch megalomanischen Projekten wie Palastbauten auf Wüstenfelsen (Masada), einem Tiefseehafen an einer schmalen Küste (Caesarea) und einem künstlichen Berg für seine Grabstätte (Herodian) ließ er auch den Zweiten Tempel neu errichten.

An den dreimal im Jahr stattfindenden Pilgerzügen nach Jerusalem und zum Tempel nahmen so viele Menschen teil, dass das Gebiet rund um den Tempel die Pilgermassen nicht länger fassen konnte. Herodes' Lösung war radikal: Er vergrößerte den Berg. Er baute eine ungeheure Stützmauer um ihn herum, ließ sie auffüllen und schuf dadurch ein riesiges künstliches Plateau, das sich in der Mitte leicht zur Spitze des natürlichen Berges erhob, auf dem der Erste und Zweite Tempel insgesamt neunhundert Jahre lang gestanden hatten. Da der Mauerabschluss immer die gleiche Höhe haben sollte und sich der Mauersockel dem Berg anpassen musste, war die Mauer an einigen Stellen wahrscheinlich höher als jedes andere Bauwerk auf der Welt. Um das Gewicht der Füllung tragen zu können, wurde die Mauer aus großen Steinen erbaut, von denen jeder mehrere Tonnen wog. An einer Stelle der Mauer, gegenüber dem Tempel, befindet sich ein dreizehn Meter hoher Felsen, der wahrscheinlich an die fünfhundert Tonnen wiegt, mehr als der Obelisk, den Napoleon von Ägypten nach Paris bringen ließ. Er wurde mit bloßen Händen zu dieser Stelle transportiert.

Die Konstruktion war so stabil, dass weder Kriege und Erdbeben noch andere Natureinflüsse ihr bisher etwas anhaben konnten. Obwohl Jerusalem wiederholt dem Erdboden gleichgemacht wurde und wieder aufgebaut werden musste, gibt es den Tempelberg immer noch. Er ist unverrückbar und – so wird es häufig dargestellt – an seinen unverwüstlichen Mauern zerschellen immer wieder die Pläne und noblen Absichten um Frieden bemühter Menschen.

Die jüdische Souveränität über den Tempelberg endete abrupt und gewaltsam nach mehr als tausend Jahren im Sommer 70 n. Chr. Es war der Höhepunkt eines drei Jahre andauernden Feldzuges, in dem römische Heere unerbittlich südwärts von Galiläa vorgerückt waren und auf ihrem Weg gnadenlos jede Ortschaft, die es gewagt hatte, Widerstand zu leisten, ausgelöscht haben. Der Angriff auf Jerusalem erfolgte aus dem Norden, wo keine natürlichen Hindernisse zu überwinden waren. Wochen, nachdem die äußeren Mauern gefallen waren, tobte der Kampf in den engen Gassen und auf den Dächern der Stadt. Schließlich, am Abend des neunten Tages im jüdischen Monat Av, erstürmten nach jüdischer Überlieferung die Legionäre den Tempelberg und setzten ihn in Brand. Es war unmöglich, den Berg selbst zu zerstören, aber einigen römischen Soldaten gelang es, sich um den Schlussstein an der äußersten südwestlichen Ecke zu versammeln. Mit vereinten Kräften schafften sie es, den schweren Felsbrocken auszuhebeln und über die Kante zu stoßen. Er landete ungefähr 40 Meter weiter unten auf dem Pflaster, das aus gigantischen Felssteinen zusammengesetzt war. Die Wucht war so gewaltig, dass diese Felssteine zerbrachen, und noch heute liegt der Felsbrocken dort, wo er damals herabfiel; nur muss man heute in eine archäologische Ausgrabung hinabsteigen, um ihn zu sehen.

Die römischen Feldherrn ließen das Colosseum – eine Arena für den Massenmord – als Zeichen ihres Sieges über die Juden erbauen, die der Welt geraten hatten: »Du sollst das Recht nicht beugen und sollst auch keine Person ansehen, noch Geschenke nehmen; denn die Geschenke machen die Weisen blind und verkehren die Sache der Gerechten. Was recht ist, dem sollst du nachjagen ...« (Deuteronomium, Kap. 16, Verse 19-20).

Jerusalem war zerstört und die Juden hatten keinen Tempel mehr. Für sie schien das Ende der Welt gekommen zu sein. Selbst die Optimistischsten unter ihnen hatten gerade noch die Kraft, den kommenden Tag, die folgende Woche oder den nächsten Monat zu überstehen. Rabbi Akiva, der bedeutendste Gelehrte seiner Zeit, erkannte seinen Fehler nicht, als er die Juden auf einen neuen Weg führte. Er und seine Schüler waren davon überzeugt, dass nun die Erlösung *kommen musste*: Gott war erzürnt, aber er hatte sie nicht verlassen. Bald würde er die Strafe wieder aufheben. Unter »bald« verstanden viele: Morgen! Heute! Jetzt! Als Simon Bar Kochba 132 n. Chr. einen Aufruhr anzettelte, erklärte Rabbi Akiva ihn zum Messias. Alle kamen bei dem Aufstand ums Leben und erfuhren niemals, wie sehr sie sich getäuscht hatten.

Die Römer hatten schließlich genug von den aufrührerischen Juden. Ihre Legionen erhielten den Befehl, die gesamte jüdische Bevölkerung systematisch zu vernichten. Konfrontiert mit »Guerilla-Kämpfern«, die sich in Hunderten von Dörfern und Städten verschanzt hatten, machten die Römer alles dem Erdboden gleich. Woche um Woche, Monat um Monat, drei blutige Jahre lang dauerten Plünderung, Vergewaltigung und Mord an den Juden. Im Gegensatz zur Zerstörung Karthagos, die Jahrhunderte früher stattgefunden und nicht ein solch schreckliches Ausmaß angenommen hatte wie die Zerstörung Judäas, ist diese heute dem Gedächtnis des Westens entschwunden. Insgesamt starben zwischen 500.000 und einer Million Juden; von den Überlebenden wurden so viele in die Sklaverei verkauft, dass der Preis für Sklaven im ganzen Römischen Reich sank.

Als der Feldzug 135 n. Chr. vorüber war, lebten in Judäa erstmals seit über tausend Jahren keine Juden mehr. Hügelhänge, die von mehreren Generationen bewirtschaftet worden waren, lagen brach, ihre Terrassen zerfielen und wurden von Wind und Wetter verwüstet. Selbst der Name Judäa verschwand. Auf Befehl des Kaisers Hadrian hieß das Land nun Palästina. Im Lauf der Zeit siedelten dort neue Bewohner und in der fernen Zukunft sollten deren Nachkommen Hadrians Namen übernehmen und behaupten, sie seien dort schon immer ansässig gewesen.

In der Gewissheit, den lästigen Juden das Rückgrat gebrochen zu haben, zog sich Hadrian in seine Villa zurück, wo er sich der Kunst widmete. Achtzehn Jahrhunderte später, im Jahre 1945, marschierte eine Einheit jüdischer Soldaten aus Judäa im Dienste des *British Empire* durch Rom. Sie beschmierten den Titus-Bogen mit hebräischen Parolen: *Am Israel chai* – »Das Volk Israel lebt.« Auf diese etwas seltsame Art feierten sie die Befreiung von Auschwitz.

Bar Kochbas Revolte und die Shoah sind die beiden großen Katastrophen in der über dreitausendjährigen jüdischen Geschichte. Sie stehen auch für die Perioden der jüdischen Machtlosigkeit. Bis zum Völkermord unter Hadrian waren die Juden in ihrem Land ein Volk wie jedes andere gewesen. Danach bildeten die Überlebenden eine nationale Gemeinschaft ohne die geographischen oder politischen Merkmale einer Nation. Aber gerade diese ungewöhnliche Eigenschaft sollte den Juden und ihren Traditionen eine besondere Beständigkeit verleihen. Keine andere Nation oder Gemeinschaft – von der Antike bis zur Moderne – kann auf eine so weit zurückreichende Geschichte zurückblicken, nicht einmal die Römer.

Die Kraft für ihre ungewöhnliche »Überlebensstrategie« zogen die Juden aus ihrer lebendigen Kultur, die sie vom Rest der Welt unterschied. Diese Kultur war primär religiös und nicht national geprägt. Geburt, Leben, Tod des Einzelnen oder gemeinschaftliches Wohlergehen und Erziehung standen im Mittelpunkt, die Auseinandersetzung mit militärischen, diplomatischen oder ökonomischen Angelegenheiten spielte hingegen keine Rolle. Da die jüdische Lebensweise allen Juden gemein war, unabhängig davon, wo sie lebten, fühlte sich ein Jude unter anderen Juden immer zu Hause, gleichgültig, wie weit entfernt von zu Hause und wie fremd er sich unter seinen nicht-jüdischen Nachbarn fühlte. Aus einer Nation in eigenem Land mit einer gemeinsamen Religion wurde eine Religion, die eine Nation in sich schloss.

Obwohl sich die Juden schon als eine klar definierte Nation verstanden, lange bevor die sie umgebenden Völker erneut in diesen Begrifflichkeiten zu denken begannen, waren ihre Handlungen nicht nationalistisch geprägt. Es gab keine nationale Führung (obwohl die jüdische Gemeinschaft in Babylon während der ersten Jahrhunderte sich als solche begriffen haben mag), keine nationalen Vertreter, keine Äußerung des nationalen Selbstinteresses. Und natürlich keine Anwendung von Macht zur Verteidigung der Nation. Jüdische Führer nutzten örtliche politische Gegebenheiten zum Vorteil ihrer eigenen Leute, aber sie waren in Zeiten größerer Krisen selten erfolgreich, wenn die Gastnationen die Juden aus ihrem Land vertreiben wollten oder ihre Bewegungsfreiheit stark einschränkten. Aber die Juden hatten gelernt sich anzupassen und wurden erstaunlich widerstandsfähig.

Nirgends wurden Juden jemals von den Gesellschaften, in denen sie lebten, als Gleiche und Gleichberechtigte behandelt. Im Mittelalter unterschieden sich die Juden in muslimischen Gesellschaften deutlich von ihren Mitbürgern. In den muslimischen Gesetzen wurden sie als Menschen zweiter Klasse behandelt, *dhimmi* genannt. In den christlichen Ländern war ihre Lage häufig weitaus schlechter. Obwohl anti-jüdische Gewalt an der Tagesordnung war, wurden viele Juden selbst nicht direkte Opfer dieser Ausschreitungen. Aber die Erinnerung an frühere Ereignisse oder auch Gerüchte über Gewalt an anderen Orten gehörte zu ihrem Alltagsleben. Gegen Gewalt, Verfolgung und Diskriminierung hilft Entschlossenheit aber eher als Selbstmitleid. Die Juden reagierten auf diese Feindseligkeiten, indem sie sich auf ihre Gemeinschaft besannen, in der Erinnerung an eine glorreiche Vergangenheit und in der Hoffnung auf eine noch bessere Zukunft. Gewalt sahen sie dabei nie als akzeptable Handlungsmöglichkeit an.

Ein unter den Kritikern Israels weitverbreitetes Klischee besagt, dass Juden an einem angeblich tief in ihrer Kultur verwurzelten Opferkomplex leiden. Uri Avneri, einer der bekanntesten israelischen Kritiker, meint dazu: »Der israelisch-palästinensische Konflikt ist zu einer Art Wettkampf zwischen den beiden Großmeistern des Opferkomplexes geworden. Das Phänomen ist jedoch tiefgehender. Über Generationen wurden Juden in vielen Ländern verfolgt und entwickelten ein Opferbewusstsein. Man könnte fast sagen, dass der Großteil der jüdischen Kultur, die während der letzten zwei- oder dreihundert Jahre entstand, sich um diese Achse dreht.«[3]

Avneri verwechselt Verachtung mit der Opferrolle. Natürlich waren die Juden ihren Verfolgern meist nicht sehr zugetan. Aber diese als Achse darzustellen, um die sich die jüdische Kultur entwickelt, überhöht deren Bedeutung gewaltig. In der halachischen Literatur spielt die Auseinandersetzung mit Nicht-Juden in der einen oder anderen Richtung nur eine untergeordnete Rolle und sie machte bis vor wenigen Jahrhunderten den Hauptteil jüdischer Literatur aus. Danach begeisterten sich viele Juden für die neuen Perspektiven, die sich ihnen zu eröffnen schienen, und die Opferrolle war alles andere als die Achse ihrer Kreativität.

Die italienische Renaissance scheint weitgehend an den Juden vorbeigegangen zu sein, auch die revolutionären Ideen des siebzehnten Jahrhunderts hatte keine Bedeutung für sie. (Spinoza, der von seinen jüdischen Zeitgenossen abgelehnt wurde, ist die einzige Ausnahme.) Mit der Aufklärung des achtzehnten Jahrhunderts

---

3 Palestine Media Watch, online v. 17. Juli 2001 (www.pmwatch.org)

fand in der christlichen Gesellschaft jedoch eine Revolution statt, die sowohl die übergeordneten Machtstrukturen als auch das individuelle Alltagsleben erfasste. Der Kern der Aufklärung ist die Überzeugung, dass die Natur durch Naturgesetze regiert werde und dass der menschliche Verstand sie entschlüsseln könne. Nicht nur die Natur, sondern auch Politik, Geschichte, Ökonomie und Gesellschaft wurden Gegenstand rationaler wissenschaftlicher Untersuchungen; die Organisation der Gesellschaft und private Entscheidungen sollten nicht länger ausschließlich religiös bestimmt sein. Von der Vernunft konnte jeder Gebrauch machen, auch die Juden.

Damit standen die Juden vor einer neuen Herausforderung. Sie konnten sich in die neu gebildete Gesellschaft integrieren, aber nur unter der Bedingung, dass sie sich selbst von ihren überkommenen religiösen Vorstellungen befreiten. Im Grunde hatten sie nur eine Wahl: Sie konnten eine Religionsgemeinschaft bleiben, wenn sich der Judaismus signifikant änderte, aber sie mussten aufhören, eine Nation zu sein.

Einige Juden akzeptierten diese Bedingungen und ihre Konsequenzen; viele ihrer Nachkommen wissen nicht, dass sie jemals jüdisch waren. Andere versuchten, den Judaismus mit dem Rationalismus des achtzehnten Jahrhunderts zu verknüpfen, betonten die aufklärerischen Elemente des jüdischen Denkens, während sie die isolationistischen Elemente herunterspielten. Hierzu gehört auch die Reformbewegung in Deutschland, die den Judaismus von einer halachischen Religion in eine pseudo-protestantische Sekte (basierend also auf einem Glauben mit geringem Bedürfnis nach Ritualen) verwandelte. Andere wollten von Modernität nichts wissen und froren gewissermaßen ihren Lebensstil ein. Mehr als zweihundert Jahre später tragen sie immer noch die gleichen Gewänder: lange schwarze Mäntel, altmodische Haartrachten.

Die Zionisten akzeptierten die Aufklärung, nur um am Ende doch durch sie eine erneute Ausgrenzung zu erfahren. Theodor Herzl, der Begründer des politischen Zionismus, verkörpert diesen Prozess beispielhaft. 1860 geboren, genoss er in seiner deutschsprachigen jüdischen Familie in Budapest eine ausgezeichnete westliche Erziehung; die Traditionen der Juden waren ihm vollkommen fremd. Eine seiner frühen Visionen war es, die Juden Wiens im

Stephansdom für den Übertritt zum Christentum zu versammeln. 1894, als Journalist der renommierten *Freien Presse*, berichtete er aus Paris über den Prozess gegen Alfred Dreyfus und den damit verbundenen Aufruhr. Dreyfus war ein assimilierter Jude, der es geschafft hatte, bis ins Offizierskorps der französischen Armee aufzusteigen. Für Herzl muss er die Verkörperung dessen gewesen sein, was ein aufgeklärter Jude erreichen konnte. Er wurde dennoch des Verrats bezichtigt und in einer Atmosphäre des Antisemitismus verurteilt – und das in Frankreich, dem Land der Aufklärung schlechthin. Herzl zog daraus den Schluss, dass die Juden, wollten sie akzeptiert werden, nichts anderes tun konnten, als ihre Identität völlig zu verleugnen – und selbst das würde vielleicht noch nicht ausreichen. Wenn die europäischen Gesellschaften selbst nicht bereit waren, den Juden ihren Platz zuzugestehen, dann mussten die Juden eben für sich selbst kämpfen.

Herzl stellte bald fest, dass viele Juden in Osteuropa ähnliche Positionen vertraten. Viele waren von der Aufklärung beeinflusst, bei ihnen waren traditionelles jüdisches Denken und Gebräuche nur noch schwach vorhanden. Überdies hatten unter dem brutalen und judenfeindlichen Regime der Zaren viele Juden resigniert. (Seit den 1880er Jahren hatte es eine Reihe systematischer Pogrome gegeben, wie sie in Westeuropa lange nicht mehr vorgekommen waren.) Den russischen Juden fehlte allerdings die Waghalsigkeit Herzls, der vorschlug, eine zionistische Bewegung zu gründen, die ihre Ziele durch Verhandlungen mit den Großmächten erreichen sollte. Es waren schon erste Schritte in diese Richtung unternommen worden.

Das Gebiet, in dem Israel liegt, gehörte damals zum Osmanischen Reich. Galiläa im Norden war Teil der Region von Beirut. Der Teil, dem das alte Judäa in etwa entspricht, wurde Senjak (Verwaltungsbezirk) von Jerusalem genannt und unterstand direkt Konstantinopel. Da sie keine kulturellen Nachfahren der Römer waren, nannten die Muslime das Land im allgemeinen nicht Palästina wie die Europäer, und die Tatsache, dass sie dies heute tun, stellt eine kleine Ironie der Geschichte dar: Von Anfang an begriffen sie in ihrem Kampf gegen die Juden, dass dabei die westliche öffentliche Meinung für sie von großer Bedeutung sein würde. Die Juden nannten dieses Gebiet seit jeher *Eretz Israel,* »das Land von Israel«.

1800 schätzte man die gesamte Einwohnerzahl Palästinas auf rund dreihunderttausend, davon nur fünftausend Juden; die größte jüdische Gemeinschaft befand sich im galiläischen Safed. Am Vorabend des Ersten Weltkrieges hatte sich die Bevölkerung mit siebenhunderttausend mehr als verdoppelt; die jüdische Bevölkerung hatte sich im Verhältnis dazu wesentlich stärker vergrößert: Es waren nun fünfundachtzigtausend, mit der größten Gemeinde in Jerusalem. Bedeutungsvoller aber waren die kleinen ländlichen Siedlungen. Petach Tikva wurde 1878 in der Küstenebene von einer Gruppe orthodoxer Juden aus Jerusalem gegründet. Im selben Jahr versuchte eine ähnliche Gruppe aus Safed in Rosh Pina zu siedeln, im nördlichen Jordantal. Rishon LeZion, südlich von Petach Tikva, wurde 1882 von jungen Juden aus Russland gegründet; Rumänen gründeten 1882 Zichron Yaacov im südlichen Carmel; Yesod Hamaala wurde von Einwohnern aus Safed und polnischen Einwanderern in den Hula-Sümpfen gegründet, östlich von Rosh Pina. Insgesamt wurden rund zwei Dutzend Siedlungen aufgebaut. In einigen lebten auch Juden aus dem Jemen, die sich den Siedlern angeschlossen hatten; sie waren an das Klima und an die harte Arbeit in der Landwirtschaft gewöhnt.

Später wurde diese Bewegung als erste *Aliyah* bezeichnet, als erste zionistische Einwanderungswelle. Die meisten dieser Einwanderer verstanden sich nicht als Herolde einer nationalen Bewegung, die zur politischen Unabhängigkeit, aber auch zu zahlreichen Kriegen führen sollte. Allerdings *waren* sie sich des Novums ihrer Aktivitäten bewusst – davon legen die Namen, die sie ihren Siedlungen gaben, Zeugnis ab: Petach Tikva bedeutet »Öffnung der Hoffnung«, Rishon LeZion heisst »Erster in Zion«, Rosh Pina und Yesod Hamaala sind Variationen des Wortes »Gründung«.

Der Zionismus begann somit als eine Bewegung, deren Mitglieder sowohl revolutionäre Hoffnung als auch tief verwurzelten Kulturpessimismus in sich vereinten. Die Aufklärung hatte viele Juden dem Glauben ihrer Vorväter an das Wunder der messianischen Erlösung entfremdet. Der irrationale Hass der Europäer auf die Juden löste sich durch den Rationalismus der Aufklärung nicht auf. Die Zionisten versuchten, das Mittel der Vernunft wenigstens für sich selbst zu nutzen, die traditionelle jüdische Hoffnung auf Erlösung wiederzubeleben. Ohne länger notwendigerweise an Gott oder irgendwelche messianischen Erwartungen zu glauben, konnten sie Sein Versprechen selbst erfüllen.

Herzl spielte verschiedene Rollen in der jungen zionistischen Bewegung. Als Journalist verfasste er seine kleine Schrift *Der jüdische Staat* (1896) und schlug vor, eine jüdische Heimstatt in Palästina – unter dem Schutz des Osmanischen Reichs – zu schaffen, in der die Juden in Frieden leben und arbeiten konnten, unbehelligt vom europäischen Antisemitismus. Außerdem berief er 1897 den ersten zionistischen Kongress in Basel ein, zu dem einige hundert Abgesandte jüdischer Gemeinschaften aus der ganzen Welt erschienen. Der Kongress fand danach jährlich statt. Damit war der Zionismus als politische Bewegung geboren. Herzl verhandelte mit nicht-jüdischen Regierungen, um sie für eine Unterstützung der neuen Bewegung zu gewinnen. Er wandte sich an die Staatsoberhäupter des Osmanischen Reiches, Italiens, Großbritanniens und sogar an den deutschen Kaiser, aber die meisten nahmen ihn nicht besonders ernst. Das änderte sich, als Großbritannien ihm im Jahr 1903 versuchsweise ein Gebiet in Uganda anbot, das die Juden autonom hätten nutzen dürfen.

Herzl, in dieser Hinsicht etwas naiv, unterbreitete dem Jahreskongress der Zionisten diese Offerte. Der Vorschlag wurde mit knapper Mehrheit angenommen, wohl auch deshalb, weil man Herzls Stellung achtete und das Angebot als eine vorübergehende Lösung betrachtete: ein Schutzgebiet für verfolgte Juden, die Europa verlassen mussten. Doch die russischen Delegierten revoltierten gegen diesen Beschluss. Ihre Gemeinden waren zwar am stärksten von antisemitischer Gewalt betroffen, aber trotzdem waren sie unnachgiebig in ihrer Forderung, dass eine jüdische nationale Heimstätte nur in *Eretz Israel* errichtet werden könne. Schon früh zeigten sich hier die Spannungen innerhalb der zionistischen Bewegung: Auf der einen Seite standen die reinen Pragmatiker, die einfach möglichst schnell die Situation der Juden verbessern wollten, auf der anderen Seite die traditionsbewussten Zionisten, die die Hoffnung auf bessere Lebensbedingungen mit dem Wunsch nach Rückkehr in das Land ihrer Vorväter verbanden.

Herzl starb 1904, erschöpft, ernüchtert und schwer enttäuscht darüber, keine konkreten Fortschritte seiner Pläne erlebt zu haben. Doch immerhin verfügte der Zionismus an der Schwelle zum zwanzigsten Jahrhundert bereits über ein Programm. Man wollte der Bedrohung der Juden mit einer Doppelstrategie begegnen: durch politische Aktivitäten in Europa und durch den Aufbau von Siedlungen in *Eretz Israel*. Man gründete politische Parteien mit örtlichen Gliederungen, Mitgliedsbeiträgen und Mitgliederzeitschriften. Gleichzeitig wurden nationale jüdische Institutionen geschaffen, eine Bank sowie ein Zentralbüro in Jaffa, das die Aktivitäten fortan koordinieren sollte.

Man schrieb das Jahr 1906, als der sechsundzwanzigjährige David Ben-Gurion in der alten Hafenstadt Jaffa (Tel Aviv gab es noch nicht) an Land ging. Er weigerte sich, auch nur eine Nacht in der Stadt zu verbringen, und ging statt dessen lieber fast zwanzig Kilometer zu Fuß nach Petach Tikva. Die dortige Gemeinde bestand vor allem aus Bauern oder vielmehr – ein guter Sozialist ist sich solcher Unterschiede immer bewusst – aus Landarbeitern. Die Bauern der vorherigen Generation waren nämlich inzwischen zur landbesitzenden Kapitalistenklasse und gleichgültig gegenüber der zionistischen Sache geworden. Die Landbesitzer stellten lieber arabische Tagelöhner als jüdische Arbeiter ein, da sie von den Arabern keine Auflehnung erwarteten, im Gegensatz zu den Juden, die als Söhne von Ladenbesitzern in kleinen russischen Städten aufgewachsen waren, und nach Meinung der Landbesitzer lauter revolutionäre Flausen im Kopf hatten.

Die meisten Einwanderer zu Beginn des zwanzigsten Jahrhunderts waren junge Männer und Frauen aus Osteuropa, die *Eretz Israel* aus Idealimus der Auswanderung nach Amerika vorzogen. Im Unterschied zu ihren Vorgängern der ersten *Aliyah* waren sie fest entschlossen, ein sozialistisches Utopia zu schaffen, die Juden sollten zusammen mit dem Land erlöst werden. Spiritueller Führer dieser Bewegung war Aharon David Gordon, allgemein bekannt als A. D. Gordon. 1856 geboren, war er erheblich älter als die von ihm beeinflussten Pioniere. Er hatte bereits ein landwirtschaftliches Anwesen verwaltet, als er 1904 nach Petach Tikva kam, wo er bis zu seinem Tod im Jahre 1922 als Landarbeiter lebte und zum Vorbild, ja, zu einer Vaterfigur für eine ganze Generation wurde. Das Bild dieses alten Mannes mit seinem langen weißen Bart, der in der größten Hitze arbeitet und seine weit jüngeren Mitstreiter anfeuert, nicht den Mut zu verlieren und niemals aufzugeben, be-

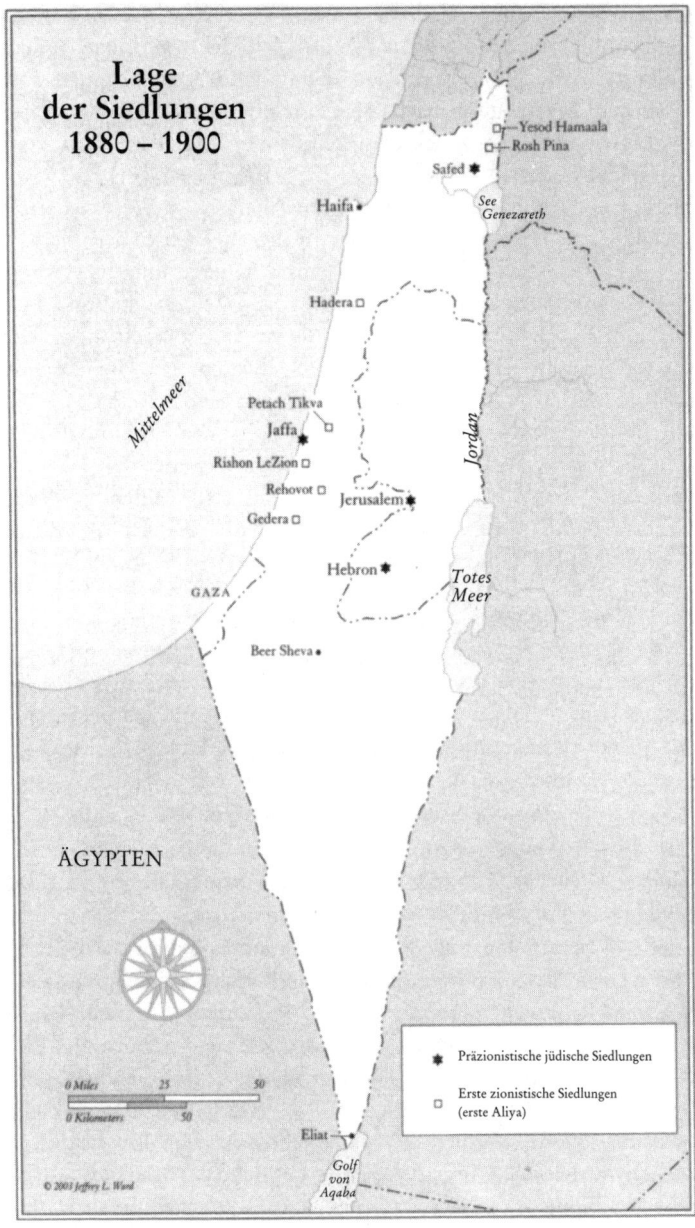

Lage
der Siedlungen
1880 – 1900

Yesod Hamaala
Rosh Pina
Safed

See
Genezareth

Haifa

Hadera

Mittelmeer

Petach Tikva
Jaffa
Rishon LeZion
Rehovot
Gedera

Jordan

Jerusalem

Hebron

Totes
Meer

GAZA

Beer Sheva

ÄGYPTEN

0 Miles   25   50

0 Kilometers   50

Eliat

Golf
von
Aqaba

* Präzionistische jüdische Siedlungen

□ Erste zionistische Siedlungen
(erste Aliya)

© 2003 Jeffrey L. Ward

geisterte und inspirierte Generationen. Er vertrat eine mystische Philosophie, der zufolge eine Nation sich selbst verjünge, indem sie in der Erde Wurzeln schlage, der sie einmal entsprungen war. Doch sein Mystizismus hatte auch eine praktische Seite: Wie groß die Mühen auch sein mochten, irgendwie musste es gelingen, vom Ertrag des Bodens zu leben.

Hatten nicht auch die Siedler im amerikanischen Westen darum gerungen, von Land zu leben, das in den meisten Fällen niemals zuvor kultiviert worden war, und hatten sie nicht innerhalb weniger Generationen die Kornkammer der Welt erschaffen? Der »Fruchtbare Halbmond« war einst die wichtigste Nahrungsquelle für die gesamte Menschheit gewesen, aber das lag Jahrtausende zurück. In den Augen der neuen jüdischen Siedler war das Land ein unbezahlbares Wrack, dem man zu seiner mythologischen Größe zurückverhelfen müsse. Sie hatten gegenüber den Vorgängern der ersten *Aliyah* den Vorteil, dass sie bis zu einem gewissen Grad auf die politischen Institutionen des Zionismus zählen konnten. Diese Unterstützung war zwar noch rudimentär, aber ausbaufähig.

In dem Bewusstsein, nicht einfach nur einzelne Siedlungen, sondern eine neue Gesellschaft zu schaffen, bestanden die Pioniere darauf, eine neue Sprache zu etablieren: Das alte Hebräisch wurde wieder aufgenommen und schließlich zur Alltagssprache, was sich für die Bildung einer Nation als besonders wichtig erwies. Von allen zukünftigen jüdischen Einwanderern wurde verlangt, dieselbe Sprache zu sprechen, unabhängig von ihrer Muttersprache. Und wer konnte etwas gegen das Hebräische einwenden? Neu war auch, dass sich in der jüdischen Gemeinschaft politische Parteien bildeten – die allerdings noch eher ideologische Debattierclubs oder Lobbygruppen waren. Bei den Pionieren gab es zwei davon und scharfe Auseinandersetzungen waren nichts Ungewöhnliches. Während der zweiten *Aliyah,* die rund 15 Jahre dauerte, wurden etwa zwanzig neue Siedlungen gegründet, von denen einige die Wirren des Ersten Weltkrieges nicht überstanden. Zwei, die überdauerten, sind besonders hervorzuheben. Tel Aviv wurde 1909 als jüdisches Stadtviertel nördlich von Jaffa gegründet, von Einwanderern aus der Mittelschicht, die gleichzeitig mit den eher ideologisch motivierten Pionieren in Israel ankamen. Auf der gegenüberliegenden

Seite des Landes – und des ideologischen Spektrums – wurde im selben Jahr Degania gegründet, der erste Kibbuz der Welt.

Im auseinanderbrechenden Osmanischen Reich wurden die jüdische Migration und die Siedlungsbemühungen mit Missbilligung betrachtet, auch Verbote wurden ausgesprochen. Die Regierung sorgte sich jedoch mehr über den Aufruhr im Innern und den Verlust der Kontrolle über näher gelegene Gebiete wie den Balkan. Tatsächlich besaßen Juden mit europäischen Pässen bis zum Ausbruch des Ersten Weltkrieges eine partielle Immunität bei den Türken. Da es um Großmachtpolitik ging, genossen sogar die russischen Juden Schutz, sie waren dort sicherer als in ihrem Heimatland.

Um die Belange ihrer arabischen Nachbarn kümmerten sich die Juden in ihrem Siedlungsprojekt nur wenig. Sie rechneten damit, dass die in Beirut oder Kairo lebenden Großgrundbesitzer ihnen das Land verkaufen würden, und sie hätten die arabischen Bauern, die dort bereits lebten, an den Früchten des Wiederaufbaus teilhaben lassen. Diese zugegebenermaßen herablassende Attitüde begründete aber noch kein anti-arabisches, kolonialistisches oder gar rassistisches Verhalten der jüdischen Siedler, wie es der palästinensische Autor Edward Said andeuten will, wenn er behauptet, die ersten Zionisten hätten die Araber nicht als gleichwertige Menschen angesehen[4]. (Dasselbe könnte man übrigens von der arabischen Haltung gegenüber den Juden sagen und zwar mit weit größerer Berechtigung.)

In Wirklichkeit wurden die Pioniere selbst Opfer der zweiten *Aliyah*. Schätzungsweise 80 bis 90 Prozent dieser Idealisten überlebten nicht. Viele wurden von Krankheiten wie der Malaria hingerafft, gegen die sie als Europäer keine Abwehrkräfte hatten. Andere verzweifelten an den Anstrengungen und begingen Selbstmord. Einige kapitulierten einfach und verließen das Land wieder. Sie waren in Osteuropa geboren, wo die Landschaft von breiten Flüssen und scheinbar endlosen Feldern und Wäldern geprägt ist; sie konnten sich an die steinigen, mit Disteln und Dornensträuchern bewachsenen Felder nicht gewöhnen und fanden das gleißende Sonnenlicht und die große Hitze unerträglich.

---

4 Edward W. Said, Zionismus und palästinensische Selbstbestimmung, Stuttgart 1981

Nur die Allerzähesten hielten durch. Vor ihnen lagen Jahrzehnte des Fortschritts. Sie hielten das zionistische Projekt aufrecht, stellten es unter ihren Schutz und erreichten später sogar die politische Souveränität der Juden, was zunächst kein konkretes Ziel gewesen war. Sie schufen ein zionistisches Ethos, dem eine beinahe übermenschliche Entschlossenheit zugrunde lag (obwohl man auch einfach von Sturheit sprechen könnte). Von den Menschen wurde verlangt, sich auf Kosten privater Bedürfnisse wie Familienleben und Intimsphäre für die revolutionären Ziele aufzuopfern. Schon zu Lebzeiten waren die Pioniere beinahe mythische Figuren und für viele ihrer Nachkommen war dieses Vorbild auch eine Last. Die Pioniere hatten durchaus auch etwas Grausames an sich. Der Verlauf der Geschichte wird selten von sanftmütigen Menschen bestimmt. Das strenge und fordernde Ethos, das die Pioniere sich selbst und dem jüdischen Volk auferlegten, um sich ihren alten Traum erfüllen zu können, erwies sich als eines der mächtigsten Werkzeuge des Zionismus.

Es bildete aber auch den Ansatzpunkt für jüdische Kritik am Zionismus. 1988 begründete der junge israelische Historiker Benny Morris eine neue Denkschule, die der Neuen Historiker. An der Spitze standen neben Morris Ilan Pappe und Avi Shlaim. Ihr Ziel war es, die zionistischen Mythen kritisch zu untersuchen und zu demontieren. Dabei wurden sie von Soziologen, Anthropologen, Journalisten und Juristen unterstützt. Alle wollten beweisen, dass der Zionismus niemals eine so moralische Bewegung gewesen sei, wie es seine Anhänger postulierten. Vielmehr seien die Zionisten ignorante Kolonialisten gewesen, die sich den Arabern gegenüber arrogant verhalten, imperialistische Kriege geführt und neue Einwanderer – vor allem die europäischen Juden, die in den späten 1930er Jahren Hilfe gesucht hatten – rücksichtslos und hartherzig behandelt hätten. Dieser Denkschule schlossen sich auch viele an, die keine Historiker waren, sich aber als Post-Zionisten bezeichneten.

Die Post-Zionisten haben offensichtlich so gut wie keine traditionelle jüdische Erziehung erfahren, jedenfalls findet man in ihren Veröffentlichungen keine Hinweise auf die tausendjährigen intellektuellen Auseinandersetzungen ihrer Vorväter. Stattdessen sind viele ihrer Texte durchsetzt mit der modischen Terminologie der Post-Moderne: Gender, Narrativität, Ethnizität und natürlich Hegemonie, ausgedrückt innerhalb der Grenzen der politischen Korrektheit. Die Qualität ihrer Forschungsarbeiten ist sehr unterschiedlich, wie von einer so divergenten Gruppe nicht anders zu erwarten. Die folgende Diskussion über das palästinensische Flüchtlingsproblem stützt sich in erster Linie auf Morris' unverzichtbar gewordene Forschung; an anderer Stelle dienen ihre Behauptungen als Basis, um Aufmerksamkeit auf essentielle Aspekte sich entwickelnder Ereignisse zu lenken.

Die Post-Zionisten sind stolz auf ihre respektlose Bilderstürmerei. Für sie gibt es keinerlei Tabus. Aber ihre Methoden sind nicht sehr überzeugend. Sie stellen jeden traditionellen israelischen Anspruch in Frage, die meisten anti-israelischen Positionen aber nicht. Die Zionisten werden gescholten, sich während der frühen 1950er Jahre nicht ernsthaft um Frieden bemüht zu haben. Dass die Araber aus ihrer Absicht, Israel zu zerstören, keinen Hehl machten, wird dagegen einfach ignoriert. Die Post-Zionisten kritisieren die Feststellung, dass Israel ein jüdischer Staat sei, sie sähen Israel lieber als »einen Staat für alle seine Bürger«, frei von sämtlichen jüdischen Besonderheiten. Für sie ist es aber völlig unvorstellbar, dass dasselbe auch für den palästinensischen Staat gelten müsste, der ebenfalls ein Staat für alle seine Bürger sein sollte, also auch für Hunderttausende jüdische Siedler.

Darüber hinaus haben die Post-Zionisten eine deterministische Vorstellung von menschlichem Denken und Handeln: Ihrer Ansicht nach werden die Menschen und ihre Überzeugungen durch die Macht der Gesellschaft manipuliert. Anscheinend ist also der freie Wille ein Luxus, den nur sie und ihre Kollegen genießen.

Wo die Post-Zionisten unerforschte Aspekte der israelischen Geschichte aufdeckten, hat ihre Sichtweise einen wichtigen Beitrag zum Verständnis unserer Gesellschaft und ihrer Vergangenheit geleistet. Allerdings ist das tatsächliche Ziel der Post-Zionisten nicht die Analyse. Sie wollen vielmehr ein moralisches Urteil über den Zionismus fällen, an dem sie viel Unmoralisches finden.

Selbst diese Herangehensweise könnte noch einigen Nutzen haben, wären nur ihre moralischen Kriterien universell und klar. Aber Post-Modernisten haben für die Vorstellung von einer objektiven Wahrheit oder von verschiedenen Abstufungen von Gut und Böse nicht viel übrig. Sie postulieren oft einfach ihren persönlichen

Standpunkt und gehen mit einer gewissen Herablassung davon aus, dass ihre Leser ihre Meinung über Gut und Böse teilen. Diese Tendenz zum Dogmatismus wird durch den inflationären Gebrauch so gewichtiger Begriffe wie Kolonialismus und Hegemonie, die negative moralische Werte konnotieren, noch verstärkt. Besonders auffällig ist die Begeisterung der Post-Zionisten für die Opferrolle der Schwachen. Leiden verleiht moralische Überlegenheit, insbesondere das Leiden der Schwachen. Die Leiden der Starken besitzen für sie eine andere moralische Qualität, verfügen die Starken doch über die Macht, sich selbst von ihrer Unterdrückung zu befreien. Diese moralistische Sichtweise hat Konsequenzen für ihren Determinismus: Die Taten der Menschen sind danach Ergebnis der äußeren Umstände, in denen sie leben, und nicht Ausdruck ihrer eigenen Entscheidungen. Darüber hinaus behaupten die Post-Zionisten, dass Macht unweigerlich korrumpiere; die Schwachen halten also die Moral besonders hoch, da sie ja schon ein Leben lang Opfer sind. Sollte es jemals dazu kommen, dass sich im israelisch-arabischen Konflikt die Positionen der Starken und Schwachen umkehren, es würde lange Zeit niemandem auffallen.

Ein exzellentes Beispiel für diesen Fall erscheint fast am Ende des Buches von Rabinowitz und Baker. An einer der wenigen Stellen, an denen die Palästinenser kritisiert werden, erläutert Rabinowitz sein Verständnis des Oslo-Prozesses: »Jassir Arafat und seine Gefolgsleute übernahmen sämtliche positiven Aspekte der palästinensischen Gesellschaft, und unter israelischem und amerikanischem Schutz unterwarfen sie die palästinensische Bevölkerung einem lähmenden, korrupten und korrumpierenden Kontrollsystem. Die Palästinensische Autonomiebehörde wurde zu einem Lizenznehmer der israelischen Sicherheit. Sie arbeitete an der Seite Israels im Dienste der ›Pax Americana‹ – wie eine Dampfwalze, die authentische soziale Bewegungen erstickt. Was als ›regionale geopolitische Stabilität im Nahen Osten‹ bezeichnet wird, ist ein Pseudonym für das amerikanische Anliegen (personifiziert durch die texanische Familie Bush), das Öl weiter fließen zu lassen.«

Vor diesem theoretischen Hintergrund beginnt man zu verstehen, weshalb die Post-Zionisten David Ben-Gurion, den Zionismus im Allgemeinen und die zweite *Aliyah*-Führung im Besonderen verurteilen müssen. Schließlich war es das erklärte Ziel der Zionisten, das Dasein der Juden als ohnmächtige Opfer zu beenden und sie dazu zu bringen, zur Verfolgung ihrer Interessen Macht einzusetzen. Sie wussten genau, dass dieses Ziel nicht ausschließlich auf friedlichem Wege erreicht werden konnte. Das zionistische Unternehmen war ein revolutionäres Projekt und der Erfolg würde Blut, Schweiß und Tränen kosten. Die Tatsache, dass es sich bei den Revolutionären nicht um behutsame oder besonders freundliche Menschen handelte, verschlimmert die ganze Sache aus Sicht der Post-Zionisten noch.

Für sie bedeutet das Ende der jüdischen Opferrolle das Ende jüdischer Moral. Wenn man kein objektives Moralsystem mehr besitzt, mit dessen Hilfe man die Handlungen einer machtlosen und verfolgten Nation beurteilen kann, die entschlossen ist, ihr Schicksal selbst in die Hand zu nehmen, bleibt nur noch die Beurteilung des symbolischen Aspektes ihrer Handlungen. Mehr als alles andere scheint die Post-Zionisten zu verärgern, dass der Zionismus den Juden überhaupt (von allen Rechtfertigungen und Ergebnissen abgesehen) gestattet, Macht zu gebrauchen. Die Machtausübung an sich ist für sie ein Problem.

Für diejenigen unter uns, die Zionisten sein und gleichzeitig moralisch handeln wollen, gibt es zumindest etwas Beruhigendes an all diesen Diskussionen. Keine Kritikergruppe weiß soviel über den Zionismus wie die Post-Zionisten, die hier leben, die Landessprache sprechen und die Geschehnisse aus ebenso großer Nähe wie alle anderen verfolgen. Wenn jene Vorwürfe das Schlimmste sind, was sie aufzubieten haben, wird vielleicht die Erörterung universeller Moralkriterien zeigen, dass die Zionisten ihre Sache doch nicht so schlecht machen.

Wann begann der arabisch-zionistische Krieg? Diese Frage ist nicht so leicht zu beantworten, wie es zunächst erscheint. Sprechen wir von Arabern oder Palästinensern? Von Juden oder Zionisten? Ich habe mich auf die Araber bezogen, da in vielen der einzelnen Konflikte, die sich nach und nach entwickelten, arabische Kräfte außerhalb Palästinas involviert waren, und ich habe mich auf die Zionisten bezogen, um die Gewalt, die sie ausübten, zu unterscheiden von der der Araber, die seit Jahrhunderten immer wieder wahllos Juden töteten.

Natürlich gab es seit dem Beginn der proto-zionistischen Einwanderung in den 1880er Jahren einigen Widerstand. Wenige weitsichtige Araber mögen die Einwanderer schon als die Boten einer größeren Umwälzung gesehen haben, aber die Feindschaft der Araber gegen die ersten Zionisten gründete sich vor allem darauf, dass man sie als arrogant, respektlos und ihr Benehmen allgemein als unangebracht empfand. Im Unterschied zu den Juden vor Ort, die in den Städten lebten, arm waren und sich ihrer niederen Stellung innerhalb der muslimischen Gesellschaft bewusst waren, waren die Neuankömmlinge aus einem anderen Holz geschnitzt: Sie waren Revolutionäre, die nach landwirtschaftlichem Erfolg strebten, die auf den Schutz ihrer europäischen Pässe vertrauten und den Arabern gegenüber ziemlich respektlos auftraten.

Die vielen Auseinandersetzungen zwischen jüdischen Siedlern und einheimischen arabischen Bauern, hauptsächlich wegen Grenzfragen, endeten mitunter tödlich. Das Muster, das sich in diesen Konflikten abzeichnete – wenn es denn eines gab –, zeigte den Wunsch beider Seiten nach einer vernünftigen Lösung. Die jüdischen Siedlungen entwickelten sich zu einer Beschäftigungs- und Einkommensquelle für die dort ansässigen Araber. Dies führte zum Wachstum beider Bevölkerungen. Einige arabische Dörfer, die vor der Ankunft der Juden halbverlassen gewesen waren, begannen aufzublühen. Trotzdem erhöhte sich die Zahl der Gewalttaten in den letzten Jahren vor dem Ersten Weltkrieg, die zum Glück jedoch nur wenige Todesopfer forderten.

Das alles änderte sich nach dem Ersten Weltkrieg, als das Land vom unbedeutenden Hinterland eines zusammenbrechenden Reiches zu einer klar umrissenen geopolitischen Einheit mit unbestimmter Zukunft wurde. Ursprünglich hatten die Juden nur versucht, sich eine Art autonomen Status innerhalb des Osmanischen Reiches zu schaffen, während die Araber, sofern sie überhaupt ihre Gedanken über eine post-osmanische Ära äußerten, schon von einer neuen pan-arabischen Einheit sprachen. Zu diesem Zeitpunkt schufen die Briten plötzlich eine geographische Einheit namens Palästina und gaben sie zum Ausverkauf frei.

ZWEITES KAPITEL
Das britische Mandat: Die Entscheidungen für Aufbau und Zerstörung

Der britische General Edmund Allenby eroberte 1917 Palästina, das sich bis dahin unter türkischer Herrschaft befunden hatte. Im Dezember nahm er Jerusalem ein. Im November 1947 verabschiedeten die Vereinten Nationen eine Resolution über die Beendigung der britischen Kontrolle Palästinas. Im Laufe der dazwischenliegenden dreißig Jahre fällten Zionisten und Palästinenser viele grundlegende Entscheidungen über ihr gegenseitiges Verhältnis. Im Mittelpunkt der jüdischen Politik standen die Siedlungsmaßnahmen. Die Position der Palästinenser bestand im Wesentlichen in ihrer gewaltsamen Ablehnung des Zionismus. Achtzig Jahre später, lange nach dem Abzug der Briten, hat sich an dieser Konstellation wenig geändert.

Im Rückblick erscheint die Rolle der Briten nicht so entscheidend gewesen zu sein, wie sie selbst gerne behaupten, und ihre Attitüde, bis heute jede Gelegenheit zu nutzen, ihre Ansichten zu diesem Konflikt in den Medien zu verbreiten, ist ebenso selbstgefällig wie unangebracht. In Wahrheit stolperten sie 1917 in eine gespannte Situation, wurstelten sich dreißig Jahre lang erfolglos hindurch und stolperten schließlich wieder heraus. Die Geschichte des jüdisch-arabischen Konflikts begann nicht mit den Briten und sie endete auch nicht nach ihrem Abzug. Das Gleiche gilt für die Überheblichkeit, mit der sie den Konflikt im Rahmen des europäischen Kolonialismus interpretieren. Eine so alte Geschichte in den Rahmen einer kurzen europäischen Präsenz zu pressen, die beinahe ebenso rasch beendet war, wie sie begonnen hatte, zeigt ein beeindruckendes Maß eurozentrischer Arroganz.

Das soll jedoch nicht heißen, dass die britische Intervention keinerlei Bedeutung gehabt hätte. Dreißig Jahre lang waren die Briten die herrschende Macht und Juden und Palästinenser mussten nach Wegen suchen, einen Vorteil daraus zu ziehen oder zumindest den Schaden zu begrenzen. Zu Beginn schienen die Palästinenser in der besseren Position zu sein, sie waren in der Mehrheit und Teil der arabischen Welt, d.h. sie besaßen keine äußeren Feinde. Die Juden dagegen waren eine kleine Minderheit, sie hatten fast kein Land und jenseits der Grenzen Palästinas war sämtliche politische oder finanzielle Unterstützung, die sie kurzzeitig in den frühen 1920er Jahren bekommen hatten, eingestellt worden. Dadurch gerieten sie politisch ins Hintertreffen. Sie besaßen jedoch einen Trumpf, den sie optimal nutzten: die Balfour-Deklaration.

Die Balfour-Deklaration bildete die Grundlage des Britischen Mandats in Palästina, sie war das Ergebnis der zionistischen Politik der vorangegangenen Jahrzehnte. Als Theodor Herzl um die Jahrhundertwende unermüdlich alle Welt davon zu überzeugen versuchte, ihn eine jüdische Heimstatt unter osmanischer Oberhoheit schaffen zu lassen, hatte ihn kaum jemand beachtet. Als dann im Ersten Weltkrieg Chaim Weizmann, Herzls Nachfolger, mit den Briten verhandelte, während diese mit der Eroberung Palästinas begannen, wurde er von der zionistischen Bewegung unterstützt, die inzwischen in vielen Ländern verankert war, und er konnte auf ein Dutzend neuer jüdischer Siedlungen in Palästina hinweisen, die von unbeirrbaren Siedlern bewohnt wurden. Mit anderen Worten, die Zionisten hatten bereits den ersten revolutionären Schritt getan und sich durch ihre Erfolge einen Platz am Tisch der Mächtigen erobert.

Aus dem Zusammentreffen von britischer Realpolitik und religiöser Begeisterung für die Bestrebungen der Juden resultierte am 2. November 1917 die Balfour-Deklaration. Sie richtete sich sowohl an die Juden in den USA (um sie für den Eintritt der USA in den Krieg zu gewinnen) als auch an die Juden in Alexander Kerenskis Russland (um den Kriegsaustritt der Russen zu verhindern) und sogar an diejenigen in den Achsenmächten (da befürchtet wurde, die Deutschen könnten von sich aus eine entsprechende Deklaration veröffentlichen). Die Deklaration war darüber hinaus ein Schachzug, um Frankreich aus Palästina herauszuhalten, das die Briten wegen seiner Bedeutung für die Handelswege nach Indien unter ihrer Kontrolle halten wollten. Die Deklaration wurde in Form eines Briefes des britischen Außenministers Lord Arthur James Balfour an Lord James Rothschild überreicht. Sie lautete: »Die Regierung Seiner Majestät betrachtet mit Wohlwollen die Errichtung einer nationalen Heimstatt des jüdischen Volkes in

Palästina und wird ihr Bestes tun, die Erreichung dieses Zieles zu erleichtern, wobei, wohlverstanden, nichts geschehen soll, was die bürgerlichen und religiösen Rechte der bestehenden nicht-jüdischen Gemeinschaft in Palästina oder die Rechte und den politischen Status der Juden in anderen Ländern in Frage stellen könnte.«

Entgegen der weit verbreiteten Auffassung war die Balfour-Deklaration jedoch aus jüdischer Sicht niemals eine Quelle der Legitimation für die jüdischen Ansprüche auf *Eretz Israel*. Moralisch wurden Ansprüche der Juden legitimiert durch ihre Geschichte und ihre hartnäckige Weigerung aufzugeben, politisch durch ihr Handeln in jüngster Zeit. Eine abgeschwächte Version der Balfour-Deklaration wurde vom Völkerbund verabschiedet, als er das Britische Mandat zur Kontrolle Palästinas formulierte. Die Deklaration war keine eindeutige Unterstützung des Zionismus. Den Juden wurde keine Souveränität versprochen, sondern nur eine Heimstatt; und was das auch bedeuteten mochte, es hieß definitiv nicht, dass die bürgerlichen und religiösen Rechte der ansässigen Nicht-Juden einzuschränken wären. Mit anderen Worten, die Souveränität konnte nicht auf Kosten der Palästinenser durchgesetzt werden. Die Deklaration konnte auch nicht – und das wurde vergessen – die politischen Rechte der anderswo lebenden Juden betreffen. Der Erfolg des Zionismus, soviel ging aus der Deklaration hervor, dürfe den europäischen Ländern nicht als Vorwand dafür dienen, Juden loszuwerden oder auszuweisen (obwohl sie den Vorwurf der doppelten Loyalität nicht verhindern konnte). Lord Balfour und Lord Rothschild hatten vom Nahen Osten vielleicht wenig Ahnung, die europäischen Verhältnisse hingegen kannten sie nur zu gut.

Die Juden nahmen die Deklaration begeistert auf. Sie störten sich nicht an den vagen Formulierungen, da der Zionismus zu diesem Zeitpunkt – und auch in der kommenden Generation – nicht die jüdische Souveränität zum Ziel hatte. Eine Heimstatt, auch ohne souveränen Staat, würde eine enorme Verbesserung darstellen. Sie suchten nach einer Lösung zur Linderung der Not der Juden, und auch wenn sie sich nicht um die Belange der dort lebenden Araber kümmerten, so waren sie diesen zumindest nicht feindlich gesonnen. Hätte es eine arabische Bewegung gegeben, die entsprechend der Balfour-Deklaration zu einer Übereinkunft mit den Juden hätte gelangen wollen, so wären die Juden sicherlich dazu bereit gewesen. Die Einsicht, dass volle Souveränität ein existenzielles Bedürfnis der Juden sei – ja sogar eine Vorbedingung für ihre physische und kulturelle Weiterexistenz – war direkt nach dem Ersten Weltkrieg noch nicht vorhanden. Erst später zwangen die Ereignisse des zwanzigsten Jahrhunderts ihnen diese Erkenntnisse auf.

Als die Briten und Franzosen 1917/18 das auseinander fallende Osmanische Reich stürzten, war dies ein entscheidender Augenblick in der Auseinandersetzung zwischen der muslimischen Welt und dem christlichen Europa, die vor mehr als 1200 Jahren begonnen hatte, als die Spanier die muslimischen Invasoren zurückschlugen. Noch 1683 hatte eine osmanische Armee vor den Toren Wiens gestanden. 1918 unterstand die gesamte muslimische Welt der direkten oder indirekten Kontrolle Europas und das Kalifat – der Sitz des allgemein anerkannten Führers des Islam – existierte nicht mehr. Der Schock für die Muslime war groß, und gegenwärtige Konflikte sind vielleicht Teil der Reaktion darauf. Die Ereignisse in Palästina zu jener Zeit waren nur Teil eines größeren Konflikts; zu Anfang sahen die politisch aktiven Palästinenser ihre Zwangslage eher im Zusammenhang mit einem panarabischen Kampf denn als begrenzten Zusammenstoß zwischen Juden und Arabern.

Sprecher der Palästinenser und ihre westlichen Verbündeten verweisen häufig auf die Deklaration als bestes Beispiel dafür, dass die europäischen Kolonialmächte den Zionismus als Waffe gegen die Araber unterstützt hätten. Mit den Worten von Edward Said, dem wahrscheinlich eloquentesten Sprecher der Palästinenser: »Die Welt war es, die den Zionismus ermöglichte.«[5] In Wirklichkeit hatte die europäische Kontrolle der Region, mit Ausnahme Nordafrikas, nicht länger als eine Generation Bestand: Selbst die Kennzeichnung Kolonialismus scheint übertrieben, denn Länder wie Irak und Saudi-Arabien sind keine Mitglieder des britischen Empire geworden. Die zionistische Bewegung gab es schon vor der europäischen Präsenz in Palästina. Daraus zog sie zwar einen Vorteil, aber die Fähigkeit, sich an der Macht zu halten sowie ihre

---

5 Said, Zionismus und palästinensische Selbstbestimmung, S. 20

Langlebigkeit entlarven die Behauptung, sie sei Teil eines imperialen europäischen Plans zur Spaltung der arabischen Welt gewesen, als Propaganda.

Außerdem wird noch ein entscheidender Aspekt der britischen Palästina-Politik in diesem Zusammenhang übersehen (abgesehen vom Verhältnis der Juden zur »Welt« in den 1930er und 1940er Jahren, die alles andere als wohlwollend war): Auch wenn in der britischen Politik pro-zionistische mit anti-zionistischen oder indifferenten Positionen wechselten, engagierten sie sich doch niemals wirklich für zionistische Belange. Im besten Fall schufen die Briten günstige Voraussetzungen für das Projekt des Zionismus. Es blieb den Juden überlassen, was sie daraus machten. Jedenfalls hatten zur Zeit des britischen Mandats Juden wie Palästinenser die gleichen Möglichkeiten, ihr jeweiliges Schicksal selbst in die Hand zu nehmen, und wenn es den Juden schließlich besser gelang, dann nicht deshalb, weil die Briten sie dabei so sehr unterstützt hätten, sondern weil ihre zionistische Entschlossenheit sie vorantrieb. Die Juden errichteten Einwanderungszentralen und kommunale Institutionen (dazu später mehr), und sie gründeten neue Siedlungen.

Der Erste Weltkrieg endete am 11. November 1918. In Osteuropa aber dauerten die Kämpfe und kriegerischen Auseinandersetzungen noch viele Monate, zum Teil Jahre an. Im vormaligen Russischen Reich kam es zu einem brutalen Bürgerkrieg, den die Bolschewiken nutzten, um ihren Machtbereich auszuweiten. In diesen Kriegen wurden Tausende Juden ermordet, insbesondere in der Ukraine. Die niedrigste Schätzung, die ich finden konnte, nennt 70.000 Tote; die meisten Schätzungen bewegen sich im Rahmen zwischen 200.000 und 250.000. Die Einwanderer der dritten *Aliyah* (1919–1923) waren größtenteils Flüchtlinge, die vor dem mörderischen Hass ihrer russischen, ukrainischen und polnischen Nachbarn geflohen waren. Viele gingen nach Amerika, da die Vereinigten Staaten zu diesem Zeitpunkt noch Flüchtlinge aufnahmen. Die fünfunddreißigtausend Pioniere, die nach Palästina kamen, waren natürlich dankbar für die Einreiseerlaubnis der Briten, aber sie hatten vor allem den Wunsch, ihren Vorbildern, den Pionieren der zweiten *Aliyah*, nachzueifern.

Die Angst um das eigene Leben und der utopische Wunsch, das alte Heimatland wieder aufzubauen, waren aber noch keine ausreichende Basis für den Erfolg. Was sie am dringesten brauchten, war Land – und das musste gekauft werden. Und dafür sorgte Yehoshua Hankin. Hankin wurde 1864 in der Ukraine geboren. Seine Familie verließ die Heimat 1882, unmittelbar vor Beginn einer Flut von Pogromen. Er schloss sich den äußerst zielstrebigen Siedlern der ersten *Aliyah* in Gedera an, heiratete und ging nach Jaffa. Er fand 1890 zu seiner Berufung, als er das Land kaufte, auf dem Rehovot gegründet wurde. Kurz darauf erstand er die ersten Ländereien für Hadera – alle in der Küstenebene gelegen. Der Erwerb von Land für die zionistische Bewegung wurde zu seiner Lebensaufgabe. Nach seinem Tod 1945 benannte man eine Siedlung im Jezreel-Tal nach ihm: Kfar Yehoshua, »Yehoshuas Dorf«. Mit diesem Namen schuf man ihm gewissermaßen einen angemessenen Grabspruch.

Hankin war in vielerlei Hinsicht ein typischer Mitstreiter Ben-Gurions (obwohl er eine Generation älter war). Sah man ihm bei der Arbeit zu, gewann man den Eindruck eines zutiefst engagierten Menschen, der sich mit seiner ganzen Persönlichkeit darauf konzentrierte, eine nationale jüdische Heimat im Land der Vorväter zu schaffen, einen wichtigen Beitrag innerhalb eines Unternehmens zu leisten, dessen Rahmen jemand anders gesetzt hatte, und der an seinen Erfolgen festhielt. Ohne die dynamischen Revolutionäre um ihn herum hätten seine Bemühungen vielleicht niemals Geschichte gemacht; aber ohne hart arbeitende Männer seines Schlages wären auch die Revolutionäre höchstwahrscheinlich in nutzlosen Debattierclubs versackt.

Menschen wie Hankin wurden vor allem deshalb dringend gebraucht, weil die Juden nur auf Land siedeln konnten, das legal erworben worden war. Der größte Teil des Landes hatte der türkischen Regierung gehört und war jetzt Eigentum der Briten, aber keine der beiden wollte Juden darauf siedeln lassen. Die Türken wollten die Juden überhaupt nicht als Siedler haben. Die Briten hatten zuerst keine Einwände, aber die Juden sollten ihr Land selbst erwerben. Dafür brauchten sie Käufer und Landeigentümer, die verkaufen wollten.

Der fünfte Kongress der Zionisten in Basel richtete 1901 den Jüdischen Nationalfonds (JNF) ein mit dem Ziel, Spenden von Juden aus aller Welt zu sammeln, mit deren Hilfe so viel Land wie möglich gekauft werden sollte. Die relative Armut der meisten osteuropäischen Juden, die die Unterstützer des frühen Zionismus waren, bedeutete jedoch, dass jeder Pfennig dreimal umgedreht werden musste. Das Land musste mühsam Stück für Stück gekauft werden, um darauf landwirtschaftliche Siedlungen gründen zu können. Dieses Land konnte man hauptsächlich den in der Stadt lebenden Großgrundbesitzern abkaufen, die kein besonderes Interesse daran hatten, weil sie von der Qualität des Bodens nicht überzeugt waren.

Die größten zum Verkauf stehenden Flächen waren die Malariaverseuchten Sümpfe um den See Genezareth und nördlich davon im Hula-Tal (unterhalb der Golanhöhen), die Küstenebene und die ost-westlichen Region, bekannt als Jezreel-Tal, das die beiden verbindet. Die hügeligen Regionen des Landes, mit ihrer gesünderen Luft, standen entweder nicht zum Verkauf oder bildeten kein zusammenhängendes Gebiet. Die Zionisten konnten also nur scheinbar wertloses Land erstehen. Aber sollten sie es schaffen, es zu kultivieren, könnte es zum fruchtbarsten Land der gesamten Region werden. Genau diese Herausforderung löste nach 1918 eine neue Einwanderungswelle aus.

Hankin und sein Chef, Arthur Ruppin, Führer des zionistischen Büros in Jaffa, drängten die zionistische Führung in Europa zum Kauf großer Ländereien im Jezreel-Tal. Da sie mit diesen ungewöhnlich sturen Pionieren nicht vertraut waren, kann man sich die Nervosität leicht vorstellen, mit der die Vorsitzenden des Exekutivkomitees die Gelder der Fonds freigaben für etwas, das in ihren Augen höchstwahrscheinlich ein schlechtes Geschäft war. Darüber hinaus waren Sümpfe trockenzulegen, Bewässerungskanäle zu graben, Straßen zu pflastern, das passende Saatgut auszuwählen und zu pflegen, und dies alles möglichst ohne an Malaria zu erkranken oder einen Sonnenstich zu erleiden.

Die sozialistisch ausgerichteten Pioniere nahmen die Herausforderung an und gründeten die Arbeiter-Batallione *Gdudei Ha'* *Avoda*. Auf diese Weise sollten der Kibbuz der früheren Pioniere und die ideologisch motivierten Arbeiter-Brigaden, die im revolutionären Nachkriegseuropa allgemein bekannt waren, verbunden werden. Während die ursprünglichen Kibbuzim winzig gewesen waren (der erste, Degania, teilte sich, als seine Mitgliederzahl auf einige Dutzend angewachsen war), hatten die Gdudei Ha' Avoda bald Hunderte von Mitgliedern. In der Anfangszeit um 1920 sahen sich die Mitglieder als proletarischer Arm der zionistischen Bewegung, sie wollten beweisen, dass jüdische Arbeiter jede Aufgabe meistern konnten. Ihr erstes Großprojekt war die Befestigung einer Straße nördlich von Tiberius. Später bereiteten sie die von Hankin in der östlichen Hälfte von Jezreel gekauften großen Ländereien für die Siedlungsmaßnahmen vor. Einige Siedler blieben dort für den Rest ihres Lebens und wurden im Laufe der Zeit zu den abgehärteten, fest in ihrem Land verwurzelten Bauern, die sie immer hatten werden wollen.

Die Namen, die den Siedlungen in dieser Phase verliehen wurden, erzählen eine anschaulichere Geschichte als die Namen, die man vierzig Jahre zuvor gewählt hatte: Harod war die Quelle, an der Gott dreihundert Soldaten für Gideon auswählte, als sie dort Wasser schöpften. Das nahe gelegene Tel Josef war nach Josef Trumpeldor benannt, dem ersten charismatischen Führer von Gdudei Ha'Avoda, der 1920 in Tel Hai ermordet worden war. Kfar Yehezkel war nach alter Sitte nach dem Bruder des Gönners benannt, der das Geld für den Erwerb des Landes gespendet hatte. Geva war eine modernisierte Form des hebräischen Wortes für Hügel, da die Siedlung auf einem Hügel erbaut wurde. Beit Alfa war die hebräische Variante des arabischen Namens Beit Allifa, das wiederum auf einen früheren hebräischen Namen, Beit Ulpana, zurückgeht.

Während die Juden ein altes Volk waren, das um eine neue nationale Existenz kämpfte, waren die Palästinenser vorher zwar noch keine Nation gewesen, aber sie verfügten bereits über die wichtigsten Grundlagen, um eine zu werden: eine gemeinsame Sprache und Kultur, die kurz zuvor als geopolitische Einheit definiert worden war. Zu Beginn ihres nationalen Erwachens waren sie mit einer beispiellosen Herausforderung konfrontiert: Die gesamte Geschichte der Menschheit hindurch sind Menschen emigriert und haben die Demographien ihrer neuen Heimatländer verändert.

Einige Migrationen verlaufen friedlich, andere mit großer Brutalität. In den meisten Fällen gehen die Spannungen zurück, wenn die Migration erst einmal beendet ist. Manchmal leisten die Ein-

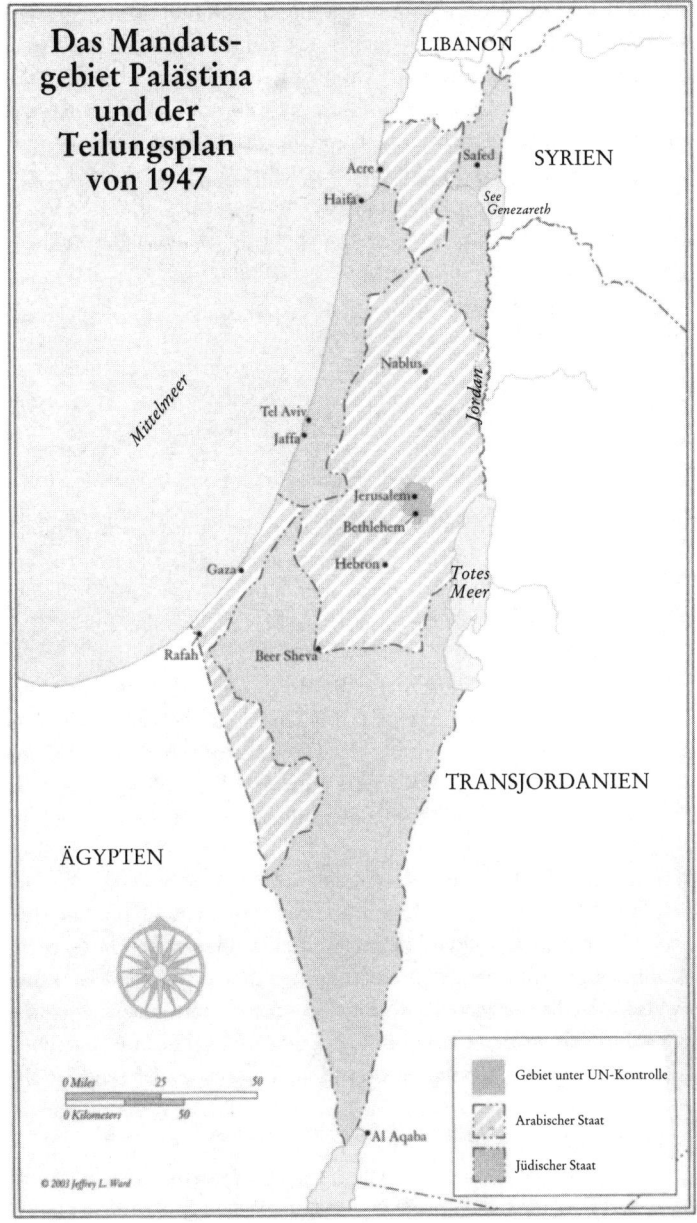

Das Mandats-
gebiet Palästina
und der
Teilungsplan
von 1947

LIBANON

SYRIEN

Acre

Safed

Haifa

See
Genezareth

Nablus

Mittelmeer

Jordan

Tel Aviv

Jaffa

Jerusalem

Bethlehem

Gaza

Hebron

Totes
Meer

Rafah

Beer Sheva

TRANSJORDANIEN

ÄGYPTEN

0 Miles   25   50
0 Kilometers   50

© 2003 Jeffrey L. Ward

Al Aqaba

Gebiet unter UN-Kontrolle

Arabischer Staat

Jüdischer Staat

heimischen den Neuankömmlingen über Generationen hinweg Widerstand, bis sie aufgeben und das Land verlassen. Das beste Beispiel dafür ist vielleicht die arabische Ablehnung des europäischen Eindringens ins Heilige Land während der Zeit der Kreuzzüge, die fast zwei Jahrhunderte andauerte. Äußerst selten ist eine Gruppe wieder in das Land zurückgekehrt, das sie verloren hatte, und wenn, dann nur innerhalb der Generation, die sich noch daran erinnern konnte, wie die Rückkehr der Juden nach Judäa in der Persischen Ära oder, wie vor kurzem, die Rückkehr der Tschetschenen aus Sibirien.[6]

Nach zweitausend Jahren zurückzukehren ist auf jeden Fall für die meisten Gruppen unmöglich, da Nationen nur sehr selten so lange existieren. Da dies eine einzigartige Situation ist, ist eine Bewertung ihrer Moral nach universalen Kriterien unmöglich: Wie oder woran sollte man sie messen oder womit vergleichen können?

Wenn es sich bei den Juden, wie gezeigt, um eine Nation handelt, wie kann es dann moralisch sein, ihnen einen Platz für sich zu verwehren, wie ihn andere Nationen auch haben? Man kann vielleicht das Handeln einer Nation moralisch beurteilen, aber nicht ihre Existenz in Frage stellen.

So sahen die Araber die Dinge allerdings nicht. Kaum hatten die Briten günstige Bedingungen für die Zionisten geschaffen, die nun ihre Ziele verfolgen konnten, als die einheimischen Araber sich dazu entschlossen, keinesfalls eine nationale jüdische Heimstatt in Palästina zu dulden und dies nötigenfalls mit Gewalt zu verhindern.

War das Krieg? Nicht im Sinne kriegführender Staaten, da die beteiligten Parteien diesen Status noch nicht besaßen. Die an Britisch-Palästina angrenzenden arabischen Länder waren noch nicht unabhängig und die palästinensischen Araber waren noch in einer Art und Weise unorganisiert, die eher an eine nationale Bewegung erinnerte. Bis in die späten 1940er Jahre waren alle militärischen Aktionen, die in Palästina stattfanden, von in der Gegend leben-

---

6 Stalin deportierte die gesamte tschetschenische Nation nach Sibirien während des Zweiten Weltkrieges, offensichtlich aus Furcht vor deren möglicher Unterstützung der deutschen Invasoren. Einige Jahre nach seinem Tod wurde ihnen Ende der 1950er Jahre die Rückkehr erlaubt.

den freiwilligen Kämpfern geführt worden. Diese waren deshalb aber nicht weniger zum Widerstand entschlossen. Anfang 1920 kämpften Briten, Franzosen, Zionisten und verschiedene arabische Streitkräfte um Stellungen, Grenzen und Machtpositionen im Mittleren Osten. Es gab arabische Angriffe auf mindestens acht jüdische Siedlungen, die meisten an der Grenze zwischen französischen und britischen Mandatsgebieten. In Palästina gab es arabische Demonstrationen, Streiks, Petitionen sowie Angriffe auf einzelne Juden. Im März 1920 griff der arabische Mob eine Gruppe Juden in Jerusalem an, wobei sie »*Itbah al-Yahud!*« (»Schlachtet die Juden!«) und: »Palästina ist unser Land und die Juden sind unsere Hunde!« schrieen. Einen Monat später setzten sie ihre Drohungen in die Tat um: Hunderte von Männern, die aus anderen Städten zu einem muslimischen Feiertag nach Jerusalem gekommen waren, attackierten die Juden drei Tage lang; Wohnungen wurden geplündert, Frauen vergewaltigt und Synagogen zerstört. Die meisten jüdischen Opfer waren Nachfahren des Alten Yishuv, der jüdischen Familien, die seit Generationen in Palästina ansässig waren, lange vor der Ankunft der Zionisten. Sie waren am wenigsten in der Lage, sich zu verteidigen. Die Zahl der Opfer – sechs tote Juden und etwa zweihundert Verletzte – wäre noch viel höher gewesen, wäre es der Haganah, der jungen zionistischen Selbstverteidigungsorganisation, nicht gelungen, etwa dreihundert Juden aus der Altstadt herauszuschleusen. Die Briten beendeten schließlich die Gewalt. Dabei gab es auch unter den arabischen Aufrührern zahlreiche Tote und Verletzte. Arabische Führer beschuldigten die Juden, die Gewalt provoziert zu haben, indem sie erst die Muslime beleidigt und anschließend arabische Frauen und Kinder getötet hätten.

Unmittelbar danach gingen die Briten härter gegen die Juden vor: Jüdische Führer wurden verhaftet, sogar Chaim Weizmanns Büro wurde durchsucht. Zeev Jabotinsky, Führer der örtlichen Haganah, und mehr als ein Dutzend seiner Anhänger wurden zu mehreren Jahren Zwangsarbeit verurteilt. Die jüdische Einwanderung wurde gestoppt. Allein die Ablösung der britischen Militärherrschaft durch eine zivile Mandatsverwaltung ein Jahr später ermöglichte ein neues Anwachsen der jüdischen Bevölkerung.

Schon zu Anfang des Konflikts waren Denkmuster wirksam, die

den zionistisch-palästinensischen Konflikt immer noch prägen. Die bei den Arabern am weitesten verbreitete Haltung besagt: Juden können nur als Individuen einer Minorität zweiter Klasse toleriert werden, niemals als eine Nation mit eigenen Ansprüchen. Ihre Entscheidung: »Zionistischen Ansprüchen ist mit Gewalt zu begegnen«, rechtfertigen sie mit der Begründung: »Die Juden sind unsere Hunde«. Die Palästinenser wiesen die jüdischen Ansprüche nicht ab, weil sie europäische Kolonialisten und fremde Invasoren gewesen wären, sondern weil sie seit Jahrhunderten Einheimische zweiter Klasse waren, die es plötzlich gewagt hatten, die natürliche Ordnung auf den Kopf zu stellen und für eine nationale Heimstatt zu kämpfen.

Wie immer war die Gewalt gegen jene Juden gerichtet, die sich am wenigsten wehren konnten. Die Tatsache, dass diese Gewalt Gegengewalt erzeugte, bedeutete, dass es Opfer unter den Angreifern gab, eine Tatsache, die geschickt verdreht werden konnte, um zu zeigen, dass die Angreifer in Wirklichkeit die Opfer waren. Und die externen Kräfte (hier die Briten), die zugaben, dass die Gewalt von den Arabern ausgegangen war, meinten, dass die zugrundeliegenden Probleme auf Kosten der Juden gelöst werden mussten.

Ablehnung des jüdischen Existenzrechts als Nation; Gewalt gegen wehrlose Juden; Lügen zur Rechtfertigung der Gewalt; moralische Gleichsetzung von ermordeten Juden und toten Angreifern. Das könnte auf praktisch jedes Jahr seit 1920 zutreffen. Aber was ist von der Schlagzeile des *Guardian* vom 3. Januar 2001 zu halten, als palästinensische Gewalt gegenüber der israelischen Zivilbevölkerung Baraks Regierung erfolgreich zur Gewährung immer verzweifelterer Konzessionen zwang? Unter dem Titel »Israel hat einfach kein Existenzrecht« ging Faisal Bodi, ein britischer muslimischer Journalist, zurück zu den Ursprungsquellen. Er zitierte das biblische Versprechen Gottes an Abraham: »Deinem Samen will ich dies Land geben, von dem Wasser Ägyptens an bis an das große Wasser Euphrat« und erklärte, was immer Gott damit gemeint haben mag, sicherlich nicht, dass das Land gewaltsam seinen Einwohnern entrissen werden sollte. Nachdem er auf diese Weise den wichtigsten jüdischen Anspruch verworfen hatte, wies er im Anschluss daran die moderne Variante zurück: »Als sie das [Oslo]-Abkommen unterzeichnete, machte die PLO den Kardinalfehler anzunehmen, man könne das Kriegsbeil begraben, wenn man die Geschichte neu interpretierte. Sie akzeptierte als Ausgangspunkt das Existenzrecht Israels. Das Problem daran ist, dass dies auch bedeutete, die Umstände der Gründung des Staates Israel als legitim zu akzeptieren. Wie die späteren Probleme gezeigt haben, sind gewöhnliche Palästinenser nicht darauf vorbereitet, ihren Führern auf diesem Weg in die intellektuelle Amnesie zu folgen.«

Tatsächlich enthält die biblische Geschichte sehr wohl Gewalt, aber Bodi, wie die meisten Kritiker Israels, nimmt es mit den Fakten nicht so genau.

Im Mai 1921 kam es zu einem weiteren Gewaltausbruch, der sich diesmal hauptsächlich auf Jaffa konzentrierte; Abertausende von Angreifern versuchten, wenn auch größtenteils erfolglos, Petach Tikva, Hadera und Rehovot einzunehmen. Siebenundvierzig Juden wurden ermordet, die meisten von ihnen unbewaffnete Zivilisten, während achtundvierzig Araber von jüdischen Verteidigungskräften und britischer Polizei im Kampf getötet wurden. Sie waren weder unschuldige Zivilisten, noch wurden sie ermordet. Im November desselben Jahres gab es weitere Krawalle, die wieder Tote forderten. 1922 verabschiedete der Völkerbund eine abgeschwächte Version der Balfour-Deklaration als Grundlage des Britischen Mandats. Sie enthielt eine vorsichtige Versicherung für die Araber, dass die jüdische nationale Heimstatt eine begrenzte sein würde.

Die nächste größere Serie von Gewalttaten ereignete sich 1929; diesmal gaben die wahnsinnigen Mörder vor, Haram el-Sharif zu verteidigen. Seit 1928 gab es wachsende Spannungen an der westlichen Mauer – Steine wurden geworfen und den Juden, die unterhalb des Tempelberges beteten, der direkte Zugang verweigert. Diese Vorgänge waren von bösartiger Propaganda begleitet, die die Muslime dazu aufrief, ihre heiligen Stätten vor den Juden zu schützen, die danach trachteten, Haram zu besetzen und ihn zu entweihen; außerdem wurden die Juden als Vergewaltiger und Kindermörder dargestellt. Angesichts solcher schweren und andauernden Beschuldigungen konnte es nicht überraschen, dass am 23. August 1929, einem Freitag, Tausende von Muslimen einer Hetzrede folgten und sich nach ihren Gebeten auf dem Tempelberg zusammentaten, um Juden zu ermorden. Während der gesamten darauf folgenden Woche griffen tobende Araber Juden in vielen Orten an und eine Reihe kleiner Siedlungen musste vorübergehend geräumt werden. Insgesamt starben 133 Juden, die meisten davon waren Zivilisten. Nur wenige waren bewaffnete Verteidigungskräfte, die im Kampf getötet wurden. Einhundertsechzehn Araber starben, einige wurden von jüdischen Verteidigern, die meisten von britischen Sicherheitskräften getötet (nicht ermordet).

Die schlimmsten Grausamkeiten wurden in den Gemeinden der Alten Yishuv verübt, in denen die meisten Juden unbewaffnet waren. Im muslimischen Teil der Jerusalemer Altstadt wurden Hunderte von Juden, die seit Generationen dort gelebt hatten, von den Briten evakuiert und kehrten niemals zurück. Besonders entsetzlich waren die Zustände in Hebron.

Nach der Bibel sind in Hebron die Patriarchen begraben. Im Buch Genesis wird genau beschrieben, wie die Verhandlungen zum Kauf der Grabstätte verliefen. Ein Kommentar aus dem fünften Jahrhundert stellt die Frage danach, weshalb alle diese Details angegeben werden und gibt darauf auch eine interessante Antwort: Das Wissen, dass in der Zukunft die Ansprüche der Juden auf die Gräber der Patriarchen in Hebron, auf Josefs Grab in Nablus und auf den Tempelberg in Jerusalem geleugnet werden würden, war schon in der Bibel enthalten, deshalb sollte auf diesem Weg bezeugt werden, dass alle diese Stätten von den Juden rechtmäßig erworben worden waren.

Von den vergangenen 3200 Jahren lebten rund 2100 Jahre Juden in Hebron. Es gibt keine empirische Möglichkeit nachzuweisen, wer tatsächlich dort beerdigt ist, aber die Überlieferung, die die Gräber der Patriarchen dort bezeugt, ist mehr als zweitausend Jahre alt, wie das große Bauwerk, das Herodes an diesem Ort errichten ließ, beweist. Es steht immer noch dort, einer der ältesten Bauten der Welt, älter als das Christentum und weit älter als der Islam. Herodes hatte Hebron zweifellos wegen seiner Vorgeschichte gewählt, die schon zu seiner Zeit sehr weit zurückreichte. Hunderte von Jahren nach der Zeit der Patriarchen und sogar ganze tausend Jahre vor Herodes war es die erste Hauptstadt des jungen Königs David gewesen. Nach dem Völkermord unter Hadrian war den Juden die Rückkehr in die Stadt über 550 Jahre verboten. Während der letzten tausend Jahre jedoch lebten lediglich zur Zeit der Kreuzzüge und in der zweiten Hälfte des britischen Mandats keine Juden dort – insgesamt vielleicht 150 Jahre. Mit anderen Worten, die Juden von Hebron waren keine Zionisten und die Zionisten haben Hebron nicht besiedelt. Es liegt auf einem Hügel fernab von jenen großen, Malaria-verseuchten Sumpfgebieten, die die Zionisten so eifrig aufkauften.

1929 fanden 630 Jahre jüdisches Siedlungswesen ein gewaltsames Ende: Die einheimischen Araber ließen ihren Zorn nicht an den Zionisten selbst aus, die zumindest teilweise in der Lage schienen, sich zu verteidigen, sondern an den wehrlosen Juden in Hebron. Von einer Gemeinde, bestehend aus rund sechshundert Juden, wurden vierundsechzig (nach anderen Quellen sechsundsechzig) getötet. Die Zionisten konnten nichts dagegen tun. Als alles vorüber war, zwangen die britischen Soldaten eine Gruppe von Arabern aus Hebron, die verstümmelten Körper der ermordeten Juden zu begraben. Dabei stimmten die Araber Siegeslieder an.

Es gab damals dennoch einen kleinen Hoffnungsschimmer. Juden wurden auch hin und wieder bei tödlichen Angriffen der Palästinenser von einzelnen Arabern gerettet, vor allem in Hebron. Eines Tages, wenn Frieden zwischen Israelis und Palästinensern herrscht, werden solche Erinnerungen den Grundstein für die gegenseitige Akzeptanz bilden.

Im Gegensatz zur arabischen Haltung in diesem Konflikt erwies sich die der Juden als moralischer, auch wenn man sich zu Beginn der 20er Jahre schon eindeutig für den Krieg – oder vielmehr dafür, auf Gewalt militärisch zu reagieren – entschieden hatte. Dieser Entschluss war für die meisten Juden so naheliegend, dass es keinerlei Opposition dagegen gab. Das einzige Problem war, ein Gleichgewicht zwischen der Abhängigkeit vom Schutz der Briten und den Vorbereitungen zum Aufbau eines eigenen unabhängigen Militärs zu finden. Wollte man den zionistischen Plan nicht kurzfristig aufgeben, gab es keine Alternative. Bei dieser Entscheidung handelte es sich in der Tat um das *jus ad bellum*, es sei denn, man spricht den Juden das Existenzrecht ab, wodurch sich ohnehin jegliche Diskussion erübrigen würde. *Jus in bello* stand zu diesem Zeitpunkt nicht zur Debatte, da man militärisch (selbst bei engster Auslegung) rein defensiv vorging; sämtliche Araber, die in den 1920er Jahren von Juden getötet wurden, hatten zuvor die Juden angegriffen. Obwohl politische Macht für die Juden ein Novum war, wurde sie doch mit einer erstaunlichen Selbstsicherheit ausgeübt.

Die jüdische Gemeinschaft in *Eretz Israel* trug den Namen *Yishuv* (wörtlich »die Siedlung«). Ihr höchstes kommunales Organ war die »Versammlung«, eine von allen Juden des Landes durch allgemeine Wahl bestimmte Körperschaft. Die Versammlung wiederum wählte einen Nationalrat, Vaad Leumi, in dem Vertreter aller jüdischen Gruppen und Parteien vertreten waren. Der Vaad bestimmte eine Exekutive von sechs bis vierzehn Mitgliedern. Aus der Versammlung sollte im Jahre 1949 das israelische Parlament, die Knesset, entstehen.

Der Völkerbund hatte bei der Festlegung des Britischen Mandats eine jüdische Institution vorgesehen, die die zionistische Bewegung in den Verhandlungen mit den Briten repräsentieren sollte. Das war die Jewish Agency: eine internationale Nicht-Regierungsorganisation mit Sitz in Jerusalem, die Exekutive und Vertretung der zionistischen Weltorganisation. Obwohl sie bereits 1922 gegründet wurde, sollte es bis 1929 dauern, bis die verschiedenen Fraktionen sich über ihre Struktur einigen konnten, da es sowohl im Yishuv als auch außerhalb Juden gab, die sich nicht als politische Zionisten verstanden, aber trotzdem an dem Unternehmen teilhaben wollten und deshalb nach einer Vertretung verlangten.

Grob gesagt war Vaad Leumi für die inneren, kommunalen Belange zuständig, die Jewish Agency dagegen für die regional übergreifenden Angelegenheiten; beide waren nationale Institutionen. In den frühen 1920er Jahren war die bedeutendste jüdische Institution aber noch die Histadrut. Nominell war dies die Gewerkschaft der jüdischen Arbeiter. Auf dem Höhepunkt ihres Erfolges war die Histadrut eine große Dachorganisation, die neben den Gewerkschaften auch einige der größten Arbeitgeber des Landes umfasste: das gigantische Bauunternehmen Solel Boneh, den wichtigsten Großhändler für landwirtschaftliche Produkte Tnuva, den größten Einzelhändler Hamashbir, noch eine große Baufirma, eine Großbank, die bei weitem größte Krankenkasse, das eigene Schulsystem, die einflussreichste Tageszeitung *Davar*, einen Verlag und ein gutes Dutzend weitere Unternehmen.

Da Juden sehr kommunikative und streitlustige Menschen sind, war abzusehen, dass diese Organisation zusammen mit einer Unzahl kleinerer Institutionen eine Quelle endloser Streitereien und Kämpfe um Macht und Einfluss sein würden. An der Karriere von David Ben-Gurion lässt sich exemplarisch ablesen, wie sich die Basis politischer Macht in Jüdisch-Palästina veränderte. David Ben-Gurion war der erste Führer der Histadrut, bis er zur Jewish Agency überwechselte, deren Vorsitz er 1935 übernahm; eine Wendung, die den Bedeutungsverlust der Gewerkschaft im (zukünftigen) Staat sowie gleichzeitig die Verlagerung des Kampfes um die Kontrolle des Zionismus von Europa nach Israel anzeigte.

Alle von diesen Organisationen und Institutionen ausgehenden Regeln und Bestimmungen beruhten auf freiwilliger Einhaltung. Der Yishuv, die weder einen souveränen Staat noch eine autonome Autorität darstellte, besaß keine Macht, die Befolgung seiner Gesetze zu kontrollieren. Dies erklärt zum Teil, weshalb die Histadrut die Haganah gründete: In den 1920er Jahren ging von ihr die reale Macht aus.

Die Gründung der Haganah beruhte auf drei wesentlichen Erwägungen. Die erste betraf das mangelnde Vertrauen in den Schutz, den die Briten den Juden gewähren konnten. Während der osmanischen Herrschaft hatten sich die Mitglieder einiger kleinerer jüdischer Organisationen selbst bewaffnet, um die neuen Siedlungen schützen zu können; die bekannteste Gruppierung war HaShomer. Aber diese Organisationen waren zu klein und hatten nur örtlich begrenzte, also geringste Rechtsbefugnisse. Shomer bedeutet »Wache«, und genau das waren diese Gruppen. Haganah hingegen bedeutet »Verteidigung«. Sie wurde gegründet, nachdem die Überfälle von 1920 gezeigt hatten, dass die Briten mehr an der Erhaltung des Friedens als am Schutz der Juden interessiert waren. Außerdem vermuteten die Gründer der Haganah bereits 1920, dass es in Zukunft zu starken Interessenskonflikten zwischen Briten und Juden kommen könnte. Dafür galt es Vorsorge zu treffen.

Die zweite Überlegung war folgende: Ein Teil der Haganah sollte im Untergrund operieren. Die Briten wussten zwar von der Existenz dieser Organisation, aber sie sollten nicht alles über sie wissen, dass sie zum Beispiel Waffen im Ausland kaufte und schließlich sogar selbst Waffen entwickelte, und dass sie praktisch alle erwachsenen Siedler und schließlich Tausende Städter militärisch ausbildete.

Keiner der zionistischen Theoretiker hatte jemals militärische Macht als ein zionistisches Ziel dargestellt. Da er aber dazu gezwungen war, traf der Yishuv eine dritte Entscheidung, die, moralisch bewertet, vielleicht die wichtigste war: Der bewaffnete Arm der Bewegung sollte der gewählten zivilen Führung untergeordnet sein. Es würde Ausnahmen geben, Abweichler, die gelegentlich außerhalb der nationalen Institutionen handeln würden, aber sie würden verschwinden, sobald der Yishuv in einem souveränen Staat aufgehen würde.

Zur selben Zeit lief das Pionier-Projekt weiter und gewann beträchtlich an Boden, selbst wenn sich sein ursprüngliches Ziel änderte. Die utopischen Vorstellungen gerieten in den Hintergrund, an ihre Stelle trat die Realpolitik.

Als der Yishuv wuchs und gedieh, schwand die ursprüngliche Unbekümmertheit der Juden in Bezug auf die vor Ort lebenden Araber. Die arabische Ablehnung nahm mit den Erfolgen jüdischer Siedlungsbemühungen stetig zu, und je stärker sich der Yishuv etablierte, desto gewaltsamer artikulierte sich ihre Verweigerungshaltung. Die Briten versuchtem einen kühlen Kopf zu behalten und ignorierten dabei die wirklich in diesem Konflikt wirksamen Kräfte: die angestaute Energie der nach zweitausend Jahren zurückgekehrten Juden, die Ablehnung durch ein muslimisch dominiertes arabisches Umfeld, in dem man seit 1300 Jahren nicht damit rechnete, dass die Juden eines Tages zurückkommen könnten, und die zerstörerische Macht des europäischen Antisemitismus.

Irgendwann in den 1920er Jahren begriffen die Zionisten, dass es eines Tages zu einer Art Aufteilung Palästinas kommen würde und dass die Juden nur dort würden bleiben können, wo sie in der Mehrheit waren. Den ersten Teilungsplan erarbeitete die britische Peel-Kommission 1936. Man schlug vor, dass die bestehenden jüdischen Siedlungsräume den jüdischen Staat bilden sollten, mit Ausnahme Jerusalems, das trotz der jüdischen Mehrheit britisch bleiben sollte. Das übrige Palästina war für den arabischen Staat vorgesehen. Auf diesen Vorschlag sollte man in den nächsten sechzig Jahren immer wieder zurückkommen und die Haltung beider Seiten dazu änderte sich kaum: Die Juden litten darunter, dass ihnen nur ein Mini-Staat angeboten wurde, und die Araber lehnten den Plan kategorisch ab. Der Streitpunkt dabei war klar: Grenzen haben nichts mit Gerechtigkeit zu tun. Sie weisen lediglich Siedlungsgebiete aus.

Der Slogan »Ein *dunam* hier, ein *dunam* dort« (ein *dunam* entspricht ungefähr 0,1 ha), der die zionistische Politik dieser Zeit charakterisieren sollte, war in dieser bescheidenen Formulierung nicht ganz zutreffend: In Wirklichkeit wollten die Zionisten natürlich so viele *dunams* wie nur irgend möglich kaufen, wobei zusammenhängende Ländereien bevorzugt wurden, da man so die strategische Kontrolle über große Gebiete zu gewinnen hoffte. Das Geld dafür kam von Juden, die in den Zwischenkriegsjahren nicht gerade mit Reichtum gesegnet waren und die ihr Geld eigentlich für wesentlich wichtigere alltägliche Grundbedürfnisse gebraucht hätten. In einigen Fällen war rechtmäßiger Landerwerb nicht möglich, weil die arabischen Pächter sich weigerten, das Land zu verlassen und es keine Möglichkeit gab, sie zu vertreiben. Also musste man sich, anstelle legaler Inbesitznahme, das Land durch Siedlungen buchstäblich aneignen.

Unbeirrbarkeit und Einfallsreichtum der Zionisten gingen Hand in Hand. Von 1936 an war der arabische Widerstand durchweg gewalttätig und die bürokratischen Hürden der Briten für die Siedlungsmaßnahmen wurden immer höher. Der Yishuv reagierte, indem er die Homa u'Migdal-Bewegung gründete. Sie nutzte gewissermaßen ein juristisches Schlupfloch, eine Regelung noch aus osmanischer Zeit, die besagte, dass eine Siedlung mit befestigten Bauten und Ackernutzung nicht aufgelöst werden durfte. So zogen also zukünftige Siedler nachts mit Äxten und Pflügen bewaffnet los, um in wenigen Stunden dort, wo die Siedlung aufgebaut werden sollte, ein Gebäude zu errichten und ein Feld zu pflügen. Da man bei solchen Unternehmungen immer damit rechnen musste, dass die Nachbarn versuchen würden, sie mit Waffengewalt zu verhindern, wurde auch immer gleich eine Palisade (*homa*) und ein Wachtturm (*migdal*) gebaut. Natürlich rückte am nächsten Tag die britische Polizei an, aber da war es schon zu spät. Zwischen 1936 und 1939 wurden auf diese Weise fünfzig Siedlungen gegründet, ungefähr noch einmal so viele entstanden zwischen 1945 und 1948. Das Land, auf dem diese Siedlungen errichtet wurden, war rechtmäßig erworben worden und auch der Bau der Siedlungen selbst war legal. Die im Teilungsplan der Vereinten Nationen von 1947 vorgeschlagenen Grenzen, die dem jüdischen Staat einen erheblich größeren Teil Britisch-Palästinas zusprechen, als dies 1936 vorgesehen war, legen Zeugnis vom Erfolg dieser Bemühungen ab.

Zwischen Frühjahr 1936 und Sommer 1939 probten die Palästinenser den Aufstand, der ihr Schicksal besiegeln sollte. Im Unterschied zu den Pogromen der 1920er Jahre war dieser Aufstand eine konzertierte Aktion, die mehrere Jahre andauerte. Er erfasste die palästinensische Gesellschaft bis in den letzten Winkel und richtete sich sowohl gegen die Zionisten als auch gegen die Briten, die sie als Beschützer der Juden ansahen. Ihre langen Streiks und Boykottmaßnahmen erwiesen sich aber als kontraproduktiv, da sie die Bauern in die Armut trieben und die Zionisten dazu zwangen, auch ökonomische Unabhängigkeit zu entwickeln.

Währenddessen unternahmen die Briten zwei diplomatische Versuche zur Befriedung der Araber. 1937 schlug die Peel-Kommission vor, das Land zu teilen: Fast das gesamte Land sollte ein palästinensischer Staat werden, lediglich ein kleiner Teil davon ein jüdischer Staat. Die Juden litten unter diesem Vorschlag, hatten jedoch keine andere Wahl, als ihn zu akzeptieren. Für die Araber jedoch – Palästinenser und andere – war eine Kontrolle der Juden über jegliches Land von vornherein inakzeptabel.

Die Briten senkten die Einwanderungsquoten für Juden beträchtlich, genau zu dem Zeitpunkt, als die europäischen Juden einen Zufluchtsort am dringendsten brauchten. Im Mai 1939, nachdem die arabische Revolte niedergeschlagen worden war, veröffentlichten die Briten ein Weißbuch, das dem Balfour-Programm das endgültige Aus bescheinigte. Bis 1944 sollte die Zahl neuer jüdischer Einwanderer auf 75.000 beschränkt sein, danach sollte die Einreiseerlaubnis nur mit Zustimmung der Araber erteilt werden. Nach zehn Jahren – vorausgesetzt, dass es zwischen den drei Parteien zu einer Übereinkunft gekommen wäre – würden die Briten Palästina räumen und ein palästinensischer Staat sollte entstehen, in dem die

Juden die Minderheit gewesen wären. Diese Bedingungen waren so unzumutbar für die Zionisten, dass zum ersten Mal niemand von ihnen zu weiteren Verhandlungen bereit war. Aber die ganze Diskussion wurde ohnehin eher zurückhaltend geführt, da auch die Palästinenser diesen Plan ablehnten.

Im Mittelpunkt des arabischen Aufstands, der 1936 begonnen hatte, stand die Gewalt. Zuerst waren die Gewaltakte gegen die jüdische Zivilbevölkerung in den Städten gerichtet, später kam es auch zu Überfällen auf Landstraßen und auf britische Einrichtungen. Dutzende Bomben explodierten während der ersten beiden Monate der Revolte. Die Briten brachten massive Verstärkungen ins Land, die es schafften, den Aufstand erheblich einzudämmen; das britische Eingreifen und ihr Versprechen, eine Untersuchungskommission zu schicken, bereiteten der Gewalt im Spätherbst ein vorläufiges Ende. Als die Peel-Kommission jedoch ihre Vorschläge unterbreitet hatte, brach der Aufstand 1937 erneut aus. Je länger er andauerte, desto unheilvoller wurde er aus palästinensischer Sicht: Die Gewalttätigkeit und Unnachgiebigkeit der Aufständischen forderte auch immer mehr Opfer unter den Palästinensern. Mitglieder und Unterstützer des extremen Husseini-Klans ermordeten viele Anhänger des gemäßigten Nashashibi-Klans, während Banden auf dem Land Bauern umbrachten, die ihnen die volle Unterstützung verweigerten. Tausende gut ausgebildeter städtischer Palästinenser emigrierten in andere arabische Länder.

Am Ende der Revolte waren Tausende Araber, Hunderte Juden und mehrere Dutzend britischer Soldaten getötet worden. Historiker schätzen, dass die Mehrzahl der palästinensischen Verluste auf ihr eigenes Konto ging, ungefähr zwei- bis dreitausend Tote. Aber die Palästinenser wollten die zionistische Bewegung um jeden Preis aussschalten und schreckten dabei vor rücksichtsloser Kriegsführung nicht zurück.

Die Reaktion der Zionisten auf diese Bedrohung war hingegen nicht so skrupellos, denn für sie hatte und hat das sechste Gebot eine große Bedeutung, die hier erläutert werden muss.

Die Zehn Gebote gehören zu den bekanntesten Kodices in der Geschichte. Selbst in unserem agnostischen Zeitalter kann man damit noch etwas anfangen. In ihnen manifestiert sich sehr klar ein wichtiger Unterschied zwischen dem Judentum und dem Rest der

Menschheit, für den die folgende Formulierung des sechsten Gebotes maßgeblich ist: »Du sollst nicht töten.« Dieser Satz ist und bleibt immer eine Quelle der Heuchelei, da in jeder Gesellschaft irgendwann das Töten in der einen oder anderen Weise erlaubt war. Dieses Gebot steht in Kirchen oder auch Schulen an der Wand. Es ist so eindeutig, dass jedes Kind es versteht, und trotzdem wird es nicht befolgt. Die Juden sind frei von dieser Heuchelei, denn für sie existiert ein solches Gebot nicht. Der Originaltext lautet nicht »Lo taharog« (»Du sollst nicht töten«), sondern »Lo tirzach« (»Du sollst nicht morden«) – und das ist ein gewaltiger Unterschied.

Juden wissen, dass Töten manchmal unvermeidlich ist. Im Judentum setzt man sich ein wesentlich subtileres Ziel, eines, um dessen Erhaltung selbst Erwachsene kämpfen müssen. Es wird von ihnen verlangt, sich immer und ausnahmslos daran zu halten. Das Problem ist, dass Mord im Gegensatz zum Töten, das entweder geschieht oder nicht, nicht klar definiert ist, zumindest nicht in den Zehn Geboten, und dass die Juden sich darum immer wieder neu bemühen müssen, das eine vom anderen zu unterscheiden.

Was Töten zum Mord werden lässt, ist der Zusammenhang zwischen dem Vorsatz des Täters und dem Handeln des Opfers. Mord folgt auf den Vorsatz zu töten. Ein Unfalltod zum Beispiel ist kein Mord. Verursacht das Opfer die Tat durch gewalttätiges Verhalten, handelt es sich ebenfalls nicht um Mord, sondern um Notwehr des Angegriffenen. Mord ist nicht durch das Ergebnis definiert – den Tod an sich –, sondern durch den Vorsatz des Mörders und das Fehlen eines Vorsatzes auf Seiten des Opfers. Der Vorsatz des Mörders, um es noch einmal zu unterstreichen, muss von ihm ausgehen und darf nicht den Freunden des Opfers zur Last gelegt werden – obgleich in einem Prozess das Gericht das Beweismaterial interpretieren darf, um die Beweggründe des Mordes nachzuvollziehen.

Dieser subjektive Vorsatz ist grundlegendes Merkmal der Zivilisation. Er ist auch universell. Die ethnische Zugehörigkeit des Mörders und des Opfers sind irrelevant. Ebenso die materiellen und gesellschaftlichen Umstände. Das moderne Hebräisch hat eine treffende Bezeichnung dafür: Mord ist Mord ist Mord.

Keine einfache Aussage in unserem Zeitalter von Relativität, Manipulation, Propaganda und konfligierender postmoderner Erzählweisen, dennoch ist sie grundlegend. Weil nämlich eine Gesellschaft, die ihre Fähigkeit verliert, erwachsene Unterscheidungen zu treffen, in einer kindischen Gesellschaft enden wird, und Kindern fehlt die Eigenschaft, in den Begriffen universeller Moral zu denken. Man könnte sogar sagen, dass sie erwachsen werden durch den Erwerb dieser Fähigkeit – zumindest ist dies das traditionelle jüdische Verständnis von Erwachsensein.

Der Unterschied zwischen Töten und Morden ist im Grunde Thema dieses Buches. Die Unterscheidung ist gewissermaßen die Folie für die gesamte Geschichte des Nahost-Konfliktes und es handelt sich hier nicht um ein Propagandawerkzeug, das just für aktuelle politische Zwecke ersonnen wurde. Dieser Gedanke steht seit jeher im Zentrum des Judentums.

Durch die Gewalttaten der Palästinenser zwischen 1936 und 1939 wurde diese Auffassung einer harten Prüfung unterzogen und sie brachte für die Zionisten wichtige taktische Entschlüsse mit sich. Zuerst entschied man sich, etwas überraschend, für die Taktik der *havlaga*, der »Zurückhaltung«. Man wollte – selbst im Falle eines Angriffs – keinen Krieg führen. Da die Briten die Rebellen bekämpften, meinte die jüdische Führung, es sei besser, sich möglichst aus den Kämpfen herauszuhalten. Viele Monate enthielten sich die Zionisten jeglicher militärischen Aktion, die über Selbstverteidigung hinausgegangen wäre. Im Grunde war es ein Versuch, nicht in einen Kreislauf der Gewalt hineingezogen zu werden. Dieses Bemühen um Selbstbeherrschung war zwar an sich vernünftig, aber angesichts der Tatsache, dass vor allem jüdische Zivilisten unter den arabischen Angriffen zu leiden hatten, kaum durchzuhalten.

Als diese Taktik keine Wirkung zeigte, wurde sie schließlich aufgegeben. Stattdessen wurden mobile Einheiten aufgebaut, die als Patrouillen Angriffe verhindern sollten. Auch die Briten beteiligten sich an diesen Maßnahmen; von besonderer Bedeutung waren hierbei die »Special Night Squads«, die vom britischen General Charles Orde Wingate ausgebildet waren und unter seinem Kommando standen. Die Erfahrung und die Sicherheit, die die Juden auf diese Weise gewannen, sollten sich in den kommenden Jahren als wertvoll erweisen.

Eine weitere Entwicklung ergab sich aus dem Scheitern der

havlaga: Einige Juden wandten sich dem Terrorismus zu. Diejenigen, die eine Vorliebe für Pauschalurteile haben, weisen häufig darauf hin, dass nationale Unabhängigkeitsbewegungen immer terroristische Mittel anwenden. Das ist keine empirisch belegbare Feststellung, sondern ein moralisches Urteil. Tatsache ist, dass manche nationalen Bewegungen Terror ausüben und andere nicht. Für einige ist Terror das Wesen des Kampfes, während andere nur in extremen Ausnahmefällen darauf zurückgreifen. Terrorismus in allen nationalen Bewegungen auszumachen heißt, dass man ihn für normal hält und dass man es als menschlich ansieht, ein moralisch fragwürdiges Mittel wie Terror anzuwenden, um ein hehres Ziel wie das des Erhalts einer eigenen Nation zu erreichen. So äußerte Edward Said über die Ermordung der israelischen Athleten bei den Olympischen Spielen in München: »Das ist Geschichte. Solche Dinge passieren.«

Eine solche Aussage erschüttert die Grundfesten der Moral, denn sie behauptet, ein solches Verhalten sei universal – was es nicht ist. Sie macht alle Menschen gleich; das ist falsch und extrem deterministisch. Wenn jeder so handelt, dann gibt es keine wirkliche Entscheidungsfreiheit. Der Kern universeller Moral besteht darin, dass jeder sie erkennen und verstehen kann, dass jedoch einige Individuen oder Gruppen entscheiden, dies nicht anzuerkennen. Das führt uns zu der moralischen Entscheidung, etwas Richtiges oder Falsches zu tun. Das unterscheidet uns von den Tieren, die einzig ihren Instinkten folgen.

Wir werden häufig an jüdische Terrorakte erinnert, die vor der Staatsgründung begangen wurden. Es wird von uns erwartet, dass wir der Behauptung zustimmen, diese jüdischen Terroranschläge nähmen uns das Recht, den palästinensischen Terrorismus zu verurteilen.

Ende 1937 trafen einige Juden des Yishuv eine falsche Entscheidung. Konfrontiert mit der mörderischen palästinensischen Gewalt und der Appeasementpolitik der Briten entschloss sich die kleine Gruppe Irgun Zevai Leumi (IZL), selbst unmoralische Gewalt anzuwenden. Auf dem Höhepunkt ihrer Aktivitäten im Sommer 1938 zündeten sie fünf große Bomben auf einem belebten arabischen Markt, dabei wurden an die hundert Zivilisten ermordet. Ich habe das Wort *Mord* bewusst gewählt und die Tatsache, dass ihre Vollstrecker sie als legitime Vergeltungsschläge für ähnliche arabische Grausamkeiten ansahen, ist vollkommen irrelevant. Während Araber und Palästinenser Jahrzehnte brauchten, endlich auch palästinensische Mordanschläge zu verurteilen (bis heute nur in Verbindung mit dem Zusatz »sämtliche Terroranschläge gegen Zivilisten«, um damit angebliche israelische Mordanschläge in ihre Verurteilungen einzubeziehen), war die Antwort der jüdischen Gemeinschaft auf diese mörderischen Angriffe unmittelbar und eindeutig. Die Führung des Yishuv bezeichnete die Aktionen als Mord und verurteilte sie scharf. Es gab keinen zynischen Versuch der Rechtfertigung, dass sie angeblich aus Angst und Verzweiflung entstanden waren. Da sie über keinerlei legale Zwangsmaßnahmen verfügte, konnte die Führung wenig mehr tun, aber bezeichnenderweise riefen die Terroristen daraufhin selbst zu einem Ende ihrer Aktionen auf, da sie spürten, dass sie von ihren eigenen Leuten abgelehnt wurden.

Im Sommer 1939, als die Briten im Wesentlichen ihre Politik der Balfour-Deklaration aufgaben, hätte der Yishuv selbst eine Rebellion gegen die Briten starten können – dies geschah jedoch nicht, da die Juden erkannten, dass Nazi-Deutschland das größere Übel war. Am deutlichsten kommt dies zum Ausdruck durch den Kommandanten der IZL, David Raziel, der 1941 getötet wurde, als er für die Briten im Einsatz war. Nur eine kleine Splittergruppe am Rande der IZL versuchte selbst dann weiter gegen die Briten zu kämpfen, sie nannten sich selbst Lohamei Herut Israel, die »Kämpfer für Israels Freiheit« (LHI), oder weniger großspurig, die »Stern-Bande«. Im Februar 1942 töteten britische Agenten Avraham Stern, den Kommandeur der Gruppe, und sie stellte für einige Jahre ihre Anschläge ein.

Zwei parallele Entwicklungen sollen noch erwähnt werden: Die erste war die Einwanderung von Arabern nach Palästina während der Jahre der britischen Herrschaft. Interessanterweise schienen die Briten die Araber im Gegensatz zu den jüdischen Einwanderern nicht statistisch erfasst zu haben. Da sehr viele arabische Dörfer in der Nähe jüdischer Siedlungen zu schnell wuchsen, um das allein auf das natürliche Bevölkerungswachstum zurückführen zu können, muss die Verdoppelung der arabischen Bevölkerung von weniger als 600.0000 im Jahre 1900 auf weit über 1,5 Millionen im

Jahre 1947 das Ergebnis einer signifikanten Einwanderungswelle sein. Eine Anekdote zur Illustration: Einer der wichtigsten palästinensischen Helden und Vorbilder, Scheich Izz al-Din al-Qassam, ein fanatischer Prediger, dessen Untergrundorganisation »Schwarze Hand« mindestens acht Juden Anfang der 1930er Jahre ermordete, bevor er selbst von den Briten getötet wurde, war Syrer. Er kam 1920 nach Palästina, als er bereits achtunddreißig Jahre alt war – also war er keinesfalls ein Palästinenser. Nicht alle Palästinenser, die behaupten, hier »seit undenkbaren Zeiten« ansässig gewesen zu sein, sind es tatsächlich auch, und die Leichtigkeit, mit der eine solche Tatsache bei einem palästinensischem Helden wie al-Qassam übersehen wird, spricht für sich selbst.

Die zweite Entwicklung war die wachsende Zwangslage der europäischen Juden. Wir wissen, dass die Juden, die in den 1930er Jahren nicht emigrierten, 1945 tot waren. Jeder einzelne Jude, dem durch die wachsenden Restriktionen die Chance verweigert wurde, nach Palästina auszuwandern, kann dem Konto der palästinensischen Gewalt und der britischen Appeasement-Politik angerechnet werden. Ihre Zahl beläuft sich wahrscheinlich auf Hunderttausende. Selbst dieser kleine Teil getöteter Juden übersteigt sämtliche nachfolgenden Verluste an palästinensischem Leben in ihrem Konflikt mit dem Zionismus. Das, so könnten palästinensische Apologeten mit Recht einwenden, ist aber erst im Nachhinein zu erkennen. Was jedoch zur damaligen Zeit offensichtlich war, war die Tatsache, dass es fast in jedem europäischen Land, in dem größere jüdische Gemeinschaften lebten, gewaltsame antisemitische Regierungen oder politische Bewegungen gab; anti-jüdische Gesetzgebung und Agitation waren die Norm. Die Palästinenser entschieden sich damals, sich diesem gewaltbereiten anti-jüdischen Lager anzuschließen. Lasst uns dies im Gedächtnis behalten, wenn palästinensische Propagandisten ihre Opferrolle durch die Opfer der Nazis anprangern.

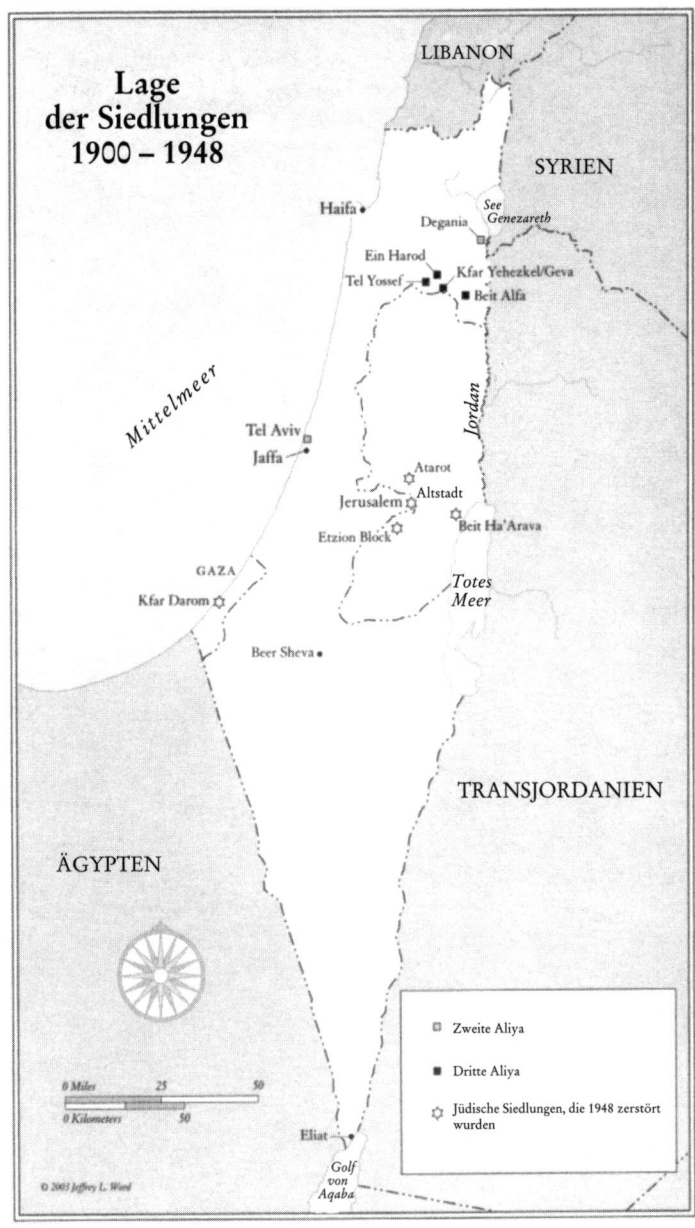

Lage
der Siedlungen
1900 – 1948

LIBANON

SYRIEN

Haifa

See
Genezareth

Degania

Ein Harod

Tel Yossef

Kfar Yehezkel/Geva

Beit Alfa

Mittelmeer

Jordan

Tel Aviv

Jaffa

Atarot

Jerusalem

Altstadt

Etzion Block

Beit Ha'Arava

*Totes
Meer*

GAZA

Kfar Darom

Beer Sheva

TRANSJORDANIEN

ÄGYPTEN

0 Miles   25   50

0 Kilometers   50

© 2003 Jeffrey L. Ward

Eliat

*Golf
von
Aqaba*

◻ Zweite Aliya

◼ Dritte Aliya

✡ Jüdische Siedlungen, die 1948 zerstört
wurden

Drittes Kapitel

1948: Entscheidungen über den Genozid

Für die Palästinenser und ihre Unterstützer sind die Ereignisse zwischen 1947 und 1949 die schwersten aller zionistischen Verbrechen und die einzige Ursache des Leids der Palästinenser. Perry Anderson, Herausgeber der *New Left Review*, beschreibt die Entstehung des Staates Israel zwar in kühler, analytischer Weise, liefert aber trotzdem eine moralische Bewertung und keine sachliche Darstellung dieses Prozesses: »Im Verlauf der beiden Angriffswellen zwischen November 1947 und März 1949, vor allem jedoch während der ersten, wurde mehr als die Hälfte der arabischen Bevölkerung durch jüdische Angriffe aus Palästina vertrieben – etwa 700.000 Menschen ... Furcht vor Massakern, Vertreibung, Plünderungen trieb [die Araber zur Flucht]. Der Unabhängigkeitskrieg der Juden brachte ethnische Säuberungen gewaltigen Ausmaßes mit sich – darauf gründete sich der Staat Israel. Die Vertreibungen waren typische *Nacht und Nebel*-Aktionen[7] – streng geheime Militäraktionen – wie fast alle solche Verbrechen im zwanzigsten Jahrhundert.« (»Scurrying Toward Bethlehem,« *New Left Review* 10, July-August 2001)

Diese boshafte und stark verdrehte Version der Ereignisse ist zum Glaubensbekenntnis unter europäischen und amerikanischen Linken geworden, deren Entsetzen über das Elend der palästinensischen Flüchtlinge alle Bedenken gegenüber den wiederholt bewiesenen Absichten der Araber, die Juden zu vernichten, überwiegt.

Anderson, der ein recht einseitiges Verständnis von der Geschichte des Zionismus hat, hält eine Teilung des Landes für notwendig, die für die Palästinenser weitaus vorteilhafter ausfallen müsste als alle Angebote, die zur Zeit zur Diskussion stehen. Er hält sich nicht lange damit auf, dass die Araber den ursprünglichen Teilungsplan der UN abgelehnt haben, denn dann müsste er auch darauf eingehen, dass die Araber Israel das bloße Existenzrecht absprechen, eine

---

7 Deutscher Ausdruck im Original (Anm. d.Ü.)

Haltung, die er trotz seiner Missbilligung der israelischen Politik dann doch nicht unterstützen würde. Im Internet findet man viele solcher Äußerungen, z. B. auch von Zakaria Mohammed, Dichter und Herausgeber von *Al-Karmel*, dem führenden palästinensischen Literaturmagazin, der in seinem Artikel »Neue palästinensische Historiker?« in *Al-Ayyam* vom 4. November 1999, während der Oslo-Friedensprozess noch in vollem Gang war, schrieb: »Die neuen israelischen Historiker sind aufgetaucht, weil die überkommene und verzerrte offizielle Geschichtsschreibung der zionistischen Bewegung und des israelischen Staates sie notwendig macht: Denn ihre Darstellung kann keiner ernsthaften Kritik standhalten. Kann ein seriöser Historiker schließlich glauben, dass für die Juden der Krieg von 1948 wirklich ein Unabhängigkeitskrieg war? Kann ein ernstzunehmender Historiker die zionistische Bewegung als eine nationale Befreiungsbewegung bezeichnen? Deshalb muss [jede] wahre israelische Geschichtsschreibung ›neue Geschichte‹ sein, [weil] die offizielle und verfälschte Version korrigiert oder zumindest der Realität angepasst werden müsste ... Die Palästinenser sehen den ›neuen israelischen Historiker‹ als eine Art Büßer. Seine ›neue‹ Darstellung ist für sie nicht mehr als eine ›Beichte‹ vor dem ›Priester der Geschichte‹, ein Eingeständnis der Sünde. Der palästinensische Historiker kann [dagegen] nichts bereuen, da er dem ›Priester der Geschichte‹ nichts zu beichten hat.«

Zakaria gehörte zu einer Gruppe von 120 palästinensischen Intellektuellen, die im Frühjahr 2000 ein Kommuniqué an das israelische Volk unterzeichneten, in dem sie davor warnten, dass die bevorstehenden Friedensgespräche scheiterten, wenn nicht einer der beiden Vorschläge angenommen werde: »Die erste Lösung wäre die Gründung eines palästinensischen Staates mit vollständiger Souveränität über die von Israel 1967 besetzten Gebiete und Jerusalem als Hauptstadt; die palästinensischen Flüchtlinge müssten ein Rückkehrrecht haben und Israel das Unrecht öffentlich eingestehen, das es dem palästinensischen Volk zugefügt hat. Die zweite Lösung wäre die Errichtung eines binationalen demokratischen Staates für zwei Völker auf dem historischen Boden Palästinas.«

Die praktischen Konsequenzen dieser palästinensischen Positionen führte Abu Mazen, damals Nummer zwei der PLO-Fühung, in der in London erscheinenden Zeitung *Al-Hayat* vom 23. und 24. November 2000 aus. In seiner Erklärung für das Scheitern der Camp-David-Verhandlungen teilte er seinen Lesern mit: »Das Thema der Flüchtlinge war mindestens ebenso wichtig wie die Jerusalem-Frage und mit Blick auf die Ergebnisse vielleicht noch wichtiger und schwieriger. Wir stießen dabei, und werden das wohl auch in Zukunft, auf den entschiedenen Widerstand der israelischen Regierung, denn im Grunde geht es darum, dass [die Rückkehr der Flüchtlinge] eine Veränderung der Demographie bedeutet, die die Israelis hoffen aufrechtzuerhalten. Außerdem bedeutet die Anerkennung der Existenz eines Flüchtlingsproblems von Seiten Israels die Anerkennung der eigenen Verantwortung für diese humanitäre Tragödie ... Wie die neuen israelischen Historiker [bezeugen], waren der Hauptgrund für das Exil der Flüchtlinge die Massaker, die von den zionistischen Organisationen begangen wurden, um die ursprünglichen Einwohner von ihrem Land zu vertreiben ... In diesem Zusammenhang ist anzumerken, und das haben wir auch den Israelis gegenüber deutlich gemacht, dass das Rückkehrrecht Rückkehr nach Israel bedeutet und nicht in den palästinensischen Staat ... Wenn wir über das Rückkehrrecht sprechen, sprechen wir über die Rückkehr von Flüchtlingen nach Israel, weil der israelische Staat sie vertrieben hat und ihr Eigentum sich in Israel befindet ...«[8] Abu Mazen wird häufig als positive Figur und im Vergleich zu Arafat moderat beschrieben. In dieser Textpassage verlangt er aber, dass die Ergebnisse des Krieges von 1948 annulliert werden müssen. Die zukünftige Existenz eines jüdischen Staates hält er für weniger wichtig als dass das Unrecht, das die Palästinenser erleiden mussten, rückgängig gemacht wird. Diese Lehre wird den arabischen Kindern beigebracht.

Es ist schwer vorstellbar, wie überhaupt irgendeine Art der Übereinkunft erzielt werden kann, wenn die eine Seite für sich das Monopol der Gerechtigkeit beansprucht, sich vollkommen getäuscht fühlt und dann noch von der anderen Seite erwartet, dass diese ihren eigenen Rücktritt akzeptiert als Preis für die Wiedergutmachung ihrer »vorsätzlichen« Verbrechen. Auf einer rein pragmati-

8 Zakaria Mohammed und Abu Mazen, zitiert aus www.memri.org; das Kommuniqué an die israelische Bevölkerung wurde von Amira Hass in *Haaretz* am 13. März 2000 veröffentlicht.

schen Ebene sichert eine derartige Haltung die Fortdauer des Krieges, bis die Seite der Opfer aufgibt.

Sowohl auf der faktischen als auch auf der moralischen Ebene enthält die Beschreibung Israels als Schurkenstaat und einzig Schuldigen an den Ereignissen von 1948 jedoch größtenteils vorsätzliche Blindheit, Manipulation und Täuschung. Es ist einfach erstaunlich, dass bei dieser Lage der Dinge eine Lanze für die Rechtmäßigkeit des israelischen Unabhängigkeitskrieges gebrochen werden muss. Doch das ist der Punkt, an dem wir nach Jahrzehnten antizionistischer Propaganda angelangt sind. Bevor wir die Fakten untersuchen, müssen wir jedoch das palästinensische Flüchtlingsproblem in einen größeren Zusammenhang stellen.

Flüchtlinge sind Menschen, die ihre Heimat unter Zwang verlassen haben. Einige von ihnen trafen diese Entscheidung freiwillig, aus Angst um ihr Leben, ihre Lebensweise, ihren Lebensunterhalt und in der Hoffnung auf ein besseres Leben. Andere wurden gewaltsam vertrieben und hatten keine andere Wahl. Die Grenze zwischen beiden ist nicht immer eindeutig und sie kann höchst subjektiv beurteilt werden.

Seit Anfang der 1950er Jahre werden Flüchtlinge vom Hohen Flüchtlingskommissar der Vereinten Nationen unterstützt (UNHCR) – mit Ausnahme von Palästinensern, für die das Hilfswerk der Vereinten Nationen für Palästinaflüchtlinge im Nahen Osten (UNRWA) zuständig ist. Nach Angaben des UNHCR schwankt die Zahl der weltweiten Flüchtlinge dramatisch, ist jedoch dauerhaft hoch: fünfzehn Millionen 1990, mehr als siebenundzwanzig Millionen 1995 und mehr als zweiundzwanzig Millionen zu Beginn der Jahrhundertwende, Palästinenser nicht eingerechnet. Die höchste Zahl an Flüchtlingen wurde am Ende des Zweiten Weltkrieges erreicht, als es schätzungsweise vierzig Millionen gab – die Deutschen nicht eingerechnet.

Deutschland hatte seine Identitätsprobleme seit Jahrhunderten. Teil dieses Problems war das Fehlen klarer Grenzen, insbesondere nach Osten. Deutschsprachige Menschen zogen seit dem Mittelalter ostwärts. Ende des neunzehnten Jahrhunderts, als Deutschland ein klar definiertes Land zu sein schien, lebten in seinen östlichen Grenzregionen viele Nicht-Deutsche, während deutsche Gemeinden weiter im Osten in anderen Ländern zu finden waren. Im Unterschied zu den Juden, die ein waches nationales Gedächtnis haben, das Jahrtausende zurück reicht, entstand die deutsche Identität erst nach dem Mittelalter – mit anderen Worten, Millionen hatten sich seit Jahrhunderten im Osten angesiedelt, bevor sie sich selbst als Deutsche zu definieren begannen.

Das war die Ursache vieler Spannungen. Sie trug zum Ausbruch des Ersten Weltkrieges bei, sie war entscheidend für die Fortsetzung des Blutvergießens an der deutsch-polnischen Grenze nach 1918, und sie war eine der Hauptstützen des Nazismus. Sie war ebenso eines der destabilisierenden Elemente, die die Abkommen nach dem Ende des Ersten Weltkrieges zu Fall brachten. Es waren deutsche Forderungen nach Revision ihrer Ostgrenze, die zum Zweiten Weltkrieg führten. Hitler hatte gerade 1939 ein Abkommen mit Stalin zur Aufteilung Polens geschlossen, als die SS ein gigantisches Projekt der Vertreibung und Repatriierung startete, in dem massenhaft Nicht-Deutsche vertrieben wurden, um Raum für ethnische Deutsche aus der Sowjetunion und anderen Gebieten innerhalb der Grenzen des erweiterten Deutschlands zu schaffen. Während des Krieges versuchten die deutschen Planer dann, Millionen Ukrainer und andere slawische Völker zu töten, um damit den Lebensraum[9] zu »säubern«, der für die arische Herrenrasse gebraucht wurde.

Als die Nazi-Herrschaft zu Ende war, wusste jeder, dass die ethnischen Deutschen Osteuropa verlassen mussten. Die ersten, die das wussten, waren die dort ansässigen Deutschen selbst, die das Land ihrer Väter und Vorväter verließen und westwärts zogen, zusammen mit der abziehenden Wehrmacht. Im letzten Monat des Zweiten Weltkrieges wurde aus diesem Rückzug eine Flüchtlingswelle. Mindestens zehn Millionen Deutsche strömten in das Trümmerfeld Nachkriegsdeutschlands. Der amerikanische Wissenschaftler Rudolf Rummel schätzte, dass darüber hinaus eine Million, möglicherweise mehr, auf ihrer Flucht starben oder von Tschechen und Polen ermordet wurden, die Jahrhunderte lang mit ihnen zusammengelebt hatten. In dem, was einmal Ostdeutschland gewesen war und jetzt Westpolen werden sollte, waren die Vertreiber und Mörder nicht einmal verbitterte Nachbarn, sondern Neuankömm-

---

9 Im Original auf Deutsch (Anm. d. Ü.)

linge: Selbst Flüchtlinge, die aus ihrer Heimat in Ostpolen vertrieben worden waren, die jetzt aber zur sowjetischen Ukraine, Weißrussland oder Litauen werden sollte, und denen gesagt worden war, sie sollten eine neue Heimat auf Kosten der besiegten Deutschen finden.

Obwohl das kaum jemand zugeben wird, war dieses riesige internationale Projekt ethnischer Säuberung einer der Gründe für den beispiellosen Frieden, der seit 1945 herrschte und das Ende des Kalten Krieges weit überdauerte. Deutsche, Tschechen, Polen, Litauer und Ukrainer (nicht jedoch Serben, Kroaten und Albaner) fanden sich selbst innerhalb von Grenzen, die zwar nicht die Geschichte, aber ethnische Homogenität reflektierten, und sie lebten dort friedlich. Wenn das Wohl der Menschen ein erstrebenswertes Ziel ist, so ist es eine nüchterne Überlegung, dass brutale ethnische Säuberung einen wesentlichen Beitrag dazu leisten kann.

Das wurde sogar schon damals verstanden. Als sich die Briten 1947 aus Indien zurückzogen, war der Subkontinent zwischen dem hinduistischen Indien und dem muslimischen Pakistan aufgeteilt. Schätzungsweise sechzehn bis achtzehn Millionen Flüchtlinge verließen ihre Heimat, um nicht als Minorität in einem der beiden Länder zu bleiben; ungefähr fünfhunderttausend Menschen kamen bei den damit verbundenen Gewalttaten ums Leben.

Ungefähr zur selben Zeit wurden Menschen aus anderen Regionen eher aus politischen als aus ethnischen Gründen zu Flüchtlingen: Mehr als zwei Millionen Chinesen verließen ihr Mutterland, als es 1949 kommunistisch wurde. In den 1950er Jahren verursachten die kubanische Revolution, die gescheiterte ungarische Revolution und die chinesische Eroberung Tibets jeweils mehr als eine Million Flüchtlinge. Der Korea-Krieg entwurzelte an die neun Millionen Menschen. Mindestens dreieinhalb Millionen Ostdeutsche flohen während der ersten zwölf Jahre der Existenz der DDR nach Westdeutschland, bis ihnen 1961 die Berliner Mauer den Weg abschnitt. Während der folgenden Jahrzehnte verbesserte sich die Lage nicht, aber die Perspektive der ersten Jahre nach dem Zweiten Weltkrieg muss für den Moment im Blickfeld bleiben, denn sie bildet den historischen Kontext für die Ereignisse im Nahen Osten.

1944 wurde immer offensichtlicher, dass Nazi-Deutschland den Krieg schließlich verlieren, dass es aber für die meisten Juden zu spät sein würde. Im Mandatsgebiet Palästina blieben die von den Briten 1939 beschlossenen strengen Restriktionen in Bezug auf jüdische Aktivitäten in Kraft. Die Sezessionisten entschieden, dass sie ihre Aktionen gegen die Briten erneuern konnten und sollten, da diese nun nicht länger Gefahr liefen, vom größeren Übel des Nazismus besiegt zu werden. Ihre Beziehung zur Haganah war Schwankungen unterworfen.

Im November 1944 ermordeten Agenten des LHI den britischen Staatsminister für Nahost-Angelegenheiten, Lord Moyne. Diese Aktion wurde von der Führung des Yishuv als dermaßen destruktiv angesehen, dass die Haganah so weit ging, IZL und LHI-Mitglieder zu jagen und sie den Briten auszuliefern. Diese Politik wurde als »Jagdsaison« bezeichnet. Nach dem Krieg jedoch, als die Briten den Überlebenden des Holocaust, die verzweifelt eine Möglichkeit suchten, ein neues Leben beginnen zu können, die Einreise verweigerten, verbündete sich die Haganah mit der Gegenseite und arbeitete mit IZL und LHI zusammen gegen die Briten. Diese Kooperation zerbrach, als die IZL das britische Hauptquartier im King-David-Hotel in Jerusalem in die Luft sprengte und dabei Dutzende von Zivilisten beider Seiten getötet wurden. Währenddessen häuften sich die jüdisch-arabischen Zusammenstöße und der Konflikt geriet außer Kontrolle. Die Truman-Regierung bot der britischen Palästina-Politik keine Unterstützung; es schien immer weniger Gründe für einen Verbleib der Briten in Palästina zu geben.

Eine UN-Sonderkommission Palästina (UNSCOP) wurde gebildet, deren Mitglieder sich im Sommer 1947 berieten und einen Plan ausarbeiteten, den sie der Generalversammlung vorlegten. Der Vorschlag sah eine Aufteilung Palästinas nach demographischer Zusammensetzung vor: Die ehemaligen Sumpfgebiete, die jetzt hauptsächlich von Juden bewohnt waren, sollten zusammen mit dem größten Teil der unbesiedelten Negev-Wüste im Süden zu einem jüdischen Staat zusammengefasst werden; das gesamte zentrale Hochland bis hinunter nach Beer Sheva und die südliche Küste sollten den palästinensischen Staat bilden. Jerusalem und Bethlehem sollten international bleiben (was immer das heißen mochte). Insgesamt würden die Juden rund 55 Prozent des Landes bekommen, das meiste davon Wüste. Dort lebten etwa 500.000 Juden und

400.000 Palästinenser, aber angesichts Hunderttausender jüdischer Vertriebener, die in europäischen Lagern ausharrten, erwartete man, dass sich das Gleichgewicht rasch zugunsten der Juden verändern würde. Mehr als 100.000 Juden lebten außerhalb des vorgeschlagenen jüdischen Staatsgebietes, die meisten davon in Jerusalem, aber auch in verschiedenen Siedlungen wie Atarot, den Etzion-Siedlungen oder Beit Ha'Arava im Norden, Süden und Osten von Jerusalem, in Kfar Darom, Yad Mordechai, Shavei Zion und der Stadt Nahariya an der Küste waren viele von ihnen beheimatet. All diese Siedlungen waren legal errichtet worden, aber sie waren von anderen jüdischen Siedlungen zu weit entfernt. Beide Staaten waren ineinander verzahnt, so dass jedem drei separate Blöcke innerhalb eines Musters zugeteilt waren, das entfernt an ein Schachbrett erinnerte. Der Plan befasste sich nicht mit der Frage, was mit jenen Juden und Arabern geschehen würde, die sich nach der Teilung im »falschen« Land wiederfinden würden.

Die meisten Juden, denen das Unternehmen ursprünglich zugute kommen sollte, waren tot und Hunderttausende Überlebende saßen in europäischen DP-Lagern fest, aus denen sie niemand herausholen wollte. Deshalb akzeptierte die zionistische Führung den Vorschlag. Die Palästinenser und die arabischen Staaten aber lehnten ihn rundweg ab und ihre heutigen Fürsprecher – wenn sie sich überhaupt um historische Tatsachen kümmern – bezeichnen diese Haltung als gerechtfertigte Abwehr gegen den jüdischen Kolonialismus.

Am 29. November 1947 nahm die Generalversammlung der Vereinten Nationen den Plan an. 33 Nationen stimmten dafür, 13 dagegen und zehn, einschließlich Großbritannien, enthielten sich. Es war das allerletzte Mal, dass die Generalversammlung eine pro-israelische Entscheidung traf. Vor Freude tanzten die Juden die ganze Nacht auf den Straßen. Am nächsten Tag wurden acht von ihnen bei drei palästinensischen Überfällen ermordet. Israels Unabhängigkeitskrieg hatte begonnen, das, was die Palästinenser *al-Naqbah*, »Katastrophe«, nannten.

Der Krieg dauerte gut ein Jahr: In der ersten Hälfte, von Dezember 1947 bis Mitte Mai 1948, lieferten sich der Yishuv und die Palästinenser erbitterte Gefechte. Die Palästinenser waren bis Ende Februar im Vorteil, wurden aber Mitte Mai geschlagen. Das britische

Mandat endete am 15. Mai 1948, einem Samstag. David Ben-Gurion erklärte Israels Unabhängigkeit am Nachmittag des 14. Mai und am 15. Mai, nachdem die Briten offiziell das Feld geräumt hatten, wurde Israel von den Armeen aus Ägypten, Transjordanien, Syrien und dem Irak überfallen. Auch hier waren die Araber anfangs überlegen, obwohl es bereits innerhalb eines Monats offensichtlich wurde, dass sie nicht siegen würden. Der Krieg dauerte – mit Unterbrechungen – bis Ende 1948. 1949 wurden Waffenstillstandsvereinbarungen unterzeichnet.

Die arabische Welt war entschlossen, die Schaffung eines jüdischen Staates in jedem Teil, den sie als arabisches Gebiet betrachteten, zu verhindern, ebenso lehnten sie jegliche Form der Herrschaft von Juden über Araber kategorisch ab. Die zionistische Bewegung war keine Bedrohung für Syrien, den Irak, Transjordanien oder Ägypten und sie hatte gerade einen Kompromiss mit den Palästinensern akzeptiert, der es beiden Seiten ermöglicht hätte, ihren Bürgern ein besseres Leben zu bieten. Die einstimmige Entscheidung der Araber für den Krieg war also eine Entscheidung für die Zerstörung einer stabilen und blühenden jüdischen Gemeinschaft, weniger als drei Jahre, nachdem die Nazis gestoppt worden waren. Sie brachten ganz offen zum Ausdruck, dass in diesem Teil der Welt nur Araber, vorzugsweise Muslime, herrschen könnten. Diese Haltung war nichts Neues; ihre Väter und Vorväter hatten mehr als tausend Jahre in dieser Überzeugung gelebt. Nichts war in der neueren Zeit geschehen, das ihre Einstellung hätte ändern können, schon gar nicht die Entscheidungen eines internationalen Forums oder das Kriegsrecht des Westens – der dieses Recht im Übrigen selbst gerade sechs Jahre lang gebrochen hatte. Wenn man, um den Willen der Zionisten zu brechen, ihr Territorium erobern und jüdische Zivilisten ermorden musste, dann sollte es eben so sein.

Die Palästinenser konnten zumindest das *jus ad bellum* für sich in Anspruch nehmen, denn sie konnten sagen, dass sie ihr Recht auf eigenes Land verteidigten. Der Schwachpunkt in dieser Argumentation war die Tatsache, dass sie niemals auch nur ein Stück des umstrittenen Landes kontrolliert hatten: Seit der arabischen Eroberung des Gebietes im siebten Jahrhundert hatte es niemals ein Gebilde gegeben, das auch nur annähernd einem unabhängigen Palästina geähnelt hätte; tatsächlich war der palästinensische Nationalismus zu einem gewissen Grad eine Antwort auf den Zionismus. Die Palästinenser definierten ihr Territorium in den Grenzen, die die Briten und andere europäische Diplomaten 1922 bestimmt hatten. In ihren Augen bedrohten die Zionisten diese Grenzen. Dagegen mussten sie sich verteidigen.

Da die Araber also beschlossen hatten, mit Krieg auf den Teilungsplan zu reagieren, hatten die Juden kaum eine Wahl: Sie konnten um ihr Leben kämpfen oder sterben. Der Krieg, den die Juden 1947–1948 führten, war deshalb ohne jeden Zweifel gerechtfertigt. Aber führte Israel seinen ersten Krieg in einer gerechten Art und Weise? Das ist eine Frage, die die Juden selbst ebenso beschäftigt hat wie ihre Kritiker und Feinde – vielleicht sogar noch mehr. Dieses unbedingte Bedürfnis, Rechenschaft über das eigene Handeln abzulegen, zeugt von ausgeprägtem Respekt gegenüber der restlichen Welt und unterscheidet die Juden von ihren Feinden, die sich um keinerlei Moral scheren, wenn sie Krieg führen und ohne Skrupel die Wahrheit zu ihren Gunsten verbiegen.

Die folgende Darstellung des Krieges von 1948 basiert weitgehend auf der Untersuchung von Benny Morris; meines Wissens wird sie von palästinensischen Apologeten nicht bestritten.[10] Obwohl sein Werk vorzugsweise zur Bekräftigung pro-palästinensischer Positionen herangezogen wird, räumt auch der Revisionist Morris ein, dass der erste Krieg Israels ein legitimer Selbstverteidigungs- und jüdischer Unabhängigkeitskrieg war, dass es keinen Plan für ethnische Säuberungen gegeben hat, dass die Grausamkeiten, die die Juden begingen, Vergeltungsschläge gegen die Araber waren, und dass diese in jedem Fall gering waren verglichen mit den mörderischen Absichten der Araber, die die Israelis vereiteln konnten.

Die Zahl der Palästinenser, zu dieser Zeit mehr als 1,2 Millionen, übertraf die Zahl der Juden des Yishuv mit etwa 600.000 bei weitem. Aber die Palästinenser waren nicht effektiv organisiert. Tatsächlich verstanden sich die meisten, mit Ausnahme einer kleinen städtischen Bildungsschicht, nicht als Nation. Ihre wichtigsten Bezugspunkte waren die Familie, der Klan und das Dorf. Sie be-

10 Benny Morris, The Birth of the Palestinian Refugee Problem, 1947–1949 (Cambridge, Eng.: Cambridge University Press, 1987), und Righteous Victims: A History of the Zionist-Arab Conflict, 1881–1999 (New York: Alfred A. Knopf, 1999)

saßen auch keine effiziente nationale Führung oder staatliche Institutionen. Selbst als sie gegenüber dem Yishuv zu den Waffen griffen, taten sie dies im Allgemeinen in kleinen ungeordneten Gruppen: Die Männer aus einigen Dörfern taten sich für einen Anschlag zusammen und kehrten dann wieder auf ihr Land zurück. Der Yishuv hatte sich selbst seit Jahrzehnten auf seine staatlichen Aufgaben vorbereitet und so gestaltete sich der Übergang nach dem Abzug der Briten nahtlos. Der Yishuv war sich immer im Klaren gewesen über den tief sitzenden Hass der Araber auf die Juden und bereitete sich schon seit den frühen 1920er Jahren auf den Tag vor, an dem er seine Existenz zu verteidigen hätte.

Besonders unterschiedlich waren die Motivationen der beiden Gemeinschaften. Ein noch nicht vollständig erwachter palästinensischer Nationalismus stand der ältesten lebenden Nation der Welt in ihrem schwersten Augenblick seit Jahrtausenden gegenüber. Das bedeutete, dass viele Palästinenser es vorzogen, vor der Gefahr zu fliehen, während die Juden mit einer Beharrlichkeit kämpften, die aus der Verzweiflung geboren war: Sie mussten siegen. Die meisten Juden des Yishuv hatten gerade einen Teil oder sogar ihre gesamte Familie verloren. Jetzt war ihr eigenes Leben in unmittelbarer Gefahr und sie konnten nirgendwohin fliehen, selbst wenn sie gewollt hätten.

Als Erste verließ die palästinensische Oberschicht das Land, die gut situierten, gebildeten palästinensischen Stadtbewohner. Sowie der Teilungsplan von der UN angenommen worden war und die Zusammenstöße zwischen Juden und Palästinensern zunahmen, begannen sie, ihre Familien aus der Gefahrenzone herauszubringen, nach Beirut, Kairo, Amman. Zehntausende Araber aus Haifa, Jaffa und anderen Städten zogen fort, um sich anderswo in relativem Wohlstand niederzulassen. Dieser Wegzug fand in einem solchen Ausmaß statt, dass sich die einstige Führungsschicht der palästinensischen Gesellschaft dadurch selbst enthauptete und die Massen zu ihrer Verteidigung sich selbst überlassen blieben.

In den ersten Monaten des Jahres 1948 nahmen die Angriffe palästinensischer Kämpfer auf jüdische Siedlungen zu. Die Juden schlugen zurück, griffen häufig die Dörfer an, von denen Angriffe auf Juden ausgegangen waren. In einigen Fällen wurden auch arabische Zivilisten getötet. Bis März waren viele Palästinenser, deren Dörfer nach dem Teilungsplan innerhalb des jüdischen Staates lagen, geflohen, in der Regel nur einige Kilometer weiter in die Teile des Landes, die für den palästinensischen Staat vorgesehen waren. Die Küstenebene, die das demographische Kernland des geplanten jüdischen Staates bildete und wo es bereits eine deutliche jüdische Mehrheit gab, wurde weitgehend von Arabern geräumt, Zehntausende flohen.

Dies geschah nicht etwa, weil sich ein Sieg der Juden abzeichnete, ganz im Gegenteil: Sie waren dabei zu verlieren. Arabische Angriffe auf jüdische Siedlungen waren zurückgeschlagen worden, palästinensische und jüdische Sezessionisten hatten sich gegenseitig bombardiert und Hunderte waren getötet worden; aber die Hauptverwundbarkeit des Yishuv waren die Landstraßen. Die meisten arabischen Dörfer waren wenigstens teilweise autark. Die jüdischen Siedlungen dagegen waren weit stärker in eine nationale Ökonomie eingebunden, da sie wirtschaftlich und technologisch weiter entwickelt waren. Die Landstraßen waren im wahrsten Sinne des Wortes Lebenslinien. Im Februar und März errichteten die Araber Blockaden, und die entlegenen Siedlungen wurden ausgehungert – ebenso wie einhunderttausend Juden in Jerusalem. Immer wieder versuchten jüdische Konvois die isolierten Siedlungen oder Jerusalem zu erreichen; sie wurden jedoch gewaltsam zurückgeschlagen. Gefangen genommene Juden wurden totgeschlagen, erbeutete Leichen verstümmelt. Die Lage war dramatisch.

Der Mai nahte und jedermann wusste, dass nach dem Abzug der Briten die arabischen Armeen einrücken würden. Viele Palästinenser, die ihre Häuser so bereitwillig verlassen hatten, rechneten damit, dass sie bis Juni wieder zurückgekehrt sein würden und die Juden dann entweder tot oder fort seien. Die Führer des Yishuv und seine halblegale Armee, die Haganah, erkannten, dass sie den britischen Abzug nicht abwarten konnten. Anfang April begannen sie mit dem so genannten Plan D (Dalet), der Zusammenlegung von Einheiten in einem einzigen Gebiet, um militärische Überlegenheit zu erzielen, die man zur Kontrolle strategisch wichtiger Gebiete nutzen wollte.

Der Dalet-Plan wird von Palästinensern häufig als der wichtigste Bestandteil einer perfiden israelischen Verschwörung zu ihrer Vertreibung beschrieben. Da er einer programmatischen Ausweisung von Palästinensern durch die Israelis am nächsten kommt, ist er angeblich ein Plan zur sorgfältig geplanten, systematischen und vollständigen Deportation. Dabei wird übersehen, dass dieser Plan erst im fünften Kriegsmonat in Kraft trat, in einem Krieg, den die Palästinenser selbst begonnen hatten, und nur vier Wochen vor einer groß angekündigten Invasion regulärer arabischer Truppen vom Süden, Osten und Norden. Hätten die Palästinenser den Krieg nicht begonnen oder die arabischen Staaten nicht ihre Absicht zur Invasion lautstark verbreitet, hätte es keinen Dalet-Plan gegeben. Selbst Benny Morris schreibt, dass der Plan eine rein militärische Angelegenheit war, die dazu diente, Verteidigungslinien vor der Invasion zu schaffen, um feindliche palästinensische Miliz und ihre zivilen Unterstützer aus den jüdischen oder angrenzenden Territorien herauszuhalten, damit diese leichter zu verteidigen seien.[11] Es war gleichzeitig ein gefährliches Unterfangen, da es in einigen Gebieten den Abzug von Haganah-Kräften erforderte, um dadurch in anderen zahlenmäßig überlegen zu sein. Der Einsatz war erfolgreich; angesichts größerer, besser organisierter Einheiten zogen sich die palästinensischen Kräfte zurück.

Die Israelis bereiteten sich darauf vor, arabische Dorfbewohner dort, wo es militärisch notwendig war, zu vertreiben. Häufig war das jedoch nicht nötig, da die Dorfbewohner in den meisten Fällen nicht lange genug blieben, um vertrieben werden zu können. Morris gelang es nicht, Dokumente über eine arabische Anweisung zur Evakuierung der palästinensischen Bevölkerung zu finden. Aber weder er noch andere hatten Zugang zu arabischen Archiven. Er betont jedoch, dass die Araber Frauen und Kinder freiwillig aus den Gebieten fortbrachten, in denen Kämpfe zu erwarten waren. Beabsichtigt oder nicht, die Evakuierung ihrer Familien schwächte jedoch die Entschlossenheit und den Kampfeswillen der palästinensischen Männer.

Drei Ereignisse während der ersten zehn Apriltage hatten weitreichende Konsequenzen. Der oberste palästinensische Befehlshaber, Abdel Kader al-Husseini, wurde im Kampf getötet, ein Ereignis, das die Palästinenser zutiefst erschütterte. Der Ort seines Todes, das Dorf el-Kastel westlich von Jerusalem, wurde von beiden Sei-

---

11 Morris, *The Birth of the Palestinian Refugee Problem, 1947-1949*, S. 62

ten mehrfach erobert und den Führern der Haganah wurde klar, wie wichtig es war, strategisch wichtige Dörfer zu zerstören, damit sie nicht zurückerobert werden konnten. Das dritte Ereignis war das Massaker von Deir Yassin.

Das Massaker von Deir Yassin wird immer wieder als Beweis für die Brutalität und mörderischen Absichten der Juden angeführt. Zum einen sollen die Israelis beabsichtigt haben, die Palästinenser ein für alle Mal loszuwerden; zum anderen wird behauptet, dass sie vorhatten, dieses Ziel durch Vertreibung und Ermordung der wehrlosen Zivilbevölkerung zu erreichen. Keine dieser beiden Behauptungen hält einer näheren Prüfung stand.

Das Ereignis selbst war unbestreitbar grauenvoll. Am 9. April 1948 griffen ungefähr 130 Soldaten der IZL und LHI, zu einem gewissen Grad unterstützt von der Haganah, das arabische Dorf Deir Yassin, westlich von Jerusalem, an. Es war eine brutale Schlacht, bei der über ein Viertel der Angreifer getötet oder verwundet wurde. Als der Angriff vorüber war, waren mehr als hundert Dorfbewohner tot, die meisten von ihnen Zivilisten. Ganze Familien wurden getötet, als während des Kampfes Granaten in ihre Häuser geworfen wurden. Andere starben, als sie zu fliehen versuchten. Möglicherweise wurden auch einige Männer erschossen, nachdem sie sich ergeben hatten. Wenn man krampfhaft sucht, wird man einige mildernde Umstände finden können, ich persönlich finde sie jedoch nicht überzeugend. Mord ist Mord ist Mord.

Die Führung des Yishuv war ehrlich entsetzt und schrieb einen offenen Entschuldigungsbrief an König Abdullah von Jordanien. Bedeutsamer war jedoch die interne jüdische Reaktion. Die Beziehungen zwischen der Führung des Yishuv und der IZL wurden noch gespannter, und diese Tatsache führte zum weiter unten beschriebenen militärischen Showdown von *Altalena* im Frühsommer.

Seine weitreichendste Auswirkung hatte das Massaker auf die palästinensische Bevölkerung. Sie wusste genau, dass palästinensische Kämpfer im Falle der Eroberung einer jüdischen Siedlung diese zerstören und ihre Bewohner foltern oder töten würden. Jetzt hatten sie die offensichtliche Bestätigung dafür, dass die Juden mit den Palästinensern das Gleiche vorhatten. Vier Tage nach Deir Yassin wurde ein jüdischer Konvoi mit medizinischem Personal auf der Fahrt zum Hadassah-Krankenhaus in Jerusalem angegriffen. Dreiundsiebzig Menschen wurden ermordet.

Während der sechs Wochen von Anfang April bis zum Ende des Britischen Mandats Mitte Mai gewannen die Streitkräfte des Yishuv die Kontrolle über Gebiete, die vom Teilungsplan als jüdisch markiert worden waren, einschließlich der Stadt Haifa mit ihrer großen palästinensischen Gemeinde. Jaffa, das als palästinensische Enklave innerhalb des jüdischen Staates vorgesehen war, wurde ebenfalls eingenommen, desgleichen die Stadt Acre. Wie die meisten Dorfbewohner flohen nun auch die Stadtbewohner, die bis jetzt ausgeharrt hatten. Dort, wo sich die arabischen Bauern geweigert hatten, das Land zu verlassen, das von den in den Städten lebenden Großgrundbesitzern an die Juden verkauft worden war, wurden sie jetzt gewaltsam verdrängt; das war allerdings keine weit verbreitete Praxis. Anderswo sahen die Führer der Haganah den militärischen Vorteil im Abzug feindlich gesinnter Palästinenser aus Gebieten, die bald von regulären arabischen Truppen verteidigt werden würden, und ermutigten die Bewohner, ihr Dorf zu verlassen.

Die Juden, die in den Städten lebten, insbesondere die zivilen Amtsträger, waren alles andere als begeistert vom Fortzug der Araber, da sie um die soziale und ökonomische Stabilität der Städte bangten. Morris zitiert mehrere Quellen, um dies zu belegen. Ein Bericht des britischen Geheimdienstes in Haifa vom 5. Mai lautet: »Die Juden haben große Anstrengungen unternommen, um eine vollständige Evakuierung zu verhindern, aber ihre Propaganda scheint nur geringe Wirkung erzielt zu haben.« In der *Times* war zu lesen, dass »die Juden wünschen, dass die Araber sich wieder wie gewohnt ansiedeln, aber die Evakuierung geht weiter.« Ein wichtiger Faktor für den Exodus der Araber war die Propaganda ihrer eigenen Führer, die immer noch präsent waren und grässliche Gerüchte verbreiteten: »Äußerst verbreitet«, so berichtete die *Times*, »war ein Gerücht, demzufolge Araber, die in Haifa blieben, im Fall zukünftiger Angriffe auf andere jüdische Gebiete als Geiseln genommen würden. Und ein wirkungsvoller Teil der Propaganda mit der impliziten Drohung arabischer Vergeltung für den Fall der Rückeroberung durch die Araber lag darin, dass die in Haifa zurückgebliebenen Menschen insgeheim zugaben, dass sie an das Existenzrecht des jüdischen Staates glaubten.« Folglich zog die

Mehrheit der Stadtbewohner fort. Doch obwohl Zehntausende lieber flohen, als mit den Juden zusammenzuleben, zogen es Tausende andere vor, zu bleiben und allem Kommenden die Stirn zu bieten. Sie und ihre Nachkommen leben immer noch hier, in Haifa, Jaffa und Acre. Es galt eine moralische Entscheidung zu treffen – mit oder ohne die Juden zu leben – und wie so häufig waren die getroffenen Entscheidungen unwiderruflich.

Als der Staat Israel Mitte Mai gegründet wurde, waren etwa dreihunderttausend Palästinenser bereits geflohen. Sie waren unfreiwillig zu Flüchtlingen geworden, aber nur wenige von ihnen waren tatsächlich vertrieben worden, und mit Sicherheit nicht aufgrund irgendeines zuvor ausgearbeiteten Plans. Es war vielmehr so, dass der Krieg anders verlief, als sie es erwartet hatten. Trotzdem hätten die meisten von ihnen nicht besonders beunruhigt sein müssen. Die Macht der arabischen Staaten schien ungebrochen und sie rechneten mit ihrer baldigen Rückkehr, nicht nur in ihre eigenen Häuser, sondern auch in die leeren Häuser und Siedlungen der Juden.

Die relative Stärke der verschiedenen arabischen Armeen zu dieser Zeit ist nicht einfach zu bestimmen. Die Gesamtzahl der Bevölkerungen der am Krieg beteiligten Länder – Ägypten, Transjordanien, Syrien und Irak (der Libanon entschied sich mehrheitlich gegen eine Kriegsbeteiligung) – belief sich auf mehrere Zehnmillionen, während die Israelis lediglich Hunderttausende waren. Wie der Zweite Weltkrieg gerade gezeigt hatte, können größere Nationen höhere Verluste ertragen und immer noch zusätzliche Ressourcen mobilisieren. Allerdings können Organisation, Engagement und Entschlossenheit ebenfalls eine große Rolle spielen.

Mitte Mai 1948 wurde die Haganah auf eine Personalstärke von 35.000 (einschließlich einiger Frauen) aufgestockt und weitere 3000 Juden wurden durch die IZL und die LHI bewaffnet; die einmarschierenden Armeen rekrutierten rund 30.000 neue Soldaten. Die Haganah besaß weder schwere Artillerie noch Kampfflugzeuge. Von den abziehenden Briten hatte sie drei Panzer und einige gepanzerte Fahrzeuge gekauft oder gestohlen. Auf dem Papier besaßen die Invasoren 75 Kampfflugzeuge, vierzig Panzer, 500 gepanzerte Fahrzeuge und Hunderte von Feld-, Panzer- und Flugabwehrgeschossen. Der Zustand der Ausrüstung und der Ausbildungsstand der Araber waren jedoch eher bescheiden, was ihre Handlungsfähigkeit erheblich einschränkte.

Der UN-Sicherheitsrat verhängte ein Waffenembargo für den Nahen Osten und es schien die Araber härter zu treffen als die Juden. Die Haganah war immer eine Untergrundorganisation gewesen und daran gewöhnt, Waffen über dunkle Kanäle zu beschaffen, von denen es im Nachkriegs-Europa, das nach Dollars hungerte und in militärischer Ausrüstung ertrank, mehr als genug gab. Der wichtigste Lieferant war die Tschechoslowakei. Sobald die Briten abgezogen waren, gelangten diese Waffen massenhaft ins Land.

Am bedeutendsten war jedoch die Vergrößerung der Mannschaftsstärke der Israelischen Verteidigungskräfte (IDF, Israeli Defense Forces), die Anfang Juni legal gegründet worden waren: Zum Teil reflektierte das den Wechsel von der halb-freiwilligen Haganah zu einer nationalen Wehrpflichtarmee. Weitaus wichtiger war jedoch, dass Israel nach Abzug der Briten seine Tore für die Flüchtlingsströme aus Europa öffnen konnte. Viele der Flüchtlinge wurden sofort bei ihrer Ankunft eingezogen. Im Verlauf des Krieges wuchsen die arabischen Armeen auf 55.000 Soldaten an, während die IDF Anfang 1949 eine Stärke von 115.000 erreicht hatte.

Während die Haganah im März 1948 mit der Aufstellung einiger Bataillone begann, operierte die IDF am Ende des Krieges mit rudimentären Divisionen. Die Bedeutung dieser Tatsache wird jedoch häufig nicht richtig erkannt. Die Briten hatten angenommen, dass die Araber gewinnen würden, wie auch zahlreiche andere Beobachter und natürlich die meisten Araber selbst. Während der ersten Wochen der Kämpfe, vom 15. Mai bis zum ersten Waffenstillstand am 11. Juni, erwies sich Israel aber durchaus in der Lage, dem Einmarsch Widerstand zu leisten und seine Positionen mehr oder weniger zu halten. Obwohl es zu diesem Zeitpunkt noch nicht offensichtlich gewesen sein mag, wurde der Krieg dennoch in diesen wenigen Wochen entschieden.

Die Invasion, die normalerweise am wenigsten bestritten wird, ist die der Arabischen Legion – der unter britischem Kommando stehenden Armee des damaligen Transjordanien. Ihr Ziel war die Zerstörung Palästinas, nicht Israels. Das opportunistische Ziel König Abdullahs – Urgroßvater des gegenwärtigen Königs – lag in der Eroberung des Westjordanlandes und in dessen Eingliederung in sein eigenes Land auf Kosten Palästinas. Es gab Zusammenstöße mit den Israelis in Jerusalem und Umgebung sowie auf der Straße zur Küstenebene, aber solange sie nicht seiner Armee im Weg standen und sich aus den Gebieten, an denen er Interesse hatte, fernhielten, suchte er keine größeren Kämpfe.

Die Bedingung für diese relative Friedfertigkeit war der Abbau sämtlicher jüdischer Siedlungen auf dem von der Arabischen Legion kontrollierten Gebiet. In Beit Ha'Arava, am Ufer des Toten Meeres, führten jüdische Siedler einen Offizier der Arabischen Legion durch die Siedlung, zeigten ihm die Gebäude, die sie verlassen würden, übergaben ihm die Schlüssel und zogen für immer fort. Atarot, nördlich von Jerusalem, fiel im Kampf, wie auch die vier Siedlungen des Etzion Blocks südlich von Jerusalem, wo 240 Verteidiger fielen – Dutzende von ihnen wurden, nachdem sie sich ergeben hatten, kaltblütig von palästinensischen Partisanen erschossen. Das jüdische Viertel von Jerusalem hielt dem Ansturm wochenlang stand. Schließlich jedoch ergab sich die Zivilbevölkerung und beendete dadurch eine fast siebenhundert Jahre währende Phase ununterbrochener Besiedlung. Es war undenkbar, selbst für Abdullah – den einzigen arabischen Führer, der bereit war, mit den Zionisten zu verhandeln –, dass Juden in seinem Territorium blieben.

Eine zweite Invasionsarmee kam aus dem Irak, der keine gemeinsame Grenze mit Israel besitzt und deshalb von weither versorgt werden musste. Die anfängliche Streitmacht umfasste fünftausend Mann, wurde jedoch bald auf achtzehntausend erhöht. Die Iraker drangen bei Gesher, im Jordantal, nach Israel ein, aber trotz fünftägiger erbitterter Kämpfe wurde die Siedlung gehalten. Dann griffen die Iraker vom nördlichen Teil der Westbank an, die von der arabischen Legion gehalten wurde. Weitere blutige Kämpfe mit zahlreichen Opfern auf beiden Seiten folgten, an deren Ende die Iraker beschlossen, sich auf die von der Arabischen Legion kontrollierten Gebiete zurückzuziehen.

Den Syrern gelang lediglich der Aufbau einer kleinen Invasionsarmee, die südlich des Sees Genezareth angriff. Auch hier reichten einige Tage erbitterter Kämpfe, um sie davon zu überzeugen, dass der Feldzug nicht so einfach zu gewinnen war, wie sie es sich vorgestellt hatten, und sie zogen sich zurück. Sie versuchten es an einer Reihe anderer Stellen und besetzten schließlich den Kibbuz von Mishmar Hayarden, unmittelbar vor dem Waffenstillstand. Er wurde dem Erdboden gleichgemacht.

Die mächtigste Invasion aber war die der Ägypter. Sie begann mit sechstausend Mann, die bald auf vierzehntausend aufgestockt wurden, unterstützt von der größten Luftwaffe der Region. Ein Teil ihrer Truppen durchquerte die Negev-Wüste und zog über das von den Arabern besetzte Hebron nach Jerusalem. Der größte Teil der ägyptischen Truppen bewegte sich an der Küste entlang vom Sinai in Richtung Tel Aviv. Darauf bedacht, die jüdischen Siedlungen hinter sich zu haben, griffen sie an, eroberten und zerstörten alle, die auf dem Weg lagen. Viele Dutzende Verteidiger wurden getötet, aber ebenso Hunderte Angreifer, und der größte Teil der Luftwaffe ging verloren. Das Resultat dieser Kämpfe ging in die Annalen der zionistischen Bewegung ein: Obwohl sie an Zahl und Bewaffnung den Verteidigern weit überlegen waren, brauchten die Invasoren fast vier Wochen, um vier jüdische Siedlungen einzunehmen. Es war den Israelis gelungen, Verteidigungslinien gegen die vorrückende Armee aufzubauen und sogar Gegenangriffe zu lancieren. Zum Zeitpunkt des ersten Waffenstillstand war der ägyptische Elan bereits versiegt. Sie verstärkten weiterhin ihre Einheiten, aber ihre Aufmerksamkeit richtete sich jetzt vor allem darauf, die israelische Kontrolle der Negev-Wüste zu verhindern.

Am 11. Juni wurde ein Waffenstillstand vereinbart, der einen Monat lang hielt und den alle Seiten zur Stärkung ihrer Positionen nutzten. Die Israelis beschäftigten sich auch mit dem schwierigen konstitutionellen Problem der Sezessionisten. Während der Mandatsjahre waren die Institutionen des Yishuv, obwohl demokratisch, auf Freiwilligkeit begründet und sie konnten die Sezessionisten nicht dazu zwingen, die von der Mehrheit getroffenen Entscheidungen zu befolgen. Innerhalb von zwei Wochen nach der Staatsgründung stimmte die IZL ihrer Auflösung und Integration in die neu geschaffenen israelischen Verteidigungskräfte zu. Drei Wochen später sollte dieser Beschluss auf die Probe gestellt werden, als ein IZL-Schiff, die *Altalena*, mit Waffen beladen die Küste anlief. Die IZL verlangte, dass die Waffen »ihren« Bataillonen übergeben werden sollten. Ben-Gurion war entschlossen zu demonstrieren, dass es nur eine einzige militärische Kommandostruktur gab und statuierte ein Exempel. Zwei Tage lang standen sich jüdische Soldaten gegenüber und gerieten in einigen Fällen aneinander; mindestens achtzehn von ihnen wurden getötet, und schließlich wurde die *Altalena* gesprengt und versank am Strand von Tel Aviv. Der Vorfall sollte den politischen Diskurs in Israel über Jahrzehnte hinweg vergiften, aber Ben-Gurion hatte diese Konfrontation eindeutig für sich entschieden und dadurch die demokratische Integrität des Staates bewahrt. Israel sollte nur eine einzige militärische Streitmacht haben, die der gewählten Führung unterstand, und sie hatte sich wie eine Armee zu verhalten, nicht wie eine terroristische Organisation.

Der Waffenstillstand wurde im Juli gebrochen, und die IDF eroberte die auf der Zentralebene gelegenen Städte Lydda und Ramla; die Öffnung der Hauptstraße nach Jerusalem gelang ihr allerdings nicht. In Lydda führte ein tragisches Zusammenspiel von Chaos und allgemeiner Panik dazu, dass die neu angekommenen israelischen Truppen auf die Zivilbevölkerung schossen, die auf sie zu schießen schien, was jedoch wahrscheinlich nicht der Fall gewesen war. Mehr als zweihundert Zivilisten wurden getötet und Zehntausende Stadtbewohner wurden Richtung Osten in das von der Arabischen Legion kontrollierte Gebiet vertrieben. Nach zehn Tagen des Kampfes wurde ein zweiter Waffenstillstand vereinbart.

Als die Israelis stärker wurden, änderte sich ihr Ziel: Es ging nicht mehr nur um die Verteidigung ihrer Existenz, sondern auch um die Sicherung realistischer Grenzen, durch die weitere Invasoren abgeschreckt werden sollten. Dennoch versuchten sie nie, das gesamte Land zu erobern, obwohl sie Ende 1948 dazu in der Lage gewesen wären. Trotz der allgemein verbreiteten heutigen Überzeugung, der zufolge die Juden immer schon expansionistische Gelüste hegten, war das Einzige, was sie tatsächlich wollten, ein Staat für die Juden, und nicht die Vertreibung der Palästinenser.

Die letzte wichtige Phase des Krieges begann im Oktober 1948. Im Süden hielten die ägyptischen Truppen noch immer die Negev-Wüste vom Rest des Landes abgeschnitten, und entgegen der Bestimmungen des Waffenstillstands vom Juli belagerten sie dort die jüdischen Siedlungen mit dem Ziel, den gesamten Negev zu annektieren. In der dritten Oktoberwoche wendete die IDF das Blatt, nahm wieder Kontakt zu den Siedlungen im Süden auf und umzingelte und belagerte die ägyptischen Truppen. Im Zuge dieser Operation gelang auch die Eroberung der damals kleinen Stadt Beer Sheva.

In Galiläa gab es eine heruntergekommene palästinensische Truppe mit dem beeindruckenden Namen »Arabische Befreiungsarmee« (ALA, Arab Liberation Army), die unter dem Kommando eines älteren osmanischen Offiziers namens Fawzi Quaqji stand. Die ALA zählte zwischen tausend und fünftausend Mann und hatte bis dahin noch keine bedeutende Rolle im Krieg gespielt. Jetzt nutzte sie das erneute Aufflammen der Kämpfe mit den Ägyptern als geeigneten Moment des Angriffs auf IDF-Stellungen in Galiläa. Die ersten Angriffe waren erfolgreich, sie zwangen die IDF zur Gegenwehr und zur Zerstörung der ALA. Im Verlauf der Kampfhandlungen wurden die restlichen Teile Galiläas eingenommen. Ebenso wie die Araber beschossen die Israelis häufig, allerdings nicht immer, Städte und Dörfer, bevor sie angriffen. Und wie die Araber es in einigen Fällen bei der Einnahme von Siedlungen getan hatten, vertrieben die Israelis die Einwohner – wenn auch nicht generell. Es gab nämlich einen offensichtlichen Zusammenhang zwischen dem harten Vorgehen der Juden und dem Widerstand der Bevölkerung oder ihrer vorherigen Einstellung. Drusische Dörfer wurden in der Regel verschont. Christliche Araber wurden ebenfalls häufig nicht vertrieben, sie flohen auch nicht vor den anrückenden israelischen Truppen. Muslime, insbesondere diejenigen unter ihnen, die Grund zur Angst vor Vergeltung aufgrund ihres früheren Verhaltens hatten, flohen entweder rechtzeitig oder wurden vertrieben. Es gab jedoch keine eindeutige Politik in dieser Beziehung. Es kam vor, dass verschiedene israelische Einheiten denselben Ort erreichten und unterschiedliche Ansichten über das Vorgehen hatten, so dass in einigen Fällen die Dorfbewohner vor der einen Einheit flohen, sich in den nahegelegenen Hügeln versteckten und zurückkehrten, wenn die nächste Einheit nahte. Währenddessen ging die Gewalt auf beiden Seiten unvermindert weiter; gelegentlich reagierten die israelischen Einheiten mit beträchtlicher Härte auf die selbst erlittenen Verluste, indem sie wahllos einheimische Männer töteten.

Ende Oktober, kurz vor dem Ende der Kämpfe im Süden, nahm eine offensichtlich aus neu und schlecht ausgebildeten Soldaten zusammengesetzte israelische Einheit das Dorf Ad Dawayima an den

Gebirgsausläufern von Hebron ein und massakrierte etwa hundert seiner Einwohner. Das war ein außergewöhnlicher Fall, der in der Öffentlichkeit großes Entsetzen hervorrief. Natan Alterman, der bekannteste Dichter dieser Zeit, veröffentlichte ein Gedicht, in dem er vor den schlimmen Folgen warnte, die der Verlust der Menschlichkeit erzeugt. Wären solche Massaker die Norm gewesen, wie Perry Anderson und andere uns glauben machen wollen, hätte Altermans Gedicht keinen Sinn gehabt. Solche Vorfälle waren jedoch äußerst selten, und insbesondere mit Blick auf den gerade beendeten Weltkrieg, führte die IDF ihren ersten Feldzug mit ungewöhnlicher Zurückhaltung. Die einzelnen Fälle schwerster Körperverletzungen waren nicht das Ergebnis einer Politik, sondern von Chaos und Spannungen, die zu jedem Krieg gehören. Ich möchte nicht behaupten, die IDF habe sich 1948 untadelig verhalten; sie verhielt sich aber besser als jede andere Armee ihrer Zeit.

Ende Dezember versuchte die IDF erneut, die ägyptischen Streitkräfte aus der Negev-Wüste zu vertreiben. Einige der daran beteiligten IDF-Truppen überschritten die internationale Grenze zwischen Negev und Sinai. Die Präsenz von IDF-Streitkräften innerhalb Ägyptens war für die Briten und Amerikaner inakzeptabel, deshalb forderten sie den sofortigen Rückzug. Das Ergebnis der folgenden militärischen und diplomatischen Manöver lag im Rückzug der IDF-Streitkräfte und der ägyptischen Beteiligung an Waffenstillstandsverhandlungen. Zwischen Januar und Juli 1949 verhandelte Israel und unterzeichnete Waffenstillstandsabkommen mit Ägypten, dem Libanon, Jordanien und schließlich Syrien, wodurch der erste israelisch-arabische Krieg offiziell beendet wurde. Der Kriegszustand mit dem Irak wurde nie aufgehoben und gilt bis zum heutigen Tag.

Einige Post-Zionisten vertreten die Auffassung, dass die in diesen letzten Kriegsmonaten erreichte Vergrößerung des Territoriums moralisch nicht zu rechtfertigen sei, da die Invasionen gestoppt worden waren und die existenzielle Gefahr nicht mehr bestand. Selbst aus heutiger Sicht ist das nicht überzeugend. Die arabischen Streitkräfte versuchten weiterhin das, was die IDF in Monaten blutiger Kämpfe erreicht hatte, rückgängig zu machen, und erst nach den entscheidenden Schlägen Ende 1948 waren sie bereit, Waffenstillstandsgespräche zu beginnen. Letztendlich ist diese Kritik an der Taktik Israels eine Neuformulierung des grundsätzlichen postzionistischen Unbehagens an der Bereitschaft der Juden, Macht zur Durchsetzung ihrer grundlegenden Interessen einzusetzen.

Etwa 6000 Juden wurden während des Krieges getötet, das entspricht einem Prozent der jüdischen Bevölkerung. Das war ein sehr hoher Preis für den Sieg und er vermittelt einen Eindruck davon, welches Ausmaß die möglichen Verluste bei einer Niederlage Israels angenommen hätten. Die Verluste auf palästinensischer Seite waren wahrscheinlich ähnlich. Die Ägypter gaben rund 1.400 Tote an, die Jordanier, Syrer und Iraker jeweils einige hundert. Für die Palästinenser war es jedoch eine vernichtende Niederlage. Mehr als die Hälfte von ihnen verließ das Land oder wurde vertrieben – insgesamt waren es an die 700.000 Flüchtlinge. Bald sollte eine andere Flüchtlingsgruppe ihnen in das Elend der Entwurzelung folgen.

Heute gibt es nur noch wenige Juden, deren Familien im Verlauf des zwanzigsten Jahrhunderts nicht gewaltsam verfolgt wurden. Die meisten von ihnen waren wenigstens einmal Flüchtlinge und viele Juden in Osteuropa mussten drei- oder viermal fliehen. Eine überwältigende Mehrheit von sechshunderttausend Juden des Yishuv von 1947, die die Araber töten wollten, waren bereits Flüchtlinge. Sie waren vor den zaristischen Pogromen oder den nationalistischen Antisemiten Zentraleuropas geflohen, oder sie hatten intuitiv begriffen, dass sie ein von der Naziherrschaft bedrohtes Europa verlassen mussten.

1947 waren Hunderttausende in Europa gestrandet. Im blutdurchtränkten Osteuropa waren Hunderte, vielleicht Tausende zurückkehrender Überlebender von ihren ehemaligen Nachbarn ermordet worden: das Letzte, was die Besetzer ihrer Häuser wollten, war ihre Rückkehr. Zwischen 1945 und 1946 hatten die Briten eine Zeit lang die Ankunft jüdischer Flüchtlinge in Palästina zu unterbinden versucht, um die Araber zu besänftigen, 1947 wollten sie sich jedoch die Hände nicht mehr schmutzig machen und das weitere Geschehen der Bevölkerung vor Ort überlassen.

Entfernte Anklänge an diese Geschichte kann man in der aktuellen Propaganda der Palästinenser finden, wenn sie darüber klagen, dass ihnen die Flüchtlinge vor europäischer Verfolgung aufgebürdet wurden und damit die unglücklichen Palästinenser gezwungen worden waren, die Schuld für die Übeltaten der Europäer zu begleichen. Somit waren die Palästinenser zu den »Opfern der Opfer« geworden. Diese Argumentationslinie genießt bei einigen Europäern außergewöhnliche Überzeugungskraft, da sie impliziert, dass das Leiden der Palästinenser letztlich den Europäern anzulasten ist. Mit diesem Argument gibt es jedoch einige Probleme, wie zum Beispiel die Bemühungen des Mufti von Jerusalem, der den Krieg als Gast Hitlers in Berlin damit verbrachte, die SS anzuspornen, die Juden rascher zu töten, und der bewusste Versuch der Palästinenser, das zu vollenden, was Hitler begonnen hatte. Das entscheidende Problem liegt jedoch darin, dass diese Argumentation die Geschichte der Juden in den muslimischen Ländern leugnet, für die die Araber verantwortlich waren.

Der Islam war gerade entstanden, als er sein Verhältnis zu den Juden bestimmen musste. Im Unterschied zum Christentum, das aus einer bereits lebendigen Religion hervorging und sich gegen diese abgrenzte, waren Juden auf der arabischen Halbinsel im siebten Jahrhundert eine Randgruppe. Der Islam entsprang jüdisch-christlichen Wurzeln und in gewisser Weise ähnelt er eher dem Judentum als dem Christentum; die Araber beanspruchen auch die Abstammung von Abraham. Von seinem Ursprung her war der Islam aber weiter vom Judentum entfernt, als das Christentum es anfangs gewesen war, und das bedeutete weniger inhärente Feindschaft. Judenhass war eine essentielle und wichtige Komponente des Christentums; der Islam zeigte eher Geringschätzung gegenüber den Juden.

Solange die Juden den mächtigen Muslimen gegenüber unterwürfig blieben, wurden sie geduldet, zumindest solange bis die Muslime Grund hätten, ihnen zu schaden. Die Juden – und ebenso die Christen – wurden *dhimmi* genannt, ein juristischer muslimischer Begriff, der den Status eines Menschen zweiter Klasse bestimmt. In einigen Teilen der muslimischen Welt wurden *dhimmi* besonders diskriminiert; in anderen genossen sie relative Freiheit und Wohlstand. Für sie galt jedoch niemals Gleichheit, auch stand es ihnen nicht zu, darüber zu bestimmen, wie sie behandelt wurden. Meines Wissens nach gab es keine Zeit, in der Muslime unter jüdischer Souveränität lebten. Christliche *dhimmi* hatten Nicht-*dhimmi* als Glaubensbrüder in anderen Ländern, die mächtig waren und zeitweise sogar über Muslime herrschten; so etwas war für Juden undenkbar.

Als diese Möglichkeit im zwanzigsten Jahrhundert schließlich Realität wurde, zog dies Generationen überdauernden gewaltsamen Widerstand nach sich. Die Christenheit brauchte mehr als 1500 Jahre der Koexistenz, zweihundert Jahre Aufklärung und den Paroxysmus des Holocaust, um endlich, Anfang der 1960er Jahre, selbst damit zu beginnen, ihre akzeptierten Lügen abzubauen. Aber während Europa sich mit seiner Beziehung zu den Juden seit Jahrhunderten abmühte, hatte der Islam seinen ersten ernsthaften Konflikt mit dem Judentum erst im zwanzigsten Jahrhundert. Alle Erwartungen, dass dieser Konflikt rasch und rational gelöst werden würde, widersprachen dem Verlauf der Geschichte.

Die extremen arabisch-jüdischen Spannungen in Britisch-Palästina waren von ähnlichen Spannungen in der übrigen arabischen Welt begleitet, noch begünstigt vom gewaltsamen Hass, der in Europa seinen Höhepunkt fand. Angriffe auf Juden wurden in der gesamten arabischen Welt alltäglich; ab und zu überstieg die Zahl der Toten hundert: 1934 in Algerien, 1941 im Irak (mindestens 150 Tote), und 1946 in Libyen (130 Opfer). Bei jedem dieser Vorfälle war die Zahl der Toten ähnlich hoch wie in Deir Yassin oder al-Dawayima, ohne die Entschuldigung des Krieges, auch waren die Opfer in keiner Weise eine Bedrohung für ihre Mörder gewesen.

Was als Nächstes geschah, war eines der erstaunlichsten Ereignisse des zwanzigsten Jahrhunderts, obwohl man es in den Geschichtsbüchern nur finden kann, wenn man danach sucht, und niemals wird man es in den anti-israelischen Polemiken von Perry Anderson oder Edward Said finden.

In den wenigen Jahren seit der Gründung des Staates Israel hatte die arabische Welt bereits angefangen, sich selbst der Juden zu entledigen. In einigen Ländern dauerte dieser Prozess ein bis zwei Jahre, anderswo ein Jahrzehnt. Die jüdische Gemeinschaft im Jemen lebte dort seit der Zeit von König Salomon, ungefähr seit 2950 Jahren, und hatte wahrscheinlich die längste kontinuierliche Geschichte aller jüdischen Gemeinschaften. Die zweitälteste, im Irak, war mindestens 2.700 Jahre alt und vielleicht 1000 Jahre lang das unbestrittene Zentrum der jüdischen Welt. In der gesamten Geschichte der Menschheit gibt es nur einige wenige Gemeinschaften, die eine bewegte Existenz von 2.7000 Jahren nachweisen können, über Krieg, Eroberung, Zerstörung, Hunger und Krankheit hinweg. Und dann war plötzlich alles vorüber.

Von den 130.000 Juden im Irak blieben einige hundert. 75.000 Juden verließen Ägypten, mehr als 25.000 Syrien, 63.000 den Jemen und Aden, etwae 40.000 Libyen, mehr als 100.000 Tunesien, vielleicht an die 140.000 Algerien und 250.000 Marokko. Im Libanon hatten nur einige tausend Juden gelebt, aber fast alle von ihnen waren fortgezogen. Sie wurden begleitet von Zehntausenden aus dem Iran und der Türkei, muslimische Länder, die nicht gegen Israel Krieg führten. Insgesamt wurden an die 800.000 jüdische Flüchtlinge aus muslimischen Ländern vertrieben; die große Mehrheit von ihnen kam nach Israel, die meisten innerhalb eines Zeitraums von zwei bis drei Jahren. Darüber hinaus war aber noch etwas Bedeutsames und Unerklärliches geschehen. Selbst nach der Ermordung von sechs Millionen Juden blieben einige Hunderttausend von ihnen in Europa. Die muslimische Welt dagegen hatte sich selbst innerhalb von weniger als zehn Jahren fast vollständig von ihren Juden befreit, es blieben nur winzige Gemeinden in Bagdad, Damaskus und Kairo. Und dann verschwand die Erinnerung an diese furchtbare Vertreibung aus dem Gedächtnis der Welt, falls sie überhaupt jemals wahrgenommen wurde.

Wie ist der totale Zusammenbruch dieser alten Gemeinden zu erklären? War das Verhältnis zwischen der muslimischen Mehrheit und ihren jüdischen *dhimmi* vielleicht weit schlechter als allgemein angenommen? War die Sehnsucht nach Zion unter den Juden der arabischen Länder erheblich stärker als die unter ihren europäischen Brüdern, und wenn ja, weshalb ging dann eine beachtliche Minderheit nordafrikanischer Juden lieber nach Frankreich? Waren sie durch das Schicksal der europäischen Juden gewarnt und fürchteten sie eine Wiederholung von Auschwitz in arabischen Ländern?

Israel bot den jüdischen Flüchtlingen eine Heimat, während die Araber den Palästinensern nur dauerhafte Lager zur Verfügung stellten. Israel stand vor einer gewaltigen Herausforderung. Die Gesamtzahl der ankommenden Flüchtlinge entsprach der Gesamtbevölkerung des Landes. Die Einwohnerzahl Israels verdoppelte sich schlagartig. Die Regierung stellte sich der Herausforderung, auch wenn sie nicht immer die richtigen Entscheidungen traf: Viele der ernsthaften Krankheiten, an denen die israelische Gesellschaft fünfzig Jahre später noch litt, wurzelten in den Entscheidungen und Handlungen, die während dieser verzweifelten Jahre getroffen wurden. Allerdings gab es bereits nach zehn Jahren keine Flüchtlinge mehr, die Zeltlager waren abgebaut, und auch der Abbau der provisorischen Container-Lager wurde in Angriff genommen; bis 1960 waren sie alle verschwunden (um während des nächsten Massenzustroms Anfang der 1990er Jahre kurzfristig wieder aufgebaut zu werden). Wo einst Flüchtlinge waren, lebten jetzt Israelis.

Israel ist die Vollendung eines Traumes und gleichzeitig ein Zufluchtsort für Flüchtlinge. Die meisten jüdischen Bürger kamen als Flüchtlinge hierher, in der Regel mittellos und entwurzelt. Im Unterschied zu den Dutzenden von Stationen, durch die viele ihrer Vorfahren gehen mussten, wurde dieser Zufluchtsort jedoch anders wahrgenommen. Israel war die ursprüngliche Heimat, verhieß das Ende des Umherirrens, bot einen Ort, den die Nachkommen für immer als den ihren ansehen würden. Und zwar so sehr, dass einige Nachkommen von Flüchtlingen sich selbst erneut entwurzelten und aus Ländern kamen, die sie nicht hätten verlassen müssen.

Dieses Paradox ist von zentraler Bedeutung für die Bereitwilligkeit Israels, eine proportional weitaus größere Zahl von Flüchtlingen aufzunehmen als andere Gesellschaften. Es ist gleichzeitig die Ursache zahlreicher innerer Spannungen, die das gegenwärtige Israel bestimmen: Da Israel ihre wirkliche Heimat ist, verlangt jede Gruppe ihren Status als Besitzer und lehnt die untergeordnete Position eines Pächters ab, mit der man sich im alten Land häufig zufrieden gegeben hatte.

Das Ergebnis hat Israel einen schlechten Dienst erwiesen: Man war offensichtlich so erfolgreich bei der Integration all dieser Flüchtlinge und Immigranten, dass es scheint, als könne der Prozess letztendlich nicht besonders schmerzhaft gewesen sein – nichts im Vergleich zum Elend der Opfer des Zionismus, der Palästinenser, die immer noch unter dem Schmerz ihrer Entwurzelung leiden.

Den Heimatverlust, den Juden und Palästinenser hinnehmen mussten, traf auch Millionen anderer wie Hindus, Polen, Pakistanis, Deutsche oder Koreaner. Das besiegte Deutschland, mit einer Infrastruktur, die Jahrzehnte zurück gebombt worden war, überschwemmt von Millionen Flüchtlingen, sammelte seine Scherben auf und bewegte sich vorwärts. Wie alle anderen auch. Das, so scheint es, ist normal. Das nicht gelöste Problem Palästinas ist die Ausnahme, und Jahrzehnte lang wurde sichergestellt, dass dieses Problem nicht gelöst wird, außer auf Kosten Israels.

Nach den Bestimmungen der Vereinten Nationen sind palästinensische Flüchtlinge Personen, deren eigentlicher Wohnsitz zwischen Juni 1946 und Mai 1948 in Palästina war und die ihre Heimat und ihren Besitz in Folge des arabisch-israelischen Konfliktes von 1948 verloren. Erstens ist dies eine merkwürdige Definition. Ein junger Araber aus Amman oder Bagdad, der bis spätestens Ende Mai 1946 nach Palästina zog und während des Krieges wieder nach Hause zurückkehrte, ist für immer ein palästinensischer Flüchtling, er und seine Söhne und deren Söhne und Enkel. Wer immer diese Definition festlegte, wusste darüber Bescheid, dass es eine große Anzahl solcher arabischer Migranten in Palästina gab, anderenfalls hätte eine derartig eng gefasste und präzise Definition keinen Sinn gehabt.

Der Grund für diese Definition liegt in der Existenz einer Sonderorganisation der UN, deren einzige Aufgabe die Unterstützung palästinensischer Flüchtlinge ist: das Hilfswerk der Vereinten Nationen für Palästinaflüchtlinge im Nahen Osten (UNRWA). Während des Krieges kamen verschiedene internationale Hilfsorganisationen ins Land, um den palästinensischen Flüchtlingen in der Stunde ihrer Not beizustehen, einschließlich des Roten Kreuzes und UNICEF. Im November 1949, als der Krieg vorbei war und Israel mit der ansteigenden Flüchtlingswelle kämpfte, richteten die UN das UNRWA zur Unterstützung der Palästinenser ein. Es arbeitet getrennt vom Hohen Kommissar für Flüchtlinge, der sich mit allen anderen Flüchtlingen weltweit befasst. Als das UNRWA 1950 seine Arbeit aufnahm, übernahm es die Akten des Roten Kreuzes, damit es seine Schhutzbefohlenen identifizieren konnte. Seitdem besitzt es sämtliche Unterlagen.

Tatsächlich sind die Unterlagen problematisch. Da die Hilfsorganisationen, die UNRWA ersetzte, solch grundlegende Aufgaben wie die Verteilung von Nahrung und Decken an die notleidenden Massen in der Nähe arabischer Städte erfüllte, wurden auch etliche der dort ansässigen Notleidenden versorgt und erfasst; wenn Menschen starben, gab es keinen Grund für irgend jemanden, dies zu melden. Nach eigenen Angaben »erbte« UNRWA von den 950.000

Flüchtlingen 90.000, die nachweislich keine Flüchtlinge waren und aus den Dateien gestrichen wurden. Da UNRWA nicht über die Mittel zur Zählung der Geburten und Todesfälle verfügte, ist es auf seiner Website bis heute vorsichtig in Bezug auf die Zuverlässigkeit seiner Angaben und sagt lediglich, dass diese Zahlenangaben den Akten entsprechen.

UNRWA unterstützt Palästinenser in fünf Regionen: Gaza, Westbank, Jordanien, Syrien und Libanon. Jede Region hat ihre Besonderheiten. Palästinenser, die nach Ägypten flohen, wurden nicht ins Land gelassen, sondern im Gazastreifen angesiedelt, der 1948 vom Mandatsgebiet Palästina erobert worden war. Das bedeutet, dass die Flüchtlinge tatsächlich nur innerhalb Palästinas umgesiedelt wurden. Gaza wurde von Ägypten kontrolliert, jedoch nicht annektiert. Die dort lebenden Palästinenser, Einheimische wie Flüchtlinge, erhielten nicht die ägyptische Staatsbürgerschaft und ihre Bewegungsfreiheit außerhalb von Gaza wurde beschnitten. Nach Angaben der UNRWA betrug 1950 die Zahl der Flüchtlinge 198.000. Das Gebiet wurde 1967 von Israel erobert und seitdem gibt es in Ägypten keine palästinensischen Flüchtlinge mehr.

Die Palästinenser auf der Westbank und in Jordanien erhielten die jordanische Staatsbürgerschaft. Tausende von ihnen waren in ländlichen Regionen geboren, in den 1920er und 1930er Jahren in Städte wie Haifa oder Jaffa gezogen und 1948 dahin zurück geflohen, wo sie hergekommen waren. Zehntausende, vielleicht sogar Hunderttausende hatten sich nicht mehr als 40 Kilometer fortbewegt. Angesichts der geringen Größe der beteiligten Länder ist es schwer vorstellbar, wie sich überhaupt jemand mehr als 150 Kilometer von seinem Ursprungsort entfernen konnte. Nach Angaben von UNRWA gab es 1950 506.000 Flüchtlinge in Jordanien und in der Westbank. Als Israel 1967 die Westbank besetzte, blieben etwa 250.000 von ihnen dort, wo sie waren – mit anderen Worten: Palästina –, während Zehntausende nach Jordanien flüchteten. 1970 zählte UNRWA 506.000 Flüchtlinge (nur in Jordanien).

Flüchtlinge, die nach Syrien flohen, zogen in einigen Fällen über 150 Kilometer weit bis in das Lager Heirab in der Nähe der Stadt Aleppo. Die meisten blieben jedoch in der unmittelbaren Umgebung von Damaskus. Sie sind syrische Staatsbürger, was bedeutet, dass sie weniger Freiheiten genießen als ihre Landsleute in Jordanien – da alle Syrer unter einem härteren Regime leben als die Jordanier. UNRWA zählte 1950 82.000 Flüchtlinge.

In mehrfacher Hinsicht sind die am stärksten diskriminierten unter den Flüchtlingen diejenigen, die in den Libanon flohen. Waren sie Christen, so sind sie seit langem in die libanesische Gesellschaft integriert oder verließen den Nahen Osten; das gilt auch für die Schiiten, für die der Norden Palästinas und der Süden des Libanon dasselbe waren, bis die Europäer im Ersten Weltkrieg alles umwälzten. Die meisten Flüchtlinge waren jedoch Sunniten und ihre Ankunft drohte das komplizierte ethnische Gleichgewicht im Libanon zu stören. In einem unglücklichen Versuch, dies zu verhindern, verweigerte die libanesische Regierung diesen Flüchtlingen die Staatsbürgerschaft und tat alles, um sie in ihren Lagern festzuhalten. Man verwehrte ihnen beispielsweise den Zugang zu zahlreichen Berufen. Das Bild von palästinensischen Flüchtlingen, die in Lagern verzweifeln, ohne Gegenwart und Zukunft, entspricht im Libanon mehr der Realität als sonst irgendwo. 1950 registrierte UNRWA 127.000 Flüchtlinge.

Es gab noch eine letzte Gruppe von Palästinensern, die 1948 vertrieben wurde und etwa fünfzehn bis dreißig Kilometer geflohen war, die jedoch 1952 von den Listen des UNRWA gestrichen wurde, da es sich um Flüchtlinge innerhalb Israels handelte. 1952 betrug ihre Zahl 46.000, und welche Probleme sie und ihre Nachkommen auch immer haben mögen, sie sind jedenfalls keine Flüchtlinge, sondern israelische Staatsbürger.

Die letzte Gruppe unterstreicht das Bizarre an der Konstruktion des UNRWA. Zu Anfang lebten die Flüchtlinge in Zeltlagern außerhalb der Städte, genau wie die jüdischen Flüchtlinge in Israel. UNRWA erwarb Land, auf dem Wellblechhütten errichtet wurden, die das Hilfswerk wohlüberlegt als »Notunterkünfte« bezeichnete, obwohl einige davon mittlerweile fünf Stockwerke hoch und aus genau demselben Material gebaut sind wie die Wohnhäuser auf der gegenüberliegenden Straßenseite. Die Lager waren nicht eingezäunt und mit der Zeit verschmolzen sie mit den benachbarten Städten. Wenn Sie sich zum Beispiel Luftaufnahmen von Jenin anschauen, werden Sie erkennen, dass das »Flüchtlingslager« einfach ein übervölkerter Stadtteil ist, ohne Absperrung oder erkennbare Demarkationslinie.[12] Mit Ausnahme der Flüchtlinge im Libanon zogen die agileren Flüchtlinge schließlich in bessere Wohnviertel, während ärmere Bewohner wegen der geringen Mieten in die »Flüchtlingslager« einzogen. Keiner der arabischen Staaten erlebte in dieser Zeit ein spektakuläres und dauerhaftes ökonomisches Wachstum, dennoch wurden Fortschritte gemacht, und bald gab das UNRWA das meiste Geld für soziale Bedürfnisse aus, an erster Stelle für Bildung, aber auch für Gesundheit u.s.w. Aus einstigen Flüchtlingslagern waren Wohngebiete mit Bewohnern niedriger Einkommensschichten geworden – architektonische Schandflecken, gewiß, aber von großer Ähnlichkeit, nur in kleinerem Ausmaß, mit denen von Kairo, einer Stadt ohne palästinensische Flüchtlinge.

Für viele dieser Menschen wurde UNRWA im Wesentlichen zu einer Institution für den Erhalt ihrer politischen Identität als Flüchtlinge – selbst wenn fast keiner von ihnen jemals in den Dörfern oder Städten ihrer Großeltern gewesen war. Nehmen wir beispielsweise Jordanien. Im Juni 2002 wusste UNRWA von der Existenz von 1.679.623 palästinensischen Flüchtlingen in Jordanien, von denen nur noch 293.215 in den Vierteln lebten, die einst Flüchtlingslager gewesen waren. Die Übrigen sind einfach Jordanier. Universitätsprofessoren, Lastwagenfahrer, Anwälte, Gemüsehändler, Spielzeughersteller, Lehrer – alles jordanische Staatsbürger. Eine Organisation der Vereinten Nationen, die sich dem Erhalt ihres Flüchtlingsstatus widmet, hat genau so viel Sinn wie eine, die die Nachkommen der Iren in den USA unterstützt, oder eine UN-Organisation, die in den französischen Städten französische Staatsbürger unterstützt, deren Großeltern aus Nordafrika kamen, mit dem Ziel, ihre besondere Existenz und Identität zu bewahren.

Erwähnt werden sollte außerdem, dass von den zweiundzwanzigtausend Angestellten des UNRWA 99 Prozent Palästinenser sind. (Das Führungspersonal wird von der UN ernannt.) Finanziert wird diese Scharade vom schuldgeplagten Westen. Die längste Zeit seit seinem Bestehen waren die Vereinigten Staaten der größte Geldgeber des UNRWA; gelegentlich steuerten auch die Israelis etwas dazu bei. Kürzlich haben die Amerikaner ihren Beitrag erheblich reduziert. Der größte Teil des aktuellen Jahresbudgets von 300 Millionen US-Dollar kommt von der Europäischen Uni-

---

12 Siehe www.mfa.gov.il/mfa/go.as?MFAH01160

on. So gut wie nichts kommt aus den arabischen Staaten, deren Vertreter offen verkünden, dass dies die Aufgabe des Westens sei, da er ja schließlich das Palästina-Problem zu verantworten habe.

Nach Berichten der Vereinten Nationen war das UNRWA bewundernswert erfolgreich. Was die Bildung angeht, die das UNRWA besonders fördert, haben die Nachkommen der palästinensischen Flüchtlinge das höchste Niveau in der arabischen Welt; sie sind die einzige arabische Gruppe außerhalb Israels, die eine Geschlechterparität im Bildungswesen aufweist. Im Laufe der Zeit verwandelten sie sich selbst von notleidenden Flüchtlingen in erfolgreiche Staatsbürger ihrer Gastländer, bewahrten dabei jedoch gleichzeitig das gekränkte Bewusstsein einer ungerecht behandelten Gemeinschaft, der eine große Schuld zurückgezahlt werden muss. Sie haben eine internationale Organisation, finanziert von der internationalen Gemeinschaft, um die Legitimität dieses Anspruchs zu beweisen. Die Langlebigkeit des palästinensischen Flüchtlingsproblems ist nicht auf objektive Umstände zurückzuführen, sondern auf die bewusste Entscheidung, eine Lösung des Problems zu verhindern, aus Furcht davor, dass dies Frieden mit Israel bedeuten könnte.

Edward Said ist wahrscheinlich der einflussreichste aller palästinensischen Wortführer. In seinem Buch *Zionismus und palästinensische Selbstbestimmung* stellt er den Zionismus weitgehend als ein koloniales Projekt dar, das von Europa aus gegen die wehrlosen Araber gerichtet ist; darin folgen ihm Legionen von Gegnern Israels. Die Ereignisse zwischen 1947-1949 beschreibt er so: »Natürlich lässt sich ein derart schwergewichtiges Ereignis wie die Gründung eines neuen Staates nicht auf platte Formen reduzieren – eine Staatsgründung ist das Resultat unendlich komplexer historischer Voraussetzungen, vielschichtiger Anstrengungen und Auseinandersetzungen, nicht zuletzt eines blutigen Krieges. Formelhaftigkeit möchte ich auf alle Fälle vermeiden – auf der anderen Seite will ich weder die Ergebnisse der Zwistigkeiten unterschlagen noch die Bedingungen des Kampfes, auch nicht die politischen Strategien verschweigen, die Israel seitdem eingesetzt hat. Wichtig für Palästinenser – und Zionisten – ist die Tatsache, dass ein von Arabern bevölkertes Gebiet aus dem Krieg hervorging als ein Land ohne seine ursprüngliche Einwohnerschaft und ohne Möglichkeit zu deren Rückkehr.«[13]

Da Said es ablehnt, eine kurze Zusammenfassung der Ereignisse zu geben, sollte ich das vielleicht tun. Nach Jahrhunderten der Verfolgung durch die Europäer und der unerfüllten Erwartung, dass diese mit der Aufklärung ein Ende finden würde, entschloss sich eine wachsende Zahl von Juden, in ihr ursprüngliches Heimatland zurückzukehren, in der Hoffnung, dadurch würde die Verfolgung beendet und ein neues Kapitel in ihrer Geschichte eröffnet. Die meisten von ihnen kamen aus Osteuropa und hatten weder mit den Zielen noch den Methoden der imperialen Kolonialisten Westeuropas etwas gemein. Die internationale Gemeinschaft verurteilte diese Bemühung und stimmte für die Aufteilung des Mandatsgebietes Palästina in einen jüdischen und einen palästinensischen Staat. Die arabische Welt entfesselte einen genozidalen Krieg, um die Umsetzung dieses Plans zu verhindern, und die internationale Gemeinschaft tat absolut nichts, um sie daran zu hindern. Die Juden, die erkannten, dass dies ihre letzte Chance war, hielten die Aggressoren auf und teilten das Land selbst auf. Während die Hälfte der Palästinenser vertrieben wurde, blieben die meisten von ihnen innerhalb der Grenzlinien des Mandatsgebietes Palästinas und 10 bis 15 Prozent von ihnen blieben innerhalb Israels, um dann israelische Staatsbürger zu werden. Alle Juden in der arabischen Welt verließen ihre Siedlungen, was zu einem Austausch der Bevölkerung führte, wie er auch anderswo in den späten 1940er Jahren stattfand. Israel, das sein Existenzrecht in einem blutigen Krieg erkämpft hatte, war in der Folge gezwungen, wieder und wieder für dieses Recht zu kämpfen. Die internationale Gemeinschaft hat die Feinde Israels niemals gezwungen, ihre Hoffnungen auf die Zerstörung Israels aufzugeben, was beweist, wie dünn die Verbindung zwischen internationaler Entscheidung und Moral sein kann. Wie wir noch sehen werden, trachten die Palästinenser immer noch nach einer Revision von 1948, und von Israel wird immer noch erwartet, dass es die Palästinenser für das Verbrechen entschädigt, einen Krieg gewonnen zu haben, der ihm aufgezwungen wurde und den es fair gewonnen hat.

13 Said, Zionismus und palästinensische Selbstbestimmung, S. 142

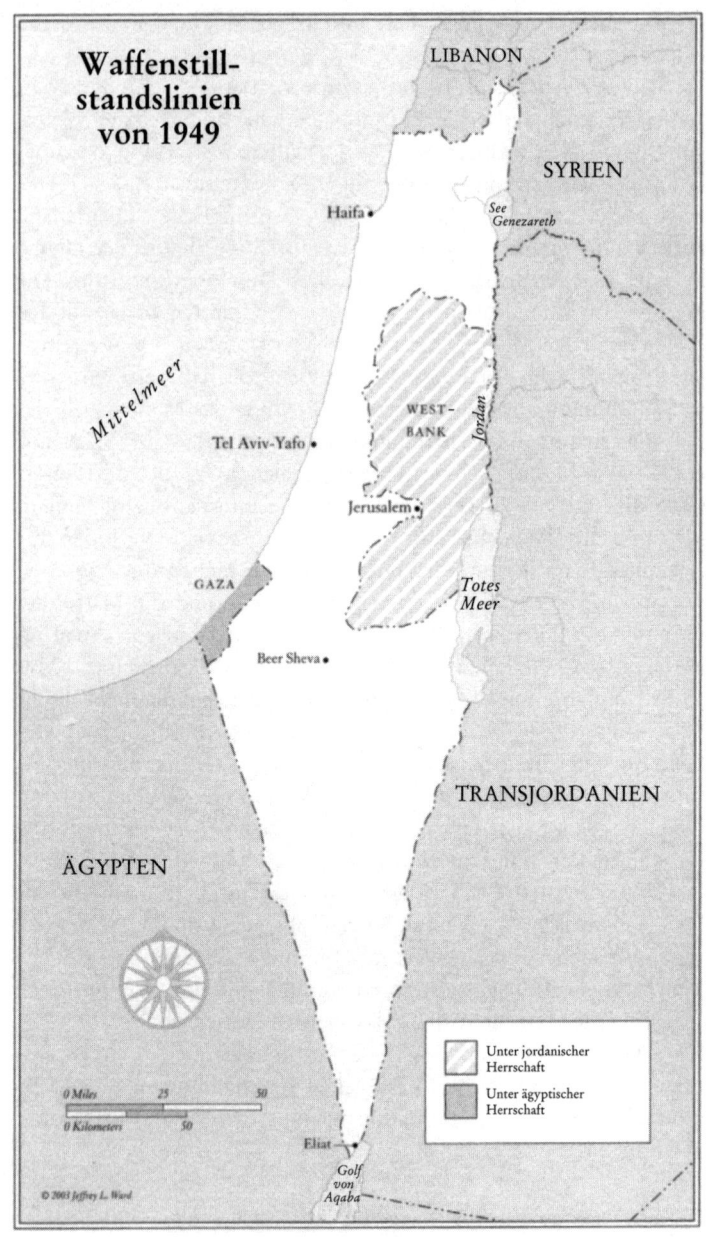

Waffenstill-
standslinien
von 1949

LIBANON

SYRIEN

Haifa

See
Genezareth

Mittelmeer

WEST-
BANK

Jordan

Tel Aviv-Yafo

Jerusalem

GAZA

Totes
Meer

Beer Sheva

TRANSJORDANIEN

ÄGYPTEN

0 Miles   25   50
0 Kilometers   50

Eliat

Golf
von
Aqaba

© 2003 Jeffrey L. Ward

Unter jordanischer
Herrschaft

Unter ägyptischer
Herrschaft

VIERTES KAPITEL

1949–1967: Die Entscheidung, der Bedrohung standzuhalten

Es wird oft behauptet, im arabisch-jüdischen Konflikt hätten beide Parteien viele Gelegenheiten verstreichen lassen, Frieden zu schließen. Westliche Kommentatoren geben sich – auf Kosten Israels – gern den Anschein der Objektivität, indem sie behaupten, »beide Seiten tragen die Schuld«. Damit wird einmal mehr das Verhalten der Araber mit dem der Juden moralisch auf eine Stufe gestellt. Diese Sichtweise wird aber von den Tatsachen widerlegt.

Nehmen wir zugunsten dieses Arguments einmal an, dass die Lösung des Konflikts nur durch die Errichtung eines unabhängigen Palästina innerhalb der so genannten Grenzen von 1967 erreicht werden kann – also der Grenzen, die vor dem Sechs-Tage-Krieg galten, was auch die Teilung Jerusalems einschließt, dessen historisches Zentrum unter arabischer Souveränität stand. Da diese Grenzlinien nach dem siegreichen Unabhängigkeitskrieg Israels in den Waffenstillstandsvereinbarungen von 1949 festgelegt wurden, muss man sich fragen, warum die Möglichkeit eines unabhängigen Palästina nicht in die Vereinbarungen aufgenommen wurde. Bestimmt nicht auf Grund israelischer Einwände. Es gibt nicht nur keinen Beweis dafür, dass Israel gegen die Gründung eines palästinensischen Staates auf der Westbank votiert hätte. Es hätte auch überhaupt nichts dagegen unternehmen können, da ein solcher palästinensischer Staat außerhalb seiner Grenzen gewesen wäre.

Obwohl die arabischen Aggressoren 1948 vorgeblich in den Krieg gezogen waren, um Palästina – und damit auch die Palästinenser – vor dem Zionismus zu retten, schienen sie doch niemals daran gedacht zu haben, den Palästinensern zu einem eigenen Staat (und zwar innerhalb der Gebiete Palästinas, die nicht von Israel kontrolliert wurden) zu verhelfen. Auch die internationale Gemeinschaft forderte das nicht, trotz der Entscheidung der Vereinten Nationen vom November 1947. Während der Waffenstillstandsverhandlungen von 1949 wurde Israel gedrängt, zumindest teilweise auf die

Teilungslinien von 1947 zurückzukommen und viele der Flüchtlinge zu repatriieren. Beabsichtigt war aber eine Übereinkunft zwischen Israel, Jordanien und Ägypten. Eine Unabhängigkeit Palästinas wurde gar nicht ernsthaft thematisiert. Jedenfalls wurde kein Friedensabkommen unterzeichnet und die arabischen Staaten befanden sich weiterhin de jure im Kriegszustand mit Israel.

Es schien, als ob alle Beteiligten – Amerikaner, Europäer, Araber und Israelis – darin übereinstimmten, dass das Problem nicht darin bestand, dass zwei Nationen dasselbe Land beanspruchten, sondern darin, dass die arabischen Staaten sich grundsätzlich weigerten, einen jüdischen Staat in ihrer Mitte anzuerkennen. Die Palästinenser waren für die Araber ein Instrument gewesen, mit dessen Hilfe man Israel bedrohen konnte. Da sie aber in diesem Augenblick ihren Wert verloren hatten, konnte man sie außen vor lassen bis zu dem Tag, an dem sie wieder gebraucht würden.

Und wie reagierten die Palästinenser darauf? In späteren Jahrzehnten sollten sie sich als zähe Kämpfer erweisen, die nie zögerten, äußerste Brutalität für ihr »unveräußerliches nationales Recht« anzuwenden. Dies geschah jedoch nicht 1949, und auch nicht, solange die Besatzungstruppen die befreundeten Araber waren. Wenn es zu dieser Zeit schon eine palästinensische Befreiungsbewegung gegeben hat, so war sie schwach und ohne Einfluss – selbst in den Augen der meisten Palästinenser – und für die anderen arabischen Staaten bedeutungslos.

Manche glauben also, der Nahost-Konflikt sei einfach deshalb nicht zu lösen, weil speziell Juden und Palästinenser unfähig seien, sich friedlich über eine Aufteilung des Landes zu einigen. Aber warum gab es dann zu Beginn der 1950er Jahre keinen Frieden zwischen Israel und den anderen benachbarten arabischen Staaten? Hat es niemand versucht?

Die Araber boten den Israelis durchaus in unregelmäßigen Abständen Verhandlungen an (diese Angebote waren häufig geheim), waren sich aber auch einig darüber, dass Israel für die Anerkennung zahlen musste. Israel sollte den Syrern die Hälfte des Sees Genezareth überlassen, den Jordaniern einen Landzugang zum Mittelmeer oder es sollte den gesamten Negev (60 Prozent des israelischen Territoriums) an Ägypten abtreten. Angeblich konnten die arabischen Führer, wie sie sagten, überhaupt nur dann Friedensangebote machen, wenn sie gleichzeitig auch konkrete Vorteile für ihre Seite forderten, weil die arabische Bevölkerung im Prinzip jede Form von Anerkennung des »Zionistischen Gebildes«, wie sie Israel nannten, ablehnte. In Wirklichkeit waren die arabischen Regierungen ihrerseits kaum in der Lage, ihre Versprechen zu halten. Der syrische Führer, Husni Zaim, hielt sich nur sechs Monate an der Macht, bevor er 1950 abgesetzt und exekutiert wurde. Jordaniens König Abdullah wurde im Juli 1951 von einem Palästinenser vor der Al-Aksa-Moschee erschossen. Der ägyptische König Farouk wurde 1952 gestürzt und der irakische König Faisal, der Israel überhaupt keine Verhandlungsangebote gemacht hatte, wurde 1958 in Bagdad gelyncht. Auf Abkommen mit solchen Führern konnte man also langfristig nicht setzen.

Als die arabischen Angebote ganz ausblieben, griffen ausgerechnet die Amerikaner den Gedanken auf, Israel solle für die Durchsetzung westlicher Interessen Land abtreten. 1954 versuchten Amerikaner und Briten, den Nahen Osten vom sowjetischen Einfluss abzuschirmen und arbeiteten den so genannten Plan Alpha aus. Nach diesem Plan sollte Israel, als Gegenleistung für ein Friedensabkommen mit den Arabern, Territorien abtreten. Wäre auf diese Weise der arabisch-jüdische Konflikt entschärft, würden ihn die Sowjets auch nicht mehr für ihre Zwecke nutzen können. 1956 wurde eine zweite Version dieses Plans namens Gamma entworfen. Die Israelis verschwendeten aber niemals einen Gedanken daran, sich an der Ausarbeitung solcher Pläne zu beteiligen.

Unterdessen weigerten sich die Araber weiterhin einhellig, die Existenz des »Zionistischen Gebildes« zu akzeptieren. Sie versuchten, gegen alle, die Geschäftsbeziehungen zu Israel unterhielten, einen Boykott zu initiieren, um es ökonomisch zu ersticken. Arabische Delegierte weigerten sich, an internationalen Veranstaltungen teilzunehmen, bei denen auch Israelis anwesend waren. Die ägyptische Armee blockierte die Straße von Tiran, wodurch Israels südlicher Hafen Eilat und seine Seeverbindungen von den asiatischen Märkten abgeschnitten waren. Ganz offensichtlich würde es noch lange dauern, bis die arabische Welt sich mit der Existenz Israels abfinden sollte, aber eine solche Anerkennung war die notwendige Vorbedingung für den Frieden.

Wie nicht anders zu erwarten, sind Israels Neue Historiker anderer

Meinung. Ihrer Auffassung nach war der Widerstand der arabischen Führung gegen die israelische Staatsgründung nicht wirklich ernst gemeint und wäre nur Israel – und insbesondere der starrköpfige Ben-Gurion – weniger stur gewesen, so hätte der gesamte Konflikt einen anderen Verlauf genommen und viele Kriege hätten vermieden werden können. Der Rückzug von den Grenzen von 1949 wäre demnach ein akzeptabler Preis für den Frieden gewesen. Bekanntester Vertreter dieser These ist der in Israel geborene und in London lebende Autor Avi Shlaim – Ausführungen dazu enthält zum Beispiel sein Buch *The Iron Wall: Israel and the Arab World*.

Um überzeugend zu sein, müsste sich ein solcher Standpunkt auf eine umfangreiche Dokumentation von arabischer Seite stützen, die ihre Friedensbemühungen belegte, welche von den Israelis immer zurückgewiesen worden sein sollen. Das ist natürlich nicht der Fall. Statt dessen beruht diese Behauptung größtenteils auf einer strittigen Interpretation israelischer Quellen und der Verurteilung israelischen Handelns. Auch in moralischer Hinsicht ist diese These abzulehnen, da sie davon ausgeht, dass die Israelis, Opfer der arabischen Aggression von 1948, für ihren Sieg hätten bezahlen sollen, indem sie die Aggressoren durch Abgabe von Territorien belohnten, auf die diese gar keinen rechtmäßigen Anspruch hatten.

Vor allem aber zeigt die These der Neuen Historiker, dass sie die historische Situation völlig missverstehen. Sie greifen sich eine Position, die für die 1990er Jahre angemessen ist, heraus, wenden sie einfach auf die ganz andere Situation in den 1950ern an und dozieren dann über Israels verpasste Gelegenheiten.

In den 1990ern war Israel eine regionale militärische und ökonomische Supermacht, die seit Generationen Krieg führte. Die Forderung, auf dem Weg zum Frieden »jeden Stein einzeln umzudrehen«, hätte zu diesem Zeitpunkt vielleicht Sinn gehabt. 1949 war aber »Frieden« an sich nicht das Ziel. Es ging für die Juden vielmehr um die pure Existenz.

In den späten 1940er Jahren standen die Juden seit der Zerstörung Jerusalems vor fast 1900 Jahren am schlimmsten Punkt ihrer Geschichte. Und nicht nur die Juden Europas, sondern auch die der arabischen Welt. Durch eine Laune der Geschichte hatten sie nun die einzigartige Möglichkeit zu einer nationalen Erneuerung erhalten, aber es gab wenig Grund zu der Annahme, dass sie diese Gelegenheit nutzen konnten – eher waren Zweifel angebracht.

Die Israelis hatten eine gemeinsame Sprache, aber die meisten von ihnen beherrschten sie nicht. Sie besaßen ein gemeinsames Erbe, aber wenig, was sie für den Aufbau einer souveränen demokratischen Industrienation nutzen konnten. Ihnen fehlte nicht nur die Tradition einer bürgerlichen Gesellschaft, viele von ihnen waren nur noch am Leben, weil sie wussten, wie man unter unmenschlichen Bedingungen überlebt. Die meisten waren mittellos. Nur wenige waren gebildet oder besaßen eine Ausbildung in Bereichen, die für Aufbau und Führung eines modernen Staates notwendig waren; viele waren Analphabeten, selbst in ihrer Muttersprache. Es gab lediglich eine rudimentäre nationale Infrastruktur. Hunderttausende lebten in Hütten oder Zelten. Es gab nicht genügend Nahrung, kein Geld, mit dem Nahrungsmittel hätten importiert werden können, und auch keine Exportindustrie, mit der man sie hätte bezahlen können. Es gab auch keine nennenswerten Märkte. Die »Alteingesessenen«, die seit zehn oder zwanzig Jahren im Land lebten, hatten gerade einen bitteren Krieg gewonnen, der in den Städten wie auf dem Lande mit großen Verlusten geführt worden war – und sie gehörten noch zu den Glücklichen.

Die Generalversammlung der Vereinten Nationen hatte gerade ihre letzte pro-israelische Entscheidung getroffen. Die europäischen Staaten litten selbst noch unter den Folgen des Krieges und konnten Israel daher keine Unterstützung geben. Die Vereinigten Staaten waren in einer laschen, kalten und distanzierten Art pro-israelisch. Der Kalte Krieg tobte und die Sowjetunion hatte nach einer kurzen Annäherung Israel als nutzlos für die eigene Politik abgeschrieben, während sie gleichzeitig engere Verbindungen zu den Arabern suchte.

Angesichts dieser Tatsachen kann man Ben-Gurion und seinen Kollegen vielleicht doch verzeihen, dass sie andere Prioritäten als den Friedensschluss mit den Arabern hatten. Frieden wäre schön gewesen, aber die eigentliche Aufgabe der zionistischen Bewegung war nicht, um jeden Preis Frieden zu schaffen, sondern die Existenz einer jüdischen Nation sicherzustellen. Und das war schließlich kein unmoralisches Anliegen.

Eines der vorrangigsten und dringlichsten Probleme war die Ansiedlung der Einwanderer. Hunderte von landwirtschaftlichen Siedlungen wurden errichtet, meist in Gebieten, in denen bisher kaum Juden gelebt hatten. Manchmal, aber eher selten, besiedelte man auch Dörfer, die die Palästinenser verlassen hatten. Im Hula-Tal, nördlich des Sees Genezareth, wurde ein ehrgeiziges Unternehmen zur Trockenlegung und Besiedlung der letzten Sumpfregion in Angriff genommen. Wenige Jahre später wurde ein großes Wasserprojekt mit dem Namen »National Water Carrier« realisiert, mit dessen Hilfe Wasser vom feuchten Norden in den trockenen Süden geleitet werden konnte, um so die landwirtschaftlich nutzbare Fläche des Landes bis in die Negev-Wüste ausdehnen zu können. Viele neue Siedlungen wurden in der Nähe der Grenzen errichtet, um Israels Kontrolle abzusichern und heimliche Manipulationen an den Grenzverläufen zu verhindern. Man hoffte, dass die Siedler die dringend benötigten Lebensmittel produzieren, die Ökonomie anheizen, Arbeitsplätze schaffen und neue Einwanderer für das zionistische Projekt gewinnen würden.

Für die Pioniere der frühen Jahre war Besiedlung immer ein besonders wichtiges Instrument der Revolution gewesen, und auch jetzt schien es keinen Grund zu geben, an dieser Strategie etwas zu ändern. In ihrer Jugend waren die Siedlungsmaßnahmen der Ausgangspunkt für den Zionismus gewesen; jetzt schienen sie nützlich, um überhaupt erst Zionisten heranzubilden. Denn die Hunderttausende von Juden, die in den jungen Staat Israel strömten, waren für die alten Pioniere noch keine Zionisten. Das waren einsame Flüchtlinge aus Europa oder große, rückständige Familien aus der muslimischen Welt. Sie besaßen keinen Pioniergeist und wären sie nicht dazu gezwungen gewesen, hätte es die meisten von ihnen nicht nach Israel gezogen. Gab es eine bessere Methode, diese Menschen zu erziehen, als sie auf einem Lastwagen, mit ein paar Hühnern und einer Kuh, zu einem entfernten Hügel zu bringen und sie dort mit der Ankündigung abzusetzen, Ende der Woche werde man mit dem Lastwagen wiederkommen, um Eier und Milch abzuholen? Und die zionistischen Pioniere sagten sich: Das ist immerhin noch besser als das, was *wir* durchmachen mussten, mit der Malaria und all dem Übel.

Die Pioniere mögen also den Neuankömmlingen gegenüber kein wohlwollendes Verhalten an den Tag gelegt haben, aber wie bereits beschrieben, waren diese älteren Revolutionäre eben nie besonders nette Leute. Sie waren arrogant und grausam, hatten sich aber andererseits nie vor Verantwortung gescheut. Ihr ganzes Leben lang hatten sie die schwersten Belastungen auf sich genommen. Und diese bewundernswerten Menschen waren im Recht. Niemals war ein Volk auf solche Persönlichkeiten so angewiesen wie das der Juden in den 1950er Jahren.

Im Mai 1945 hatte Deutschland bedingungslos kapituliert. Der deutsche Staat existierte nicht mehr, junge Besatzungsoffiziere wurden als Bürgermeister eingestellt, alliierte Militärpolizei war für die Aufrechterhaltung von Recht und Gesetz verantwortlich und der Markt stützte sich auf die Zigarettenwährung. Die schlimmsten Mörder der Geschichte lagen besiegt am Boden und erwarteten ihr Schicksal.

Währenddessen zogen Hunderttausende ihrer Opfer durch deutsche Städte: jüdische Überlebende aus den Ghettos, Lagern und Wäldern. Wenn jemals ein Volk das Recht hatte, für ein Verbrechen fürchterliche Rache zu nehmen, so waren es die Juden. Während sie 1941 hungernd in einem Ghetto gefangen war, schrieb ein junges jüdisches Mädchen in ihr Tagebuch, sie wisse, »dass es auch gute Deutsche gibt. Sie sollten zuletzt getötet werden.« Nun wäre die Gelegenheit zur Rache da gewesen, ohne dass man dafür Strafe hätte fürchten müssen.

Da und dort erkannten Juden einige der Mörder und töteten sie. Sollte es aber irgendwelche Fälle gegeben haben, in denen auch deren Familienmitglieder getötet worden wären, so erinnern sich beide Seiten nicht mehr daran. Eine kleine Gruppe jüdischer Kämpfer aus Palästina machte einige Dutzend Naziverbrecher ausfindig und exekutierte sie. Eine andere, noch kleinere Gruppe, traf geheime Vorbereitungen zur Vergiftung von Brunnen (womit sie eine alte antisemitische Verleumdung in die Tat umgesetzt hätten). Sie redeten und redeten, aber das Wasser wurde nie vergiftet.

Die erstaunliche Tatsache, dass die Juden sich nicht für die Shoah gerächt haben, fällt anscheinend niemandem auf. Ich hatte Gelegenheit, viele Deutsche meiner eigenen Generation nach einer Erklärung dafür zu fragen. Ihnen ist niemals der Gedanke gekommen, dass es für die Überlebenden der Todeslager doch nur natürlich gewesen wäre, Rache an ihren Peinigern zu üben. Aber sie haben keinen Gedanken daran verschwendet, weshalb dies nicht geschah.

Das Buch, das dies erklärt, muss erst noch geschrieben werden. Fest steht aber: Für Juden hat Rache in der Regel keinen Wert, nicht, als sie noch eine verfolgte Minderheit waren (die Apologeten des palästinensischen Terrors stellen diesen als »Racheakt« und damit als natürliche Reaktion auf Unterdrückung dar). Auch als sie schließlich Macht erlangt hatten, verzichteten sie weiterhin auf eine Politik der Vergeltung. Diese Tatsache werden natürlich Konsumenten westlicher Nachrichtensendungen nicht so leicht verdauen, denen tagein, tagaus eine Kost aus Berichten über den »Kreislauf« von israelischer Unterdrückung, palästinensischem Zorn und israelischer Rache serviert wird. Es gibt sicherlich auch Juden, die sich schon einmal gerächt haben, aber das sind eher Ausnahmefälle. Und was dabei das Entscheidende ist: In ihrem persönlichen Umfeld wird solches Verhalten entschieden missbilligt als »etwas, das wir nicht tun«. (In den westlichen Medien wird allerdings das genaue Gegenteil vermittelt – die ständige Rede vom »Kreislauf der Gewalt« zwischen Juden und Palästinensern ist auch eine Methode, sich von eigener Verantwortung loszusagen.)

In Stammesgesellschaften, in denen das Recht auf Rache die Grundlage der Gesellschaftsordnung bildet, lautet das Gesetz: Auge um Auge. Das mag für arabische Gesellschaften gelten, in denen der moderne Staat und die Zivilgesellschaft das frühere System der Stammesjustiz und die Klanbeziehungen noch nicht vollständig ersetzt haben. Die Juden hingegen haben sich schon vor mehr als zweitausend Jahren von diesem Rechtssystem befreit und es durch ein komplexes Rechtssprechungsverfahren ersetzt. Der »Kreislauf der Gewalt« ist ein kolonialer Mythos, der verschleiert, was westliche Beobachter nicht erkennen wollen – dass nämlich die Israelis in diesem Konflikt keine Rache, sondern Vergeltung üben und dass es ihnen lediglich darum geht, die Palästinenser daran zu hindern, immer neue Gewalttaten zu verüben.

Der Unterschied zwischen Rache und Vergeltung ist von großer ethischer und praktischer Bedeutung. Rache ist durch Hass motiviert. Als Antwort auf erlittenes Unrecht will der Rächer dem Verursacher Leid zufügen, das dem eigenen gleichkommt oder es noch übertrifft; nur dann (und der Aspekt der Strafe spielt hier eine wichtige Rolle) ist emotionale Befriedigung, auf die es dem Rächer ankommt, erreicht. Rache kennt kaum moralische Grenzen. *Webs-*

ter's Dictionary definiert Rache als »die Aktion, Böses mit Bösem zu beantworten«. Rache kann also tatsächlich einen endlosen Kreislauf der Gewalt in Gang setzen: Jede Seite antwortet auf das Böse der anderen. Vergeltung dagegen ist »die Aktion oder Praxis internationalen Rechts, auf Gewalt, außer Krieg, zurückzugreifen, um Leiden abzuwehren«. Und Abschreckung ist »das Aufhalten und die Entmutigung von Verbrechen durch Furcht«. Sich dem Bösen zu verpflichten, das Böse zu bekämpfen und das Böse abzuschrecken mit Hilfe internationalen Rechts: Welch ein Unterschied!

Vergeltung und Abschreckung sind also Instrumente eines gerechtfertigten Krieges, während Rache ein Werkzeug verbrecherischer Kriegsführung ist. Bei Vergeltung und Abschreckung ist der Tod von Zivilisten und Nicht-Kombattanten nicht geplant oder beabsichtigt. Es muss einen direkten Zusammenhang zwischen militärischem Ziel und politischer Absicht geben und erfolgreiche Vergeltung oder Abschreckung können durchaus das Ende eines Konflikts herbeiführen.

Der Rache hingegen sind keine Grenzen gesetzt. Hören wir Winston Churchill und den jubelnden Londonern von 1941 zu: »Würde die Londoner Bevölkerung heute Nacht aufgefordert darüber abzustimmen, ob ein Abkommen zur Beendigung der Bombardierung aller deutschen Städte unterzeichnet werden sollte, so würde die überwältigende Mehrheit rufen: ›Nein, wir werden es den Deutschen heimzahlen, mehr als heimzahlen‹.«

Dagegen sind Vergeltung und Abschreckung schwache Maßnahmen. Sie werden nicht von dem unbegrenzten Drang zum Bösen genährt, der in jemandem, der auf Rache sinnt, so mächtig ist, dass er sogar bereit ist, selbst länger zu leiden, wenn nur der Feind dabei noch größeren Schaden nimmt.

Die meisten Journalisten und Experten wissen wenig über den Nahen Osten in den 1950er Jahren. Und diejenigen, die Bescheid wissen, ziehen es vor, sich nicht eingehender mit einer Zeit zu beschäftigen, in der der israelische Staat bereits auf die Grenzen beschränkt war, die jetzt wieder von allen Seiten gefordert werden, und in der das palästinensische Schicksal nicht von Israel abhängig war. Solches Desinteresse ist wirklich bedauerlich, denn über diesen Zeitraum gibt es viele interessante Dinge zu berichten.

Vor allem waren in dieser Zeit arabischer Hass und Gewalt gegen die Zionisten allgegenwärtig. Immer wieder wurden jüdische Zivilisten ermordet. Es begann damit, dass die palästinensischen Flüchtlinge nach 1949 in ihre Häuser zurückkehrten und dort jüdische Flüchtlinge vorfanden. Darüber konnten sie wütend sein, aber die Besetzung rechtfertigte keinen Mord. Die Unterstützer der Palästinenser bezeichnen diese Morde häufig als unpolitisch. Das mag sogar zutreffen, insofern sie nicht von einer politischen Organisation in Auftrag gegeben worden waren. Wer allerdings solche Morde als unpolitisch bezeichnet, trennt diese Vorkommnisse von denen der vorangegangenen dreißig Jahre, so als ob der ganze Konflikt erst begonnen hätte, als die Palästinenser 1948 gezwungen wurden, ihre alte Heimat zu verlassen. Unterschlagen wird dabei auch, dass die toten Zivilisten größtenteils Juden und keine Araber waren.

Das Flüchtlingsleben der Palästinenser ging weiter und es war unwahrscheinlich, dass sie im Falle der Rückkehr lediglich ihre Häuser zurückhaben wollten. Statt nachzulassen verstärkte sich die Rückkehrbewegung noch und auch die Gewalttaten nahmen zu. 1949 gab es elf zivile Todesopfer, 1950 waren es 19, 1951 bereits 48, und 1956 wurden 270 israelische Zivilisten ermordet, 447 verwundet und außerdem 258 Soldaten getötet. Die Rückkehrer, heute bekannt unter dem Namen *fida'iyin* (Märtyrer), waren zwar ursprünglich vertriebene palästinensische Bauern, 1954–1955 handelte es sich bei ihnen jedoch zum größten Teil um Partisanentruppen, die von den Ägyptern und Jordaniern ausgebildet und bewaffnet wurden, um Terror in den Grenzgebieten Israels zu verbreiten.

Angesichts der Herausforderung, die jüdische Bevölkerung vor Mordanschlägen schützen zu müssen, suchten die Israelis nach einer angemessenen Lösung. Rache – also beispielsweise wahllos auf arabische Zivilisten zu schießen – wäre zu einfach gewesen. So etwas haben die Israelis noch nie getan, nicht einmal 1952/53, als schlecht ausgebildete israelische Einheiten sich als unfähig erwiesen, palästinensische Gewaltakte abzuwehren. Bis Ende 1956 wurden verschiedene Gegenmaßnahmen getestet. Einige waren erfolgreich – beispielsweise setzte eine verstärkte Offensive israelischer Soldaten gegen arabische Heckenschützen im Dezember 1952 arabischen Anschlägen vorerst ein Ende. Insgesamt fand Israel jedoch keine wirksame Antwort auf den Terrorismus der 1950er Jahre, bis der Krieg von 1956 das Kräftegleichgewicht veränderte und dadurch ein Jahrzehnt relativer Ruhe erkauft wurde. Man lernte dazu, insbesondere aus Fehlschlägen. Viele der grundlegenden Prinzipien israelischer Kriegsführung entwickelten sich in dieser Zeit, Anfang der 1950er Jahre.

Im Sommer 1953 wurde ein junger Reserveoffizier von seinem Studium an der Hebräischen Universität in die Armee zurückbeordert. Hauptmann Ariel Sharon wurde das Kommando der neuen »Einheit 101« übertragen, deren Aufgabe es war, die jordanischen und ägyptischen Regierungen dazu zu bringen, die unter ihrer Kontrolle stehenden irregulären Streitkräfte zurückzuhalten. Diese rein militärische Entscheidung ist Kennzeichen der weiteren Politik Sharons: Sollten Israels Gegner ihr Ziel gewaltsam durchsetzen wollen, so werden sie auf eine unnachgiebe militärische Macht stoßen. Viele Israelis hatten manchmal Zweifel an dieser Strategie, auch im Westen betrachteten viele sie mit Befremden, und die Araber wussten schon lange, dass sie eine solche Politik sehr gut nutzen konnten, um sich gegenüber der westlichen Welt zu entlasten. Sharon selbst verkörperte geradezu die israelische Kampfbereitschaft mit der Folge, dass seine tatsächliche Politik kaum wahrgenommen wurde, weil sie wegen der Emotionen, die Sharon bei den unterschiedlichen Beobachtern hervorrief – Stolz, Misstrauen, Furcht oder Ablehnung –, aus dem Blick geriet.

In der Nacht des 14. Oktober 1953 endete ein Angriff auf die Stadt Kibiya, angeblich ein Stützpunkt arabischer Angreifer, mit dem Tod von neunundsechzig Zivilisten: Männer, Frauen, Kinder – einige von ihnen wurden kaltblütig erschossen, andere hatten sich in Gebäuden versteckt, die zerstört wurden, nachdem die Angreifer sie nicht hatten räumen können. Das war eindeutig ein Verbrechen. Der Feldzug zum Schutz israelischer Bürger war natürlich gerechtfertigt, aber nicht um den Preis des Lebens unschuldiger arabischer Bauern und Dorfbewohner.

Die erste offizielle israelische Erklärung war feige. Ben-Gurion behauptete, unkontrollierte Milizen hätten die Tat begangen – das sagte ein Mann, der seine Soldaten mit der gewaltsamen Auflösung der IZL beauftragt hatte. Als die Proteste anhielten, löste er die Einheit 101 auf, allerdings wurden weder Sharon noch seine Gefolgsleute verurteilt oder bestraft. Die IDF zog aber aus diesem Vorfall die Konsequenzen und entschied, zukünftig keine zivilen Ziele mehr anzugreifen. 1953 war dieser Entschluss noch nicht so selbstverständlich, wie er heute scheinen mag: Lediglich acht Jahre zuvor hatten Amerikaner und Briten die deutsche und japanische Zivilbevölkerung bombardiert. Und denkt man an die Kriegsverbrechen der französischen Regierung in Algerien (die zu dieser Zeit freilich noch in der Zukunft lagen), so war im Gegensatz dazu die israelische Politik überraschend progressiv. Während der folgenden Jahrzehnte wurde der Beschluss, die Zivilbevölkerung zu schonen, von der israelischen Armee meistens befolgt.

Wichtig war vor allem auch, was durch diese Entscheidung im Bereich der militärischen Ausbildung und Erziehung erreicht wurde. In der IDF hatte man begriffen, dass der Schutz der Zivilbevölkerung in der Hitze des Gefechts für die Soldaten nicht immer eine selbstverständliche Priorität sein würde und dass sie deshalb entsprechend ausgebildet werden müssten. Zweiundzwanzig Jahre später, als ich Rekrut in einer Einheit junger Soldaten war, schärften uns unsere Ausbilder ein, dass die Vorkommnisse in Kibiya nicht vergessen werden dürften und dass sich ein solcher Vorfall nie wieder ereignen könne (weder sie noch wir waren damals schon auf der Welt gewesen). Fünfundzwanzig Jahre danach, als Ariel Sharon zum Premierminister gewählt wurde und zahllose Auslandskorrespondenten nach Kibiya reisten, um die Überlebenden zu interviewen, erwähnte keiner von ihnen diese Tatsache. Ihre Berichte machten die Ereignisse in Kibiya zu einem Verbrechen, das in Israel längst vergessen sei – das Gegenteil ist wahr. Die Erinnerung daran wird nicht von den Arabern, sondern von den Israelis selbst wachgehalten.

Keine arabische Armee verpflichtet ihre Rekruten, die jüdische Zivilbevölkerung aus dem Kampfgeschehen herauszuhalten oder hält gar die Erinnerung an anti-jüdische Massaker als Mahnung wach. Trotzdem gelten dem Großteil der westlichen Welt die Juden als verbrecherische Aggressoren und die Araber als deren Opfer.

Die israelische Bilanz ist nicht makellos; im Namen der israelischen Sicherheit wurden noch andere Verbrechen gegenüber den Arabern begangen. Israels zweiter Krieg, der Sinai-Feldzug, begann am 29. Oktober 1956. Am ersten Tag wurde aus Furcht davor, dass der

Krieg sich über die jordanische Front hinaus ausbreiten könnte, in den israelisch-arabischen Städten entlang der jordanischen Grenze eine strenge Ausgangssperre verhängt. Der Kommandant einer Einheit der Grenzpolizei, die in der Stadt Kfar Kassem stationiert war, setzte diesen Befehl brutal in die Tat um: Seine Truppen erschossen kaltblütig siebenundvierzig Bewohner – Arbeiter auf dem Heimweg, die nichts von der Ausgangssperre erfahren hatten. Das war Mord an unschuldigen Zivilisten, da gibt es keine Rechtfertigung.

Diesmal wurden die Mörder vor Gericht gestellt. Zwei der befehlshabenden Offiziere wurden immerhin zu einer hohen Gefängnisstrafe verurteilt, wenn sie auch später begnadigt wurden, was sich als großer Fehler herausstellte. Dieser Fall war von großer juristischer Bedeutung. Seitdem ist es die Pflicht israelischer Soldaten, sogenannte »kategorisch ungesetzliche Befehle« zu verweigern.

Kategorisch ungesetzliche Befehle sind die moderne Version des sechsten Gebots »Du sollst nicht morden«. Es ist Soldaten ausdrücklich verboten zu morden, selbst wenn es ihnen im Kampf befohlen wird; tun sie es dennoch, werden sie vor ein Kriegsgericht gestellt. Der Befehl, den sie erhielten, ist irrelevant für ihre Verteidigung, da in einem solchen Fall die moralisch-menschliche Pflicht an die Stelle der soldatischen tritt. Diese Regel kann nur selten angewandt werden: Ein lediglich »ungesetzlicher Befehl« ist zu befolgen; »kategorisch ungesetzliche Befehle« müssen verweigert werden. Über einer »kategorisch ungesetzlichen« Handlung weht eine schwarze Fahne.

Achtzehn- und zwanzigjährige Jugendliche werden in den Kampf geschickt und müssen einerseits den Befehlen ihrer Vorgesetzten bedingungslos gehorchen, sonst werden sie vor ein Kriegsgericht gestellt. Anders kann eine Armee nicht funktionieren. Sie dürfen andererseits aber nicht gehorchen, wenn sie die schwarze Fahne sehen, sonst werden sie ebenfalls vor ein Kriegsgericht gestellt, denn dann wäre die Gesellschaft, die sie mit ihrem Leben verteidigen, das Opfer nicht wert. Das ist die israelische Version des *jus in bello*. Sie ist kein philosophisches Konstrukt, sondern konkreter Bestandteil einer Kriegsausbildung. Ein solches Ereignis wie in Kfar Kassem wird sich niemals wiederholen.

Leider scheiterte die israelische Politik der gezielten Vergeltung. Dieses Scheitern führte zusammen mit anderen Entwicklungen zu Israels zweitem Krieg.

An der Schwelle zum einundzwanzigsten Jahrhundert ist Israel die mächtigste Militärmacht in der Region; es besitzt bedeutendes nukleares Potential und baut seine eigenen Militärsatelliten. Aber in den 1950er Jahren war Israel noch ein winziger, unbedeutender Staat ohne Verbündete. Zwei Beispiele mögen genügen: Bis 1954 gab es nur eine einzige wirklich funktionierende israelische Botschaft auf der ganzen Welt (in Washington), und auch 1956 waren es erst fünf (London, Paris, Moskau und Buenos Aires). 1964 fand die erste offizielle Begegnung zwischen einem israelischen und einem amerikanischen Staatsoberhaupt statt, als Levi Eshkol Lyndon B. Johnson traf.

Israel war umgeben von feindlichen Staaten, die vor kurzem erst versucht hatten, es zu zerstören und deren mörderische Angriffe zum Alltag der Israelis gehörten. Die israelische Regierung reagierte auf die ständige Bedrohung, indem sie offiziell fünf Kriegsgründe definierte: dauerhafte Störung des öffentlichen Lebens; Blockade der Straßen südlich von Eilat; signifikante Störung des Gleichgewichts der militärischen Macht in der Region; die Stationierung ausländischer (arabischer) Truppen in Jordanien; die Bildung einer militärischen Allianz zwischen Ägypten, Syrien und Jordanien.

1956 waren all diese Kriterien erfüllt. Die Gefechte an den Grenzen zu Gaza und der Westbank hatten sich zu einem dauerhaften Krieg entwickelt, mit einer steigenden Zahl von Todesopfern auf beiden Seiten. Der Meereszugang war blockiert, und auch der Luftkorridor über Israel wurde geschlossen, sodass keine Flugzeuge nach Afrika fliegen konnten. Die Sowjetunion verkaufte immer mehr Waffen an Ägypten. Die Jordanier sagten sich von den britischen Generälen los, die die Arabische Legion befehligt hatten, sodass diese jetzt eine rein arabische Armee war. Im Oktober zog Israel gegen Ägypten in den Krieg – überraschenderweise unterstützt von Frankreich und Großbritannien, die dafür wohl ihre eigenen Gründe hatten. Nach Einschätzung Israels bereiteten die Nachbarstaaten einen zweiten Angriff auf dessen Existenz vor, der rechtzeitig verhindert werden musste. In dem eine Woche dauernden Feldzug besetzte die israelische Armee nicht nur den Sinai, sondern eroberte auch den dicht besiedelten Gazastreifen und zerstörte die dortigen Stützpunkte der Fedayin. Dabei kam es nicht zu Kriegsverbrechen, nicht einmal in der arabischen Version der Ereignisse. Rasch griffen die Amerikaner ein und zwangen Franzosen, Briten und Israelis zur Beendigung des Krieges. Innerhalb weniger Monate waren keine israelischen Truppen mehr jenseits der ägyptischen Grenze stationiert. Dennoch war dieser Feldzug für die Israelis nicht erfolglos. Der Meereszugang nach Eilat war wieder offen, ein Großteil des ägyptischen Kriegsmaterials war zerstört oder erbeutet worden, eine *Emergency Force* der Vereinten Nationen (UNEF) wurde an der Grenze stationiert und – das war vielleicht das Wichtigste – es konnten keine Terroristen mehr nach Israel eingeschleust werden. Die Ägypter (und die Jordanier) waren vorerst erfolgreich abgeschreckt worden, und damit waren auch die palästinensischen Fedayin handlungsunfähig. Die folgenden sieben oder acht Jahre waren die friedlichsten, die Israel jemals erlebte, nahezu ohne Terror – ein Beweis dafür, dass unter bestimmten Bedingungen ein überwältigender militärischer Schlag den Terrorismus tatsächlich bezwingen kann, zumindest für eine gewisse Zeit.

Der Grundsatz der arabischen Politik in diesem Konflikt – prinzipielle Ablehnung des Zionismus und die Entschlossenheit, Israel gewaltsam zu zerstören – blieb aber weiter bestehen. Während der 1960er Jahre nutzten sowjetische Strategen des Kalten Krieges den arabisch-zionistischen Konflikt, um ihre militärische Präsenz und ihren Einfluss in der arabischen Welt zu verstärken. Die Sowjets unterstützten die zerstörerischen Absichten der Araber: Sie verkauften ihnen billige Waffen und halfen ihnen sowohl politisch als auch bei der militärischen Ausbildung.

Spätestens ab 1964 versuchten die Araber ganz offen, ihr Ziel zu erreichen. Bei einem Treffen der Arabischen Liga 1964 in Kairo beschlossen sie, die Flussläufe des Jordan umzuleiten, um dadurch Israels Wasserversorgung erheblich einzuschränken. Ferner erklärten sie, dass Israel zerstört werden müsse. Da sich die Palästinenser als wirksames politisches Instrument für die Araber erwiesen hatten, gründeten sie die Palästinensische Befreiungsorganisation (Notabene: Es waren nicht die Palästinenser!), um Israel angreifen zu können. Jahrelang spielte die palästinensische Unabhängigkeit keine Rolle in der arabischen Politik; jetzt plötzlich stand dieser Punkt ganz oben auf der Tagesordnung. Die Erfindung der PLO war das Vorspiel zum Krieg und nicht dessen Folge; das Ziel war die Zerstörung Israels und nicht die Wiedergutmachung des Unglücks der Palästinenser (eine Aufgabe, die die arabischen Staaten unabhängig vom Konflikt mit Israel hätten in Angriff nehmen können).

Mitte der 1960er Jahre eskalierte die Situation, es kam zu gewaltsamen Zusammenstößen vor allem an der syrischen Grenze. Die Israelis wollten die Syrer daran hindern, das Wasser des Jordan umzuleiten, und die Syrer beschossen im Gegenzug jüdische Siedlungen mit Granaten. Im Frühjahr 1967 spielten die Sowjets den Ägyptern falsche Geheimdienstberichte zu, in denen behauptet wurde, Israel würde Truppen an der Grenze zusammenziehen. Präsident Gamal Abdel Nasser brach daraufhin die Vereinbarungen von 1956 und schickte Truppen in den Sinai; so konnte er die Straße von Tiran südlich von Eilat blockieren. Nasser forderte die Vereinten Nationen auf, ihre Schutztruppe abzuziehen, und U Thant, der damalige Generalsekretär, kam dieser Forderung mit überraschender Bereitwilligkeit nach. Mitte Mai standen starke ägyptische Truppen an der israelischen Grenze, die Syrer rückten mit ihren Einheiten vor, Israel war vom Süden abgeschnitten und auch König Hussein von Jordanien stellte seine Truppen den Ägyptern zur Verfügung. Von Nasser bis zu den kleinsten arabischen Tageszeitungen war die Botschaft klar und eindeutig: Israel sollte zerstört und die Bevölkerung ins Meer getrieben werden. Israel mobilisierte seine gesamten Reserveeinheiten, was dazu führte, dass das Land wirtschaftlich praktisch lahmgelegt war. Zwischen den Wohnhäusern wurden als letzte Verteidigungslinie Schützengräben ausgehoben.

Drei Wochen lang verhandelten Diplomaten verzweifelt, aber sie konnten die Ägypter nicht dazu zu bringen, die Blockade der Straße von Tiran aufzuheben (eine Kriegshandlung, die eindeutig gegen internationales Recht verstieß). Die Amerikaner schlugen eine internationale Maßnahme vor, um den Krieg zu verhindern: Eine multilaterale Flotte ziviler Handelsschiffe sollte durch die Straße von Tiran segeln, das internationale Recht somit aufrechterhalten und den Ägyptern ein Vorwand geboten werden, sich zurückzuziehen. Aber kein anderes Land schloss sich dieser Initiative an und die Johnson-Administration, die tief im Sumpf des Vietnamkrieges steckte, wollte nicht im Alleingang handeln.

Zweiundzwanzig Jahre nach dem Holocaust diskutierte man in den westlichen Medien ernstlich darüber, ob die israelische Bevölkerung im Falle der Zerstörung ihres Landes evakuiert werden müsse. In solchen Erwägungen erschöpften sich menschliche Solidarität und Verantwortungsgefühl der internationalen Gemeinschaft. Keine Nation entschloss sich zu handeln, niemand drohte den Arabern.

Am Morgen des 6. Juni, Stunden bevor die Ägypter angreifen wollten, schlugen die Israelis dann zu – ein gerechtfertigter Präventivschlag. Innerhalb weniger Stunden war die ägyptische Luftwaffe zerstört; am nächsten Tag brach die ägyptische Armee zusammen. Die IDF nutzte den Vorteil, der ihr aus dem Chaos erwuchs: Sie eroberte die gesamte Sinai-Halbinsel, öffnete die Straße von Tiran und stieß bis an das Ostufer des Suez-Kanals vor. Das alles geschah innerhalb von fünf Tagen.

Die Jordanier hätten sich neutral verhalten können. Am Morgen des ersten Kriegstages warnte Israel offiziell König Hussein, sich mit den Ägyptern zu verbünden: Solange sich die jordanische Armee nicht rühre, würden die Israelis sie auch nicht angreifen. Als die jordanische Artillerie Wohngebiete in West-Jerusalem und andere israelische Städte beschoss, rückte die IDF aber noch nicht vor. Am selben Nachmittag eroberten Einheiten der Arabischen Legion, wie die jordanische Armee genannt wurde, das Hauptquartier der Vereinten Nationen im Nahen Osten, das sich hoch oben auf einem Hügel befindet, von dem aus man die Stadt Davids überblicken kann. Die Eroberung des UN-Hauptquartiers war zwar keine besondere militärische Leistung, aber die Israelis hatten in dieser Richtung nie ihre Verteidigungslinie verstärkt: Der Weg nach West-Jerusalem stand nun offen. Das war eine inakzeptable Bedrohung und darauf musste die israelische Armee reagieren. Innerhalb von drei Tagen wurde die Arabische Legion geschlagen und die restlichen Einheiten flohen ans Ostufer des Jordan.

Die Syrer, die schon vor Kriegsbeginn dazu beigetragen hatten, die Spannungen im Nahen Osten zu verschärfen, zogen es vor, statt mit Bodentruppen anzugreifen, sich an den Seitenlinien des Kriegsschauplatzes aufzuhalten, um von dort aus israelische Siedlungen mit Granaten zu beschießen. Vermutlich wollten sie, bevor sie ihre Truppen in den Kampf schickten, herausfinden, welche Seite sich als die stärkere erweisen würde. Am fünften Tag, nachdem die Israelis Ägypten und Jordanien besiegt hatten, griffen sie die syrischen Stellungen auf den Golanhöhen an. Die syrische Verteidigung brach zusammen und am nächsten Tag hatten die israelischen Soldaten das Gebiet eingenommen. Allein der Libanon verhielt sich neutral und wurde von der israelischen Armee auch nicht angegriffen. Israel führte seinen Verteidigungskrieg nur gegen die Staaten, von denen es bedroht wurde.

Um es noch einmal zu betonen: Der Sechs-Tage-Krieg wurde Israel aufgezwungen, und zwar nicht wegen der Siedlungen oder militärischer Besatzung oder weil den Palästinensern ihre Rechte verweigert worden wären, sondern weil die Araber Israel das Existenzrecht verweigerten. Aber es kam anders, als sie es sich erhofft hatten: Fast eine Million arabischer Bürger stand nun unter israelischer Herrschaft. Beinahe zweihunderttausend Menschen, hauptsächlich von der Westbank, zogen es vor, das Land zu verlassen. Sie gingen freiwillig, sie wurden nicht vertrieben, und es gab auch keine Massaker wie in Deir Yassin, um sie zur Flucht zu zwingen. Die Israelis hatten ihre Lektionen von Kibiya und Kfar Kassem gelernt. Dieser Krieg war völlig gerechtfertigt.

Israel ist ein winziges Land, das jahrzehntelang von Feinden umgeben war, die versucht haben, es zu zerstören. Mit Ausnahme der sieben Jahre nach dem Sinai-Feldzug wurden seine Grenzen ständig angegriffen und seine Bürger waren immer in Gefahr. In den Jahren vor dem Sechs-Tage-Krieg musste es sogar um seine Wasserversorgung kämpfen. In den letzten Wochen vor dem Krieg plante die arabische Welt schon ganz offen die Zerstörung Israels, doch die internationale Gemeinschaft blieb gleichgültig. Man redete viel, aber ohne Ergebnisse. Die Überlebenden des Holocaust – die Hauptstütze der israelischen Gesellschaft – waren in ihren Vierzigern und Fünfzigern und ihre Kinder waren nun Soldaten. Drei furchtbare Wochen lang schwebte die Gefahr einer zweiten Vernichtung über ihnen und sie hatten das schreckliche Gefühl eines *déjà vu*.

Sieben Tage später war alles vorüber. Die Israelis waren von Erleichterung erfüllt; die ausgelassene Freude der Menschen war im Land Monate lang zu spüren. Krönendes Ereignis dabei war die Befreiung der Altstadt von Jerusalem. Am 10. Juni 1967 erfüllte

162

sich für die Juden in Israel ihr ältester und sehnlichster Wunsch. Es war der bedeutsamste Tag ihrer Geschichte und alle Juden, gläubige und nicht-gläubige, waren sich dessen bewusst. Trunken vor Freude über dieses großartige Ereignis sahen die Israelis die dunklen Wolken nicht, die sich um den glänzenden Silberstreif zusammenzogen.

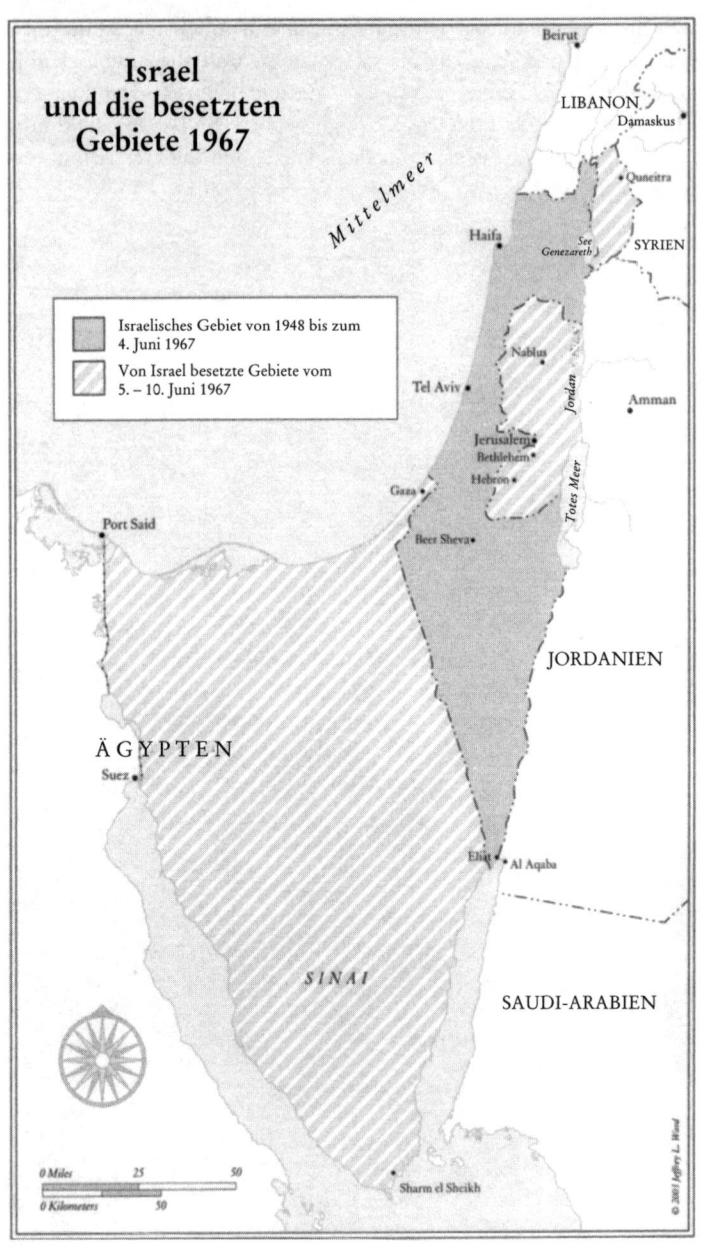

Israel
und die besetzten
Gebiete 1967

Israelisches Gebiet von 1948 bis zum
4. Juni 1967

Von Israel besetzte Gebiete vom
5. – 10. Juni 1967

Mittelmeer

Beirut

LIBANON

Damaskus

Quneitra

SYRIEN

Haifa

See
Genezareth

Nablus

Jordan

Amman

Tel Aviv

Jerusalem
Bethlehem

Totes Meer

Hebron

Gaza

Beer Sheva

JORDANIEN

Port Said

ÄGYPTEN

Suez

SINAI

Elat · Al Aqaba

SAUDI-ARABIEN

Sharm el Sheikh

0 Miles 25 50
0 Kilometers 50

© 2001 Jeffrey L. Ward

FÜNFTES KAPITEL

Politik der Widersprüche: Friedensschluss und Siedlungsbau 1967–1981

Viele Kritiker Israels, selbst diejenigen, die wirklich nicht zu seinen Feinden zählen, haben ein klares Urteil über die Ursache (und Lösung) des Konflikts. Nach ihrer Meinung hält Israel ganz Palästina besetzt. Die Palästinenser, die dadurch ihre Ansprüche auf einen eigenen Staat missachtet sehen, kämpfen gegen die illegale jüdische Besatzung. Die israelische Siedlungspolitik beweise, dass man nicht die Absicht habe, jemals den palästinensischen Forderungen nachzugeben. Mit der Zunahme der Siedlungen wachse die Verzweiflung der Palästinenser und auch ihre Gewalttätigkeit. Die Israelis reagierten darauf mit verstärkter militärischer Repression und riefen damit einen Zyklus der Gewalt hervor, der den letzten Rest von Vertrauen zwischen den kriegführenden Parteien zerstöre und einen Friedensschluss immer unwahrscheinlicher mache. Für sie ist Israel der mächtige Aggressor, der seine Politik ändern muss (oder durch die internationale Gemeinschaft dazu gezwungen werden muss). Sie halten die Palästinenser für die schwächere Partei, die bereit sei, bei einem gerechten Angebot Frieden mit Israel zu schließen. Die Lösung des Israel-Palästina-Konflikts, so heißt es, werde auch die in der gesamten arabischen Welt verbreitete antiwestliche Position schwächen und dadurch den schlimmsten Krisenherd der Welt entschärfen.

Für die meisten Israelis hat diese Interpretation des Konflikts, über die weltweit Konsens zu herrschen scheint, überhaupt nichts mit dem zu tun, was sie tagtäglich erleben. Wer diesen komplexen Konflikt auf ein solch simples Schwarz-Weiß-Schema reduziert, entscheidet sich bewusst dafür, nur diejenigen Elemente der Geschichte heranzuziehen, die den eigenen Vorurteilen entsprechen, während man das, was tatsächlich vor sich geht, ignoriert. Es besteht also eine tiefe Kluft zwischen der Wahrnehmung der israelischen Bevölkerung und der Sichtweise der Außenwelt.

Bis 1967 hätten die Zionisten einen Krieg mit den Arabern nur verhindern können, wenn sie Israel aufgegeben und das Land verlassen hätten. Der Sechs-Tage-Krieg konnte daran nichts ändern. Nur wenn die arabischen Staaten zu einer friedlichen Koexistenz mit Israel bereit gewesen wären, hätte ein Friedensabkommen zwischen Arabern und Israelis ausgearbeitet werden können. Diese klaren Positionen wurde erschüttert durch die Palästina-Frage, mit der die Araber ihre prinzipielle Judenfeindlichkeit bemänteln konnten.

Vor 1967 wäre die zionistische Bewegung nie in der Lage gewesen, einen souveränen palästinensischen Staat zu schaffen, zu fördern oder zu verhindern (obgleich die bloße Existenz Israels natürlich schon Auswirkungen auf Größe und Beschaffenheit eines von Palästinensern gegründeten Staates gehabt hätte). Aber es war dann Israel, das durch die Eroberung des Mandatsgebietes Palästina 1967 eher in einem Nebeneffekt die größten Hindernisse für die Palästinenser auf dem Weg zur Souveränität beseitigte. Israel hielt durch den Sieg über Jordanien und Ägypten plötzlich den Schlüssel – und damit, gemeinsam mit den Palästinensern, die Verantwortung – für die Gründung eines unabhängigen palästinensischen Staates in der Hand.

So lange die arabischen Länder Israels Existenz nicht akzeptieren, wird auch ein souveränes Palästina den Konflikt nicht lösen, es wird lediglich einen weiteren Staat zu Israels Feinden hinzufügen. Die Zustimmung zur Errichtung eines weiteren Feindstaats, von dem aus die meisten israelischen Städte mit Granatwerfern beschossen werden können, wäre ein erstaunlicher und einzigartiger Fall von politischem Altruismus, der fast schon an Selbstmord grenzt. Würden jedoch die Araber das Existenzrecht Israels anerkennen, dann dürfte auch Israel die Staatsgründung Palästinas nicht länger zu verhindern suchen. Sollten die Palästinenser entscheiden, an der Seite Israels in Frieden zu leben, muss selbstverständlich die palästinensische Souveränität hergestellt werden.

Wenn man von Feinden umgeben ist, die einen zerstören wollen, ist die Schwächung der eigenen Verteidigung selbstmörderisch und deshalb unmoralisch. Eine andere Nation zu unterjochen, die in Frieden leben will, ist ebenfalls unmoralisch und durch die unnötige Verlängerung des Konfliktes potentiell selbstmörderisch. Um die Sache noch mehr zu komplizieren: Die eigenen Aktionen können die Positionen der Nachbarn beeinflussen. Verhalte dich menschlich und sie legen vielleicht ihren Hass ab, verhalte dich bösartig und ihre Bereitschaft, dich zu akzeptieren, mag verkümmern und zerstört werden. Vorausgesetzt natürlich, dass dein Verhalten Einfluss auf das deiner Nachbarn hat. Aber was, wenn dem nicht so ist?

Das ist die teuflisch verzwickte Frage, der Israel seit dem Juni 1967 gegenübersteht. Der Preis, sich zu irren, liegt in unermesslichem Leid auf beiden Seiten. Die Führer der Vereinigten Staaten und der Sowjetunion hatten während des Kalten Krieges die Macht, Fehler zu begehen, die die ganze Welt zerstört hätten. Der Präsident der Vereinigten Staaten kann immer noch falsche Entscheidungen treffen, die Folgen für uns alle hätten. Aber es ist schwer vorstellbar, dass es noch jemanden gibt, der mit so weitreichenden Entscheidungen konfrontiert wird wie Israel. Der israelische Durchschnittswähler muss regelmäßig über Probleme abstimmen, die ihresgleichen suchen. Und die ganze Welt meint, sie habe das Recht, darüber zu urteilen.

In den Grenzen von 1949 war Israel ein winziger Fleck auf der Landkarte, ungefähr so groß wie Sachsen-Anhalt. Nach 1967 war es ungefähr fünf mal so groß, etwas größer als Österreich.

Den bei weitem größten Teil des gesamten eroberten Gebietes (ungefähr drei Viertel) nahm die Sinai-Halbinsel ein. Sie besteht aus Wüste und ist nur gering besiedelt. An der nördlichen Küste liegt eine kleine Stadt, El Arish, und einige Tausend Beduinen leben im Rest des Territoriums verteilt. Die Halbinsel Sinai besaß strategische Bedeutung, da sie an den Suez-Kanal angrenzte; außerdem gab es dort Öl – ungefähr ein Viertel des israelischen Jahresverbrauchs. Sie hatte teilweise zu Ägypten gehört, seit die Osmanen und Briten 1906 eine Grenze gezogen hatten, die sie von der Negev-Wüste abtrennte. Für die Israelis ist die Herrschaft über den südöstlichen Zipfel von Eilat bis nach Sharm el-Sheik so wichtig, weil dadurch die Straße von Tiran vor Blockaden sicher ist. Auf der Sinai-Halbinsel lebten keine Palästinenser.

Der Gazastreifen grenzt an die Sinai-Halbinsel; die Grenze verläuft durch die Stadt Rafah. Mit 340 Quadratkilometern ist er selbst für israelische Standards klein – ungefähr so groß wie Bremen oder Hongkong. Nach dem Teilungsplan von 1947 sollte er zum palästinensischen Staat gehören; er wurde aber im Mai 1948 von der ägyptischen Armee erobert. Flüchtlinge aus dem südlichen Palästina wurden an der ägyptischen Grenze zurückgehalten und auf dem vom Militär kontrollierten Gebiet zusammengedrängt. Nach dem Waffenstillstand mit Israel 1949 setzten die Ägypter dort eine Militärregierung ein. Niemand, der im Gazastreifen lebte, erhielt die ägyptische Staatsbürgerschaft. Nach Angaben des UNWRA gab es 1967 300.000 Flüchtlinge, da aber damals weniger als 400.000 Menschen im gesamten Gazastreifen lebten, war diese Zahl möglicherweise falsch. Die Israelis führten deshalb eine Volkszählung durch. Danach lebten Mitte der 1970er Jahre 420.000 Menschen im Gazastreifen: 53 Prozent (225.000) waren Flüchtlinge oder deren Nachkommen; von diesen lebten 158.000 in Flüchtlingslagern. 23.000 Menschen, die in den Lagern lebten, waren keine Flüchtlinge, sondern zugezogene Siedler. Wirtschaftlich war der Gazastreifen von Ägypten abhängig: Das ägyptische Militär war der wichtigste Arbeitgeber und die landwirtschaftlichen Produkte wurden nach Ägypten exportiert.

Die Golanhöhen, mit etwa 1000 Quadratkilometern dreimal größer als der Gazastreifen, wurden von Syrien erobert. Ihre strategische Bedeutung erklärt sich durch die Topographie: Die Syrer können von dort aus einen Großteil von Galiläa, die Israelis Damaskus überwachen. Am nördlichen Ende der Golanhöhen ragt der Berg Hermon heraus, von dort können große Teile Israels, des Libanon und Syriens beobachtet werden. 1967 flohen Tausende Bauern vor der anrückenden israelischen Armee. Da sie aber Syrer und keine Palästinenser waren, wurden sie nicht in die Flüchtlingslager geschickt und fielen auch nicht in die Zuständigkeit des UNRWA; sie wurden anderswo in Syrien angesiedelt.

Unterhalb des Berges Hermon liegen vier drusische Dörfer. Die Drusen sind ein Volk, das sich vom Islam abgespalten hat und die sich zu einer eigenen Religion mit einer eigenen ethnischen Identität entwickelt hat. Sie sprechen arabisch und leben im Libanon, in Israel und im südlichen Syrien. Drusische Bürger Israels dienen in der Armee und einige haben auch höhere Dienstgrade erreicht (zur Zeit gibt es einen drusischen Zwei-Sterne-General). Die Drusen auf den Golanhöhen blieben in ihren Dörfern, als die Israelis kamen. Als syrische Staatsbürger sind sie nicht in den israelisch-palästinensischen Konflikt involviert. Wie der Sinai gehörten die Golanhöhen nicht zum Mandatsgebiet Palästina und ihr Status muss zwischen Israel und Syrien entschieden werden.

Darüber hinaus besitzt der Golan noch eine Besonderheit, die Stadt Ragar. Sie liegt am Schnittpunkt zwischen dem Golan, Libanon und Israel: am Bergrücken des Hermon, geographisch von Syrien getrennt, politisch gehört sie aber zum Golan. Nach dem Sechs-Tage-Krieg traf sich eine Delegation der Bewohner von Ragar mit einer IDF-Einheit, weil die Bewohner wollten, dass ihre Stadt ebenfalls unter israelische Kontrolle fallen sollte. Die meisten Bewohner Ragars erhielten seitdem die israelische Staatsbürgerschaft und viele wählen die Likud-Partei. Als Israel sich 1999 auf die internationale Grenze zum Libanon zurückzog, gehörten die Häuser im nördlichen Teil der Stadt zum Libanon. Die Einwohner wehrten sich gegen die Teilung, deshalb leben heute einige hundert syrische Israelis im Libanon.

Die mit etwa 5.500 Quadratkilometern am dichtesten bevölkerte Westbank sollte nach dem UN-Beschluss eigentlich das Herzland des arabischen Palästina werden, wurde aber 1949 von Jordanien annektiert. Die Annexion wurde lediglich von Pakistan und Großbritannien anerkannt (was bedeutet, dass die jordanischen Siedlungen dort ebenso illegal waren wie die späteren der Israelis). Die Forderungen aus der Zeit zwischen 1967 und den späten 1980er Jahren, Israel solle das Gebiet an Jordanien zurückgeben, waren also rechtlich gesehen irrelevant.

Anders als in Gaza erhielten in der Westbank alle Bewohner die jordanische Staatsbürgerschaft und es gab keine Einschränkung der Bewegungsfreiheit. 1967 flohen zwischen 180.000 und 300.000 Palästinenser aus der Westbank, die Angaben schwanken je nach Informationsquelle. Die Israelis hielten die Brücken über den Jordan offen, sodass die Bevölkerung sich zwischen östlichem und westlichem Ufer frei bewegen konnte. Anfang der 1970er Jahre betrug die Bevölkerung um die 600.000. Nach Angaben des UNRWA waren davon 273.000 Flüchtlinge. Die Israelis zählten dagegen rund 100.000 Flüchtlinge, von denen 70.000 in Lagern lebten. Die Bevölkerung in den Lagern wurde jeweils genau gezählt; die unterschiedlichen Zahlenangaben von UNRWA und Israel verdeutlichen also, dass »Flüchtlinge« im Wesentlichen politisch definiert wurden.

Die Westbank, klein und ohne Zugang zum Meer, ist im jüdisch-arabischen Konflikt von besonderer strategischer Bedeutung, weil feindliche arabische Truppen von dort aus mit primitiven und hochmobilen Waffen wie Mörsern und Katjuscha-Raketen einen Großteil der israelischen Siedlungen angreifen können.

Um 1900 gab es im Nahen Osten nicht eine einzige der gegenwärtig existierenden Grenzen. Briten und Osmanen legten die Negev-Sinai-Grenze fest. Briten und Franzosen zogen 1922 die Grenzen zwischen dem Mandatsgebiet Palästina und den nördlichen Nachbarn. Die Grenzen zwischen Palästina, Transjordanien und dem Irak wurden ungefähr zur selben Zeit von den Briten festgelegt. Die arabischen Staaten übernahmen diese Grenzen von den abziehenden Kolonialmächten, ignorierten sie aber, als sie 1948 in Israel und Palästina einmarschierten. Auch die 1949 mit Israel vereinbarten Waffenstillstandslinien akzeptierten sie nicht als international gültige Grenzen, sondern lediglich als eine Pufferzone. Bis 1964 – als Lyndon B. Johnson erklärte, dass um des Friedens willen die bestehenden Grenzen respektiert werden sollten – hatte keine Seite sie als endgültig betrachtet und selbst Johnsons Erklärung war nicht Ausdruck eines internationalen Konsenses.

So willkürlich diese Grenzen auch sein mochten, so waren sie doch aus einer gewissen Übereinkunft heraus entstanden. Für Jerusalem traf das jedoch nicht zu. Der Teilungsplan der Vereinten Nationen sah ursprünglich eine internationale Verwaltung Jerusalems und Bethlehems vor. Statt dessen teilten Israelis und Jordanier 1949 das Gebiet untereinander auf, wobei der größte Teil an Transjordanien fiel.

Als Israel seinen Teil Jerusalems zur Hauptstadt erklärte, wurde das von den meisten Staaten nicht anerkannt. Seitdem ist also Tel Aviv die offizielle Hauptstadt Israels, obwohl der Regierungssitz sich in Jerusalem befindet. Während Ägypten und Syrien auf alle 1967 von der israelischen Armee besetzten Gebiete Ansprüche erhoben, konnte hingegen keine Regierung einen rechtmäßigen Anspruch auf Jerusalem oder Bethlehem geltend machen.

Die Israelis hatten kein Interesse an Bethlehem, das jetzt als Teil der Westbank angesehen wurde. Ganz anders verhielt es sich mit Jerusalem. Unmittelbar nach dem Ende des Krieges im Juni 1967 legte die Regierung eine Grenzlinie um Jerusalem fest und annektierte die Stadt offiziell. Dabei richtete man sich mehr oder weniger nach strategischen Anforderungen: Sämtliche Hügel, von denen aus die Stadt kontrolliert werden konnte, lagen innerhalb dieser Grenze. Zusätzlich verband ein schmaler Streifen die vor 1948 zerstörten jüdischen Wohngebiete von Atarot mit dem nördlich davon gelegenen Flughafen. In Jerusalem lebten zu dieser Zeit rund 70.000 Araber, ein Drittel der Einwohner. Man bot ihnen die israelische Staatsbürgerschaft an und die meisten von ihnen haben heute einen beschränkten Rechtsstatus, der ihnen die Vorteile der Staatsbürgerschaft gewährt (Bewegungsfreiheit, soziale Sicherheit, staatliche Krankenversicherung und so weiter), allerdings ohne Wahlrecht oder das Recht, in die Knesset gewählt zu werden. Sie können an Kommunalwahlen teilnehmen, die meisten tun das aber nicht. Die Annexion Jerusalems wurde außerhalb Israels nicht anerkannt.

Auch in Bezug auf Jerusalem wird nochmals deutlich: Wäre der Konflikt mit den Juden für die Palästinenser wirklich ein rein politischer Kampf um die Unabhängigkeit, wäre der Status Jerusalems dabei für sie nur ein kleineres Detail, von dem keineswegs ihr Schicksal abhinge. Dass aber im Gegenteil Jerusalem für sie offenbar zentrale Bedeutung hat, macht klar, dass die palästinensische Forderung nach Unabhängigkeit lediglich einen alten und unnachgiebigen Hass gegen die Juden vertuschen soll.

Schon Kaiser Hadrian wollte Jerusalem frei von Juden sehen. Nachdem er es dem Erdboden gleichgemacht und das jüdische Leben dort ausgelöscht hatte, ließ er die Stadt als eine römische Militärfestung wiederaufbauen und nannte sie Aelia Capitolina. Derartige Städte hatten alle die gleiche Struktur. Sie waren quadratisch, mit zwei Hauptdurchgangsstraßen, eine von Ost nach West, die andere von Nord nach Süd. Sie hatten in der Regel keine unzerstörbaren künstlichen Berge, die die Symmetrie unterbrachen, aber obwohl dies in Jerusalem der Fall war, wurde der Berg durch die Gebäude der Stadt an den Stadtrand gerückt und nichts Bedeutendes wurde auf ihm oder in seiner Nähe gebaut. Da man eine quadratische Form haben wollte, wurden die südlichen Teile der ehemaligen Stadt außerhalb der Mauern gelassen, tatsächlich wurden sie dadurch regelrecht von der Stadt und ihrer Geschichte abgeschnitten: Was nicht innerhalb der Mauern lag, hatte nie existiert.

Die Quelle, der Tunnel und der Teich, der Hügel im Westen, ein uraltes Zeichen, von dem die Überlieferung sagt, es sei das Grab von König David – all das lag außerhalb der Mauern.

Im vierten Jahrhundert wurde das Römische Imperium christlich. Zwischen 330 und 638 n. Chr. war Jerusalem eine bedeutende Stadt des byzantinischen Reiches. Die Bevölkerung wuchs und Massen von christlichen Pilgern kamen, um die Stätten des Lebens und Sterbens Jesu zu sehen. Für die Ruinen des jüdischen Tempels interessierten sie sich nicht. Dennoch war das byzantinische Jerusalem trotz seiner Prosperität und der religiösen Denkmäler noch kein wichtiges kulturelles Zentrum.

Der Kalif Omar bin al-Khattab eroberte Jerusalem 638 n. Chr. Damit war die byzantinische Ära der Stadt beendet und die arabische begann. Eine frühe muslimische Legende erzählt, dass der Kalif erbost darüber war, Jerusalem voller Kirchen zu finden, während der Tempelberg verlassen und mit Unrat bedeckt war. Er ließ den Platz säubern und eine große hölzerne Moschee auf den Ruinen errichten.

Ab Mitte des siebten Jahrhunderts wurde Jerusalem von der Umaiyaden-Dynastie regiert, deren Hauptstadt Damaskus war. Die Umaiyaden hatten ein politisches Motiv, die religiöse Bedeutung Jerusalems zu betonen. Daher identifizierten sie Jerusalem als Schauplatz der im Koran beschriebenen Geschichte von Mohammeds Flucht in den Himmel. Die beeindruckendste Leistung der Umaiyaden war der Bau der Omar-Moschee, auch Felsendom genannt, der 691 n. Chr. vollendet wurde. Dieses wunderbare achtseitige gekachelte Gebäude mit der vergoldeten Kuppel ist keine gewöhnliche Moschee. Es ist ein Denkmal auf der Spitze des Berges, von dem der Legende nach der Prophet in den Himmel aufgestiegen sein soll. Interessanterweise haben die Muslime die jüdische Geschichtsschreibung akzeptiert, die diese Stelle als den Ort identifizierte, an dem Abraham beinahe seinen Sohn geopfert hätte – mit einem entscheidenden Unterschied: Der Sohn war nach Ansicht der Muslime nicht Isaak, sondern dessen älterer Bruder Ismael. Der Bau selbst hat sämtlichen Unbilden der letzten vierzehnhundert Jahre standgehalten, seien es Erdbeben, Krieg und Eroberungen oder einfach nur 1300 Winter und Sommer gewesen. Verglichen mit den anderen noch vorhandenen Kulturstätten der Menschheit ist es außergewöhnlich, dass er immer noch demselben Zweck dient, für den er ursprünglich gebaut worden war.

Auf der anderen Seite des Plateaus steht die Al-Aksa-Moschee. Sie wurde 705 v. Chr. gebaut und mehrmals wieder aufgebaut. Für die Muslime ist die Al-Aksa-Moschee das wichtigste Heiligtum.

Israelische Archäologen, die in der Altstadt nach dem Sechs-Tage-Krieg Ausgrabungen vornahmen, machten einige der wichtigsten Funde dieser Ära: die Umaiyaden-Paläste. Das waren fünf große und beeindruckende Paläste, im Süden des Tempelberges errichtet, oder wie die Muslime ihn heute nennen, Haram el-Sharif. Ein Palast, in dem der Kalif wohnte, wenn er sich in Jerusalem aufhielt, war direkt mit der Al-Aksa-Moschee verbunden. Historiker wussten nichts darüber, da die Palastüberreste Jahrhunderte lang vergraben lagen. Sie sind ein jüdischer Beitrag zum muslimischen Erbe in Jerusalem.

Als die Christen im Jahr 1099 gegen Jerusalem zogen, verbündeten sich die Juden mit ihren muslimischen Nachbarn, um die Stadtmauer nahe der Wohngebiete im nordöstlichen Teil der Stadt (das heutige muslimische Viertel) zu verteidigen. Aber die christlichen Truppen waren zu stark und richteten ein fürchterliches Blutbad an. In einem zeitgenössischen Bericht eines der Invasoren erzählt dieser stolz, dass die Kreuzritter knöcheltief im Blut der »Ungläubigen« gestanden hätten.

Im Jahr 1187 vernichtete die Armee Saladins die gesamten Streitkräfte der Kreuzfahrer in Hittin, auf einem Hügel oberhalb des Sees Genezareth. Nach dieser vernichtenden Niederlage zog Saladin als Held in Jerusalem ein.

Er rief die Juden zur Rückkehr auf. 1190 siedelten sich dann auch einige hundert Juden aus England und Frankreich in Jerusalem an. Zu Saladins Getreuen gehörte auch der Gründer der Husseini-Familie, die sich in Jerusalem ansiedelte und deren Nachkommen immer Feinde der Zionisten waren, angeführt zuerst von Haj Amin al-Husseini und später von einem anderen Sproß der Familie, Jassir Arafat.

1260 machten die Tataren Jerusalem dem Erdboden gleich. Einige wenige überlebende Juden setzten gemeinsam eines der Gebäude auf dem Hügel gegenüber dem Tempelberg instand. Es war ein länglicher Bau ohne Fenster, der unter das Straßenniveau abgesunken war, mit einem Eingang von Westen. Daraus wurde die Ramban-Synagoge, gewissermaßen das Fundament der neu entstehenden jüdischen Gemeinde. Dieser Teil Jerusalems im südöstlichen Bereich der Altstadt (heute das jüdische Viertel) war kein Ghetto, sondern ein freiwillig gewähltes Viertel, in dem auch Nicht-Juden lebten.

1517 zogen die Türken in die Stadt und blieben genau vierhundert Jahre. Sultan Suleiman ließ die Mauern entlang der von Hadrian festgelegten Festungslinien wiederaufbauen und dort stehen sie bis heute. Sie waren schon zur Zeit des Wiederaufbaus ein Anachronismus, denn es gab bereits damals Kanonen, denen diese Mauern nicht hätten standhalten können. Das war allerdings auch nicht ihre Funktion, sie waren lediglich ein Ornament, vielleicht ein Zeichen des Respektes für eine Stadt, die bessere Zeiten erlebt hatte.

Die jüdische Gemeinde Jerusalems war zwar vorerst nicht mehr gefährdet, sie wuchs aber nur langsam. 1837 gab es in Galiläa ein starkes Erdbeben, durch das die Stadt Safed schwer beschädigt wurde. Viele Juden flohen daraufhin nach Süden und siedelten sich in Jerusalem an. Durch diese Zuwanderung gab es zum ersten Mal seit Kaiser Hadrians Herrschaft in Jerusalem wieder eine jüdische Mehrheit.

Nach den Kämpfen von 1948 war das jüdische Viertel schwer beschädigt und es gab dort kaum noch Juden. In den folgenden neunzehn Jahren wurde auch kein Versuch unternommen, es wieder aufzubauen. Im Juli 1967 habe ich zusammen mit anderen diesen Ort besichtigt. Vom Rande des armenischen Viertels sahen wir herab auf ein Trümmerfeld. Es war ein trostloser Anblick, ähnlich den Bildern von Warschau nach dem Abzug der Deutschen.

Das jüdische Viertel wurde später rekonstruiert. Eins der ersten Gebäude, die wiederaufgebaut wurden, war die Ramban-Synagoge, die man heute wieder täglich zum Gebet aufsuchen kann.

Über dreitausend Jahre also haben Juden immer wieder versucht, sich eine Gemeinde in Jerusalem aufzubauen. Jerusalem hatte aber vor allem auch für die Juden, die anderswo lebten, höchste symbolische Bedeutung. Jahrhunderte lang, in denen Juden in nicht-jüdischen Gesellschaften nur unerwünschte Fremde waren, trösteten sie sich damit, dass sie eines Tages nach Jerusalem zurückkehren würden. Alle Juden, kulturell von ihrer Umgebung isoliert, teilten diesen Traum und daraus entstand wiederum eine eigene jüdische kulturelle Gemeinschaft über Landesgrenzen und Nationalitäten hinweg. Das einzigartige Phänomen, dass ein Volk seit fast zweitausend Jahren ohne Heimatland lebt ohne sich dabei aufzulösen, ist darauf zurückzuführen, dass die Juden keinen Augenblick lang vergaßen, dass sie sehr wohl ein Heimatland hatten und dass dieses Heimatland eine Hauptstadt besaß. Sie waren entschlossen, alles Erdenkliche auszuhalten, bis sie zur Normalität einer nationalen Existenz zurückkehren konnten. Jerusalem ist für die Mehrheit der Juden keine bloße Idee, es ist ein konkreter Ort mit konkreter Bedeutung. Muslime müssten das eigentlich leicht nachvollziehen können – für sie ist Mekka ein solcher Ort.

Die zionistische Bewegung war von Pragmatikern und Atheisten ins Leben gerufen worden, und die waren zunächst nicht besonders an Jerusalem interessiert. Ihnen erschien es zu urban, aber vor allem auch zu religiös geprägt. Religion und Messias waren für sie nur Anachronismen. Trotzdem konnten sie Jerusalem nicht ignorieren. Es war weder Zufall, dass der erste Massenmord von Arabern an Juden 1920 in Jerusalem stattfand, noch dass bei den Aufständen von 1929 ausgerechnet der Tempelberg umkämpft wurde. Hätten die Araber den Krieg von 1967 nicht provoziert, wäre Israel nie in den Krieg gezogen, um die Altstadt zu erobern. Der Verlust Jerusalems war der Preis dieser schicksalhaften Entscheidung.

Als Erstes zerstörten die Israelis in Jerusalem das kleine arabische Viertel am Fuße der Klagemauer, um für Hunderttausende Juden Zugang zu den Überresten des Tempelkomplexes zu schaffen. Zum Zweiten wurde die zivile Kontrolle über den Tempelberg an die muslimische *waqf* (religiöse Stiftung) zurückgegeben. Das war ein Zeichen des Respekts, zu dem niemand die Israelis hätte zwingen können, was auch niemand verlangt hatte. Im Nachhinein betrachtet, war es wahrscheinlich ein Fehler. Natürlich wurde diese Geste in keiner Weise gewürdigt, als sei es das Normalste auf der Welt für eine Nation, die gerade einen Verteidigungskrieg gewonnen hatte, den heiligsten Platz auf der ganzen Welt ihren Feinden zu übergeben, die gerade versucht hatten, sie zu vernichten.

Außerhalb der Mauern baute Israel jüdische Viertel auf den weitgehend unbesiedelten Hügeln rund um das arabische Ost-Jerusalem. Hier und dort standen arabische Häuser und sie stehen noch immer dort als arabische Enklaven. Nach israelischer Auffassung sind diese Viertel nicht als »Siedlungen« anzusehen, da niemand sonst einen höheren legalen Anspruch auf die Stadt hat. Innerhalb eines Jahrzehnts würde es eine jüdische Mehrheit in der östlichen Hälfte der Stadt geben. Deshalb drückt die Bezeichnung »arabisches Ost-Jerusalem« eine einseitige politische Stellungnahme aus, und nicht eine legale oder demographische Realität, obwohl es natürlich arabische Viertel gibt.

Hier beginnt nun die lange Geschichte von Lügen und Verdrehungen der Tatsachen in Bezug auf die israelische Besatzung. Der Sechs-Tage-Krieg war von den Israelis nicht geplant und das Ergebnis noch weniger. Niemand wird das ernsthaft bestreiten. Die Konsequenzen waren nicht sofort klar, obwohl die Warnung des Philosophen Yeshayahu Leibowitz, Israel würde eines Tages seine Kontrolle über Palästina bereuen, sich als hellsichtig erwiesen hat. Aber selbst er hatte keine praktischen Vorschläge. 1967 waren die Araber nicht darauf erpicht, Frieden mit Israel zu schließen.

Während Israel nicht bereit war, die Kontrolle Jerusalems aufzugeben, wurden alle übrigen Gebiete anfangs offen zur Diskussion gestellt – nur leider gab es keinen Diskussionspartner. Tatsächlich hatte die Regierung am 19. Juni 1967, eine Woche nach Beendigung des Krieges, beschlossen, dass die besetzten Gebiete im Austausch gegen einen Friedensschluss verhandelbar seien So viel zu Israels imperialistischen Ambitionen und seiner Gier nach arabischem Land. Die amerikanische Regierung war über diese Entscheidung informiert. Sie wurde damals allerdings vorerst nicht öffentlich gemacht, weil man nicht effektiv verhandeln kann, wenn man von Anfang an mit offenen Karten spielt.

Auf einem Gipfeltreffen der arabischen Staaten in Khartoum im September 1967 kam es zu folgender Übereinkunft: Man werde einen Staat Israel keinesfalls anerkennen, und auch Verhandlungen sowie ein Friedensabkommen wurden abgelehnt. Im November verabschiedete daraufhin der UN-Sicherheitsrat die Resolution 242, die zu einem gerechten und dauerhaften Frieden aufrief, der folgende Grundsätze beinhalten sollte: »Rückzug der israelischen Streitkräfte aus Gebieten, die während des jüngsten Konflikts besetzt wurden; Beendigung jeder Geltendmachung des Kriegszustands beziehungsweise jedes Kriegszustands sowie Achtung und Anerkennung der Souveränität, territorialen Unversehrtheit und politischen Unabhängigkeit eines jeden Staates in der Region und seines Rechts, innerhalb sicherer und anerkannter Grenzen frei von Androhungen oder Akten der Gewalt in Frieden zu leben.«

Der Streitpunkt um die Rückgabe der besetzten Gebiete wurde nicht geklärt, sodass die Araber weiterhin behaupten konnten, ein Rückzug aus allen Gebieten wäre intendiert, Israel dagegen, ein partieller Rückzug würde ausreichen. Palästina wurde nicht erwähnt, da die Palästinenser 1967 im israelisch-arabischen Konflikt noch keine wesentliche Rolle spielten. Israel stimmte der Resolution zu und tut dies immer noch. Es wird mit den 1967 eroberten Territorien für den Frieden bezahlen. Die unzähligen Aufforderungen der westlichen Welt, Israel solle die Resolution respektieren, andernfalls würden die Vereinigten Staaten Israel dazu zwingen, gehen eigentlich an der Sache vorbei, denn die Resolution fordert schließlich auch die Anerkennung der Souveränität Israels, seiner territorialen Integrität und politischen Unabhängigkeit. Beide Seiten müssen der Resolution zustimmen und die arabische Seite muss das Existenzrecht Israels anerkennen.

Die PLO lehnte die Resolution insgesamt ab, da ihr Ziel die Zerstörung Israels war. Am 18. Juli 1968 gab sich der Palästinensische Nationalrat eine Verfassung, die »Palästinensische Nationalcharta« – ein haarsträubendes Dokument, aus dem die Ablehnung des Existenzrechts Israels deutlich hervorgeht und in dem unverhohlen zum Terror gegen Israel aufgerufen wird:

Artikel 2: Palästina ist innerhalb der Grenzen, die es zur Zeit des britischen Mandats hatte, eine unteilbare territoriale Einheit.

Artikel 9: Der bewaffnete Kampf ist der einzige Weg zur Befreiung Palästinas. Es handelt sich daher um eine strategische und nicht um eine taktische Phase. (...)

Artikel 10: Guerillaktionen bilden den Kern des Befreiungskrieges des palästinensischen Volkes. Diese Tätigkeit erfordert die Stärkung und die Ausweitung sowie die Mobilisierung aller palästinensischen Menschen- und Geisteskräfte sowie ihre Organisation und Einbindung in den bewaffneten palästinensischen Revolutionskampf. (...)

Artikel 15: Die Befreiung Palästinas ist vom arabischen Standpunkt aus nationale Pflicht. Ihr Ziel ist, der zionistischen und imperialistischen Aggression gegen die arabische Heimat zu begegnen und den Zionismus in Palästina auszutilgen. (...)

Artikel 19: Die Teilung Palästinas im Jahr 1947 und die Schaffung des Staates Israel sind völlig illegal, ohne Rücksicht auf den inzwischen erfolgten Zeitablauf, denn sie standen im Gegensatz zu dem Willen des palästinensischen Volkes und seiner natürlichen Rechte auf sein Heimatland; sie waren unvereinbar mit den Prinzipien der Charta der Vereinten Nationen, insbesondere mit dem Recht auf Selbstbestimmung.

Artikel 21: Das arabische palästinensische Volk, das durch die bewaffnete arabische Revolution seiner Existenz Ausdruck verleiht, lehnt alle Lösungen ab, die einen Ersatz für die vollkommene Befreiung Palästinas bilden. (...)[14]

Bis zu Beginn der 1970er Jahre änderte sich nichts Grundlegendes im jüdisch-arabischen Konflikt. Trotz des überwältigenden israelischen Sieges 1967 ließ der Terror gegen die Juden nicht nach. Die Libanesen allerdings verhielten sich immer noch weitgehend neutral. Die Syrer, die die Golanhöhen hatten preisgeben müssen, waren nicht in der Lage, die israelische Zivilbevölkerung einfach anzugreifen, obwohl sie gelegentlich militärische Ziele im Golan unter Beschuss nahmen. Die Jordanier beschossen häufig die Stadt Beit Shean und die umliegenden landwirtschaftlichen Siedlungen. Wichtiger aber war, dass Jordanien zum Hauptstützpunkt der militärischen Einheiten der PLO wurde.

Die PLO war 1964 gegründet worden und begann 1965 mit militärischen Angriffen auf Israel. Ihr Führer, Jassir Arafat, entkam den israelischen Sicherheitskräften auf der Westbank und ging nach Jordanien. Von dort aus organisierte er erfolgreich die weltweite Unterstützung für die Sache der Palästinenser.

Ab 1968 engagierte sich die PLO in drei verschiedenen Aktionsformen: Angriffe auf israelische Ziele, militärische und zivile, entlang der Grenze; Infiltrierung der Westbank zur Aktivierung terroristischer Zellen; und – zu dieser Zeit ein Novum – der Export des Konflikts nach Europa, wo die PLO mit dem Angriff auf Flugzeuge begann. Bomben explodierten zum Beispiel am Zentralen Busbahn-

---

14 www.palaestina.org

hof von Tel Aviv, auf dem Markt in Jerusalem oder in der Cafeteria auf dem Campus der Hebräischen Universität. Eine Landmine, die Terroristen nördlich von Eilat legten und die unter einem Schulbus detonierte, wodurch drei Schulkinder getötet und sechzehn verwundet wurden, mag vielleicht nicht explizit gegen Kinder gerichtet gewesen sein. Als jedoch ein Schulbus im Mai 1970 in der Nähe von Avivim an der libanesischen Grenze aus dem Hinterhalt angegriffen wurde und dabei zwölf Kinder getötet und vierundzwanzig verletzt wurden, wussten die Angreifer genau, was sie taten.

Der Abnutzungskrieg Ägyptens gegen Israel begann offiziell 1969 (obwohl er da bereits seit mehreren Monaten im Gange war). Es war größtenteils ein Stellungskrieg, bei dem sich beide Armeen auf jeder Seite des geschlossenen Suez-Kanals gegenüber standen. Die anfänglichen Artilleriegefechte gingen mit der Zeit in einen Luftkrieg über, in dem die traditionellen israelischen Vorteile, Geschwindigkeit und Mobilität ihrer Truppen, außer Kraft gesetzt wurden.

Die Feldzüge von 1968 bis 1970 waren weder von den Israelis ausgegangen, noch ist klar, was die Israelis zu ihrer Verhinderung hätten tun können außer ihrer eingeschlagenen Strategie. Die lag darin, den Krieg auf dem Gebiet der Angreifer zu führen, in der Hoffnung, dass sich Abnutzung als ein zweischneidiges Schwert erweisen möge, während man Tausende winziger Verbesserungen im Kampf gegen den Terror in Angriff nahm: die Umzäunung der Universität, die Asphaltierung landwirtschaftlicher Wege in Grenznähe, der verstärkte Einsatz von Polizisten auf Märkten, die Sensibilisierung der Bevölkerung, stets wachsam zu sein.

Fast neunhundert Israelis starben, aber im August 1970, nach heftigen Angriffen auf ägyptische Ziele, waren die Ägypter zu einem Waffenstillstand bereit. Danach beschloss auch König Hussein von Jordanien, den von seinem Land ausgehenden PLO-Aktivitäten ein Ende zu bereiten.

Die Angriffe auf Israel von Jordanien aus legten das öffentliche Leben im Osten des Landes völlig lahm. Ab 1970 mehrten sich die Anzeichen dafür, dass die militärische Präsenz der PLO die Stabilität des haschemitischen Königshauses gefährdete. In Jordanien hatten sich unzählige militärische PLO-Einheiten positioniert, die nur Arafats Kommando anerkannten, und obwohl ihr eigentlicher Feind Israel war, kam es so immer häufiger zu Zusammenstößen mit den jordanischen Streitkräften. König Hussein löste das PLO-Problem mit extremer Härte: Innerhalb von zwei Wochen wurden Tausende PLO-Kämpfer getötet, was später als »Schwarzer September« in die Geschichte einging. Hunderte von PLO-Kämpfern flohen – nach Israel. Sie ergaben sich in der (begründeten) Hoffnung, der Erzfeind werde sie besser behandeln als ihre arabischen Brüder. Die Syrer wollten dieses Chaos zum Ausbau ihrer Machtposition nutzen und besetzten Jordanien vom Norden her mit Panzerkolonnen. Daraufhin riefen die USA Israel zur Mobilmachung auf, um die syrische Armee abzuschrecken. Die Syrer zogen ihre Streitkräfte zurück und König Hussein stand somit plötzlich in Israels Schuld.

Im Gazastreifen waren mehrere Terrorzellen noch einige Monate höchst aktiv. Es traf diesmal aber vor allem Palästinenser, die wegen angeblicher Kooperation mit Israel umgebracht wurden oder auch einfach nur, weil sie in Israel gearbeitet hatten. Als Anfang Januar 1971 zwei israelische Kinder ermordet wurden, gab der Offizier des südlichen Kommandos, General Ariel Sharon, Befehl, diesmal kompromisslos und unerbittlich gegen den palästinensischen Terror vorzugehen. Innerhalb von zehn Monaten wurden etwa hundert Palästinenser getötet und mehrere hundert verhaftet. Danach blieb Gaza auch wirklich für mehr als zehn Jahre von Terrorakten verschont.

Der diplomatische Vorstoß, mit dem die Ägypter zur Beendigung des Abnutzungskrieges gewonnen wurden, war der Plan des US-Außenministers William Rogers, welcher die Israelis zur Räumung der 1967 besetzten Gebiete aufforderte als Gegenleistung für Anerkennung und Frieden. Nach den Unruhen vom Herbst 1970 schickten die Vereinten Nationen einen Gesandten, Dr. Gunnar Jarring, um Verhandlungen zwischen Ägypten und Israel anzuregen. Nach monatelanger Shuttle-Diplomatie hatte Jarring den Eindruck, dass die Ägypter bereit waren, einem Abkommen zuzustimmen, während die Israelis noch immer zögerten. Haben die Israelis dadurch die Chance zum Frieden verspielt? Hätte die arabische Front der Ablehnung Israels an diesem Punkt aufgebrochen werden können, und verpassten die Israelis die Chance, diesen historischen Moment zu nutzen?

Bis Ende der 1960er Jahre waren weder die Grenzen Israels noch

Jerusalem als seine Hauptstadt international anerkannt worden; die Araber hatten Israel immer wieder angegriffen und der Krieg ging auch jetzt weiter. Angesichts dieser Erfahrungen können also die Israelis vielleicht doch vom Vorwurf der Leichtfertigkeit freigesprochen werden. Die Israelis rechneten einfach damit, dass ihre Taktik – territoriale Interessen durch Errichtung von Siedlungen durchzusetzen – auch weiterhin Erfolg zeigen würde.

Deshalb begann man, zu Recht oder zu Unrecht, auch in den neu besetzten Gebieten mit dem Bau von Siedlungen. Um diese umstrittene Politik zu verstehen, muss man wissen, dass sich diese Siedlungen von denen der 1980er und 1990er Jahre, die von rechtsgerichteten Regierungen als Kern ihrer einseitigen Strategie errichtet wurden, erheblich unterschieden. Bei den Siedlungen der 1960er Jahre handelte es sich größtenteils um landwirtschaftliche Siedlungen, aufgebaut von demokratisch orientierten Mitte-Links-Regierungen. Sehr wenige der Siedler waren religiös und die Siedlungen wurden in fünf strategischen Regionen aufgebaut: zwischen Gaza und Sinai, südöstlich von Sinai über die Straße von Tiran, auf dem Golan, im Jordantal zwischen der Westbank und der Eastbank und in Jerusalem. Sie wurden nicht in den weiten Gebieten des Sinai oder entlang des Suez-Kanals errichtet. Israel machte damit deutlich, dass der Krieg irgendwann beendet sein werde und dann der größte Teil des Sinai zur Verhandlung stehe. Aus demselben Grund wurden auch im stark bevölkerten Gaza und auf der Westbank keine Siedlungen errichtet. Absichten zählen langfristig gesehen jedoch wenig, und die sich verändernde Demographie führte zu einer unvorhersehbaren Verhärtung der Ansichten Israels und einer wachsenden Zurückhaltung, die 1967 erhaltenen Vorteile in den Verhandlungen zu nutzen. Langsam wuchs eine Wählerschaft heran, die sich davor hütete zu testen, ob die Araber ihre Haltung in Bezug auf Israel geändert hätten.

Es gab zwei verhängnisvolle Ausnahmen in dieser Siedlungspolitik. Eine betraf Etzion Block, südlich von Bethlehem, wo vier jüdische Siedlungen 1948 zerstört worden waren. Viele der Männer wurden erschossen, nachdem sie sich ergeben hatten. 1968 zog eine Gruppe ihrer Kinder dorthin zurück. Man kann sich kaum etwas Gerechteres vorstellen als verwaiste Söhne, die die Dörfer ihrer ermordeten Väter wieder aufbauen wollen. Die zweite Ausnahme war Hebron, wo eine Siedlergruppe die Regierung 1968 zwang, sich dort niederlassen zu dürfen.

Wenn es das Ziel des Zionismus war, ein Refugium vor der Verfolgung zu schaffen, gab es keinen Grund dafür, Hebron darin einzuschließen. Zionismus war jedoch immer etwas mehr als nur die Suche nach einem sicheren Ort; tatsächlich rührt seine enorme Macht genau aus der Kombination moderner Entwicklungen im alten Heimatland – und was könnte älter sein als Hebron? Die Zionisten sahen sich selbst als konstruktive Bewegung, die etwas für die Juden schaffen, nicht jedoch den Arabern etwas wegnehmen und sie ganz bestimmt nicht gegen ihren Willen beherrschen wollte. Andererseits wurden die Juden aus Hebron vertrieben – genauer gesagt, sie wurden massakriert – und die Überlebenden fortgejagt. Angesichts dieser komplizierten Frage stimmte die Regierung der Gründung von Kiryat Arba zu, einer jüdischen Stadt auf einem Hügel oberhalb von Hebron.

Es gab keinen palästinensischen Partner, mit dem man dies hätte diskutieren können, da sich die Haltung der Palästinenser von gewaltsamer Ablehnung zu totaler Unnachgiebigkeit wandelte.

Im August 1970 endete der Abnutzungskrieg zwischen Israel und Ägypten und seit September fungierte Jordanien nicht mehr als entscheidender Militärstützpunkt der PLO. Diese Veränderungen trugen aber wenig zur Lösung des Konfliktes mit den Palästinensern bei. Nachdem die PLO aus Jordanien vertrieben worden war, suchte sie Unterschlupf im Libanon. Da es nun keine direkte Grenze zu Israel mehr gab, von der aus die PLO hätte angreifen können, verlegte sie den Kampfschauplatz nach Europa. Vorerst waren Flugzeuge die bevorzugten Angriffspunkte. Im Juli 1968 wurde in Rom eine Maschine der El Al entführt, nach Algier umgeleitet und die Crew und israelische Passagiere neununddreißig Tage lang festgehalten, bevor sie im Austausch gegen einige palästinensische Terroristen freigelassen wurden.

Im Februar 1969 überfielen palästinensische Terroristen eine El Al-Maschine auf der Startbahn am Flughafen Zürich. Der Pilot wurde getötet. Ein israelischer Sicherheitsmann, Mordechai Rachamin, sprang aus dem Flugzeug und tötete einen der Angreifer. Ein ähnlicher Vorfall ereignete sich ein Jahr später in München; dieses Mal warf sich der Passagier Arye Katzenstein auf eine Granate. Er starb sofort und rettete vielen Mitinsassen das Leben. In Europa wurde von nun an jede El-Al-Maschine auf dem Rollfeld von gepanzerten Fahrzeugen eskortiert, und die Angriffe hörten auf.

Ebenfalls im Februar 1970 sprengten palästinensische Terroristen eine Maschine der Swiss Air auf dem Flug von Zürich nach Tel Aviv. Alle siebenundvierzig Passagiere und die Crew wurden getötet. Als Palästinenser drei Flugzeuge westlicher Airlines (TWA, Swiss Air und Pan Am) auf dem Flug nach Israel entführten, begannen die Haschemiten mit ihrer Kampagne gegen die PLO. Nachdem die internationale Bühne für die Palästinenser aber erst einmal geöffnet war, verstärkten diese ihre Aktionen erheblich. Dazu gründeten sie eine Organisation, hinter der sich die PLO als Initiator verstecken konnte: die Organisation »Schwarzer September«.

Obwohl ihr Name eine Anspielung auf ihre Wut auf die Jordanier war und ihre erste öffentliche Aktion die Ermordung des jordanischen Premierministers Wasfi Tal war, richteten sich die Terrorakte des »Schwarzen September« vor allem gegen israelische und jüdische Ziele außerhalb Israels – je spektakulärer, desto besser. Die Logik bestand in der perversen, aber realistischen Annahme, dass die Tötung von Juden vor den Augen der internationalen Öffentlichkeit der Sache der Palästinenser diene. Die Welt sollte davon überzeugt werden, dass die Notlage der Angreifer extrem groß sein müsse, wenn sie bereit seien, zu derartigen Maßnamen zu greifen. Diese Taktik sollte sich hervorragend bewähren.

Zwischen 1971 und 1973 verübte der »Schwarze September« zahlreiche terroristische Angriffe – allein 1973 waren es sechzig. Bemerkenswert war die Entführung der Sabena-Maschine auf dem Flug nach Lod im Mai 1972. Dort befreiten israelische Kommandos die Passagiere, obgleich einer von ihnen im Kreuzfeuer starb. (Der Kommandant dieser Aktion war Ehud Barak, und einer seiner Männer war Benjamin Netanjahu.) Zwei Wochen später erreichten drei Terroristen der Japanischen Roten Armee, die sich der »Schwarze September« »ausgeliehen« hatte, Lod in einem Flugzeug der Air France, die Koffer voller Waffen. Als sie im überfüllten Terminal angekommen waren, eröffneten sie das Feuer. Siebenundzwanzig Menschen wurden getötet und einundsiebzig verwundet.

Der entsetzlichste Terroranschlag (vor dem 11. September 2001) wurde im September 1972 bei den Olympischen Spielen in München verübt. Terroristen brachen in die Schlafräume des israelischen Teams ein und ermordeten zwei Sportler; neun weitere wurden als Geiseln genommen und starben bei einem stümperhaften Rettungsversuch der Deutschen in derselben Nacht. Drei der Terroristen wurden lebend festgenommen, waren aber weniger als zwei Monate später wieder frei, nachdem ihre »Kollegen« eine Maschine der Lufthansa entführt hatten. Besucher des Museums der Olympischen Spiele in Lillehammer (Norwegen) werden heute darüber informiert, dass nach dieser Attacke die Spiele fortgesetzt wurden: »Auch die Israelis wollten es so.« Tatsächlich mussten sowohl Israelis als auch Palästinenser feststellen, dass die Welt möglichst rasch zu den Spielen zurückkehren wollte.

Israel reagierte auf die Attacken des »Schwarzen September« mit einigen genau geplanten Angriffen, allerdings bemühten sich die israelischen Soldaten, keine Zivilisten in Mitleidenschaft zu ziehen. Der spektakulärste Angriff ereignete sich im April 1973, als israelische Kommandos drei Führungsleute der PLO in ihren Wohnungen in Beirut töteten. Während des Jahres 1973 wuchs der israelische Druck auf die Führung des »Schwarzen September«. Beschäftigt damit, ihr Leben zu retten, hatten sie immer weniger Zeit, Anschläge zu planen. Ende 1973 löste sich die Organisation auf. Fast keiner der Organisatoren des Angriffs auf das israelische olympische Team überlebte die 1970er Jahre. Was aber als militärischer Erfolg im Kampf gegen den Terror definiert werden könnte, sollte sich bald als politisches Desaster im Kampf um die internationale öffentliche Meinung herausstellen. In der Folge des Jom-Kippur-Krieges und des arabischen Öl-Embargos mussten die Israelis lernen, dass ihnen ein Großteil der Schuld an den Anschlägen auferlegt wurde, da sie das Verbrechen begangen hatten, den Palästinensern Gerechtigkeit vorzuenthalten.

Für die meisten Israelis ist der Beginn des Jom-Kippur-Krieges ein Ereignis, das sie nie vergessen werden. Ähnlich wie nach der Ermordung von John F. Kennedy oder Itzhak Rabin können sich alle, die es miterlebt haben, noch heute an genaue Einzelheiten erinnern. Vor diesem Krieg hatte sich die israelische Gesellschaft in gewisser Weise noch in Sicherheit gewiegt. Man glaubte fest daran, den Arabern eine schmerzhafte Niederlage bereitet zu haben und fühlte sich somit beinahe unbesiegbar. Der Terror war zwar nicht vorbei, immer noch wurden Juden angegriffen und ermordet, aber Israel setzte sich nun mit aller Kraft zur Wehr und man kann beinahe sagen, dass die Israelis dadurch einen gewissen Hochmut entwickelten. Zu Beginn des Jom-Kippur-Krieges löste sich dieser Hochmut allerdings in Luft auf und die zionistische Führung erlitt einen deutlichen Vertrauensverlust.

Am 6. Oktober 1973 griffen ägyptische und syrische Streitkräfte an. Die Israelis, in der fatalen Annahme, dass keine arabische Armee es mehr wagen würde, sie anzugreifen, unterschätzten die Lage. Deshalb begann die Armee erst in den letzten Stunden vor dem Angriff mit der Mobilisierung. Man hatte nicht mit solch fest entschlossenen und gut ausgerüsteten Angreifern gerechnet. Bei der israelischen Armee brach Chaos aus. Zwei aus dem aktiven Dienst ausgeschiedene Generäle – der ehemalige Generalstabschef Haim Bar-Lev und Ariel Sharon – wurden rasch wieder eingesetzt, eine Maßnahme, die nicht gerade dazu beitrug, das Vertrauen der Israelis in die Politik ihrer Regierung zu stärken. Sowohl auf den Golanhöhen als auch auf dem Sinai hatten die Angreifer die israelischen Linien durchbrochen und die Kämpfe fanden auf den Territorien statt, die die Israelis einst erobert hatten. In einem unbedachten Augenblick der Spannung murmelte Verteidigungsminister Moshe Dayan etwas über die mögliche Zerstörung des »Dritten Tempels«.

In der zweiten Woche wurden sowohl Israel als auch die Araber durch massive Waffenlieferungen ihrer jeweiligen Verbündeten unterstützt. Schließlich gewann das israelische Militär die Oberhand. Die Syrer wurden aus dem Golan zurückgedrängt und mussten bald die Zugänge nach Damaskus verteidigen. Die Ägypter konnten ihre Brückenköpfe östlich des Suez-Kanals halten, gerieten dann aber infolge eines waghalsigen Gegenangriffs unter dem Kommando Sharons in Gefahr, von israelischen Kräften, die westlich des Kanals waren, umzingelt und von ihren Verbündeten abgeschnitten zu werden. Schien die israelische Armee in militärischer Hinsicht also durchaus beachtliche Leistungen zu erbringen, so machten aber doch Gerüchte die Runde über deren schlechte Führung und für sie verlustreiche Kämpfe (die sich vor allem bei der »Chinesischen Ranch« im Sinai und am Berg Hermon am nördlichen Gipfel der Golanhöhen ereignet haben sollten). Der Anschein israelischer Unbesiegbarkeit war zerstört und die Araber konnten behaupten, sie hätten Israel fast besiegt.

Dieser Krieg könnte vielleicht besser als jeder andere in moralisch neutralen Begriffen beschrieben werden. Für Israel war es ein gerechter Krieg, da es auf den Angriff keine andere Option als die der Verteidigung gab; die Araber konnten behaupten, sie wollten das Territorium zurückerobern, das ihnen rechtmäßig zustand; und Ägypten konnte behaupten, der Krieg sei nötig gewesen, da vorherige diplomatische Bemühungen zu nichts geführt hätten. Die meisten Kämpfe hatten in schwach besiedelten Gebieten stattgefunden, so dass keine der Soldaten Kriegsverbrechen begangen hatten, außer vielleicht die Syrer, die die Kriegsgefangenen folterten.

Da die Archive noch nicht zugänglich sind, können Historiker noch nicht sagen, ob Ägypten vor 1973 tatsächlich zum Frieden bereit war und nur von Israel zurückgewiesen wurde. Der halbherzige Sieg von 1973 machte seine Position deutlicher. Die israelische Unbesiegbarkeit war zerstört worden und öffnete den Weg zu einem Frieden unter Gleichen.

Für Israel sollte der Schock des Jom-Kippur-Krieges gesellschaftliche und politische Folgen haben, die mindestens bis in die 1990er Jahre spürbar waren. Was den Konflikt mit den Arabern betrifft, stellten sich viele Israelis die Frage, ob dieser Krieg nicht doch hätte vermieden werden können und ob der nächste zu verhindern sei. Die Ansichten dazu waren geteilt – die einen rechneten nicht mit einem Umschwung in der arabischen Haltung den Juden gegenüber, andere hingegen meinten durchaus, eine solche Veränderung feststellen zu können. Da die Regierung Golda Meir gerade die militärischen Intentionen der Araber katastrophal missdeutet hatte, begann sich eine wachsende Zahl Israelis zu fragen, ob sie auch deren strategische Intentionen missverstanden hatten.

Hatten die Ereignisse von 1973 sowohl Ägypten als auch Israel zu einer Waffenruhe gebracht, galt für den Zeitraum 1974–1975 und die Beziehungen zwischen Israel und den Palästinensern das Gegenteil. Das Öl-Embargo der Araber trieb die Europäer zu einer Befriedungspolitik auf Kosten Israels. Sie schlugen sich auf die arabische Seite und betonten, dass allein die Unnachgiebigkeit der Israelis die Konfliktursache sei. Die Israelis begriffen allmählich, wie erfolgreich der palästinensische Terror bereits war. Dann startete Henry Kissinger seine Reise-Diplomatie zwischen Kairo, Damaskus und Jerusalem und zwang die Kombattanten, ihre Streitkräfte abzuziehen. Daraufhin zogen sich die israelischen Truppen von den Frontlinien des Oktober-Krieges zurück – ein Zeichen der Bereitschaft, mit Land für den Frieden zu bezahlen. Statt aber ebenfalls Verhandlungsbereitschaft zu signalisieren, verschärften die Palästinenser ihren Terror gegen israelische Zivilisten. Die Anschläge wurden hauptsächlich vom Libanon aus koordiniert, wo die PLO sich reorganisiert hatte, nachdem sie in Jordanien ihren Rückhalt verloren hatte. Bei Angriffen auf Kiryat Shmona, Naharija, Beit Shean, Tel Aviv und Jerusalem gab es insgesamt etwa hundert Tote.

Ein traumatisches Erlebnis war für die Israelis der Angriff auf die Stadt Maalot, einige Kilometer südlich der libanesischen Grenze, am 15. Mai – dem Tag, an dem die Palästinenser ihrer Niederlage von 1948 gedenken. Ein Terror-Kommando brach im Morgengrauen in eine Privatwohnung ein und ermordete ein Ehepaar und deren vier Jahre alten Sohn. Die fünfjährige Tochter sollte eigentlich als Letzte erschossen werden, sie überlebte jedoch wie durch ein Wunder. Danach machten sich die Terroristen auf den Weg zur Schule. Dort hatten während eines Drei-Tage-Aufenthalts viele Kinder übernachtet. Einigen gelang es, vor den Angreifern zu fliehen, aber Dutzende wurden als Geiseln festgehalten. Im Verlauf des Tages versuchte die Armee sie zu befreien. Die Terroristen töteten vierundzwanzig Kinder, bevor sie selbst erschossen wurden. Ein sehr bekanntes Foto zeigt einen Soldaten, der ein verwundetes Kind heraus trägt – seine Schwester.

Der Angriff rief Entsetzen und Selbstzweifel hervor. Wie war es möglich, dass ausgerechnet einige Lehrer geflohen waren und die Kinder im Stich gelassen hatten? War es richtig gewesen, das Gebäude zu stürmen? Warum war dieses Terror-Kommando nicht früh genug entdeckt worden?

Durch diese Bluttat offensichtlich ermutigt, kam am 9. Juni der Palästinensische Nationalrat in Kairo zusammen und verabschiedete ein neues politisches Programm, das sogenannte »Zehn-Punkte-Programm«. Die palästinensische Führung, besorgt, dass zwischen

Ägypten und Israel möglicherweise doch Friedensverhandlungen bevorstehen könnten, bekräftigte wiederum ihr Ziel, Israel von der Landkarte zu tilgen und lehnte die Resolution 242 unmissverständlich ab. (»Deshalb wird diese Resolution auf dieser Grundlage als Verhandlungsobjekt auf allen arabischen oder internationalen Verhandlungsebenen, einschließlich der Genfer Konferenz, abgelehnt.«) Die veränderten internationalen Bedingungen erkannte sie jedoch an und der Rat erlaubte die Anwendung alternativer Taktiken, falls sich dies als notwendig erweisen sollte: »Jeder Schritt der Befreiung, der vollzogen wird, erfolgt in Fortführung der Strategie der PLO für die Errichtung des in früheren Beschlüssen des Nationalrates genannten demokratischen Palästina-Staates.« Um die korrekte Vorgehensweise in der jeweiligen Situation festzulegen, »arbeitet die revolutionäre Führung die Taktik aus, die diesen Zielen dient und ihre Verwirklichung ermöglicht«. Der Terror ging also weiter; dass es weniger Tote gab als bisher, war nur der Tatsache zu verdanken, dass die israelische Armee die Abwehrmaßnahmen an der libanesischen Grenze verschärfte und die meisten Terroristen, die die Grenze zu überqueren versuchten, erschossen wurden.

Wie bereits angedeutet, vollzog sich in dieser Zeit in Israel eine politische Spaltung.

Immer mehr Linke waren der Ansicht, dass sich eine Wende abzeichnete und die arabische Welt guten Willen und Bereitschaft zeigte, die Existenz Israels zu akzeptieren. Um diesen vermeintlichen Trend zu unterstützen, wurde 1978 die Friedensbewegung »Peace Now« gegründet. Bei den Rechten sah man diese Trendwende nicht, im Gegenteil, man vertrat den Standpunkt, dass es erst recht die historische Aufgabe der Juden sei, ihr gesamtes Heimatland aus biblischen Zeiten dem Staat Israel einzuverleiben.

So fanden sich unter dem Namen »Gush Emunim« (der Name bedeutet »Block der Getreuen« oder »Gruppe der Getreuen«) im Sommer 1974 orthodoxe Juden zusammen, die im Unterschied zu den meisten anderen Orthodoxen dem Zionismus zutiefst verbunden waren. Ihr spiritueller Mentor war Rabbi Avraham HaCohen Kook, ein abtrünniger Gelehrter, der in den 1930er Jahren Oberster Rabbiner gewesen war. Für ihn hatten die ungläubigen Pioniere überragende religiöse Bedeutung: In einer komplizierten Mischung aus Mystizismus und Pragmatismus begriff er sie als Vorboten der

Erlösung. Gerade die Juden, die sich am weitesten entfernt von Gott wähnten, würden schließlich *tikkun olam*, die Korrektur der Welt, vornehmen. Diese Lehre brach mit der damaligen orthodoxen Hauptrichtung. Nach dem Tod Rabbi Avraham HaCohen Kooks entwickelte sein Sohn, Rabbi Zwi Yehuda Kook, die Denkschule seines Vaters weiter. Viele Schüler von Zwi Yehuda waren junge orthodoxe Männer, die ganz in der modernen Welt lebten, die in einer Welt nach dem Holocaust aufgewachsen waren, in der Israel schon Realität und nicht mehr nur Wunschtraum war. Sie hatten keine Minderwertigkeitskomplexe gegenüber der säkularen Welt oder den traditionellen Orthodoxen. Sie hatten in den Kriegen 1967 und 1973 mitgekämpft und hatten eindringlich erfahren, dass Gott Seinen Willen offenbarte. Aus ihrer Sicht war 1973 der Prozess, der die Juden in die Erlösung führen sollte, ins Stocken geraten. Dagegen musste etwas unternommen werden: Sie wollten die Hochebenen der Westbank besiedeln, die die Zionisten bis zu diesem Zeitpunkt noch nicht in Besitz genommen hatten, da dort die meisten Palästinenser lebten.

Die Regierung musste also dazu gezwungen werden, solche neuen jüdischen Siedlungen zu gestatten. Ab 1974 übten die Mitglieder von Gush Emunim zunehmend Druck auf die israelische Regierung aus. Sie demonstrierten, errichteten Siedlungen ohne Genehmigung, verweigerten den Dienst in der Armee, um dann ihre Kapitulationsbedingungen zu verhandeln. Sie gingen sehr geschickt vor und machten das Beste aus den Teilzugeständnissen der Regierung, die das Problem vom Tisch haben wollte. Es war ein langsamer Prozess, aber sie ließen sich nicht entmutigen.

Im Mai 1977 gewann Menachem Begins Likud-Partei die Wahlen. Begin war der erste israelische Führer, der nicht aus der Linken kam. Kurz nach dem Einmarsch der Nazis in Polen war er als junger Mann in die Sowjetunion und von dort aus 1942 ins Mandatsgebiet Palästina geflohen. In Palästina übernahm er rasch die IZL und befehligte sie bis 1948. Ben-Gurions brutaler Versuch, die IZL nach dem *Altalena*-Ereignis zu unterwerfen, war auch gegen Begin gerichtet. Begin war seit der Gründung Mitglied der Knesset, aber solange Ben-Gurion etwas zu sagen hatte, war der nationalistische Begin mit seiner Partei an den äußeren Rand der Opposition gedrängt und erhielt nie ein Koalitionsangebot. Er war mit Abstand der beste Redner Israels (seine Gegner bezeichneten dieses Talent als Demagogie). Dass die israelischen Wähler für Begin und seine Partei gestimmt hatten, konnte man einerseits als einen Beweis ihrer neuen Unabhängigkeit sehen: Man war nicht länger gewillt, die Arbeitspartei zu wählen, bloß weil Ben-Gurion den Staat gegründet hatte. Andererseits wiederum befürchteten viele nach dieser Wahl einen wachsenden Chauvinismus in der israelischen Bevölkerung. Begin enttäuschte beide Seiten – Tauben wie Falken – nicht: Er schloss Frieden mit Ägypten, förderte aber auch die weitere Ausdehnung jüdischer Siedlungen.

Wenige Wochen nach seinem Amtsantritt verhandelte er mit dem ägyptischen Präsidenten Sadat über einen möglichen Besuch in Israel. Im November kam Sadat. Das war ein außerordentlich mutiger politischer Akt und zeugte von weitsichtiger Staatsführung. Auch in Israel erkannte man dieses Zeichen guten Willens an. Sadats Besuch veränderte die politische Landschaft von einem Tag auf den anderen. Er äußerte keine neuen Vorschläge – der Sinai müsse komplett an Ägypten zurückgegeben und sämtliche israelischen Siedlungen dort geräumt werden, es müsse ein unabhängiger palästinensischer Staat geschaffen werden –, aber unter einer ganz anderen Prämisse: Sadat sprach in der Knesset und ließ somit keinen Zweifel daran, dass er den Staat Israel akzeptierte und respektierte. Seine unmissverständliche Botschaft lautete: »Nie wieder Krieg! Kein weiteres Blutvergießen!« Dass seine Friedensabsichten ernst gemeint waren, zeigte sich auch darin, dass er seine Meinung nicht änderte, als die übrige arabische Welt die Beziehungen zu Ägypten abbrach.

Nach über einem Jahr zäher Verhandlungen kam es zu einer weitreichenden Entscheidung: Israel akzeptierte sämtliche ägyptischen Forderungen, und der Friedensvertrag wurde unterzeichnet. Sadat hatte gehofft, dass die anderen arabischen Staaten seiner Politik folgen würden, dies geschah jedoch nicht. Daher fühlte sich Israel auch nicht gezwungen, an anderen Fronten Zugeständnisse zu machen.

Laut Friedensvertrag sollte der Rückzug der Israelis aus dem Sinai stufenweise erfolgen und nach den nächsten Wahlen in Israel vollendet werden. Bei diesen Wahlen trat lediglich eine Partei (Techiya – »Erneuerung«) gegen den Friedensvertrag an, und sie errang nur drei Prozent der Stimmen. Der Konsens war also deutlich.

Dieses Ergebnis war nicht überraschend. David Ben-Gurion hat einmal gesagt, dass Juden Paranoiker seien, die verfolgt werden. Die Araber hatten 1948 versucht, einen Genozid zu begehen, und sie haben seit dem Ersten Weltkrieg jüdische Zivilisten aus politischem Kalkül getötet, um deutlich zu machen, dass die jüdische Souveränität im Nahen Osten inakzeptabel sei. Viele Israelis sahen – und sehen – keine Veranlassung, an einen Sinneswandel der Palästinenser zu glauben, es sei denn, er wird mit unleugbarer Evidenz präsentiert. Das ist ziemlich rational, sogar wenn es die Verantwortung für das Anhalten des Konflikts den Arabern zuschreibt.

Was hätte Begin getan, wenn die Palästinenser in Sadats Fußstapfen getreten wären und zu Verhandlungen mit Israel über den Konflikt bereit gewesen wären? Das ist eine rhetorische Frage, da dieser Gedanke ihren Führern und Sprechern niemals gekommen ist. Angesichts der fortdauernden gewaltsamen Ablehnung des Existenzrechts Israels war Begin in der Lage, seinen Herzenswunsch zu erfüllen und den Siedlern von Gush Emunim grünes Licht zu geben. Sie selbst sahen sich als Avantgarde des Zionismus.

Gush Emunim ging es nicht nur um die Siedlungen an sich. Sie sahen sie als Mittel, in der alten Heimat ein modernes Judentum neu erschaffen zu können. Die neuen Siedler kritisierten die säkulare israelische Gesellschaft, weil diese sich ihrer Ansicht nach zu sehr an den westlichen Gesellschaften orientierte und sich dadurch von der jüdischen Tradition entfernte. Sie bemängelten aber gleichzeitig die Passivität der orthodoxen Juden und ihre Weigerung, sich den Anforderungen der modernen Welt zu stellen.

Außerdem berief sich Gush Emunim auf den Erfolg, den die Siedlungsprojekte den zionistischen Pionieren beschert hatten, und man wurde nicht müde zu wiederholen, dass die Mitglieder von Gush Emunim die modernen Pioniere seien, die das heroische Erbe der Alten antreten würden.

Wie die Pioniere große Flächen wertlosen Sumpflandes besiedelt und urbar gemacht hatten, so übernahm nun Gush Emunim die kargen Hügelgebiete der Westbank. Sie wollten dort Außenposten errichten, damit das gesamte Territorium umschlossen würde. Anders als in den 1920er Jahren war nun das Territorium nicht mehr in privatem, sondern in Regierungsbesitz, und so hätten die

Siedler von Gush Emunim theoretisch ungefähr ein Drittel davon zu ihrer Verfügung haben können. Es gab zwar bei der Zuteilung von Siedlungsräumen ein Problem, da für dieses Gebiet keine international anerkannte Regierung zuständig war. Die Besatzung durch die israelische Armee nach dem Sechs-Tage-Krieg wurde von der restlichen Welt nicht akzeptiert. Aber Israels Regierung bestand darauf, dass, so lange nicht anders entschieden werde, diese Region unter israelischer Hoheit bliebe (schließlich hatten zuvor Ägypten oder Jordanien genauso gehandelt und man hatte ihre Herrschaft auch nicht als illegal bezeichnet), und sie gab den Siedlern grünes Licht.

In westlichen Medien heißt es in Bezug auf diese Siedlungen oft, die Israelis hätten Felder und Obstgärten, also fruchtbares und bereits bebautes Land, aus ursprünglich palästinensischem Besitz in Beschlag genommen, um dort ihre Häuser zu errichten – das ist falsch. Die Siedler von Gush Emunim begnügten sich mit dem felsigen und ungeschützten Gebiet der Bergkuppen, nachdem sie (das ist allerdings richtig) versucht hatten, die Regierung zur Übernahme privaten Landbesitzes zu bewegen. Aber Israels Oberster Gerichtshof entschied 1979 dagegen, und eine ganze Siedlung wurde geräumt, weil sie auf privatem arabischem Land lag. Trotz dieser Entscheidung wurde allerdings weiterhin arabisches Terrain konfisziert, wenn Straßen zu den Siedlungen gebaut werden mussten.

Unter diesen Bedingungen kam es den Siedlern auch darauf an, zäh und unnachgiebig zu wirken. Ihr Durchhaltevermögen wurde von den Palästinensern auf die Probe gestellt, und sie konnten sich umso überzeugender als stoische Visionäre beweisen, je mehr Gewalt gegen sie ausgeübt wurde. Wie sie immer wieder betonen, tun sie dies für alle Israelis: Um sie zu schützen, versuche man, den Zorn und den Terror der Palästinenser auf sich zu lenken, und man wolle allen jüdischen Nachkommen den Besitz am alten Heimatland sichern. Diese Erklärungen haben immer etwas von einer Predigt an eine schwindende Gemeinde. Wohl auch deshalb haben sie so weihevolle Namen für ihre Dörfer gewählt wie zum Beispiel Shiloh (der ursprüngliche Aufbewahrungsort des Tabernakels zu Josuas Zeiten) oder Beit El (dort, wo der Patriarch Jakob die Nacht verbrachte, als er vor Esau floh und wo er von der Himmelsleiter träumte).

Manche mögen es wohl kaum glauben, aber den im Siedlungsgebiet lebenden Arabern traten sie mehrheitlich gutwillig gegenüber. Die Position der Siedler von Gush Emunim war zwar klar: Die Juden hätten im Gegensatz zu den Palästinensern einen historischen Anspruch auf den Streifen Land, der schließlich ihre ursprüngliche Heimat gewesen sei, die Palästinenser hingegen hätten nur Anspruch auf ihre jeweilige Zugehörigkeit zu einem der arabischen Staaten und würden niemals einen eigenen Nationalstaat haben. Diese Ansicht ist – man mag sie teilen oder nicht – kein Ausdruck des Hasses der Siedler auf die Palästinenser. Anfangs waren sie sehr bemüht, mit ihnen als gute Nachbarn auszukommen. Als die Streitfrage über den privaten Landbesitz zugunsten der Palästinenser entschieden wurde, respektierten die Siedler diese Entscheidung. Sie wünschten den Palästinensern nichts Böses; ihre Haltung hat nichts Rassistisches an sich. Es sind zivilisierte Menschen und so verhalten sie sich auch.

Ich bin mir darüber im Klaren, dass meine Ausführungen über die Siedler und ihre Motivation vor allem den Lesern nicht gefallen werden, die die Berichterstattung in den westlichen Medien zu diesem Thema für zuverlässig halten. Auch einige meiner linken Freunde werden den Kopf schütteln, wenn sie das lesen. Sie verurteilen das gesamte Siedler-Projekt, das in ihren Augen eine Verletzung palästinensischer Rechte bedeutet. Das ist zwar ein umstrittener Punkt, der aber angesichts der palästinensischen Gewaltakte, denen die Siedler schon seit Jahrzehnten tagtäglich ausgesetzt sind, keine Priorität hat. Während der Intifada der späten 1980er Jahre sind die Straßen, die von den Siedlern täglich benutzt werden, zu Todesfallen geworden. Alle Siedler können von Angriffen erzählen; viele haben mit angesehen, wie Freunde oder Bekannte erschossen wurden.

Eine kleine Minderheit der Siedler übt Vergeltung, das soll nicht verschwiegen werden. In einigen Regionen der Westbank, zum Beispiel in der Siedlung von Tapuch, südlich von Nablus, oder auch in dem kleinen jüdischen Viertel von Hebron versammelten sich einige gewalttätige Chauvinisten, die eine Schande für Israel sind. Anfang der 1980er Jahre gründeten einige Mitglieder der Siedlergemeinschaft eine eigene Organisation, um die palästinensischen Gewalttaten durch Morde zu rächen. Als auf diese Weise bereits einige prominente Palästinenser verwundet und drei unschuldige Studenten ermordet worden waren, gelang es den israelischen Sicherheitskräften, die Beteiligten zu verhaften, kurz bevor sie einen Bus in die Luft sprengen wollten.

In einem anderen Fall erschoss der Siedler Baruch Goldstein aus Kiryat Arba – es war am jüdischen Feiertag Purim im Jahr 1994 – in einer Moschee innerhalb des Herodes-Komplexes im Stadtzentrum neunundzwanzig wehrlose Männer, bevor man ihn überwältigen konnte. Goldstein wurde getötet – in einem Akt der Selbstverteidigung. Er hatte den schlimmsten Massenmord in der Geschichte Israels begangen, und dafür kann es keine Rechtfertigung geben. Die über zweihunderttausend Siedler verurteilen wie wir alle diese Gewalttaten.

Obwohl die Siedler in Israel immer in der Minderheit waren, hatten sie Einfluss auf die Politik. Man kann andererseits aber ihre Aktionen nicht ernsthaft als ständige Provokation für die Palästinenser bezeichnen, die sowieso, unabhängig davon, ob nun gerade eine rechte oder linke Regierung die israelische Politik bestimmte, von Anfang an rigoros die Zerstörung von Tel Aviv und Kiryat Arba forderten. Rechte Regierungen, die zwischen jüdischen Ansprüchen auf Shiloh und palästinensischen auf Haifa zu entscheiden hatten, trafen ihre Wahl ohne zu zögern und ohne schlechtes Gewissen. Linke Regierungen sagten sich, dass das gesamte Siedlerprojekt aufgegeben werde, wenn die Palästinenser sich endlich zum Frieden bereit erklären würden, und weshalb sollte man sich bis dahin zugunsten der Palästinenser mit den größtenteils umgänglichen Siedlern anlegen? Die radikale Linke, die selten an der Regierung beteiligt war und deshalb auch keine Verantwortung für ihre realitätsfernen Forderungen übernehmen musste, versuchte tapfer zu erklären, dass dies nicht ratsam sei. Aber auch sie wurde in ihren Bemühungen nicht von den Palästinensern unterstützt, die sie doch zu vertreten behauptete.

Letztlich waren es ironischerweise die Siedler selbst, die noch am ehesten bereit waren, auf die Palästinenser zuzugehen. Nach der Übernahme der Westbank durch die Israelis am Ende des Sechs-Tage-Krieges standen die Palästinenser in den 1980er Jahren vor einer sehr schweren Entscheidung. Auf das ganze Gebiet Palästinas nach der Zerstörung des Zionismus zu warten, stand nicht länger zur Debatte. Jetzt hieß es: ein Stück unabhängiges Palästina oder gar nichts. Die Mehrheit der Siedler war dabei auf eine friedliche Einigung mit den Palästinensern bedacht und auf Kompromisse eingestellt.

Der Zionismus hat sich selbst immer als konstruktive, positive und hoffnungsvolle Bewegung verstanden. Er war und ist gewillt, beträchtliche Anstrengungen zu unternehmen, um seine Ziele zu erreichen, und er ließ sich durch scheinbar unüberwindbare Hindernisse nicht entmutigen. Sein Ziel war die Verbesserung der Lebensbedingungen und Aussichten der Juden durch die Rückkehr in ihr Land. Er sah sich selbst nie als destruktive Bewegung, und ganz bestimmt nicht als Unterdrücker.

Das Ergebnis des Sechs-Tage-Krieges bedeutete für Israel die Möglichkeit, das gesamte alte Heimatland zu besitzen, auf Kosten der Unabhängigkeit Palästinas. Dieses extreme Dilemma zerriss das Herz des zionistischen Projektes, denn es bestimmte fünfundzwanzig Jahre lang maßgeblich die politische Agenda. In letzter Konsequenz stellten die Siedler uns die Frage: Brauchen wir Hebron tatsächlich? Vielleicht wären wir, unter den richtigen Bedingungen, sogar besser dran, wenn wir es aufgeben?

Die Palästinenser lehnten die Siedlungen von Anfang an ab. Sie auf den Hügelspitzen anzugreifen, bedeutete Polizeieinsätze gegen Demonstrationen und Militär für ihren Schutz, Jahre bevor die erste Intifada ausgebrochen war. Es bedeutete eine kontinuierlich negative Berichterstattung in der Presse über etwas, das die meisten Israelis nicht guthießen. Der harte Kern der Siedler brauchte keinen Ansporn, die Ansiedlung von zweihunderttausend Menschen bedeutete jedoch das Bereitstellen von Krediten, niedrigen Zinsen, geringeren Einkommenssteuersätzen. Es bedeutete die Asphaltierung von Hunderten Straßenkilometern: all dies kostete Geld, das anderswo fehlte. Der moralische Preis, der zu zahlen war, überstieg die finanziellen Kosten noch bei weitem.

Die Besatzung selbst ging den Siedlungen ungefähr ein Jahrzehnt voraus, und so lange die arabischen Länder die Unterstützung des Friedens mit Israel verweigerten, war sie unvermeidbar. Eine solche Klarheit bedeutete Macht. Ungefähr ab 1977 wurde diese Klarheit durch wachsende Unschärfe ersetzt. Ägypten brach das Tabu, in Frieden mit Israel zu leben, und da dies nun ein Mal geschehen war, konnte es sich wiederholen. Aber das Bewusstsein dafür, dass es sich nicht wiederholen dürfe, wuchs auf beiden Seiten, und die Siedlungen breiteten sich aus. Als die PLO 1988 ihre Bereitschaft zur Anerkennung von Israels Existenzrecht erklärt hatte, war Israel aufgefordert, den Wahrheitsgehalt dieser Aussage nicht in Frage zu stellen.

Die Spannung zwischen einer Demokratie innerhalb der Grenzen von 1967 und einem undemokratischen Machtbereich außerhalb wuchs ständig. Gerechte Prozessführung, Gleichheit vor dem Gesetz, selbst einfache Freiheit, alles existierte innerhalb der Grenzen. Außerhalb von ihnen wurden diese Rechte jedoch eingeschränkt. Mit dem jahrelangen Ansteigen des Gewaltniveaus wuchs auch die Repression. Es war nie eine blutige Repression, vergleichbar mit der Frankreichs im Algerien der 1950er Jahre, aber es war auch nichts, worauf man hätte stolz sein können, und eine wachsende Anzahl von Israelis begann ihre Haltung von Unbehagen zu Widerwillen und von Widerwillen zu Empörung zu ändern. Dadurch öffnete sich eine Kluft zwischen ihnen und den Siedlern, die das, was einst als eine unangenehme Notwendigkeit angesehen wurde, jetzt als einen ideologisch gerechtfertigten dauerhaften Zustand bezeichneten.

Zwischen den beiden Lagern stand die große Mehrheit der Israelis, die skeptisch in Bezug auf die Möglichkeit eines Friedensschlusses mit den Palästinensern war, die jedoch kein existenzielles Bedürfnis nach deren Beherrschung verspürte, sollte es eine Alternative dazu geben. Das ist das Lager der Wechselwähler, das seit Mitte der 1980er die Alternativen testet. Sie stimmten mit den Siedlern darin überein, dass die Aufgabe der Kontrolle über die Palästinenser aus rein moralischen Gründen einem Selbstmord gleichkäme. Sie stimmten mit dem Friedenslager darin überein, dass der Zionismus den Palästinensern nicht ihren Staat vorenthalten wollte, sondern dass es darum ginge, den bestmöglichen Staat für die Juden zu schaffen. Wobei das Wort best*möglichen* unterstrichen werden sollte.

Während die Spaltung der israelischen Gesellschaft, die durch die Siedlungen erzeugt wurde, im Kern des Zionismus lag, wurde sie langsam größer. Die wachsende militärische Einmischung in den Libanon stellte gleichzeitig mehr und mehr das moralische Recht, Krieg zu führen, in Frage.

SECHSTES KAPITEL
Die 1980er Jahre: Fehlentscheidungen

Die zionistische Bewegung hatte um 1980, also hundert Jahre, nachdem sie ins Leben gerufen worden war, Erfolge erzielt, mit denen ursprünglich niemand wirklich gerechnet hatte. Gleichzeitig aber traf die israelische Führung gerade zu dieser Zeit aufgrund mangelhafter Selbsteinschätzung auch einige schwerwiegende Fehlentscheidungen.

An der Grundlage des Konflikts hatte sich nichts geändert: Die Palästinenser weigerten sich weiterhin, Israels Existenzrecht anzuerkennen, und der Terror gegen die israelische Bevölkerung nahm kein Ende. 1976 hatten die Israelis die Grenze zum Libanon, einem Hauptstützpunkt der PLO, abgeriegelt, aber die Terroristen umgingen sie – hauptsächlich auf dem Seeweg. Im März 1978 beispielsweise landeten zwei Kommandos an der Küste und verübten den bis dahin schlimmsten Terroranschlag in der Geschichte Israels. Sie ermordeten einen amerikanischen Touristen und entführten auf der Hauptstraße zwischen Haifa und Tel Aviv einen Reisebus mit Familien, die aus den Ferien zurückkamen. Die Entführer schossen auf der Fahrt Richtung Tel Aviv wild um sich und warfen Granaten aus dem Bus. Der Bus konnte an der nördlichen Einfahrt zur Stadt gestoppt werden. Im anschließenden Kampf starben fünfunddreißig Israelis, Dutzende wurden verwundet.

Die israelische Politik hatte sich bis dahin darauf beschränkt, Druck auf die Länder auszuüben, die den Terroristen Zuflucht gewährten. Diese Strategie war 1957 in Ägypten erfolgreich gewesen, 1970 in Jordanien und Anfang der 1970er Jahre auch noch im Libanon (wenn auch nicht hundertprozentig). 1978 fiel jedoch der libanesische Staat nach einem langen und brutalen Bürgerkrieg auseinander (zur Destabilisierung des Landes hatten auch die Palästinenser beigetragen). Die Zentralregierung war machtlos, während maronitische Christen, Drusen, Sunniten, Schiiten und Palästinenser ihre jeweiligen Hochburgen kontrollierten und gegeneinander kämpften. Im östlichen Bekaa-Tal unterhielt die PLO Ausbildungslager für Terroristen, die aus Japan, Italien und Deutschland kamen. Der mächtigste Spieler war Syrien, das den Libanon historisch als rechtmäßigen Teil seines Landes ansah; sein Präsident, Hafez al-Assad, stellte seine Auffassung von den Menschenrechten Anfang 1982 unter Beweis, als er eine Rebellion der islamischen Bruderschaft blutig niederschlug und zwanzigtausend seiner Landsleute in der nördlichen Stadt El-Hama töten ließ. Israel entschied sich nach dem Anschlag auf den Reisebus für eine Intervention im Libanon. Die Tragweite dieses Entschlusses war zu diesem Zeitpunkt noch nicht abzusehen.

Im März 1978 besetzte Israel ein großes Gebiet im Südlibanon, ließ aber die palästinensischen Flüchtlingslager an der Küste unbehelligt. Die meisten PLO-Kämpfer im besetzten Gebiet flohen vor den anrückenden Truppen; einige blieben, um zu kämpfen. Dabei wurden mehrere Hundert getötet. Nach dem Ende der Kämpfe zog sich Israel auf ein schmales Stück Land entlang der Grenze zurück. Dort hatte eine lokale, hauptsächlich aus Christen bestehende Miliz ihren Stützpunkt, die sich als Südlibanon-Armee (SLA) bezeichnete. Die Vereinten Nationen stationierten im Libanon eine Interims-Truppe (UNIFIL) zwischen den Israelis und den PLO-Einheiten, die rasch in die Dörfer zurückkehrten, aus denen sie vertrieben worden waren. Diese Besetzung vom März 1978 hatte aber im Grunde nichts geändert. Die PLO setzte ihre Angriffe auf Israel fort und verfügte jetzt auch noch über Katjuscha-Raketen sowjetischer Herkunft.

Katjuscha-Raketen, viele Jahre lang mit die wichtigsten Waffen der Palästinenser, sind kleine, billige und nicht besonders treffsichere Geschosse mit einer Reichweite von einigen Dutzend Kilometern, mit denen man kleinere Gebäude zerstören oder Menschen in unmittelbarer Nähe töten kann. Es sind keine Massenvernichtungswaffen, aber sie sind trotzdem sehr gefährlich, da man sich dagegen kaum effektiv verteidigen kann. Wenn nur zwei Männer eine Woche lang jede Nacht jeweils von einem anderen Hügel aus ein paar Raketen – die man bequem im Rucksack transportieren kann – auf israelische Wohngebiete abfeuern, so ist im gesamten Angriffsgebiet kein normales Alltagsleben mehr möglich.

Je länger der Bürgerkrieg im Libanon dauerte, desto komplizierter wurde die Situation für Israel. Ohne dass die israelische Öffentlichkeit sich dabei des politischen Wandels voll bewusst war, erwog die israelische Führung eine Intervention in den libanesischen Bürgerkrieg. Sie entschloss sich zu einem Bündnis mit den christlichen Falange-Streitkräften, da sie dieselben Feinde bekämpften, die PLO und die Syrer. Dieser Schritt sollte sich als völlige Fehlentscheidung erweisen. Anfangs übernahm die israelische Armee lediglich die Aufgabe, die Falangisten zu bewaffnen und auszubilden. 1981 provozierten dann die Falangisten Syrien zu brutalen Gegenschlägen, um die Israelis in den Kampf zu zwingen. In Nordisrael fielen israelische Zivilisten PLO-Artillerie und Katjuscha-Raketen zum Opfer. Die israelische Luftwaffe tötete eine große Anzahl von Zivilisten, die sich in der Nähe von PLO-Zielen im Libanon, sogar in Beirut, aufhielten. Die syrische und die israelische Luftwaffe belauerten sich und warteten auf den geeigneten Moment, um zuzuschlagen. Dass es nicht zum offenen Krieg kam, war nur den diplomatischen Bemühungen des amerikanischen Gesandten Philip Habib zu verdanken, dem es gelang, einen Waffenstillstand zwischen Israel und der PLO auszuhandeln.

Die Erwiderung der PLO-Angriffe auf israelische Bürger war ein Akt der Selbstverteidigung, also *jus ad bellum*. Aber die Beteiligung am libanesischen Bürgerkrieg, in dem alle Parteien Hunderte von Zivilisten abschlachteten und in dem die israelische Luftwaffe auch militärische Ziele in Wohngebieten bombardierte, war nicht zu rechtfertigen. Auch wenn die israelische Armee sicher nicht auf willkürliches Morden aus war, kam diese Art der Kriegsführung dem doch gefährlich nahe. Auch die israelischen Medien waren nicht ganz unschuldig – sie berichteten kaum über diese Vorgänge. Und wenn berichtet wurde, nahm die Öffentlichkeit davon keine Notiz.

In den 1980er Jahren erreichte die israelische Politik ihren Tiefpunkt. Gegen Sadat hatte sich Israel noch offen gezeigt, aber selbst war man nicht zu einer ähnlichen Friedensgeste gegenüber den Arabern bereit, denn man hielt das Risiko für zu hoch. Das machte das israelische Friedenslager, das seit 1978 durch die Organisation *Peace Now* vertreten wurde und das auch an der Opposition beteiligt war, der Führung Israels zum Vorwurf. Demnach hätten die erfolgreichen Verhandlungen mit Sadat die Israelis ermutigen und neuen Optimismus wecken sollen. Menachem Begin und seine Regierung waren anderer Meinung. Begin und viele seiner Wähler nahmen den Terror und den Antisemitismus der PLO weiterhin ernst und wollten keine riskanten Angebote machen. Darüber hinaus betrachteten sie Gebiete wie die Westbank als historischen Kern des Gelobten Landes und wollten die Kontrolle darüber nicht gegen eine minimale Friedenschance eintauschen.

Der Vertrag mit Ägypten hatte israelisch-palästinensische Verhandlungen über die Autonomie von Gaza und der Westbank festgelegt, aber weder Israelis noch Palästinenser hatten irgendein Interesse am Erfolg solcher Verhandlungen. Keine Seite hatte der anderen irgendeinen auch nur annähernd akzeptablen Vorschlag zu machen. Deshalb entschied sich Begins Regierung für den Siedlungsbau in den gesamten besetzten Gebieten. Begins Wahlsieg im Sommer 1981 war allerdings denkbar knapp. Er stand eher im Zusammenhang mit internen gesellschaftlichen Problemen als mit irgend etwas anderem: Im Grunde spielte Begin die nicht-europäische Hälfte der Wähler gegen die europäische Hälfte aus.

Das Waffenstillstandsabkommen zwischen der PLO und Israel vom Sommer 1981 verstanden die Palästinenser so, dass Terroranschläge nur in der Grenzregion zwischen dem Libanon und Israel untersagt, im Rest der Welt aber erlaubt waren. Die PLO lancierte ihre Attacken also vom Südlibanon aus, wo sie uneingeschränkte Handlungsfreiheit besaß und vor Gegenschlägen der israelischen Armee sicher war.

Um der PLO in ihrem Kalkül einen Strich durch die Rechnung zu machen und sie von ihren Stützpunkten zu vertreiben, entwarf Begin den Plan »Big Pines« für eine massive Invasion im Libanon, bei der man wieder mit der Falange und ihrem Führer Bashir Gemayel, der den Israelis freundlich gesinnt schien, zusammenarbeiten wollte. Gemayel sollte neuer Präsident des libanesischen Staates werden und mit Israel Frieden schließen, den Bürgerkrieg beenden und die Unabhängigkeit von Syrien erklären. So hätte die PLO aus dem Libanon abziehen müssen und durch die Machtübernahme der Falange wäre Syrien von der bedrohlichen Hegemonialmacht zu einem für Israel ungefährlichen Nachbarstaat geworden.

Die israelische Regierung hatte nicht damit gerechnet, dass dieser Eingriff im Libanon den Massenmord an Zivilisten mit sich bringen sollte. Mindestens dreißigtausend Libanesen starben in diesem Bürgerkrieg, darunter Tausende von Zivilisten. Es handelte sich hier nicht um einen Selbstverteidigungskrieg wie 1948, 1967 und 1973 oder um einen gerechtfertigten Präventivschlag wie 1956, sondern um eine kalkulierte Attacke mit der Absicht, das Leben für Juden in einer feindlichen Umgebung erträglicher zu machen. Aber Begins Strategie wurde nicht mit Erfolg belohnt.

Die israelische Regierung, die die IDF im Juni 1982 in den Libanon schickte, hatte die Unterstützung von genau der Hälfte der Knesset-Abgeordneten. Da Misstrauensvoten eine einfache Mehrheit benötigen, war dies die geringst mögliche Mehrheit. Innerhalb der Regierung hatte es nie einen Beschluss über die Umsetzung von »Big Pines« gegeben. Im Gegenteil: Als Verteidigungsminister Ariel Sharon und Generalstabschef Rafael Eitan im Mai 1982 diesen Plan der Regierung vorstellten, wurde er abgelehnt. Was schließlich autorisiert und anfangs auch von einem Großteil der Wählerschaft unterstützt wurde, war der begrenzte Einsatz gegen die PLO-Stützpunkte im Süden des Libanon (»Little Pines«). Die IDF sollte PLO-Stützpunkte vierzig Kilometer nördlich der Grenze zerstören, also ungefähr in der Reichweite von Katjuscha-Raketen. »Little Pines« erwies sich aber letztlich als irrelevant, weil Militär und politische Führung schon von Anfang an entschlossen waren, darüber hinaus zu gehen.

Zu Beginn des Libanon-Krieges hielt sich die IDF noch an das Kriegsrecht. Der Kampf gegen bewaffnete Männer, die einen Vernichtungskrieg gegen Zivilisten führen, ist leicht zu rechtfertigen. Und bei Angriffen gegen PLO-Einheiten, die sich in Flüchtlingslagern verschanzt hatten, waren die israelischen Soldaten immer angehalten, keine Zivilisten zu verletzen.

Im Juli bezogen dann israelische Truppen Stellung auf den Hügeln oberhalb Beiruts. In den folgenden zwei Monaten verstärkten die Israelis den Druck von allen Seiten, um die PLO zur Räumung der Stadt zu zwingen. Westbeirut war komplett eingekesselt. Die Falangisten schmuggelten Autobomben in die Stadt und unterbrachen die Wasserversorgung. Man versuchte, die Terroristen im Häuserkampf und durch Luftbombardements in die Knie zu zwingen. Fernsehbilder dieses Krieges gingen um die Welt und es gab keinen Zweifel, dass die Israelis Hunderte von Zivilisten töteten. In Israel selbst kam es zu emotional aufgeladenen Demonstrationen, sowohl von Gegnern als auch von Befürwortern des Krieges.

Oberst Eli Geva, Befehlshaber einer Fallschirmjäger-Einheit, gab öffentlich seinen Rücktritt bekannt: Er weigerte sich, seine Männer in einen Angriff auf Westbeirut zu schicken. Selbst einige von Begins Koalitionspartnern warnten ihn, dass ein solcher Angriff das Aus für die Regierung bedeute.

Aber Begin und Sharon, offenbar überzeugt, dass sie durch immer höheren Druck auf die PLO ihre Ziele erreichen würden, weigerten sich nachzugeben. Einen Augenblick lang schien es so, als ob sie Recht behalten sollten: Die PLO zog sich Ende August 1981 aus Beirut zurück. Arafat und andere Führer gingen nach Tunesien, das als einziges Land bereit war, sie aufzunehmen. Tausende PLO-Mitglieder wurden in den Norden des Libanons oder nach Syrien geschickt. Der Abzug fand unter Aufsicht in Beirut stationierter amerikanischer und französischer Truppen statt, um sicherzustellen, dass die Palästinenser während des Rückzuges nicht von Israelis angegriffen würden. Während sich die PLO zurückzog, trat das libanesische Parlament zusammen und wählte den jungen Falangisten-Führer Bashir Gemayel zum Präsidenten des Libanon.

Drei Wochen später wendete sich aber das Blatt. Die Syrer arrangierten die Ermordung von Gemayel. Die Israelis begründeten ihren erneuten Einmarsch in Westbeirut mit der Gefahr von massiven Racheakten und gewährten unerklärlicherweise den Falangisten Zutritt zu den Flüchtlingslagern von Sabra und Schatila. Die Falangisten ermordeten Hunderte palästinensische Zivilisten aus Rache für die Zerstörung der alten Ordnung des Libanon und wegen der während des Bürgerkrieges gegen sie verübten Grausamkeiten der PLO. Die Palästinenser stellten die Überfälle auf die Flüchtlingslager als einen Völkermord der Israelis dar. Dabei nannten sie ganz bewusst die Zahl von sechstausend getöteten Zivilisten, in Anspielung auf Begins Rechtfertigung seiner Politik mit dem Mord an sechs Millionen Juden im Holocaust. Das war natürlich palästinensische Propaganda – aber die Wahrheit war schrecklich genug. Nach offiziellen libanesischen Untersuchungen wurden etwa fünfhundert Zivilisten ermordet; die Israelis schätzten die Zahl auf fast achthundert. Die Unzufriedenheit mit der Politik Begins, die in Teilen der israelischen Gesellschaft schon eine Zeit lang schwelte, explodierte. Es kam zu einer Welle von Protestkundgebungen, deren Höhepunkt eine Massendemonstration war. Die Ablehnung des Krieges und seiner inakzeptablen – und auch unerreichbaren – Ziele war so massiv, dass die Regierung einen Abzug der Truppen auf ihren Ausgangspunkt, wenige Kilometer nördlich der internationalen Grenze, einleitete.

Der Libanon-Krieg war eine Katastrophe – in strategischer, politischer und moralischer Hinsicht. Statt den Bürgerkrieg zu beenden, verstärkte er die syrische Kontrolle, was allerdings zu einem Rückgang der Intensität des Krieges führte. Die militärische Infrastruktur der PLO war weitgehend zerstört – ein weiterer Beitrag zum Frieden im Libanon –, aber jeder, der geglaubt hatte, dass dies zur Auflösung der PLO führen würde, wurde schwer enttäuscht. Ohne einen eigenen Militärstützpunkt in der Nähe Israels begann die PLO zögernd mit einer neuen Strategie, die in den 1990er Jahren genau das Gegenteil von dem erreichen sollte, was Begin, Sharon und Eitan angestrebt hatten. Die israelische Präsenz im Südlibanon hatte vor allem den Effekt, dass eine neue anti-israelische Streitmacht entstand – die schiitische Hisbollah, die von dem neuen islamistischen Regime im Iran gegründet, bewaffnet und ausgebildet wurde. Die lange Präsenz der IDF gab der Hisbollah einen Grund zur Massenmobilisierung: Das Heimatland musste von der Besatzungsmacht befreit werden.

Viele Israelis hielten aber vor allem den innenpolitischen Schaden, der durch den Libanon-Krieg entstanden war, für besonders schwerwiegend. Die israelischen Kriegsverbrechen im Libanon waren geringer im Vergleich zu denen der anderen Beteiligten und sie verblassten angesichts der dunkleren Augenblicke in der Geschichte der meisten kriegführenden Nationen des zwanzigsten Jahrhunderts – Israel hatte die schlimmsten Kriegsverbrechen seit der Staatsgründung begangen. Es war ein ungerechtfertigter Krieg gewesen und viele Israelis blieben mit einem tiefen Gefühl der Beschmutzung zurück. Andere dagegen waren durchaus der Ansicht, dass es angesichts der Tatsache, dass man von feindlichen Staaten geradezu umzingelt war, nur um das Überleben des Stärkeren ging und dass man in diesem Kampf keine unnötigen Skrupel haben dürfe.

Dieser moralische Verfall war weiter vorangeschritten, als die meisten Israelis vermutet hatten. Offenbar wurde dies während eines

Terroranschlags am Abend des 11. April 1984. Vier Terroristen entführten einen Bus der Linie 300 von Tel Aviv nach Ashdod. Er konnte schließlich aufgehalten und nördlich von Gaza gestürmt werden; dabei wurden zwei Terroristen getötet, ebenso eine der Geiseln, eine junge Frau.

Als der Bus gestürmt wurde, waren Journalisten vor Ort. Sie machten einige Fotos von zwei Männern des Sicherheitsdienstes GSS (General Security Service), die gerade zwei lebende Terroristen vom Bus wegzogen. Am nächsten Morgen lautete die offizielle Version, dass alle vier Terroristen bei der Stürmung getötet worden seien. Aber einige Journalisten hatten den Beweis, dass das nicht stimmte, und es waren israelische Journalisten, keine BBC-Korrespondenten.

Der GSS (auch bekannt als Shin Bet) ist für die innere Sicherheit zuständig, in etwa vergleichbar mit dem FBI. Seine Aufgabe ist es, israelische Bürger vor Terrorangriffen zu schützen, und jahrzehntelang hat diese Organisation unzähligen Bürgern das Leben gerettet und ihnen ein sicheres Leben ermöglicht. Die Sicherheitsbeamten sind hervorragend ausgebildet und äußerst pflichtbewusst. Extremisten werden in der GSS üblicherweise von vornherein ausgesiebt.

Die politisch Verantwortlichen der GSS erfuhren sofort von diesen für sie verhängnisvollen Fotos. Um die Veröffentlichung zu verhindern, setzten sie die Fotoreporter sowie die Herausgeber der Zeitung massiv unter Druck. Trotzdem erschien die Story zusammen mit den Fotos in einer Zeitung (allerdings mit geschwärzten Gesichtern der GSS-Beamten).

Die öffentliche Auseinandersetzung sollte fast vier Jahre lang andauern. Anfangs überwog der Zorn gegenüber der Zeitung, die es gewagt hatte, die Story zu veröffentlichen. Dann ging es um die Fragen nach dem eigentlichen Vorfall. Anschließend gab es einen üblen Vertuschungsversuch der GSS, in dessen Zentrum die Beschuldigung des Brigadegenerals Itzhak Mordechai stand, der vor Ort verantwortlich gewesen und vor Gericht gestellt und freigesprochen worden war. Dass die GSS einen General zu Unrecht verdächtigt hatte, rief eine Untersuchungskommission der Regierung, unter der Leitung des Obersten Richters Haim Landau, auf den Plan. Die Erkenntnisse dieser Kommission waren ungeheuerlich: Es stellte sich heraus, dass die GSS jahrelang ein doppeltes Spiel getrieben hatte, wobei die Wahrheit intern bekannt war, nach außen hin jedoch Lügen verbreitet wurden. Die Kommission fand heraus, dass GSS-Beamte routinemäßig Meineide ablegten, um Verurteilungen zu erreichen. Der Protest, den die Untersuchungsergebnisse auslösten, hätte fast das Weiterbestehen des Sicherheitsdienstes gefährdet. Die Auflösung der Organisation wäre natürlich ein Luxus gewesen, den sich das Land kaum leisten konnte; deshalb wurde ein skandalöser präsidentieller Freispruch erteilt. Die Führungsriege verlor ihren Job, wurde aber nicht vor Gericht gestellt. Zumindest wurde den Entlassenen auch später durch gerichtliche Beschlüsse untersagt, jemals wieder ein öffentliches Amt auszuüben.

Insgesamt kam die israelische Demokratie unbeschadet davon, wenn auch nicht besonders glänzend. Die Vorgehensweise der GSS war unverzeihlich. Die Presse hatte sich als wertvoller Wächter erwiesen, wobei sie anfangs unter immensem öffentlichen Druck gestanden hatte. Die Regierung handelte dabei in erster Linie pragmatisch.

Um die Komplexität der Geschichte zu vervollständigen, hier noch zwei zusätzliche Informationen: Gerade als der Sturm der Entrüstung losbrach, hatte die GSS einen Erfolg von historischer Bedeutung zu verbuchen. Beamte konnten einen Ring von Terroristen unter den Siedlern ausheben, die bereits einige Palästinenser ermordet und noch Schlimmeres vorhatten. Hier waren die GSS-Leute die Helden, Gerichte sprachen verdiente Urteile aus, und diesmal mussten die Politiker Beschimpfung ertragen, als sie die vorzeitige Freilassung der Verurteilten sicherstellten. Die zweite Anmerkung ist wirklich bizarr: Es ist die Geschichte von Jossi Genossar, einem der freigesprochenen GSS-Beamten. Während der Intifada verlor er einen Sohn. In den 1990er Jahren, als israelischer Geschäftsmann mit zahlreichen Kontakten zu den Palästinensern, war er entscheidend in einigen Verhandlungen mit ihnen, manchmal war er der einzige Israeli, der das Vertrauen der palästinensischen Führung in den Verhandlungen genoss – die natürlich genau wusste, wer er war.

Im Dezember 1987 brach die erste Intifada aus, gleichzeitig wurde die Hamas gegründet. Damals nahm niemand Notiz von der Parallelität der Ereignisse. Aus der Perspektive des 11. September 2001 betrachtet, war es jedoch ein schwerer Fehler.

In gewisser Weise kann die Intifada als eine positive Entwicklung begriffen werden, selbst aus israelischer Sicht, da sie Klarheit in eine verworrene Situation brachte. Zumindest im Anfangsstadium entsprach sie ihrem Namen: Befreiung. Die unter israelischer Besatzung lebende palästinensische Bevölkerung nahm ihr Schicksal selbst in die Hand, unabhängig von der Bande professioneller Terroristen, die Jassir Arafat im gesamten Nahen Osten im Schlepptau hatte und die sich einzig der Beseitigung Israels verschrieben hatten, wobei sie wenig Interesse für die Lebensbedingungen der Palästinenser selbst zeigte. Anfang der 1970er Jahre hatte Golda Meir dummerweise erklärt, dass »es kein palästinensisches Volk« gebe, als ob ein Außenstehender das überhaupt beurteilen könnte. Die Intifada war der Beweis dafür, dass es sehr wohl ein solches Volk gab. Eine große Mehrheit der palästinensischen Bevölkerung – einschließlich der Frauen, was für eine arabische Gesellschaft ungewöhnlich ist – beteiligte sich aktiv an der Rebellion gegen die israelischen Besatzer und erwies sich so als eine Nation, die nicht ignoriert werden konnte. Durch die Intifada wurde die israelische Gesellschaft gezwungen zu überdenken, ob eine weitere Kontrolle über die besetzen Gebiete diesen Preis wert war. Diesen Stimmungsumschwung nahm auch die PLO wahr, die ihre strategische wie taktische Rolle ebenfalls neu definierte.

Einige zentrale Elemente der Intifada verstießen keineswegs gegen das Kriegsrecht. Generalstreiks, Massendemonstrationen, Steuerboykott oder Boykott israelischer Waren, selbst wenn es dazu keine Alternativen gab: Zum ersten Mal seit Jahrzehnten konnte die Taktik der Palästinenser nicht als kriminelle Handlung beiseite geschoben werden, die ausschließlich dazu diente, einen aussichtslosen und irrationalen Krieg gegen den Zionismus zu führen. Ganz ohne Gewalt verlief dieser Aufstand aber natürlich auch nicht: Beispielsweise wurden immer wieder israelische und besonders Siedlerfahrzeuge mit Steinen beworfen und das konnte durchaus als Mordversuch an Zivilisten gelten.

Es gab natürlich weitaus mehr tote Zivilisten auf palästinensischer Seite. Die IDF bemühte sich zwar auch in dieser Situation, die Zahl der zivilen Todesopfer so gering wie möglich zu halten (sie hatte es

sogar geschafft, bewaffnete Milizen in südlibanesischen Flüchtlingslagern zu bekämpfen, ohne dabei die Zivilbevölkerung in Mitleidenschaft zu ziehen). Die Intifada war für die israelische Armee
aber eine neue Herausforderung. Zeitweise hing Erfolg oder Scheitern von der subjektiven Einschätzung junger und überforderter
Soldaten ab, die mit einer großen Anzahl zorniger, mordlüstern
dreinblickender und mit primitiven Waffen ausgerüsteter Aufstän-
discher konfrontiert waren. Es ist schwer, sich gegen eine aufge-
brachte und gewaltbereite Menge zu wehren, ohne dabei Menschen
zu verletzen. Im Laufe der Zeit reagierten die Soldaten der IDF in
solchen Situationen aber flexibler und es wurden weniger Zivilisten
verletzt. Zugegeben: Es waren immer noch zu viele. Aber wie hätte
man das konsequent verhindern können? Einem Volk, das eine Armee angreift und also selbst die Konfrontation sucht, kann man
nicht jegliches Opfer ersparen. Was bleibt, ist das Kräftemessen:
Welche Seite wird zuerst nachgeben?
Der syrische Präsident Assad setzte im Frühjahr 1982, als er mit einem Intifada-ähnlichen Aufstand von Islamisten in der Stadt El-
Hama konfrontiert war, die Luftwaffe ein. Dabei wurden zwanzigtausend Syrer getötet. Auch Israel hätte die militärischen Kapazitä-
ten gehabt, um die Intifada brutal niederzuschlagen. Aber diese
Option wurde nie in Betracht gezogen. Eine solche Politik hätte in
der israelischen Gesellschaft auch niemals Zustimmung gefunden.
So lavierte sich die israelische Regierung durch die Jahre der Intifada. Die wenigen Fälle, in denen israelische Soldaten brutal gegen
die Palästinenser vorgegangen waren, wurden vor dem Kriegsgericht verhandelt. Zehntausende wurden inhaftiert, was zweifellos
ihren Nationalismus noch verstärkte. Kein Palästinenser hätte es
jemals im öffentlichen Leben zu etwas bringen können, wenn er
nicht wenigstens einen Aufenthalt in einem israelischen Gefängnis
hätte nachweisen können. Mit Ausnahme der Siedler unternahm
die israelische Zivilbevölkerung keine Reisen in die besetzten Gebiete, wodurch die Kluft zwischen Siedlern und der übrigen Bevölkerung nicht nur vertieft wurde, sondern das Land sogar psycholo-
gisch in »wir« und »ihr« gespalten wurde. Dennoch hielten die Israelis an ihrer Entscheidung fest, denn zu diesem Zeitpunkt gab es
keine vernünftige Alternative.
Außerhalb Palästinas, hauptsächlich in Tunesien, verhielt sich die

PLO wie ein Wolf im Schafspelz – sie blieb gefährlich. Die Sowjetunion, die jetzt sichtbar auseinanderbrach, war seit Jahrzehnten die Hauptstütze im arabischen Kampf gegen Israel gewesen. Die arabische Welt nahm die Beziehungen zu Ägypten wieder auf und akzeptierte auch die Politik gegenüber Israel. Und die Bevölkerung, die unter Israel litt, hatte einfach genug von einer jahrzehntelangen Rhetorik, die nichts gebracht hatte. Im Juli 1988 verzichtete König Hussein von Jordanien auf seinen Souveränitätsanspruch auf die Westbank und überließ damit die Aufteilung Israelis und Palästinensern. Im November 1988, also einundvierzig Jahre zu spät, nahm die PLO offiziell den 1947 verabschiedeten Teilungsplan der Vereinten Nationen an. Um sich offizielle Kontakte zu den Vereinigten Staaten offenzuhalten, verzichtete Arafat im Dezember auf »alle Arten des Terrorismus, einschließlich des individuellen, kollektiven und staatlichen«. Außerdem erklärte er, dass die PLO die UN-Resolutionen 242 und 338 als Grundlage für Verhandlungen mit Israel akzeptierte. In den Augen der Amerikaner und einiger Israelis gab es jetzt endlich einen palästinensischen Verhandlungspartner.

Aber da gab es noch die Hamas. Um etwas Neues zum Thema Islam oder Islamismus sagen zu können, fehlen mir die nötigen Kenntnisse. Aber man sollte sich an dieser Stelle einige wohlbekannte Fakten noch einmal vergegenwärtigen.

Der Aufstieg des radikalen Islam ist Teil der Geschichte der Konfrontation zwischen arabischer und westlicher Welt. Islamisten sehen ihre eigene Kultur als höherwertig an und führen gegen alle und alles Krieg, was sie als dekadent begreifen, kurz gesagt: gegen den aufgeklärten westlichen Liberalismus. Dabei waren einige führende Repräsentanten des radikalen Islam hochgebildete Männer, die durchaus von westlichen Einflüssen profitiert hatten, diese aber später demonstrativ verschmähten. Sayyid Qutb zum Beispiel, vielleicht der einzig wichtige islamische Literaturkritiker der arabischen Welt seit den 1950er Jahren. Er wandte sich während eines Aufenthaltes in den Vereinigten Staaten in den Jahren 1948 bis 1950 vom Westen ab, voller Abscheu über die in seinen Augen ungebührlichen Freiheiten, die sich die Menschen dort herausnahmen. Unter seinen engsten Verbündeten waren Ingenieure, Rechtsanwälte und Professoren.

1928 wurde in Ägypten die Muslim-Bruderschaft gegründet. Als sich die Palästinenser Mitte der 1930er Jahre erhoben, wurden sie dabei von der Bruderschaft unterstützt, und 1948 gingen Tausende zur ägyptischen Armee, die in Israel einmarschierte. 1956 baten Hunderte Palästinenser Präsident Nasser, sie aus den Gefangenenlagern zu entlassen, damit sie erneut gegen die jüdischen Ungläubigen kämpfen konnten; sie versprachen ihm, nach Beendigung des Kriegs wieder ins Gefängnis zurückzukehren. Als jedoch der sowjetische Einfluss in der arabischen Welt weiter zunahm, änderte sich die Haltung der Muslim-Bruderschaft. 1967 weigerten sich einige der Führer, Nasser bei seinem zweiten Versuch, Israel zu zerstören, zu unterstützen, wobei sie betonten, dass sie zwischen seinem atheistischen Regime und dem der ungläubigen Juden keinen Unterschied erkennen könnten.

1979 übernahm ein Klan aus dem schiitischen Zweig der Bruderschaft die Macht im Iran und errichtete eine islamische Republik. Zehn Jahre später brach die atheistische sowjetische Supermacht zusammen, deren Einfluss so dominant auf die arabische Politik gewirkt hatte. Diejenigen, die Geschichte als Ergebnis materialistischer Kräfte ansehen, die das Verhalten der Menschen bestimmen, unterschätzen die überwältigende Macht von Ideen und Emotionen. Die Islamisten sahen sich nach dem Fall des Sowjetblocks in ihrer Position bestätigt. Dieses Ereignis war für sie auch ein außerordentlicher Glücksfall, da ihr größter Rivale in der arabischen Welt plötzlich diskreditiert und abgetreten war.

Der Einfluss islamistischer Organisationen und ihrer Ideologie wuchs in der muslimischen Welt und sie erhielten großzügige finanzielle Unterstützung aus Saudi-Arabien. Natürlich dehnte sich dieser Einfluss auch auf Palästina aus, einen der wichtigsten Schauplätze in ihrem Kampf gegen die Ungläubigen.

Die Hamas, der palästinensische Zweig der Muslim-Bruderschaft, gewann in den 1970er Jahren beträchtlich an Bedeutung. Anfangs wurde sie von den Israelis nicht zur Kenntnis genommen, später unterstützte die israelische Militärregierung eine Zeitlang diese Gruppierung, um ein Gegengewicht zur PLO, dem klar definierten Feind, zu schaffen. Die Lehren, die die Hamas verbreitete, waren eindeutig antisemitisch, aber das wurde ignoriert. Der Führer war Scheich Ahmad Yassin, der mit der Gründung seiner Organisation einen Tag nach dem Ausbruch der Intifada eine sehr scharfsinnige Einschätzung dieses Ereignisses bewies: Es war eine günstige Gelegenheit, eine neue politische und militärische Struktur für die islamistische Bewegung zu schaffen. Ahmad Yassin war schwer körperbehindert, weswegen ihn die Israelis lange für ungefährlich hielten.

»Hamas« bedeutet Feuer, Glut, Hitze, Eifer oder Fanatismus. Es ist eine Abkürzung für Harakat al-Muqawamah al-Islamiyya (»Islamische Widerstandsbewegung«). Ihre im August 1988 veröffentlichte Plattform ist ein langes Dokument voller Zitate aus traditionellen muslimischen Quellen. Da eine nicht zu unterschätzende Minderheit der Palästinenser Hamas unterstützt und die meisten Kritiker Israels sich weigern, sie ernst zu nehmen, ist es wichtig, einige Auszüge aus diesem erschreckenden Dokument zu zitieren:

Artikel 11: Die Islamische Widerstandsbewegung glaubt, dass das Land Palästina ein islamisches *waqf* ist, künftigen muslimischen Generationen bis zum Tag des Jüngsten Gerichts geweiht. Kein Teil davon darf vergeudet werden: Kein Teil dieses Landes also darf abgetreten werden. Weder ein einzelnes arabisches Land noch alle arabischen Länder zusammen, weder ein einziger König oder Präsident, noch alle Könige oder Präsidenten, weder eine Organisation noch alle von ihnen, seien sie palästinensisch oder arabisch, haben dazu das Recht. Palästina ist ein islamisches *waqf*, Land, das den Muslimen geweiht ist bis zum Tag des Jüngsten Gerichts.

Artikel 13: Ansätze zum Frieden, die so genannten friedlichen Lösungen und die internationalen Konferenzen zur Lösung der Palästinafrage stehen sämtlich im Widerspruch zu den Auffassungen der Islamischen Widerstandsbewegung. Denn auf irgendeinen Teil Palästinas zu verzichten, bedeutet, auf einen Teil der Religion zu verzichten ... Für die Palästinafrage gibt es keine andere Lösung als den Djihad. Die Initiativen, Vorschläge und internationalen Konferenzen sind reine Zeitverschwendung und eine Praxis der Sinnlosigkeit.

Artikel 22: Lange Zeit, voller List und Sorgfalt, schmiedeten die Feinde Pläne zur Erfüllung ihrer Ziele. Dabei vergaßen sie auch nicht die Mittel, die den Lauf der Welt bestimmen: Die

Feinde häuften einen riesigen und einflussreichen materiellen Wohlstand an, den sie dazu nutzten, ihren Traum zu verwirklichen. Dieser Reichtum erlaubte es ihnen, die Kontrolle über die Weltmedien wie zum Beispiel Nachrichtenagenturen, Zeitungen, Verlagshäuser, TV-Sender und weitere Dinge dieser Art zu übernehmen. Sie nutzten diesen Reichtum auch aus, um Revolutionen in verschiedenen Teilen der Welt anzufachen, um ihre Interessen wahrzunehmen und die Früchte ihrer Arbeit zu ernten. Sie standen hinter der Französischen Revolution und hinter den kommunistischen Revolutionen und den meisten Revolutionen, von denen man auf der Welt hört. Mit ihrem Geld gründeten sie in vielen verschiedenen Teilen der Welt Geheimgesellschaften wie die der Freimaurer, die Rotary- und Lions-Clubs und andere, um in den jeweiligen Gesellschaften dieser Länder Schaden anzurichten und ihre zionistischen Interessen zu verwirklichen. Sie benutzten das Geld ebenfalls dazu, die Macht über die imperialistischen Länder zu gewinnen und sie dazu zu bringen, viele Länder zu kolonisieren, um die Reichtümer dieser Länder auszubeuten sowie Korruption zu verbreiten.

Was immer über regionale Kriege und Weltkriege berichtet und behauptet wird: Fest steht, dass die Feinde hinter dem Ersten Weltkrieg standen, um so das islamische Kalifat auszulöschen. Sie sammelten materielle Ressourcen und übernahmen die Kontrolle über zahlreiche Quellen des Wohlstands. Sie setzten die Balfour-Erklärung durch und etablierten den Völkerbund, um mit den Mitteln dieser Organisation über die Welt zu herrschen. Sie standen ebenfalls hinter dem Zweiten Weltkrieg, in dem sie gewaltige Vorteile aus dem Handel mit Kriegsausrüstungen zogen und die Gründung des Staates Israel vorbereiteten. Sie setzten den Aufbau der Vereinten Nationen und des Sicherheitsrats in Gang, um den Völkerbund zu ersetzen und die Welt mithilfe ihrer Mittelsmänner zu beherrschen. Es gibt keinen Krieg, an welchem Ort auch immer, der nicht ihre Fingerabdrücke trägt ...

Artikel 32: ... Heute ist es Palästina, und morgen werden es andere Länder sein. Zionistische Machenschaften setzen sich endlos fort und werden sich nach Palästina gierig vom Nil bis zum

Euphrat ausdehnen. Erst dann, wenn sie die Gegend, auf die sie ihre Finger gelegt haben, komplett verdaut haben, werden sie zu weiterer Expansion voranschreiten, und immer so weiter.

Ihr Komplott wurde in den *Protokollen der Weisen von Zion* niedergelegt: Ihr derzeitiges Verhalten ist der beste Beweis für unsere Behauptungen.

Das ist die Charta einer der wichtigsten politischen Bewegungen der palästinensischen Nation. So zu tun, als ob das, was dort gesagt wird, nicht wirklich ernst gemeint sei oder zu behaupten, dass solche Äußerungen nur Ausdruck der Frustration der Palästinenser seien, ist bevormundend und albern. Wenn irgendeine Partei in einer demokratischen Gesellschaft sich eine auch nur im entferntesten ähnliche Grundsatzerklärung geben würde, würde sie sich öffentlich unmöglich machen. Bekäme sie die Unterstützung eines Drittels der Bevölkerung, würden sämtliche Nachbarländer eiligst aufrüsten. Und wenn sie dann ihre Worte in die Tat umsetzten ...?

Neben der kleineren Organisation »Islamischer Djihad« verübte die Hamas die meisten Terroranschläge der Intifada (während man in der PLO diskutierte, ob der Terror nicht doch eher kontraproduktiv sei). Da für sie der Einsatz von Terror noch neu war, begann die Hamas mit Angriffen auf Einzelpersonen (zum Beispiel in Form von Messerstechereien, Entführungen und Mord). Sie machte dabei keinen Unterschied zwischen den besetzten Gebieten und dem eigentlichen Israel. Der Hauptstützpunkt der Hamas befand sich in Gaza, wo sie von Anfang an erhebliche Unterstützung in der Bevölkerung genoss; auf der Westbank erlangten sie diese erst später. Ihre bloße Existenz hätte eine ernsthafte Frage aufwerfen müssen: Würden die Palästinenser überhaupt jemals einen jüdischen Staat akzeptieren? Würde die Intifada einen Fortschritt, vielleicht sogar eine tatsächliche Versöhnung ermöglichen – oder handelte es sich lediglich um ein neues Stadium in einem unlösbaren Konflikt?

Diese Frage hätte sich schon damals stellen müssen wegen des grundlegenden Unterschiedes zwischen dieser neuen Generation palästinensischer Extremisten und ihren vorgeblichen israelischen Gegnern. Außenstehende beäugen die religiösen Extremisten beider Seiten gewöhnlich argwöhnisch, und in der Überzeugung, dass die eine Seite ebenso schuldig sei wie die andere, erklären sie den gesamten Konflikt für eine irrationale Posse religiöser Fanatiker. Diese scheinbar rationale und aufgeklärte Ansicht ignoriert jedoch völlig, dass mörderische Gewalt gegen Zivilisten das Kennzeichen der palästinensischen Extremisten ist. Das Kennzeichen der Siedler dagegen ist die Gründung von Siedlungen. Selbst ein Kind, so könnte man meinen, würde diesen grundsätzlichen Unterschied erkennen.

Benny Morris schreibt, dass die Hamas 1987 »wie ein Schmetterling aus der Puppe (der Muslim-Bruderschaft)« entstanden sei. Dies traf im Grunde auf den gesamten Nahen Osten zu. Jahrzehntelang schien es so, als hätten die Sowjetunion und der Kalte Krieg den Nahost-Konflikt stimuliert und perpetuiert. Als der Kalte Krieg vom Westen gewonnen wurde, sagte man uns, der Konflikt werde sich entspannen, wenn wir uns nur weise verhielten. Was aber, wenn das nicht stimmte und sich aus der Puppe der sowjetischen Unterstützung anti-westlicher, anti-demokratischer und anti-aufgeklärter Regime bald die vollständige Ablehnung dieser Werte und ihrer politischen Organisationsformen entwickeln würde? Schließlich ist der Islam 1400 Jahre alt, während der Kommunismus nur 70 Jahre andauerte und der Kalte Krieg weniger als 50 Jahre. Warum sollte man annehmen, dass der Kommunismus den Islam beeinflusst habe? Ist es nicht vielmehr so, dass der Islam, oder einer seiner radikalen Zweige, den Kommunismus manipulierte? Gab es in diesem Szenario überhaupt irgendetwas, das die Israelis hätten tun können, um ihre Feinde zu befriedigen, außer einfach zu verschwinden? Und konnte der Westen etwas tun, außer um sein Überleben zu kämpfen? Das war die Frage, die am 10. Dezember 1987 nicht gestellt wurde.

SIEBTES KAPITEL

Eine Gesellschaft, für die es zu kämpfen lohnt

Kritiker bezeichnen Israel gern als einen rassistischen Staat. Gibt man die Wörter *Israel* und *Rassismus* bei Google ein, erhält man 240.000 Hinweise. Unter den ersten hundert findet man einen Beitrag von Sherri Muzher, einem palästinensisch-amerikanischen Aktivisten, Anwalt und freien Journalisten, über die Anti-Rassismus-Konferenz der Vereinten Nationen, die im September 2001 im südafrikanischen Durban stattfand: »Wie kann jemand behaupten, dass Israel kein rassistischer Staat sei? Israel wird sogar als jüdischer Staat bezeichnet. Es ist der Staat einer einzigen Religion und die Gründer des Zionismus wollten einen solchen homogenen Staat ... Keiner will als Rassist gelten, besonders diejenigen nicht, die dazu gezwungen wurden, den Judenstern zu tragen, um in Nazi-Deutschland identifiziert werden zu können. Aber die von Israel verfolgte Politik geht exakt in diese Richtung. Wenn Israel dieses wohlverdiente Etikett nicht haben möchte, sollte es seine rassistischen Praktiken einstellen.«[15]

Mit ähnlichem Tenor schrieb Ghassan Khatib, Arbeitsminister im Kabinett der Palästinensischen Autonomiebehörde, einen Artikel mit dem Titel »Israel ist ein rassistischer Staat« auf der Webseite der Palästina-Solidaritätskampagne: »Endlich hat jemand den Mut gehabt, Israel als das zu bezeichnen, was es wirklich ist: ein rassistischer Staat. Aber die offizielle Anti-Rassismus-Konferenz der Vereinten Nationen, die in Durban, Südafrika zusammentrat, war sehr zögerlich in der Anwendung des Völkerrechts auf Israel. Dennoch wurden die Palästinenser durch die Empfehlungen des internationalen NGO-Forums in Durban ermutigt. Zum ersten Mal seit dem Beginn der Intifada hat es jemand gewagt, die israelischen Grausamkeiten und seine Verletzung der internationalen Menschenrechte anzuprangern.«[16]

Ende 2000 erklärte Phyllis Bennis, eine Expertin am links-liberalen *Institute for Policy Studies* in Washington, D.C.: »Innerhalb Israels

---

15 www.serendipity.li/more/muzher.htm
16 www.palestinecampaign.org/archives

gibt es tatsächlich vier Stufen der Staatsbürgerschaft, wobei die oberen drei Stufen den Status der jüdischen Bevölkerung in der israelischen Gesellschaft beschreiben und nach sorgfältigen rassistischen Kriterien unterschieden sind. Ganz oben stehen die Aschkenasim, die weißen europäischen Juden. In diese Gruppe wird das riesige Kontingent jüngster russischer Einwanderer – jetzt über 20 Prozent der israelischen Juden – in den europäischen Aschkenasim-Sektor integriert, obwohl sie eine ganz andere kulturelle Identität besitzen. Auf der darunter liegenden Stufe stehen die Mizrachi oder sephardischen Juden aus den arabischen Ländern, die jetzt wahrscheinlich die größte Gruppe der jüdischen Bevölkerung bilden. Auf der untersten Stufe dieser jüdischen Pyramide stehen die schwarzen äthiopischen Juden. Wenn man in die ärmsten Viertel des jüdischen West-Jerusalems geht, findet man dort überwiegend Äthiopier. Diese soziale und ökonomische Stufenleiter entwickelte sich während der letzten 50 Jahre, in denen Juden unterschiedlichster Herkunft aus verschiedenen Teilen der Welt aus sehr unterschiedlichen Gründen nach Israel kamen. Während diese Unterschiede die nationalen Ursprünge reflektieren, äußern sie sich in einer zutiefst rassistischen Art und Weise.«[17]

Im September 2002 gab Nelson Mandela der Zeitschrift *Newsweek* ein Interview, in dem er George W. Bush und Tony Blair des Rassismus' in ihrer Kampagne zur Entwaffnung des Irak bezichtigte: »Weder Bush noch Blair haben irgendeinen Beweis für die Existenz derartiger Waffen geliefert. Wir wissen jedoch, dass Israel Massenvernichtungswaffen besitzt. Niemand redet darüber. Weshalb sollte es bestimmte Standards für ein Land geben, hauptsächlich weil es schwarz ist, und andere für ein anderes Land, nämlich Israel, das weiß ist.«

Wenn man diesen Leuten genau zuhört, erkennt man, dass sie tatsächlich ganz unterschiedliche Dinge meinen, obwohl ihre Terminologie dieselbe ist – sie verurteilen Israel als rassistisch. Sherri Muzher spielt auf die ursprüngliche Bedeutung des Wortes an, die Vorstellung, dass die Menschheit in Rassen getrennt ist und auch in Zukunft bleiben sollte – und dass diese sich nicht mischen sollten. Diese Vorstellung aus dem neunzehnten Jahrhundert entwickelte

---

17 Max Elbaum interviewte Phyllis Bennis für *Colorlines*, http://www. arc.org/C_Lines/CL_Archive/story_web 00_04.html

sich im zwanzigsten Jahrhundert zu der Auffassung, dass die verschiedenen Rassen unterschiedliche Werte besitzen, von denen einige kreativ und positiv seien, andere dagegen destruktiv und negativ. Dieser Gedanke war Kern der nazistischen Weltanschauung und die treibende Kraft für ihr Handeln. Nach der Niederlage der Nazis stimmten alle darin überein, dass sie furchtbar gewesen waren, und jemanden mit ihnen zu identifizieren wurde zur allerschlimmsten Beleidigung. Phyllis Bennis klagt Israel nicht eines Auschwitz-ähnlichen Genozids an. Sie verbindet den Begriff Rassismus mit dem Verbrechen der Sklaverei und Segregation, die an den amerikanischen Schwarzen begangen wurde. Dass der Vorwurf durch seine Anklänge an die Nazis an Macht gewinnt, wird sie bestimmt nicht stören, aber er bezieht sich auf den Rassismus in Amerika. Von Mandela hätte man erwarten können, dass er ebenfalls den Begriff aus der amerikanischen Geschichte ableitet – das tut er jedoch nicht. Vielmehr sieht er Rassismus nicht in seiner Dimension als Restriktionen der Freiheit von Individuen aufgrund ihrer Gruppenzugehörigkeit, sondern als ein Verbrechen der reichen Länder des Nordens an den Ländern des Südens. Für Mandela ist Rassismus die logische Folge des europäischen Kolonialismus. Interessanterweise bedeutet das, dass das Verbrechen weniger in der Verweigerung von Gleichheit oder Freiheit besteht als in der Verweigerung von Unabhängigkeit: Ob irakische Bürger Freiheit genießen oder nicht, ist für ihn weniger entscheidend als ihre Unabhängigkeit von kolonialer Herrschaft, selbst wenn diese Unabhängigkeit die Form einer blutigen Diktatur annimmt. Diese Ansicht kommt der öffentlichen Meinung in Westeuropa äußerst gelegen, die Kolonialismus heutzutage als die schlimmste Sünde begreift.

Wie würde ein wirklich rassistisches Israel nach diesen drei Definitionen des Begriffs wohl aussehen? Natürlich gibt es ein Vorbild für den schlimmsten Rassisten überhaupt. Hitler wollte die Juden loswerden, und er war bereit, die Menschheit in den schlimmsten Krieg aller Zeiten zu führen, um die Voraussetzungen für diesen Massenmord zu schaffen. Millionen seiner Landsleute waren eifrig bemüht, ihm dabei zu helfen, und kaum jemand von ihnen tat etwas dagegen. Sie brauchten vier Jahre, um sechs Millionen Juden zu ermorden, neben Millionen von Russen, Slawen, Roma und Sinti und anderen »Untermenschen«. Am effizientesten waren sie von

April bis November 1942, in nur 250 Tagen ermordeten sie ungefähr zweieinhalb Millionen Juden. Sie zeigten niemals eine Spur von Ermüdung, ihr Eifer ließ erst nach, als kaum noch Juden am Leben waren, und hörte erst auf, als die Alliierten ihre Städte bombardierten und ihr Land in Schutt und Asche legten.

Das völkermordende Regime Ruandas im Jahre 1994 scheint ähnlich extrem in seinem Rassismus gewesen zu sein. Weitere Beispiele aus der jüngsten Vergangenheit fallen einem nicht ein und ganz bestimmt nicht aus dem Nahen Osten. Im gesamten Jahrhundert des Konfliktes zwischen Palästinensern und Juden war die Zahl der Toten *auf beiden Seiten* zusammengerechnet geringer als die Zahl der Juden, die 1942 innerhalb einer Woche umgebracht wurden. In der Regierungszeit unter Premierminister Ariel Sharon bis Anfang 2005 starben etwa 3000 Palästinenser, die meisten von ihnen Kämpfer und über 150 davon Selbstmordattentäter; außerdem wurden etwa 1000 Israelis, hauptsächlich Zivilisten, getötet – ein Sechs-Stunden-Job für die Nazis. Jeder Versuch einer Gleichsetzung Israels mit Nazi-Deutschland und seiner Todesmaschinerie ist obszön.

Vorangegangene Kapitel haben sich mit der zweiten Anschuldigung auseinandergesetzt, der zufolge Israels Rassismus in seinem Kolonialismus wurzelt. Die einzige (dürftige) Ähnlichkeit zwischen dem europäischen Kolonialismus und dem Zionismus besteht darin, dass die Zionisten vielleicht zur Hälfte aus Europa kamen. Aber selbst sie waren zum größten Teil mittellose Flüchtlinge, häufig aus den Randgebieten Europas, und fast niemand kam aus den Kolonialstaaten Westeuropas. Ihr Ziel war der Aufbau eines Staates, in dem sie die Mehrheit bildeten, nicht die herrschende Kaste, und die Gründung einer Gesellschaft, die den Werten und der Kultur der Juden entsprach. Eine ähnliche koloniale Bewegung kann man höchstens im achtzehnten Jahrhundert in Amerika finden oder im Australien des neunzehnten Jahrhunderts.

Bleibt die dritte Definition von Rassismus, nach der Israel als rassistisch gilt wegen seiner diskriminierenden Politik gegenüber seinen eigenen schwächeren ethnischen Gruppen. Das entspricht dem amerikanischen Rassismus und auch dem amerikanischen Verständnis der Apartheid in Südafrika (obwohl es nicht das Verständnis von Mandela ist, wie oben angeführt). Dieser Rassismusvorwurf hat zwei Varianten: dass sich Israel gegenüber allen Bürgern rassistisch verhält oder dass Israel »bloß« rassistisch gegenüber seinen arabischen Bürgern ist. Die Beschreibung von Phyllis Bennis, wäre sie zutreffend, entspräche der Vorstellung eines durch und durch rassistischen Israels, und viele der jüdischen Kritiker Israels, einschließlich der Post-Zionisten, haben diese Betrachtungsweise übernommen. Ein Israel, das »bloß« gegenüber den Arabern rassistisch ist, und nicht gegenüber den schwächeren ethnischen jüdischen Gruppierungen, entspräche in etwa dem Südafrika der Apartheid.

Jeder, der Israel als rassistischen Staat bezeichnet, ist sich dessen wohl bewusst, dass es für Juden kaum eine schlimmere Anschuldigung geben kann. Es genügt nicht, dass zur Verteidigung Israels vehement darauf hingewiesen wird, dass Israel absolut gar nichts mit der Politik der Nazis gemein hat, weil der Vorwurf nicht wirklich auf den Nazismus abzielt. Um diese Beschuldigung zurückzuweisen, muss man sich mit dem Kern der Aussage auseinandersetzen.

Zuerst zum Vorwurf des vielschichtigen Rassismus. Israel ist weit entfernt davon, eine monolithische Gesellschaft von »Weißen« zu sein, vielmehr setzt es sich aus ganz unterschiedlichen Gruppen zusammen. Davon gibt es mindestens sechs, wiederum unterteilt, aber dennoch als »Stämme« des modernen Israels erkennbar. Diese bestehen aus den traditionellen aschkenasischen Eliten, den Nachkommen der Einwanderer aus den muslimischen Ländern, den Siedlern, den Ultra-Orthodoxen, den russischen Einwanderern und den israelischen Arabern.

Der Soziologe Baruch Kimmerling, ein Nachkomme der traditionellen Eliten, schlug kürzlich eine israelische Definition der WASP (White Anglo-Saxon Protestant) vor: Aschkenasim, säkulare Oldtimer, Sozialisten im Sinne der europäischen Sozialdemokratie. Sie sind hauptsächlich die Nachkommen der vorwiegend aschkenasischen Einwanderer vor dem Zweiten Weltkrieg. Die Überlebenden des Holocaust und deren Kinder gehören mit Abstufungen ebenfalls zu dieser Gruppe. Einige von ihnen hatten Ähnlichkeit mit den Einwanderern, die vor dem Krieg kamen, viele waren jedoch einfach nur Flüchtlinge. Hätte man in den 1950er Jahren von israelischen Stämmen gesprochen, wären die Flüchtlinge sicherlich als ein eigener bezeichnet worden. In den 1990er Jahren waren sie jedoch durch eigene Anstrengungen längst in die Elite integriert. Ich werde diese Gruppe als Mainstream bezeichnen, nicht weil sie dies tatsächlich ist, sondern weil viele Jahre lang ihre Stimme am lautesten zu hören war. Die gut ausgebildeten Freiberufler, Professoren, Journalisten, Schriftsteller, Dichter und Künstler, Industriellen und viele der wohlhabenden Schichten gehören zu dieser Gruppe. Ihre Gründerväter kamen aus einem Milieu, das entweder orthodox ist oder dies bis vor kurzem war. Ihre Rebellion gegen die Religion, die sie als antiquiert ansahen, gründete auf eigener Erfahrung. Dennoch sollte ihr Aufbegehren Folgen haben, die sie nicht voraussahen, denn es hatte sowohl kulturelle als auch geographische Auswirkungen. Hätten sie während der Rebellion jemals an ihre zukünftigen Kinder gedacht, so hätten sie wohl von ihnen erwartet, dass diese – genau wie sie selbst – freiwillig zu Schöpfern einer neuen Agenda würden. Wären sie in Europa geblieben, hätte diese Idee vielleicht funktioniert. Kinder in einem Land großzuziehen, in dem man selbst nicht seine Kindheit verbracht hat, bedeutet, dass die Kinder nicht ihren Eltern ähnlich werden können. Nicht nur, dass die Entscheidung, gegen die Tradition zu rebellieren, bereits vor ihrer Geburt getroffen wurde, es gab auch keine Möglichkeit mehr, Tradition überhaupt zu erleben. Die Eltern waren Apostaten, die Kinder Ignoranten. Nach dem Nationalsozialismus gab es nicht einmal ein früheres Heimatland, in das man hätte zurückkehren können, um etwas über Tradition zu erfahren.

Ihre Kinder, Enkel und inzwischen sogar Urenkel bedauern es nicht, dass es für sie das traditionelle jüdische Leben nicht mehr gibt. In einem ziemlich brutalen Jahrhundert fühlten sie sich auf der Seite der Sieger. Sie identifizierten sich mit dem siegreichen Westen, der immer noch stolz auf sich war: demokratisch, reich, Wohlstandsstaat nach europäischem Modell, rational, liberal, und so weiter. Hätte man sie gefragt, was an all dem eigentlich typisch jüdisch sei, so hätten sie geantwortet, dass die meisten Bürger Israels Juden seien, dass sie die Sprache der Juden sprächen und die Feiertage der Juden im Land der Juden begehen würden – reichte das nicht? Die Franzosen leben in Frankreich, die Norweger in Norwegen, und die Juden eben in Israel. Wieso muss man sich selbst mit ständigen Gewissenserforschungen quälen? Die Norweger tun das nicht. Hätte jemand weiter nachgebohrt und gefragt, ob es das Opfer wert sei, für so einen Staat zu sterben, hätten sie mit den Schultern gezuckt und gesagt, solange man verfolgt werde, müsse man eben durchhalten, wie sie dies angesichts der arabischen Ablehnung tun müssten. Irgendwann werde Frieden herrschen, und Israel tatsächlich ein jüdischer Ableger des Westens werden. Dann könne man sagen, dass der Messias gekommen sei. Sogar noch besser, man könne sagen, dass die Juden endlich ihre Normalität zurückgewonnen hätten. Oder haben Sie etwas dagegen, dass wir zum Skifahren in die Schweiz fahren?

Das war alles gut, solange es einzig eine militärische Bedrohung von außen gab. Lange Zeit trugen die Söhne und Töchter dieses Stammes die Last der Kriege, zu Anfang fast allein. Sie schwankten nicht und tun das bis heute nicht. Sie können immer noch voller Befriedigung sagen, dass sie den jüdischen Staat aufgebaut und bewahrt haben. Allerdings sind seit den 1980er Jahren neue Faktoren aufgetaucht, die das stabile Gleichgewicht gefährden.

Das politische Mitte-Links-Lager verlor 1977 die Macht, weil viele der WASPs, die sie bisher unterstützt hatten, die Seite wechselten. Sie hatten genug von der Selbstgefälligkeit der Arbeitspartei und ihren ständigen Wahlsiegen. Außerdem hatten sie immer noch mit den Folgen des Jom-Kippur-Krieges und einer Reihe von Korruptionsfällen auf höchster Ebene zu kämpfen. 1982 schickte die »falsche« Regierung sie in den »falschen« Krieg. Als es Israel ökonomisch besser ging, knüpften immer mehr WASPs engere Kontakte zu Leuten von außerhalb. Israelis aus allen gesellschaftlichen Gruppen begannen zu reisen, die gut ausgebildeten unter ihnen gründeten Berufsverbände, durch die sie mit Nicht-Israelis abseits der Skipisten und Kaufhäuser in Kontakt kamen. All dies geschah genau zu dem Zeitpunkt, als die internationale Kritik an Israel wegen seiner Besatzungspolitik lauter wurde. Als die Intifada begann, schien es so, als sei Israel aus dem Tritt geraten. In den 1990er Jahren dann schien der Tribalismus innerhalb Israels außer Kontrolle zu geraten, und die israelischen WASPs fürchteten, dass ihre Projekte von anderen unterminiert werden könnten. Und wenn sie jetzt behaupten, sie hätten nicht panisch reagiert, dann belügen sie sich selbst.

Der Friedensprozess versprach Rettung. Er würde die Besetzung eines anderen Landes, die den Vorstellungen von westlichen Demokratien widersprach, beenden und Israel damit den Wiedereintritt in diesen Kreis ermöglichen. Der Friedensprozess wurde von der Arbeitspartei und ihrem Lager vorangetrieben – dem auserwählten Lager der israelischen WASPs. Ein Erfolg des Friedensprozesses würde zukünftig Wahlsiege sichern, die es dann erlaubten, all das zu ändern, was in den vorangegangenen zwanzig Jahren falsch gelaufen war. Dadurch würden sich andere Israelis massenhaft ihrer Gruppierung anschließen, sie würden erneut zum wirklichen Mainstream und der Zug der Geschichte würde wieder in vertrauten Bahnen verlaufen. Der Friedensprozess hatte sogar einen norwegischen Namen.

Unbeantwortet – und auch ungestellt – blieb die Frage, ob die Palästinenser begriffen, dass es ihre eigentliche Aufgabe war, dem Zionismus wieder auf die Beine zu helfen. Die Unterstützer des Oslo-Prozesses waren ernsthaft am Frieden interessiert und wirklich davon überzeugt, dass eine mit den Grundbedürfnissen Israels zu vereinbarende palästinensische Unabhängigkeit und Souveränität ein Ziel sei, wofür es sich einzusetzen lohne. Was aber, wenn die Palästinenser ihr Ziel zu einem Preis zu erreichen versuchten, der weit über dem lag, den Israel jemals bezahlen konnte? Diese Möglichkeit – und sehr viele Anzeichen sprachen dafür – konnte sich die Mehrheit der politischen Linken zwischen 1993 und Oktober 2000 nicht eingestehen. Einige können das bis heute nicht.

Eine perfekte Zusammenfassung der Position der israelischen WASPs erschien im November 2001 in *Haaretz*. Dr. Eyal Gross, Professor für Verfassungsrecht an der Universität von Tel Aviv, veröffentlichte eine scharfe Kritik an Israels Politik gegenüber den Palästinensern. Sein Hauptkritikpunkt, der vernichtend sein sollte, bestand darin, dass Israel sich mehr um die ethnischen Gruppierungen der Juden kümmere als um seine Bürger insgesamt.

Kein anderer jüdischer Stamm wäre besorgt darüber, dass Israel versucht, die jüdischen Bevölkerungsgruppen zu schützen. Ganz im Gegenteil, sie würden dies als Grund für die Existenz Israels ansehen.

Fast am Ende seines hervorragenden Buches *Von Beirut nach Jerusalem* (München 1994) illustriert Thomas Friedman die politische Lage am Beispiel der Geschichte des Lebensmittelhändlers Sasson, eines ursprünglich aus dem Irak stammenden Juden: Sasson war nicht gerade politisch aktiv, da er lediglich an den Wahlen teilnahm, und Friedman sah in ihm den Schlüssel für die politischen Entscheidungen Israels. Obwohl Sasson wahrscheinlich die Rechte wählte, war er kein Extremist, und hätte man ein faires Angebot gemacht, durch das die Palästinenser die Unabhängigkeit bekommen hätten und Sasson eine Garantie für seine Sicherheit, so hätte er wahrscheinlich dafür gestimmt.

1492 ist zweifellos ein Datum, das jedes Kind kennt: Kolumbus entdeckte Amerika. Im selben Jahr wurden die Juden aus Spanien vertrieben. Die jüdische Gemeinde im muslimischen Spanien war die wohlhabendste und einflussreichste seit der Blütezeit des babylonischen Judentums. Obwohl die Bar-Kochba-Katastrophe und die Shoah noch furchtbarer waren, war die Zerstörung des spanischen Judentums durch die siegreichen christlichen Truppen ein derartig schwerer Schlag, dass er noch bis ins zwanzigste Jahrhundert nachwirkte. Von den Hunderttausenden Vertriebenen gelangten einige nach *Eretz Israel*, und ihre Nachkommen leben dort noch heute. Ihre Gemeinden in Safed, Tiberius, Hebron und natürlich Jerusalem wuchsen langsam im Verlauf der Jahrhunderte. Erst im neunzehnten Jahrhundert gab es eine nennenswerte jüdische Einwanderungswelle aus Europa. Als die Proto-Zionisten ankamen, bestand die Mehrheit des alten Yishuv, der bestehenden jüdischen Gemeinde, aus Sepharden – dem hebräischen Wort für Spanier, obwohl es häufig unpräzis gebraucht wird als Bezeichnung für Juden aus muslimischen Gesellschaften. Ich werde sie orientalische Juden nennen, die deutsche Bezeichnung für den israelischen Begriff *edot hamizrach*. Heute stellen sie die größte Gruppe in Israel.

In der Diaspora gab es häufig einen Zusammenhang zwischen dem kulturellen Niveau des Gastlandes und der Bedeutung der örtlichen jüdischen Gemeinden. War die muslimische Kultur fortgeschrittener als die christliche, gab es bedeutende jüdische Gemeinden in muslimischen Ländern. Als das Pendel nach Europa umschlug, wuchs dort die Bedeutung der Juden. Im Großen und Ganzen waren die jüdischen Gemeinden in muslimischen Ländern weniger extrem als die in Europa. Die Verfolgung der Juden unter den Muslimen war nicht so grausam wie im Christentum, aber die Emanzipation der Juden in muslimischen Gesellschaften ging nie so weit wie in Europa. Die Aufklärung erreichte die muslimischen Länder und ihre Juden in einer zensierten Version. Der politische Zionismus wurde diesen Juden gebracht, sie waren nicht an seiner Entstehung beteiligt. All das sollte sich als ein großes Problem herausstellen, als nach 1948 Hunderttausende aus ihren arabischen Heimatländern vertrieben wurden. Israel hatte sich bereits als westlich definiert, und vielen dieser Flüchtlinge fehlte das Rüstzeug, um in einer modernen Gesellschaft erfolgreich sein zu können.

Die europäischen Einwanderer waren meist jung gewesen – einschließlich der Ideologen Mitte der 1920er Jahre, vieler Flüchtlinge aus dem Europa der 1930er Jahre sowie der meisten Überlebenden des Holocaust. Unabhängig von ihren individuellen Lebensumständen hatten diese jungen Einwanderer bereits vor ihrer Ankunft mit den alten Autoritäten gebrochen und waren deshalb frei, eine neue Führung zu schaffen. Die Flüchtlinge aus den arabischen Ländern dagegen kamen mit ihren gesamten Familien – und mussten mit ansehen, wie ihre Familienältesten und Führer an den neuen Bedingungen scheiterten und ihre Autorität verloren.

Der Mainstream, insbesondere die beinharten Führer, hatten keine Zeit für solche Traumata. Ben-Gurions historische Entscheidung, die unglaubliche Herausforderung anzunehmen, mehr Flüchtlinge als Staatsbürger in seinen jungen Staat zu integrieren, hatte eine gewisse Härte zur Folge. Solche Aufgaben kann man nicht auf »nette Weise« erfüllen. Die Flüchtlinge wurden ohne viel Federlesens dorthin verfrachtet, wo Bürokraten dies für richtig hielten – in leere arabische Häuser auf den Hügeln, in Wellblechhütten entlang der Grenze oder in Zeltlager mitten im Dreck. Sie sollten Hebräisch lernen und alles vergessen, was sie jemals zuvor gelernt hatten und was für den Augenblick nicht von Nutzen war. Sie wurden über die Genialität des israelischen Sozialismus unterrichtet und streng ermahnt, bei den nächsten Wahlen für Ben-Gurion zu stimmen. Es gab keinen Respekt vor ihrer kulturellen Tradition und keine Geduld in Bezug auf ihre emotionalen Bedürfnisse. Einige hunderttausend Flüchtlinge waren Überlebende des Holocaust – zumindest sie empfanden eine unmittelbare kulturelle Empathie mit den zionistischen Bürokraten. Den orientalischen Juden fehlte diese Erfahrung, und das verschärfte ihre Notlage und verlängerte ihre Ausgrenzung.

Angesichts einer solchen Herausforderung war es für die israelische Regierung unmöglich, alles »richtig zu machen«; wichtig war, Erfolg zu haben. Und sie hatte Erfolg. Ende der 1960er Jahre waren die letzten Hütten geräumt und jeder Bürger hatte ein richtiges Dach über dem Kopf. Niemand musste hungern. Viele der Flüchtlinge erreichten niemals wieder ihren Status und ihr Ansehen, das sie in der alten Heimat innehatten, aber ihre Kinder wurden im neuen Land dafür um so erfolgreicher. Anfang der 1970er Jahre machte sich die Unzufriedenheit über die mangelhafte Integration Luft: Eine Gruppe zorniger junger Männer, die sich selbst – in Anspielung auf die militante Bewegung der Schwarzen in den USA – als »Black Panthers« bezeichnete, machte öffentlich ihrem Ärger Luft, dass ethnische Diskriminierung mit Rassismus gleichzusetzen sei. Diese Anspielung sollte beleidigen, und das tat sie. Ihre gewalttätigen Demonstrationen sollten schockieren, und das taten sie. Golda Meir traf sich mit Vertretern der »Black Panthers« und sagte anschließend ganz schlicht: »Sie sind nicht besonders nett.« In Wirklichkeit war die Generation der »Black Panthers« bereits in die Mittelschichten aufgestiegen; tatsächlich sollten sie innerhalb von zehn bis fünfzehn Jahren den größten Teil der Mittelschicht bilden. 1977 fanden sie ihre politische Stimme überraschenderweise in Menachem Begin.

Begin hatte denselben Hintergrund wie die zionistischen Führer des Mainstream: Er kam aus Osteuropa. Als Befehlshaber der IZL Mitte der 1940er Jahre schien er Sympathie für orientalische Juden seiner Truppe entwickelt zu haben, weil auch sie befürchteten, vom Führungsanspruch des Yishuv unterdrückt und verdrängt zu werden. Begins Eindruck, an den Rand geschoben zu werden, verstärkte sich während der nächsten dreißig Jahre, in denen Ben-Gurion und seine Nachfolger es schafften, ihn von der politischen Macht fernzuhalten. Er war einmal in einer Regierung der nationalen Einheit vertreten, kurz vor dem Sechs-Tage-Krieg. Er trat jedoch bereits 1970 zurück, als diese Regierung dem Rogers-Plan trotz seiner Einwände zustimmte.

Im Mai 1977 gewann Begin schließlich eine Wahl. Außerhalb Israels erinnert man sich an seine Regierung wegen des Friedensabkommens mit Ägypten, der Gründung eines Großteils der Siedlungen und wegen des Libanon-Feldzugs. Für seine Wähler war er jedoch derjenige, der ihnen das Gefühl vermittelte, gleichberechtigte Bürger und ebenso gut wie jeder andere zu sein. Seine Partei, der Likud, nahm die orientalischen Juden mit offenen Armen auf und sorgte auf allen Ebenen für ihren Einzug in die politische Arena. Begins Rhetorik enthielt weit mehr traditionelle jüdische Elemente als die seiner Vorgänger, was den Wählern gefiel, die sich niemals besonders wohl gefühlt hatten mit dem Agnostizismus und sogar Atheismus der Sozialisten. Die Erfolgsbilanz seiner Regierung war nicht überzeugend, auch nicht im Bereich der Sozialgesetzgebung und Sozialpolitik, aber breite Teile seiner Wählerschaft hatten das Gefühl, er stehe auf ihrer Seite. Durch ihn wurde Israel zu einem Land, in dem sie sich zu Hause fühlen konnten.

In den fünfzehn Jahren zwischen 1977 und 1992, in denen der Likud die Regierung dominierte oder mit der Arbeitspartei koalierte, nahmen die orientalischen Juden ihren rechtmäßigen Platz im Establishment ein. 2003 und auch 2005 hatte Israel einen Präsidenten, der aus dem Iran stammte, wie zuvor schon der Oberste Generalstabschef. Seit den 1990er Jahren waren mehr als die Hälfte der Regierungsminister orientalische Juden. Nur den Posten des Premierministers hatte noch keiner von ihnen innegehabt: Trotz aller Rhetorik hatte selbst der Likud niemals einen orientalischen Kandidaten für diesen Führungsposten nominiert. (Die Arbeitspartei hatte 2002 kurz einen solchen Kandidaten nominiert, allerdings noch vor den Wahlen von 2003 wieder zurückgezogen.) Außerhalb von Militär und öffentlicher Verwaltung bestehen Ungleichgewichte hauptsächlich in den Bereichen, die eine höhere Bildung erfordern. Die meisten Universitätsprofessoren sind Aschkenasim, ebenso die meisten Richter des Obersten Gerichtshofes. Aber langfristige Beobachtungen deuten darauf hin, dass sich das Verhältnis mit der Zeit ausgleichen wird. Die Zahl der Mischehen ist beträchtlich, sodass dieses Problem schließlich verschwinden wird.

Shas, die Partei vieler orientalischer Juden, trat zum ersten Mal in der Kommunalpolitik Jerusalems Anfang der 1980er Jahre in Erscheinung. Bei den Wahlen von 1999 war sie die drittstärkste Partei, mit nur zwei Sitzen weniger als der Likud, obgleich sie 2003 viele ihrer Wähler verlor. Sie gilt als Protestpartei, aber der Inhalt dieses Protestes muss genauer beschrieben werden. Während viele orientalische Juden ziemlich erfolgreich sind, gehören immer noch überdurchschnittlich viele den unteren Gesellschaftsschichten an, insbesondere in den Randgebieten des Landes. Aber nicht dort entstand die Shas. Ihren Gründern ging es nämlich nicht um den Kampf gegen Diskriminierung und Armut in der Peripherie, sie vertraten vielmehr ein kulturelles Anliegen.

Die Shas-Partei entstand aus einem internen Streit unter den Yeshivas (orthodoxe Akademien) von Jerusalem, die verlangten, dass die orientalische Methode nicht der aschkenasischen untergeordnet werden dürfe. Nicht etwa, dass Gruppen nicht freundschaftlich nebeneinander leben könnten – aber als gleichberechtigte Partner. Nachdem diese Auseinandersetzung erst einmal begonnen hatte, zeigte sich, dass sie von weitaus größerem öffentlichen Interesse war und weit über die Bewohner der Jerusalemer Stadtviertel hinausging, in denen der Streit seinen Anfang genommen hatte. Thomas Friedman sagt uns nicht, ob sein Lebensmittelhändler Sasson ein Orthodoxer war oder nicht, denn Anfang der 1980er Jahre schien das noch keine Rolle zu spielen. Man kann jedoch davon ausgehen, dass Sasson von Zeit zu Zeit in die Synagoge ging, ohne deshalb ein Orthodoxer im strengen Sinne zu sein. Wäre ein enger Familienangehöriger gestorben, so hätte er auf traditionelle Weise getrauert, einschließlich der drei täglichen Besuche in der Synagoge. In diesen und vielen anderen kleinen Dingen hätte er sich eng an die Tradition seiner Väter gehalten und dasselbe hätte er von seinen Kindern erwartet. Ebenso wie jeder andere hätte er Respekt vor dem Leben und der Würde jedes Menschen, auch seiner Feinde, er hätte dies jedoch nicht in Form universaler Gesetze oder intellektueller Konstrukte zum Ausdruck gebracht; das hätte er abscheulich gefunden. Flammende Reden über Menschenrechte und dergleichen würden ihn kalt lassen, egal von wem sie kommen mochten. Er hätte vielmehr in Begriffen wie »leben und leben lassen« gesprochen – unterstützt von einer raschen Vergeltung, wenn er und die Seinen angegriffen würden.

Er hätte auch das Schlimmste von den Arabern im Allgemeinen und den Palästinensern im Besonderen angenommen, da er seit langer Zeit unter ihnen lebte, obgleich, wie Friedman bemerkte, er nichts dagegen gehabt hätte, an ihrer Seite zu leben – solange sie ihn in Ruhe ließen. Gleichzeitig hätte er sehr wohl auch daran interessiert sein können, seine eigene Gesellschaft ein wenig zu verändern, weg von dem kalten rationalen Universalismus, den der Mainstream repräsentiert, hin zu einem traditionsbewussteren jüdischen Leben. Interessanterweise gibt es keine Statistiken über den sozioökonomischen Status der Einwanderer der dritten Generation entsprechend ihren Ursprungsländern. Man ist also weiter auf Anekdoten angewiesen. Ich schätze, dass Sasson wahrscheinlich einige Enkel hat, die mittlerweile junge Erwachsene sind. Einige von ihnen sind bestimmt auf der sozialen Leiter aufgestiegen und könnten leicht zu den High-Tech-Freaks zählen, die den Erfolg von Nasdaq begründeten. Vielleicht haben sie sogar das kulturelle Lager Sassons verlassen und sich dem Mainstream angeschlossen. Einige ihrer Geschwister oder Vettern gehören vielleicht immer noch zur Mittelschicht und entsprechen dem Vorbild Sassons. Einer oder zwei mögen sich einem aktiven orthodoxen Glauben orientalischer Prägung zugewandt haben. Die Trennungslinie zwischen Likud- und Shas-Wählern ist unscharf. Mit Sicherheit kann man davon ausgehen, dass sie 2001 für Sharon stimmten, aber viele mögen sich nach der Rückkehr von Benjamin Netanjahu sehnen: wie Begin ein Aschkenasi mit dem Hintergrund der westlichen Eliten, der als geschickter Redner trotzdem das sagt, was er denkt, ohne den geringsten Minderwertigkeitskomplex.

Wenn es zum Frieden kommt, werden sie bereit sein, den Preis dafür zu zahlen, wenn auch vielleicht nicht den vollen Preis, der dem Westen angebracht scheint. Ihre Wertschätzung der jüdischen Tradition wird größer sein als die des Mainstreams. Das Israel ihrer Träume ist demokratisch, modern, wohlhabend – und entschieden jüdisch. Sie werden beispielsweise nichts gegen Heiratsgesetze haben, die stark religiös geprägt sind.

Vertreter des israelischen Mainstreams gratulieren sich in der Regel selbst zu ihrer Intelligenz und Bildung sowie ihrer Fähigkeit zur rationalen Analyse ihrer eigenen Situation. In den 1980er Jahren bezeichneten sie sich häufig als das »Lager der Vernünftigen«, umgeben von Verrückten, insbesondere den nationalistischen, die die Wahlen gewinnen, Siedlungen bauen und sich weigern zu begreifen, dass Mitgefühl mit den Palästinensern der Schlüssel zum Frieden ist. Die Arroganz solcher Leute ist fehl am Platz, und besonders anmaßend verhalten sie sich gegenüber den Ultra-Orthodoxen.

Die Ultra-Orthodoxen sind stolz darauf, die direkten Nachkommen der Juden des Mittelalters zu sein, deren hohes Niveau an Schriftgelehrtentum und Bildung das ihrer Umgebung überragte. Tatsächlich sind die Ultra-Orthodoxen so modern wie alle anderen auch, allerdings auf ihre eigene Art. In erster Linie sind sie immer noch eine Gemeinschaft hochgebildeter Menschen. Ihr Wissensschatz wird größtenteils nicht von westlichen Universitäten anerkannt, aber ihre Intelligenz ist nicht weniger ausgebildet, und sie können sich leicht in Wissensgebiete einarbeiten, die ein breiteres Publikum interessieren. Die übrige wissenschaftliche Welt hat hingegen keinen Zugang zu orthodoxem Wissen.

Heute nennen sich die ultra-orthodoxen Gemeinden *Haredim*, »Gottesfürchtige«. Im Gegensatz zu ihren Behauptungen sind diese Gemeinden weitgehend eine Schöpfung des neunzehnten Jahrhunderts. Oder vielmehr, die Lebensweise der Ultra-Orthodoxen ist die Adaption einer älteren Tradition an die dramatisch veränderten Bedingungen der Moderne. Jahrhunderte lang waren ihre Vorfahren in Ghettos eingesperrt, insbesondere in Europa, und sie hatten gelernt, aus der Not eine Tugend zu machen. Als die Aufklärung schließlich die Tore der Ghettos öffnete, hatten die Juden vergessen, wie man in unbeschränkter Freiheit lebt. Die *Haredim* sind die Nachkommen derjenigen, die beschlossen, die Restriktionen des Ghettos aus freiem Willen beizubehalten.

Diese freiwillig getroffene Entscheidung, die Freiheit abzulehnen, war etwas Neues, und sie erforderte ungeheure nie endende Anstrengungen. Die *Haredim* verweigerten sich jeder Veränderung, sie wollten die bestehenden Verhältnisse zementieren, sogar die Art der Kleidung sollte sich nicht ändern. Da sich überall sonst die Mode änderte, bekam die Tracht der Orthodoxen tatsächlich den Anschein einer Uniform. Dennoch ist es nicht die Kleidung, die die Menschen bestimmt, sondern Inhalt und Form ihres Lebens. Deshalb füllte die Gemeinde das Leben ihrer Mitglieder in einem solchen Maße aus, dass die Verlockungen der Außenwelt keine Gefahr bedeuteten.

Der Militärdienst, der für alle Bürger Israels Pflicht ist, versprach ein größeres Problem zu werden. Schon in den ersten Tagen der Existenz des Staates überzeugten die *Haredim* Ben-Gurion davon, ihre besten Studenten vom Militärdienst zu befreien, mit der Begründung, die profane Lebensweise sei mit der heiligen Lebensweise der Torah unvereinbar. Der Atheist Ben-Gurion erkannte die kulturelle Bedeutung ihres Anliegens an. Vermutlich fühlte er sich durch die *Haredim* an jene Welt erinnert, in die er selbst hineingeboren worden war und die nach Auschwitz ausgelöscht schien. Diese sentimentale Anwandlung sollte unvorhergesehene Konsequenzen haben. Die Rabbiner hatten jetzt einen doppelten Anreiz zur Vermehrung der Zahl der Yeshiva-Studenten. Um vom Militär befreit zu werden, mussten sie ihre gesamte Zeit in einer Yeshiva verbringen und durften nicht arbeiten. Staatliche Stipendien für die Unterstützung dieser Studenten war daher eine zentrale Bedingung der politischen Partei der Orthodoxen, Agudat Israel, für den Eintritt in Begins erste Koalition.

Die *Haredim* waren ursprünglich Anti-Zionisten gewesen, da der Zionismus die Pläne und Handlungen Gottes nicht zu beachten schien. Der Holocaust zerstörte das Zentrum der *Haredim*-Welt, und während der nächsten dreißig Jahre konzentrierten sich die Überlebenden auf den Aufbau neuer Gemeinden, hauptsächlich in Israel und in den Vereinigten Staaten. Israels Kriege interessierten sie nur insofern, als ihre eigenen Gemeinden davon betroffen waren, aber der Preis des Friedens war ihnen nicht wichtig. Sie hatten weder ein Problem mit der Rückgabe des Sinai an Ägypten noch mit der Übergabe heiliger Stätten an die Palästinenser. Dass Frieden kommen wird, ist für sie sowieso nur eine Frage der Zeit: Eines Tages wird Gott seine Versprechen den Juden gegenüber erfüllen. Diese Haltung verschaffte den *Haredim* während der 1980er Jahre große politische Macht, als die Linke und die Rechte nahezu gleich stark erschienen, und brachte sie in die Rolle des politischen Königsmachers. Sie konnten einen hohen Preis für ihre Unterstützung verlangen: erstens religiöse Gesetzgebung, wie zum Beispiel das Verbot von El-Al-Flügen am Sabbat oder strenge Restriktionen für medizinische Autopsien, die als Schändung der Heiligkeit der Toten angesehen werden und zweitens zusätzliche finanzielle Unterstützung für die Yeshivas, deren Zahl sprunghaft angestiegen war.

Obwohl sie bereit waren, jede Partei zu unterstützen, zogen die *Haredim* die Rechte vor, die sie als traditioneller und weniger atheistisch empfanden. Der Anschein der Unparteilichkeit zerbrach 1990, als Simon Peres und der politische Führer der Shas, der brillante junge Arye Deri, darin übereinkamen, die Regierung der nationalen Einheit von Itzhak Shamir zu stürzen, um eine kleinere Regierungskoalition auf Grundlage der Arbeits- und der Shas-Partei zu bilden. Mit einem Dutzend Parteien und einer Reihe von Überläufern war die Arithmetik hoch kompliziert, aber am Ende der Verhandlungen hatten die aschkenasischen Rabbiner beschlossen, dass ihre beiden Parteien nicht mit Atheisten zusammen regieren sollten. Zwangsläufig mussten die orientalischen *Haredim* der Shas diesem Urteil folgen. Nicht länger an ihre Rolle als Königsmacher gebunden, hatten sich die *Haredim* entschieden, in das Lager der Rechten zu wechseln.

Das war keine halbherzige Bevorzugung der Traditionalisten des Likud kombiniert mit dem Skeptizismus der Araber à la Sasson. Es war eine Rückkehr zur vollständigen Ablehnung des Pragmatismus des gesellschaftlichen Zionismus. Dieses Mal jedoch von der Gegenseite: nicht länger eine Ablehnung seiner Ideologie unabhängig von seinem Ausgang, sondern eine Ablehnung seiner Ideologie mit der Entschlossenheit, diese auf alle Bereiche auszudehnen. Die *Haredim* hatten sich vom äußersten Rand des Zionismus zu seinem Mittelpunkt hin bewegt – ohne jemals die Last des Militärs und des Reservistendienstes getragen zu haben. Außerdem war ihre Beteiligung an der ökonomischen Last des Landes minimal, da Zehntausende Männer in ihren Yeshivas nicht arbeiteten. Waren sie erst einmal zu alt für die Armee, verließen sie ihre Yeshivas, waren jedoch nicht gut genug ausgebildet, um so produktiv zu sein, wie ihnen dies ihr Schriftgelehrtentum und ihre Intelligenz eigentlich hätten erlauben müssen.

Die Ultra-Orthodoxen haben eine extrem hohe Geburtenrate und ein sehr niedriges Einkommensniveau. Sie leben in kleinen und engen Wohnungen – in Armut. Jossi Beilin, ein Führer des Mainstreams, einer der Architekten des Oslo-Pozesses und ein Fürsprecher des Rationalismus und der westlichen Werte, brandmarkte vor kurzem ihre rasche Vermehrung als Plage. Viele Kinder, die in Armut aufwüchsen, seien verkümmert, ihrer Möglichkeiten beraubt, ob sie nun Ultra-Orthodoxe oder Palästinenser seien. Das könne jeder, der sich auskenne, nur missbilligen. Fragen Sie die Polizei, die überhaupt nichts für die Prävention zur Verbrechensbekämpfung in diesen ultra-orthodoxen Vierteln ausgibt, weil sie dies nämlich nicht braucht. Die Stärke dieser Gemeinden liegt nicht in finanziellen Dingen, sondern in ihrer Willenskraft.

Wie vor achtzig Jahren stehen sich Rabbiner und Atheisten wegen ihrer radikal gegensätzlichen Pläne für die Juden feindlich gegenüber. Zusammengeschweißt durch äußere Feinde, die sie alle zusammen töten würden, werden sie entzweit durch ihre weit divergierende politische Kultur. Eines Tages jedoch, sollte es Frieden geben, könnte Israel mit einer kleineren Armee auskommen, und die *Haredim* könnten vom Wehrdienst befreit bleiben, ohne sich jahrelang in ihren Yeshivas verstecken zu müssen. Sie würden dem Arbeitsmarkt zur Verfügung stehen, wahrscheinlich mit großem Erfolg. Die Mauern des Ghettos würden schließlich verschwinden und die verschiedenen Gruppierungen der Juden würden endlich anfangen, miteinander zu reden statt sich gegenseitig zu bekämpfen.

In diese aufgeheizte Atmosphäre kamen die Russen. Als die Sowjetunion ins Wanken geriet, durften die Juden nach Jahrzehnten hartnäckiger Verweigerung schließlich das Land verlassen. 1990 öffneten sich die Schleusen. Der Höhepunkt der Absurdität war im Januar 1991 erreicht, als die USA und ihre Verbündeten sich auf den Krieg im Persischen Golf vorbereiteten.

Im Juli 1990 hatte Saddam Hussein Kuwait besetzt. Präsident George Bush senior hatte die gesamte Welt mobilisiert, und Saddam antwortete mit dem Versprechen an sein Volk und die ganze Welt, dass er »halb Israel in Brand stecken« würde (wieso eigentlich nur die Hälfte? – wunderten wir uns damals). Alle Israelis waren mit Gasmasken versorgt worden, die Hotels leerten sich, ausländische Geschäftsleute verließen das Land und ein Gefühl zunehmender Angst machte sich breit. Währenddessen brachte eine Luftbrücke von sowjetischen und El Al-Flugzeugen täglich dreitausend neue Einwanderer ins Land. Das war Zionismus in höchster Vollendung: Die Menschheit war kurz davor, den Verstand zu verlieren und die Juden bauten ihren Staat weiter auf.

Bis Mitte der 1990er Jahre war eine Million neuer Einwanderer ins Land gekommen – bei etwas über fünf Millionen Einwohnern bedeutete das eine Bevölkerungszunahme um mehr als 15 Prozent. Es wurde niemals ganz klar, weshalb sie kamen. Möglicherweise eine Kombination aus dem Wunsch, die Sowjetunion zu verlassen, nicht mit ansehen zu müssen, was aus dem post-kommunistischen Russland (oder der Ukraine oder Weißrussland) werden würde, die ungewohnte Leichtigkeit, mit der man jetzt in ein quasi-westliches Land kommen konnte, sofern man einen bestimmten Grad an Judentum nachweisen konnte, Hoffnung auf einen besseren Lebensstandard, das Wiedersehen mit lang verloren geglaubten Verwandten. Keiner der Einwanderer gab vor, dass der Zionismus ein entscheidender Grund für ihn gewesen sei, aber ebenso wenig konnten die Neuankömmlinge davon ausgegangen sein, in eine nah-östliche Ausgabe von Stuttgart zu kommen. Als sie aus den Flugzeugen stiegen, wurden ihnen die Einbürgerungspapiere ausgehändigt, zusammen mit den Gasmasken.

Sie brachten außergewöhnliches Gepäck mit: Klaviere, Geigen und Bücher trafen per Schiff ein. Zehn Jahre später gibt es mindestens ein Dutzend russischsprachiger Buchhandlungen allein in Jerusalem, mit Ladenschildern in russischer Schrift (*»Knygi«*). Und Schweinemetzger, ebenfalls nur mit kyrillischer Beschriftung. Es gab dreizehn verschiedene russische Zeitungen, einen russischen Radiosender und eine russische Theatergruppe (die allerdings auf Hebräisch spielt). Die Orchester wurden von Bewerbern überschwemmt und einige neue wurden gegründet. Israel hatte weltweit den höchsten Anteil an Ingenieuren im Verhältnis zu seiner Bevölkerung. Aber all das bedeutete keine Lösung für das Hauptproblem: Wie würden diese Einwanderer unsere gemeinsame Identität verändern?

Die meisten Einwanderer sprachen ursprünglich Jiddisch, Russisch, Polnisch, Deutsch, Rumänisch, Ungarisch, Tschechisch und wahrscheinlich noch ein Dutzend anderer Sprachen; heute sprechen sie alle Hebräisch. Die orientalischen Juden sprachen ebenfalls eine Reihe arabischer Dialekte, Ladinisch, Persisch, Türkisch, Griechisch und so weiter. Für die *Haredim*, oder zumindest einige der Aschkenasim, ist es ungewöhnlich, Jiddisch zu sprechen, dafür beherrschen sie das Hebräische um so besser.

Wie groß das Problem der Integration war, wurde im Oktober 2001 deutlich, als ein russisches Passagierflugzeug nach dem Abflug aus Tel Aviv von Ukrainern versehentlich abgeschossen wurde. Alle sechsundsechzig Passagiere waren israelische Einwanderer oder ihre Verwandten. Normalerweise hätten die Radiosender auf ein mindestens drei Tage andauerndes Trauerprogramm umgeschaltet – diesmal jedoch nicht. Im Unterschied zu dem Selbstmordanschlag auf die Dolphinarium-Diskothek, der ein Angriff auf Israel war, bei dem die meisten Opfer ebenfalls Immigranten waren, war dieser Absturz weder ein Angriff, noch geschah er in Israel, noch wurden die Opfer von irgend jemandem anerkannt, außer von ihren Familien. Deshalb fand ein großes Festival, das für diesen Nachmittag im Zentrum von Tel Aviv geplant war, trotzdem ganz unbekümmert statt.

Seit dem Höhepunkt der Einwanderungswelle sind gerade zehn Jahre vergangen. In die engen sozialen Beziehungen, die zwischen den Israelis bestehen, müssen die Immigranten erst noch eingebunden werden, und ihre große Zahl zögert diesen Prozess hinaus. Dennoch gibt es Beispiele aus der Vergangenheit, die Anlass zu vorsichtigem Optimismus bieten.

Viele der Einwanderer kamen aus drei Generationen: Großeltern, Eltern und Kinder. Die Großeltern werden niemals mehr wirklich Hebräisch lernen und sich in die Gesellschaft integrieren. Dennoch entsprechen viele von ihnen dem Nationalethos: Sie kämpften im Zweiten Weltkrieg oder halfen bei der Befreiung der Konzentrationslager, ein Verwandter nahm an der *Aliyah* 1936 teil und war Kommandeur der Haganah in Jerusalem oder Generaldirektor einer bekannten Exportfirma. Sie waren immer auch Teil der Geschichte Israels – festgehalten hinter dem Eisernen Vorhang vielleicht, aber dennoch Teil der Geschichte.

Die Einwanderer mittleren Alters werden vielleicht auch niemals genauso gut Hebräisch wie Russisch sprechen und deshalb von oben herab behandelt. Wir werden niemals in der Lage sein, die Tiefe ihrer Gedanken oder die Art ihres Humors wirklich zu verstehen. Deshalb ziehen sie es vor, in einer Umgebung zu leben, in der sie sich selbst treu bleiben können. Das hält sie jedoch überhaupt nicht davon ab, Einfluss auf die Gesellschaft zu nehmen, und das ist nirgendwo so offensichtlich wie in der Politik. Sie waren die ersten Immigranten, die bereits bei ihrer Ankunft die politischen Parteien beeinflussten. Sie sind im gesamten politischen Spektrum vertreten, allerdings vorwiegend auf der Rechten – Ausnahmen bestätigen die Regel. Sie spielten eine Schlüsselrolle bei der Wahl von Itzhak Rabin 1992, aus Enttäuschung über die Unfähigkeit von Shamirs Likud-Regierung, ihre Bedürfnisse zu erfüllen. Sie betrachteten den Friedensprozess mit einer gesünderen Mischung aus Hoffnung und Skepsis als viele von uns, die sich ihm jenseits aller Realitäten verschrieben hatten. Da sie weniger an Parteipräferenzen gebunden waren, schwenkten einige von ihnen zur Rechten, unterstützten Netanjahu bei seinem Wahlsieg 1996, schwenkten dann 1999 zur Linken, um für Barak zu stimmen. Diese neuen

Wähler, die keine demokratische Erfahrung besitzen, bescheren der israelischen Demokratie eine Unbeständigkeit und durchbrechen eingefahrene Wahlmuster. Eine Gruppe, die sich routinemäßig als Wechselwähler verhält, kann nicht marginalisiert werden.

Und ihre Kinder? Die dienen in der Armee. Sucht man nach einer einzigen Erklärung für den Zusammenhalt der israelischen Gesellschaft und ihrer Fähigkeit, Neuankömmlinge in großer Zahl zu integrieren, so liegt sie wahrscheinlich genau hier. Das Entscheidende am Militärdienst ist seine Universalität. Selbst heute, wo die Kluft zwischen Ideal und Wirklichkeit größer wird, hat sich das Militär nicht wesentlich verändert. Mit Ausnahme der Ultra-Orthodoxen und der israelischen Araber dient jeder in der Armee oder er hat einen guten Grund, dies nicht zu tun; in geringerem Maße gilt das auch für die Frauen.

Männer leisten drei Jahre Wehrdienst, normalerweise im Alter von achtzehn Jahren. Jeder beginnt mit der Grundausbildung, gefolgt von professioneller Ausbildung; abhängig von der Einheit dauern diese Kurse sechs bis acht Monate. Der Sold ist gering und die Rekruten müssen damit rechnen, dass ihr Dienst lebensgefährlich sein kann, selbst wenn kein Krieg herrscht, da sie mit tödlicher Ausrüstung von immenser Zerstörungskraft hantieren und unter harten Bedingungen mit nur wenigen Stunden Schlaf auskommen müssen. Nach Ende ihrer Dienstzeit hat ihr Land mehr für ihre Militärausbildung ausgegeben, als viele von ihnen ihr Leben lang verdienen werden; als Gegenleistung wird ihnen mehr Verantwortung übertragen als vielen ihrer Altersgenossen in anderen Gesellschaften. Sie haben mit kompliziertem Gerät operiert, ihre Körper weit über das hinaus beansprucht, was sie glaubten aushalten zu können, und sie haben gelernt, mit ihren Kameraden in den verschiedensten Bereichen zu kooperieren. Viele von ihnen werden dazu aufgefordert, andere auszubilden und sie zu denselben unerwarteten Leistungen zu führen.

Sie werden auch Zeit vergeudet, unnütze Dinge gelernt und wertvolle Monate mit so lächerlichen Aufgaben wie dem Streichen von Baumstümpfen (in weiß) verbracht haben. Sie werden an verschiedene Orte versetzt worden sein, bloß weil dies einem gelangweilten Bürokraten gerade so passte. Zweifellos werden sie immer wieder heiße, quälende Stunden in der prallen Sonne verbracht haben, mit irgendwelchen unsinnigen Arbeiten beschäftigt, die sie am nächsten Tag erneut verrichten mussten, bloß weil jemand bei einer Besprechung nicht genau zugehört hatte. Man wird ihnen feierlich versichert haben, dass ihr Handeln von der allergrößten Bedeutung sei, nur um später zu erfahren, dass genau das Gegenteil nötig gewesen wäre. Sie wurden vor Tagesanbruch in größter Eile geweckt, um anschließend Stunden warten zu müssen.

Während der Grundausbildung werden sich die Rekruten anstrengen und nach Perfektion streben, selbst wenn Aufgaben keinen erkennbaren Sinn ergeben, wie beispielsweise die gesamte Ausrüstung zu säubern, während sie in einem Zelt mitten auf einem staubigen Feld leben. Ganz offensichtlich eine idiotische Aufgabe, aber ein Feldwebel hat sie gestellt und deshalb muss sie erledigt werden. Dennoch wird das System verlangen, dass sie genau verstehen, was gerade um sie herum passiert und was ihre Funktion in diesem Geschehen ist. Noch bevor sie mit ihrer Grundausbildung fertig sind, wird von ihnen selbständiges Denken verlangt. Es wird ihnen niemals eine Aufgabe übertragen, von der sie nicht im Voraus wissen – so weit dies möglich ist –, welches ihre eigene Rolle dabei sein wird, sondern auch die ihrer Kameraden und unmittelbaren Vorgesetzten. Nur auf diese Weise werden sie in der Lage sein, ohne Schaden aus einem fehlgeschlagenen Einsatz herauszukommen.

Im Alter von einundzwanzig oder zweiundzwanzig, ohne akademische Ausbildung, werden sie für das, was ihnen ihr zukünftiges Leben an Herausforderungen stellt, gut qualifiziert aus der Armee entlassen. Da sie aus einem hierarchischen System kommen, das sie selbständiges Denken lehrte, können sie sich auch in anderen Hierarchien zurechtfinden, ohne davon eingeschüchtert zu werden. Sie werden ihre eigene Meinung vertreten und nicht die ihrer Vorgesetzten, und auch wenn sie die Erfolge der anderen respektieren, werden sie sich niemandem unterlegen fühlen.

Und wenn sie das Pech hatten, während der Intifada oder als Teil der Besatzungsmacht ihren Militärdienst abzuleisten, werden sie sich an die schwarze Fahne von Kfar Kassem erinnern müssen, während sie die Politik einer demokratisch gewählten Regierung umsetzen. Einer solchen Herausforderung ist keiner ihrer Altersgenossen in westlichen Gesellschaften ausgesetzt: die qualvoll genaue Kalibrierung der Verteidigung ihres Landes und seiner Entscheidungen bei Respektierung der Würde und des Wohlergehens der Zivilbevölkerung, die nicht Teil derselben demokratischen Diskussion ist und die sie weit fort wünscht.

All dies gilt für junge Frauen ebenso wie für die Männer – wenngleich die Frauen vielleicht mehr unter dem Unsinn gelitten haben und weniger Erfolgsmomente verspürten. In den letzten Jahren trifft aber auch das immer weniger zu, da seit den 1980er Jahren Frauen in vielen Militäreinheiten ihren Dienst leisten.

Ausländische Journalisten wundern sich vielleicht, dass das israelische Militär niemals die demokratischen Institutionen bedrohte, niemals die Autorität seiner gewählten Führer in Frage stellte oder eine eigene Politik entwickelte. Manchmal meinen sie, Anzeichen dafür zu erkennen und erzählen ihren Lesern, die IDF gerate außer Kontrolle oder die Generäle diktierten die Politik. Um jedoch in die Politik eingreifen zu können, müsste das Militär eine separate, klar von der übrigen Gesellschaft getrennte Organisation sein. Das ist sie nicht. Ganz im Gegenteil, sie ist eine Bürgerarmee, die einen enormen Beitrag für den Zusammenhalt der israelischen Gesellschaft leistete. Sie zwang Menschen unterschiedlicher Herkunft, im selben Zelt zu schlafen. Sie zwang sie, gemeinsam zu arbeiten und einander als Gleichberechtigte zu behandeln, unabhängig von ihrer jeweiligen Herkunft. Sie hat jedem die Chance zum Aufstieg geboten, der dafür qualifiziert war, und sie hat alle dazu gebracht, die komplizierte Wirklichkeit gemeinsam zu meistern. Sie ist eine »Volksarmee« im wörtlichen Sinne. Die russischen Einwanderer stellen die israelische Gesellschaft tatsächlich vor eine neue Herausforderung: die Integration von Nicht-Juden. Das gilt in weit geringerem Umfang auch für die dunkelhäutigen Juden aus Äthiopien.

Wäre Israel tatsächlich eine rassistische Gesellschaft, entsprechend der bereits genannten Definitionen, hätte es niemals über hunderttausend dunkelhäutige Immigranten willkommen geheißen. Die jüdische Gemeinde in Äthiopien hatte so gut wie keinen Kontakt zum Rest der jüdischen Welt, und das bereits vor der Entstehung des Talmud – also vor der Ausarbeitung des rabbinischen Judaismus. Dennoch wurde Anfang der 1980er Jahre, als klar wurde, dass es eine solche jüdische Gemeinde gab und ihre Mitglieder entschlossen waren, nach Israel zu kommen, die Entscheidung getroffen, sie ins Land zu holen.

Die Geschichte ihrer Einwanderung verdient eine gesonderte Darstellung. Ein Teil dieser Geschichte handelt von verzweifelten Situationen, wie sie sich durch die Wüste hindurch kämpften, um zu den Sammelstellen zu gelangen. Zweimal, in den 1980er Jahren und 1991, organisierte Israel große Luftbrücken, die Operationen Moses und Salomon. Die äthiopischen Einwanderer ins Land hineinzubringen, war jedoch nur der Anfang, denn die meisten von ihnen kamen aus sehr rückständigen Regionen im nördlichen Äthiopien und hatten überhaupt keine Erfahrung mit dem Leben in einer Industriegesellschaft. Ihre kulturellen und beruflichen Fähigkeiten hätten nicht ungeeigneter für diese Aufgabe sein können, und trotz aller guten Vorsätze der israelischen Behörden machte man ungewöhnlich viele Fehler. Zwanzig Jahre nach ihrer Einwanderung ist ihre Integration nur zum Teil geglückt: Im Großen und Ganzen kommen sie in der Gesellschaft zurecht. Die meisten gehören jedoch den unteren sozialen Schichten an, relativ wenigen ist ein sozialer Aufstieg gelungen. Bedenkt man jedoch den ursprünglichen Unterschied und ihre vergangene Erfahrung, so ist die Erwartung nicht unrealistisch, dass die Integration irgendwann erfolgreich abgeschlossen sein wird.

Wie die Juden aus Äthiopien brachten auch die russischen Juden Verwandte mit ins Land, die keine Juden waren. Ende der 1980er Jahre kamen schätzungsweise zweihunderttausend Einwanderer nach Israel, die nach dem jüdischen Gesetz keine Juden sind. Sie lernten jedoch Hebräisch, lebten nach dem jüdischen Kalender und dienten in der Armee – kurz, sie unterscheiden sich nicht von ihren Nachbarn. Allein ihre Zahl fordert das Selbstverständnis der Israelis heraus: Wer ist eigentlich Jude?

Die Orthodoxen haben eine klare Antwort: Jude ist jeder, der eine jüdische Mutter hat oder konvertiert ist. Jahrzehntelang war umstritten, wer die Konversionen beaufsichtigen darf, da die Orthodoxen dieses Privileg nicht mit nicht-orthodoxen Rabbinern teilen wollen und die nicht-orthodoxe Lobby in Israel sehr klein ist. (Die meisten Nicht-Orthodoxen ziehen den Säkularismus dem Reform- oder konservativen Judentum vor.) Jene zweihunderttausend Einwanderer jedoch könnten dieses Thema obsolet machen, da sie eine neue Realität schaffen, in der viele Israelis kulturell jüdisch sind, nicht jedoch religiös. Der Zionismus versuchte, eine hebräischsprachige souveräne Gesellschaft für die Juden zu schaffen, wie das Vereinigte Königreich eine Gesellschaft für englischsprachige Briten ist. Wenn die Hebräisch sprechenden Israelis Juden sind, sind es diese Einwanderer dann nicht ebenfalls?

Es gibt noch eine weitere Gruppe nicht-jüdischer Einwanderer. Das sind die ausländischen Arbeitnehmer, die in Israel ihren permanenten Wohnsitz haben und deren Familien in Israel leben: Nigerianer, Kolumbianer, Filipinos, Rumänen und andere. Einer aktuellen Schätzung zufolge gibt es etwa sechstausend Kinder solcher Familien, die in Israel geboren wurden, Hebräisch sprechen und sich selbst als Israelis betrachten. Eines von ihnen starb bei dem Anschlag auf das Dolphinarium, zusammen mit seinen russisch-israelischen Freunden.

Die Gründungsväter des Zionismus, in all ihren Schattierungen, hätten diese Dialektik geschätzt. Durch die Schaffung eines jüdischen Staates veränderten sie die Definition einer jüdischen Existenz. War die Definition erst einmal geändert, so änderten sich auch die Probleme. Wird ein Ergebnis des Zionismus schließlich die Neudefinition des Judentums sein, in dem jeder eingeschlossen ist, der sich am jüdischen nationalen Projekt beteiligt? Für die Beantwortung dieser Frage ist es noch zu früh. Dennoch macht schon die bloße Möglichkeit klar, dass die Behauptung »Israel ist rassistisch« eine bösartige Verleumdung ist.

Alle Bürger Israels betrachten Israel als ein Einwanderungsland, mit all den Problemen und Vorteilen, die eine solche Definition enthält. Haben die Einwanderer das Land erst einmal zu ihrer Heimat gemacht, gehört es ihnen tatsächlich. Die absolute Loyalität der meisten Israels gegenüber ihrem Land, ihr Stolz darauf und ihre unermüdliche Verteidigungsbereitschaft gegenüber nie endenden Herausforderungen legen davon ein besseres Zeugnis ab als jede theoretische Erörterung.

Wie steht es mit den Arabern? Wenn Israel nicht die in vieler Hinsicht rassistische Gesellschaft ist, wie einige Leute behaupten, ist sie dann vielleicht ein Apartheid-Staat der Juden, der die Araber diskriminiert?

Die Bedeutung dieser Beschuldigung sollte kurz erläutert werden. Im Zentrum des amerikanischen Rassismus gegen die Schwarzen und des südafrikanischen Apartheid-Systems standen legale Segregationsmaßnahmen, die die Schwarzen diskriminierten, ihre Freiheit und Lebenschancen erheblich begrenzten und natürlich entwürdigend waren. Obwohl man vorgab, lediglich Schwarze von Weißen zu trennen, war die Trennung in Wirklichkeit hierarchisch, wobei Macht und Wohlstand den Weißen, Verachtung und Armut den Schwarzen vorbehalten war. Man wollte durch diese Gesetze die Emanzipation der Schwarzen im späten neunzehnten Jahrhundert in den USA verhindern (die »Jim Crow«-Gesetze aus den 1880er Jahren) und die Migration der schwarzen Bevölkerung vom Land in die Städte Südafrikas zurückzudrängen (die Apartheid-Gesetze aus den 1940er Jahren). Beide Systeme stützten sich auf tiefsitzende und alles durchdringende Vorurteile, Hass oder Furcht, die die Weißen gegenüber den Schwarzen empfanden.

Viele Sprecher der Palästinenser und einige ihrer Unterstützer beschreiben das zionistische Projekt mit dem Begriff Apartheid, weil sein Ergebnis darin bestehen wird, dass Teile des umstrittenen Landes jüdisch werden und andere Teile arabisch, und das wird weniger sein, als die Palästinenser bekommen hätten, wären die Zionisten niemals ins Land gekommen. Vertreter dieser Position halten in der Tat die bloße Existenz des jüdischen Staates für unmoralisch und inakzeptabel. Die Beschuldigung, mit der wir uns hier auseinandersetzen, ist jedoch weniger extrem und konzentriert sich nicht auf die Palästinenser auf der Westbank und in Gaza, die Bürger eines souveränen Palästinas sein werden, wenn ihr Krieg gegen Israel erst einmal vorüber ist, sondern vielmehr auf die arabischen Bürger Israels. Davon gibt es ungefähr eineinviertel Millionen – fast ein Fünftel der Bevölkerung. Die meisten von ihnen sind Palästinenser, die 1948 das nicht Land verließen. Später sind mindestens hunderttausend nach der Flucht zurückgekehrt und wieder zu ihren Familien nach Israel gezogen.

Die Lage der israelischen Araber ist weit besser als die der Schwarzen unter Jim Crow oder dem südafrikanischen Apartheid-System, obwohl es viel am Verhalten der jüdischen Israelis zu kritisieren gibt. Und, zumindest seit dem Zusammenbruch des Friedensprozesses, gibt es einiges, was sich bei den israelischen Arabern ebenfalls kritisieren lässt.

Es gibt keine »Jim Crow«- oder Apartheids-Gesetze gegen die Araber. Rechtlich sind die Araber den Juden vollkommen gleichgestellt. Israel ist eine Demokratie und alle sind vor dem Gesetz gleich. Die bloße Tatsache, dass Israel sich durch diese Erklärung verteidigen muss, zeigt bereits, wie erfolgreich seine Gegner ihre Apartheid-Kampagne schon vorangebracht haben. Die israelischen Araber wählen und können gewählt werden und sind die einzigen Araber im Nahen Osten, die an demokratischen Wahlen teilnehmen. Nach den Wahlen von 2003 haben sie drei politische Parteien gebildet, und nichts könnte sie daran hindern, sich zu einer einzigen Partei zusammenzuschließen. Diese wäre dann die drittgrößte Partei Israels. Bislang haben sie es jedoch vorgezogen, ihre Stimmen zu splitten, wobei viele Araber dieselben Parteien wie die Israelis wählen: Meretz, Arbeitspartei und Likud unterstützen alle arabische Kandidaten, und ob Sie das nun glauben oder nicht, 1999 brachte sogar die Shas-Partei einen ihrer siebzehn Kandidaten für die Knesset mit Unterstützung arabischer Wahlstimmen durch (was bedeutete, dass mehr als dreißigtausend Araber für die Shas-Partei gestimmt hatten). Außerdem, und das wissen nur wenige Außenstehende, hat Israel zwei offizielle Sprachen, Hebräisch und Arabisch – ein arabisches Mitglied der Knesset kann zum Beispiel im Parlament Arabisch reden. Hinzu kommt, dass der Lebensstandard der arabischen Israelis beträchtlich höher ist als der in den meisten arabischen Ländern, was nicht überrascht, da Israel reicher ist als seine Nachbarn. Die israelischen Araber haben ihre eigene Presse, ihre Vertreter beteiligen sich regelmäßig an politischen Diskussionen und sie werden ständig von israelischen Medien interviewt, in denen sie ungehindert ihre Meinung über die israelischen Juden sagen können.

Leider kann dieses Loblied nicht fortgesetzt werden, da auch viel Negatives berichtet werden muss. Die Araber gehören zum ärmsten, am schlechtesten ausgebildeten Teil der israelischen Gesellschaft. Die Arbeitslosigkeit ist bei ihnen immer höher als bei den anderen Gruppen. Zwar gibt es keine anti-arabischen Gesetze, (die es auch nicht geben könnte, da der Oberste Gerichtshof dies untersagen würde), dennoch gibt es Gesetze, die gegen die arabische Bevölkerung gerichtet sind. Ein wichtiges Beispiel ist die Möglichkeit, Land zu erwerben, was für den Teil der Gesellschaft, der vorwiegend außerhalb der Städte lebt, entscheidend ist. Der größte Teil des Landes befindet sich nicht in Privatbesitz, sondern gehört dem Jewish National Fund (JNF), der Land an Privatleute für neunundvierzig oder neunundneunzig Jahre verpachtet. Die Beamten des

JNF können jedem das Leben schwer machen, ohne dass es eine klare Diskriminierung gibt, und im Fall der Araber ist diese bürokratische Praxis dermaßen eingefahren, dass sogar die Gerichte mittlerweile dagegen einschreiten. Ein zweites Beispiel betrifft Gesetze, die staatliche Subventionen festlegen, wie Baudarlehen oder Kindergeld an Familien, in denen mindestens ein Elternteil in der Armee Dienst leistet. Man könnte glauben, dass dies die Ultra-Orthodoxen und die Einwanderer ebenso wie die Araber trifft, aber es gibt andere Gesetze, die die *Haredim* oder Einwanderer entschädigen, die aber nicht für die Araber gelten.

Die Infrastruktur der arabischen Städte ist auf allen Ebenen schlechter als in jüdischen Städten. Selbst die Tatsache, dass es arabische Städte gibt, wurde jahrelang nicht offiziell anerkannt: Der legale Unterschied zwischen einer städtischen und einer ländlichen Gemeinde bedeutet einen beachtlichen Unterschied in Bezug auf die Unterstützung, und größere Gemeinden sind sehr darauf bedacht, als Städte anerkannt zu werden. Mit der Ausnahme von Nazareth, das die Israelis als eine arabische Stadt erbten, wurde dieser Status bis in die 1980er Jahre keinem arabischen Dorf zugebilligt. In jüdisch-arabischen Städten wie Tel Aviv-Jaffa, Haifa und Acre gehören die arabischen Viertel zu den ärmsten. Ihre Schulen sind überfüllter, die Straßen häufig ungepflastert, die städtischen Dienstleistungen von geringerer Qualität. Ging es bei Jim Crow und der Apartheid nicht gerade um solche isolierten Viertel und Elendsquartiere?

Die klare und deutliche Antwort lautet, dass diese Elendsviertel nichts mit Apartheid zu tun haben. Auf dem Lande hatten Juden und Palästinenser schon seit Jahrhunderten keine gemeinsamen Dörfer, wenn dies überhaupt jemals der Fall gewesen ist. Es gab keine Juden in Um el Fahem, Kfar Kassem oder Arabeh, und die letzte jüdische Familie in Peki'in zog bereits vor Generationen fort. Heute sind die Dörfer Um el Fahem, Kfar Kassem und Arabeh zu mittelgroßen Städten herangewachsen, aber es gibt immer noch keine Juden dort, und es gibt auch keine, die dorthin wollten. Das gleiche gilt umgekehrt für Petach Tikava, Zichron Yaacov oder Rishon LeZion, jüdische Dörfer, aus denen Städte wurden. Die Situation in den größeren Städten ist weniger entscheidend, aber in Jaffa, Haifa und Acre, um nur die drei wichtigsten gemischten

Städte zu nennen (Jerusalem ist ein Sonderfall), leben die verschiedenen Gemeinden in ihren eigenen Vierteln.

Der Grund für diese Trennung, die nicht Segregation bedeutet, ist einfach: Juden und Araber haben unterschiedliche Kulturen, und die meisten von ihnen wollen daran auch nichts ändern. Die Araber sprechen Arabisch und schicken ihre Kinder in arabische Schulen. Sie haben andere Feiertage, hören andere Musik und ziehen teilweise auch andere Fernsehsender vor und lesen ihre eigene Literatur. Einzelne Araber ziehen gelegentlich in jüdische Viertel in größeren Städten – ich habe einen arabischen Nachbarn, der zwei Stockwerke unter mir wohnt –, aber das sind die Ausnahmen, die die Regel bestätigen. Ich kenne auch einen Fall, in dem eine jüdische Frau mit zwei Kindern in eine arabische Stadt zog, wo sie mit ihrer kleinen Familie willkommen geheißen wurde; aber ihr wurde auch deutlich gemacht, dass sie nicht die Vorhut eines weiteren jüdischen Zuzugs in die Stadt sein dürfe.

In getrennten Gebieten zu wohnen bedeutet nicht, dass man überhaupt keinen Kontakt miteinander hat. Beide Gruppen können sich völlig frei bewegen und einiges machen sie auch gemeinsam. Im öffentlichen Nahverkehr, in Handel, Theater und Kultur sowie in vielen anderen Bereichen gibt es keine Trennung zwischen Arabern und Juden, es sei denn, sie geschieht freiwillig.

Die Frage ist also nicht, ob jüdische und arabische Bürger Israels sich eines Tages angleichen und zu einem Grad vermischen, der ihre Identitäten verwischt, wie das vielleicht in der amerikanischen Mittelklasse und vielleicht auch eines Tages in Südafrika vorstellbar ist. Das wird in Israel nicht als das erstrebenswerte Ziel betrachtet. Die Frage lautet vielmehr, ob die zwei Gemeinschaften lernen können, friedlich miteinander zu leben, mit gegenseitigem Respekt und partnerschaftlicher Aufteilung ihres Landes. Und dahinter verbirgt sich noch eine andere Frage: Gibt es ein rassistisches (oder ethnisches) Vorurteil gegenüber den Arabern?

Die Antwort heißt leider ja. Die kulturellen Unterschiede an sich müssen nicht negativ sein, sie werden jedoch allzu häufig verstärkt durch Misstrauen und Feindseligkeit. Ganz einfach gesagt, viele israelische Juden mögen keine Araber. Im modernen Hebräisch gibt es einige verächtliche Redewendungen über die Araber wie *avoda aravit* (»arabische Arbeit«), was so viel bedeutet wie unprofessionelle oder schlechte Arbeit. Araber bekommen häufig die schlechtesten Jobs. Das verstärkt noch das jüdische Vorurteil, Araber hätten weniger Würde und könnte deshalb Tätigkeiten übernehmen, die gegen die Würde eines Juden verstoßen würde. Einmal in einem solchen Job gefangen, werden sie häufig herumkommandiert und als Menschen zweiter Klasse behandelt, wie man einen Juden niemals behandeln würde. Aber auch hier gibt es Unterschiede: Fast jeder arabische Arbeiter, einschließlich der nicht-israelischen, kann eine Geschichte über einen fairen israelischen Arbeitgeber erzählen, neben der Geschichte von einem ausbeuterischen Unternehmer, der ihn beleidigte und seine Würde verletzte.

Da Juden die Mehrheit in Israel bilden, fallen diese gesellschaftlichen Normen ins Gewicht. Aufgrund ihres niedrigeren Ausbildungsniveaus haben Araber meist schlechter bezahlte Jobs und einen niedrigeren sozialen Status. Selbst jene, die eine bessere Ausbildung genossen haben, besitzen weniger Wahlmöglichkeiten. Die Chance, dass ein junger Araber mit Universitätsabschluss einen guten Job in einem jüdischen Unternehmen bekommt, ist nicht unbedingt groß. Soziale Kontakte zwischen Juden und Arabern sind eher selten, außer in zwei Bereichen der Gesellschaft: bei den Nicht-Zionisten der Ultra-Linken und in der Unterwelt.

Diesem düsteren Bild muss jedoch die Tatsache hinzugefügt werden, dass Araber niemals und nirgendwo Juden als ebenbürtig angesehen haben, es sei denn außerhalb der arabischen Welt. Aschkenasische Juden hatten in ihrer Geschichte keine Beziehungen zu Arabern. Die orientalischen Juden erinnern sich jedoch daran, dass sie Jahrhunderte lang von den Arabern verachtet wurden (gemäßigt durch die verwestlichte Toleranz an einigen Orten im letzten Jahrhundert vor dem Zionismus). Jetzt, wo sich die Machtstrukturen so dramatisch verändert haben, laufen einige Juden Gefahr, es den Arabern gleichzutun.

Während der 1990er Jahre, als der israelisch-arabische Konflikt abzuflauen schien, sah es so aus, als würden sich auch die internen arabisch-jüdischen Beziehungen verbessern. Eine zunehmende Zahl arabischer Einkaufszentren, Restaurants und Pensionen verdankte ihre Existenz zum größten Teil jüdischen Kunden, und zwischen den wohlhabenden Touristen aus Jordanien und den Golfstaaten in der größten Einkaufspassage in West-Jerusalem fielen die ansässigen Araber kaum noch auf. Doch unterstrich diese Veränderung nur, wie viel noch zu tun blieb.

Die Erklärung dafür ist komplex und hat erstens mit der kulturellen Unfähigkeit der Araber zu tun, sich der modernen Welt anzupassen. Die meisten arabischen Gesellschaften haben noch nicht herausgefunden, wie sie ihren Lebensstil mit den Segnungen der Demokratie und des freien Marktes in Einklang bringen können. Zweitens besitzt die arabische Minderheit Israels dieselbe Nationalität wie die Feinde Israels. Dies sollte keine Relevanz besitzen, da es keinen unmittelbaren Zusammenhang zwischen nationaler Identität und der Subvention von Abwasserprojekten gibt. In der realen Welt der Politik ist das jedoch nicht so einfach. Israelische Regierungen bestehen immer aus Koalitionen verschiedener Parteien. Die arabischen Parteien schienen traditionell der Arbeitspartei aufgrund ihrer politischen Haltung gegenüber den Palästinensern näher zu stehen als dem Likud. In der Praxis bedeutete dies, dass der Likud niemals versuchte, größere Teile der arabischen Wählerschaft für sich zu gewinnen. Das ist vielleicht vergleichbar mit der Position der schwarzen Wähler in den Vereinigten Staaten, deren Unterstützung der Demokraten lange Zeit als sicher galt und die von den Republikanern gar nicht erst umworben wurden.

Selbst der Dienst in der Armee durchbricht diese Mauern nicht vollständig. Arabische Bürger Israels müssen nicht in der Armee dienen. Einige tun dies trotzdem. Eine der arabischen Minderheiten in Israel sind Drusen, die Anfang 1948 der Meinung waren, dass Israel den Krieg gewinnen würde und sich deshalb auf seine Seite stellten. Sie dienten in der IDF an der Seite der Juden. Die drusische Stadt Beit Jahn im oberen Teil Galiläas besitzt die traurige Berühmtheit, die Stadt mit dem höchsten Anteil gefallener Soldaten im ganzen Land zu sein. Es gibt sogar eine Einheit in der Armee, die nicht auf drusische Soldaten verzichten kann: die Kundschafter. Das sind Männer, die von frühester Kindheit an gelernt haben, ihre Herden zu führen und in der Natur wie in einem offenen Buch zu lesen, wozu die städtische Bevölkerung nicht mehr in der Lage ist. Die Armee stützt sich wesentlich auf ihre Fähigkeiten, Personen aufzuspüren, die die Grenzzäune durchbrechen. In jedem Jeep der Grenzkontrolle sitzt mindestens ein Kundschafter; es gibt viele Grenzzäune und deshalb auch viele Kundschafter. Alle sind entweder Drusen oder Beduinen, die sich freiwillig gemeldet haben. Das erklärt zum Teil ihre hohe Opferzahl.

Jüdische Politiker aller Parteien halten regelmäßig Reden über die Blutsbande zwischen den Juden und den Drusen, über unser gemeinsames Schicksal, die gegenseitige Verantwortung und so weiter, aber höchst selten sind diese schönen Reden mit einer finanziellen Anerkennung verbunden. Den Drusen geht es nur wenig besser als den Arabern, beide Gruppen befinden sich in einer skandalösen Lage, und das verweist auf ein tiefgehendes Problem: Israel verfolgt ein ideologisches Projekt, das nicht-zionistische *Haredim* und zionistische Nicht-Juden umfasst, nicht jedoch patriotische Drusen.

Auch die Sprachbarriere darf nicht unterschätzt werden, denn Sprache ist Kultur und Kultur ist der Kern des zionistischen Projektes. Die Araber mögen Hebräisch sprechen, aber lediglich als Zweitsprache. Sie singen nicht dieselben Lieder wie wir. Sie haben andere Feiertage, ein anderes historisches Gedächtnis, andere Helden und Ziele, die daraus entspringen. Sie sind nicht Teil des zionistischen Ethos, und ihre Streitigkeiten mit uns sind keine innerfamiliären Unstimmigkeiten. Die Araber in Israel sind nicht nur Mitglieder einer anderen Kultur, sie sind Mitglieder der Mehrheitskultur im Nahen Osten und würden uns gerne dominieren, wenn sie könnten. Zweihunderttausend russische Nicht-Juden haben beschlossen, sich mit uns zu vereinigen, aber sie und ihre Kinder lockern ihre Verbindungen zu Russland, um sich den Juden ganz anschließen zu können. Die israelischen Araber bleiben Araber und haben nicht vor, Juden zu werden, nicht einmal kulturell.

Bis September 2000 sah die Situation zwischen Juden und Arabern so aus: Gleichheit vor dem Gesetz, abgesehen von einigen Beeinträchtigungen, die jedoch langsam von den Gerichten abgebaut wurden; ökonomische Ungleichheit, die von allen beklagt wurde, aber dennoch dauerhaft war; gesellschaftliche Vorurteile, die vielleicht ein wenig zurückgingen, aber immer noch stark genug waren, um die ökonomische Situation zu beeinflussen, wenn nicht sogar die rechtliche. Aber dann verschlechterte sich die Situation.

Eine große Mehrheit der Israelis empfand die Entscheidung der Palästinenser, mit Gewalt auf Baraks Angebote vom Sommer 2000 zu reagieren, als heimtückisch. Die arabischen Israelis unterstützten von der ersten Woche an den palästinensischen Aufruhr. Niemand in Israel hatte erwartet, dass die israelischen Araber Zionisten würden. Jeder wusste, dass sie sich selbst als Palästinenser mit israelischer Staatsbürgerschaft betrachteten. Deshalb war ihre Parteinahme für die Palästinenser eigentlich kein Problem. Die Palästinenser lehnten jedoch nicht allein ein Angebot Israels ab, sondern zerstörten durch die Anwendung von Gewalt zur Durchsetzung ihrer Forderungen den gesamten konzeptuellen Rahmen des Friedensprozesses – und die israelischen Araber unterstützten sie mit den seit Jahren größten und gewalttätigsten Demonstrationen. Durch das Ausmaß des palästinensischen Aufruhrs aus dem Konzept gebracht, begingen die israelischen Führer alle nur möglichen Fehler im Umgang mit ihren arabischen Bürgern.

Die Polizei benutzte scharfe Munition bei einem Versuch, die Aufständischen zu stoppen und tötete dabei mehrere Menschen. Die politische Kultur Israels ist häufig ungehobelt, aber noch nie wurden jüdische Aufständische erschossen, die versuchten, die größten Verkehrsadern lahm zu legen. Auf Anhieb fallen mir zwar auch keine jüdischen Aufständischen ein, die Tankstellen in Brand gesetzt oder Straßenlaternen aus dem Boden gerissen hätten, aber das waren ohnehin nicht die schlimmsten Vergehen. Während der ersten Tage der Gewalt wurden dreizehn arabische Demonstranten getötet. Auf israelischer Seite gab es keine Opfer. Im Gegensatz zu den israelischen Soldaten auf der Westbank und im Gazastreifen, die in tatsächlicher Gefahr waren, weil die Aufständischen bewaffnet waren, standen die israelischen Polizeikräfte keiner damit vergleichbaren Gefahr durch die aufständischen israelischen Arabern gegenüber. Es gab ein jüdisches Opfer, einen Fahrer, dessen Auto mit Steinen beworfen wurde – aber dieser Vorfall ereignete sich Kilometer weit entfernt von dem Gebiet, in dem die Zusammenstöße stattfanden. Ungefähr nach einer Woche begann sich der jüdische Mob im oberen Nazareth und in Hadera zu formieren. Zwei Tage lang kam es zu Zusammenstößen zwischen beiden Seiten. Als wir erkannt hatten, wie tief der Abgrund war, an dessen Rand wir uns befanden, ließ die Gewalt nach. Während der folgenden Jahre der Intifada flammte sie nicht erneut auf.

Die Regierung Barak brauchte Monate, um über das richtige Vorgehen zu entscheiden und eine gerichtliche Untersuchungskommission, unter dem Vorsitz von Theodore Orr, einem Richter des

Obersten Gerichtshofs, einzusetzen. Die Orr-Kommission veröffentlichte ihre Ergebnisse 2004. Während einige arabische Führer wegen Anstiftung zur Gewalt gerügt wurden, kritisierte man aber vor allem die Überreaktion von Verantwortlichen aus Polizei und Regierung, die namentlich erwähnt wurden. Die massive Unterstützung der palästinensischen Gewalt durch die israelischen Araber veranlasste die israelischen Juden zu fragen, was ihre arabischen Mitbürger eigentlich tatsächlich dachten und wie viele von ihnen extreme palästinensische Positionen, die das Existenzrecht Israels nicht anerkennen, unterstützten. Diese Frage stellte sich während der Intifada immer dringlicher. Abgesehen von der politischen Unterstützung des palästinensischen Kampfes war die aktive Beteiligung israelischer Araber an Terroranschlägen gegen Israelis immer gering. Dennoch gab es seit September 2000 wiederholte Fälle, in denen israelische Araber palästinensische Terroristen unterstützt hatten. Bei einer Bevölkerung von über einer Million Bürgern ist diese Beteiligung immer noch äußerst gering, trotzdem ist sie besorgniserregend. Noch beängstigender waren die Erklärungen einiger israelisch-arabischer Führer, unter ihnen Männer, die die Unterstützung von Zehntausenden koordinierten. Scheich Raad Salach, ein Führer der Islamischen Bewegung, gab aufrührerische Erklärungen ab, einschließlich der bekannten Falschmeldung, Israel beabsichtige, die Moscheen von Haram el-Sharif zu zerstören. Der Knessetabgeordnete Azmi Bishara unterstützte in seinen Reden den Krieg der Palästinenser gegen Israel. Bei den Wahlen von 2003 gewann seine Partei einen dritten Abgeordneten hinzu, was zwar immer noch wenig ist, aber dennoch nicht unbedeutend. Eine Demokratie muss ihren Mitgliedern die Redefreiheit garantieren, und Versuche rechter Politiker, die Zahl der arabischen Knesset-Abgeordneten, die sich zur Wahl stellten, zu begrenzen, wurden vom Obersten Gerichtshof zurückgewiesen. Es ist jedoch klar, dass einige der Einstellungen, die in manchen Kreisen der israelischen Araber so populär sind, nicht unbedingt eine friedliche Koexistenz begünstigen.

Im Januar 2003 brachte *Haaretz* ein anschauliches Beispiel. Es ging um die Beziehungen innerhalb des Mitarbeiterstabes der israelischen Bürgerrechtsvereinigung (ACRI), einer bekannten Organisation mit einigen Dutzend Mitarbeitern, Juden und Arabern. Viele von ihnen sind Anwälte, alle hochqualifiziert und besonders sensibel in Bezug auf die Leiden der Palästinenser. *Haaretz* berichtete über ernsthafte Spannungen zwischen Juden und Arabern, die schließlich zum Ausschluss des Vorsitzenden von ACRI und einiger Angestellter führten. Die Leser gewannen den Eindruck, dass selbst in einer so untypischen Gruppe, in der Juden weit links vom Mainstream mitarbeiten, ihre arabischen Kollegen von ihnen verlangten, die israelische Politik in einem Maße zu verleugnen, wie es für Juden einfach unmöglich ist. Wenn eine solche Gruppe nicht zusammenarbeiten kann, wer dann?

Die arabischen Israelis stellen eine existenzielle Herausforderung für den Zionismus dar. Die Juden verdienen ein Land für sich, in dem sie die Gesellschaft aufbauen können, die ihren gemeinsamen Willen am besten zum Ausdruck bringt. Dennoch muss dieses Land auch den Arabern, die darin leben, volle Freiheit und Gleichheit garantieren. Das kann möglicherweise dadurch erreicht werden, dass eine große jüdische Mehrheit aufrecht erhalten wird, die den jüdischen Charakter des Staates mit demokratischen Mitteln bewahrt und tatsächlich umsetzt, indem sie sich Gesetze und eine Verfassung gibt, die die vollständige Gleichheit der arabischen Minderheit festlegt und sie vor jeder Art der Diskriminierung schützt. Die meisten europäischen Nationalstaaten mit einer wachsenden muslimischen Minderheit müssen diese Aufgabe erst noch bewältigen, selbst ohne einen Krieg mit benachbarten arabischen Staaten, aber das Versagen der Europäer darf keine Entschuldigung für Israel sein, und wir müssen weiter nach solch einer gerechten Gesellschaft streben.

Die dazu erforderlichen Veränderungen umfassen eine entscheidende Umverteilung öffentlicher Gelder zugunsten der Infrastruktur arabischer Städte und ihres Ausbildungssystems. Es gab in Israel bislang nie eine Quotenpolitik für irgendeine Bevölkerungsgruppe, deshalb ist nicht klar, ob eine solche Politik für die Araber das Richtige wäre. Aber ihre Ausbildungsstruktur muss entscheidend verändert werden, damit ihre beruflichen und ökonomischen Chancen verbessert werden können.

Am problematischsten wird die Aufgabe der Erziehung beider Gemeinschaften zu einem besseren gegenseitigen Verständnis sein, denn anders als in den Vereinigten Staaten oder in Südafrika bedroht die diskriminierte Gruppe in Israel tatsächlich die sie diskriminierende, oder zumindest kann dies leicht so empfunden werden. Schließlich befindet sich Israel mit vielen Bewohnern der arabischen Welt im Krieg, einschließlich den Palästinensern, und die israelischen Araber sind Palästinenser aufgrund ihrer Nationalität, selbst wenn sie die israelische Staatsbürgerschaft besitzen.

Erst wenn ein solches Reformprogramm auf den Weg gebracht worden ist, werden wir mit gutem Recht die gleiche Akzeptanz von unseren arabischen Mitbürgern fordern können – aber dann liegt die Verantwortung auch bei ihnen. Wenn das Land, in dem sie leben, sie fair behandelt, werden sie nicht einfach ihre Nationalität gegen dieses Land ausspielen können. Sie – und wir – werden einen Weg finden müssen, um diese Spannungen zu überwinden. Denn hier geht es nicht um eine jüdische Mehrheit, die willkürlich eine Minderheit diskriminiert. Es geht vielmehr darum, dass die größere arabische Welt den Juden immer noch erlauben muss, friedlich in ihrer Mitte zu leben. Israels Araber sind in der Mitte gefangen.

Dennoch hat die Geschichte auch einen positiven Aspekt. Einer der wichtigsten Indikatoren des Wohlstands einer Gesellschaft ist die Kindersterblichkeitsrate. 1944, im letzten Jahr der britischen Herrschaft, über das Daten vorhanden sind, betrug sie für Kinder unter fünf Jahren bei Juden und Muslimen in Palästina 4,5 bzw. 21 Prozent. 2001, nachdem Israel dreiundfünfzig Jahre lang für all seine Bürger verantwortlich war, betrug die Rate für Juden 0,25 Prozent und für Muslime 0,5 Prozent. Das ist die niedrigste Kindersterblichkeitsrate im gesamten Nahen Osten. Selbst im wohlhabenden Kuwait lag die Rate bei 1,2 Prozent.[18] Der große Unterschied von 1944 lag nicht in der Verantwortung der Zionisten, sie war ein Ausdruck des (unterschiedlichen) Modernisierungsgrades der beiden Gemeinschaften. Die unglaubliche Verbesserung zeigt die Fortschritte in der modernen Medizin und der Infrastruktur, die Israel seinen Bürgern bietet. Das erheblich verbesserte Verhältnis zwischen den beiden Gemeinschaften zeigt, dass weit entfernt von der Sphäre politischer Identität, Israel doch etwas richtig macht. Kein rassistisches Land kann solche Zahlen aufweisen, und sollte der Frieden jemals erreicht werden, so sind die Grundlagen für ein besseres Zusammenleben bereits vorhanden.

---

18 Ammon Rubinstein in *Haaretz*, 15. Januar 2003

ACHTES KAPITEL

Die 1990er Jahre: Vorgetäuschte Entscheidungen

Woran ist der Osloer Friedensprozess am Ende tatsächlich gescheitert?

Im Juni 2002 erläuterte Präsident George W. Bush in einer Rede einen Schlachtplan für den Frieden. Im Kern ging es um ein friedliches und demokratisches Palästina an der Seite Israels. Diese Verknüpfung von Demokratie und Souveränität stieß bei vielen Palästinensern auf Ablehnung, da der Oslo-Prozess diese Forderung nicht enthielt. Bushs Rede konnte so als offizielle Ablehnung des Oslo-Prozesses interpretiert werden. Aber zu diesem Zeitpunkt, im Juni 2002, war davon sowieso nicht mehr viel übrig.

Im April 2002 hatte die IDF die meisten palästinensischen Städte der Westbank besetzt und damit die palästinensische Selbstverwaltung außer Kraft gesetzt, um die Angriffe auf die israelische Zivilbevölkerung zu stoppen. Da diese Selbstverwaltung, die einer Souveränität nahe kam, das wichtigste Ergebnis des gesamten Oslo-Prozesses war, machte die israelische Aktion dieses Ergebnis wieder zunichte.

Im Februar 2001 hatten die Israelis Ehud Barak abgewählt und mit dem höchsten Wahlsieg in der Geschichte Israels Ariel Sharon ins Amt gebracht. Sharon wurde gewählt, um die seit Monaten andauernden Verhandlungen zu beenden, die von einer Welle der Gewalt, die bereits Hunderte Menschenleben gekostet hatte, begleitet waren. Da diese Verhandlungen wesentlich für den Oslo-Prozess waren, konnte man die Wahl Sharons als Israels Ablehnung dieses Prozesses interpretieren.

Im September 2000 eröffneten bewaffnete Palästinenser das Feuer auf israelische Truppen an vielen Orten in Gaza und auf der Westbank. Da die *Grundlage* des Oslo-Prozesses »Land gegen Frieden« war – die Palästinenser verzichten auf die Anwendung von Gewalt, die Israelis beginnen mit der Rückgabe von Land –, konnte man die palästinensische Gewalt ebenfalls als Ablehnung des Oslo-Prozesses interpretieren. Im September 2000 gab es jedoch gute Gründe für die Annahme, dass der Friedensprozess bereits gescheitert war, zerstört durch die unterschiedlichen Vorstellungen über das Ziel der Osloer Verhandlungen.

Im Juli 2000 machte Barak den Palästinensern ein Angebot, das Israels Auffassung von einem gerechten Frieden entsprach: Israel würde nahezu alle seit 1967 besetzten Gebiete unter die Souveränität Palästinas stellen, Palästinenser und Israelis sollten sich Jerusalem teilen und es sollte ein Plan erarbeitet werden, der das seit dem Krieg von 1948 herrschende Elend der Palästinenser verringern und einer begrenzten Zahl palästinensischer Flüchtlinge die Rückkehr in ihre ursprüngliche Heimat in Israel gestatten würde. Als Gegenleistung erwartete Israel von den Palästinensern eine verbindliche Erklärung über die Beendigung des Krieges. Barak hatte einige Konzessionen für die letzte Verhandlungsrunde zurückgehalten, aber im Grunde hatte er bereits alles angeboten, was Israel überhaupt anbieten konnte.

Die Palästinenser reagierten nicht darauf und machten auch kein Gegenangebot, auf dessen Grundlage die Verhandlungen hätten fortgesetzt werden können. Außerdem wurden Arafat und seine Delegation wie Helden begrüßt, als sie mit leeren Händen zurückkehrten, weil sie sich nicht dem amerikanisch-israelischen Druck gebeugt hatten. Obwohl die meisten von uns es damals nicht zugaben, hätte uns das palästinensische Verhalten die Augen darüber öffnen können, dass der Oslo-Prozess vielleicht schon von Anfang an zum Scheitern verurteilt war.

Man musste nicht Arabisch können oder die palästinensische und arabische Presse verfolgen, um zu erfahren, wie sehr sich die meisten Israelis selbst getäuscht hatten. Palästinenser und ihre westlichen Unterstützer verspritzten ihr Gift in den Kommentaren der wichtigsten europäischen Medien, wie etwa Tim Llewellyn, ehemaliger Nahost-Korrespondent der BBC. In seinem Kommentar im *Observer* vom 15. Oktober 2000 stellte er das Problem unter das Motto der zweiundfünfzig Jahre andauernden palästinensischen Unterdrückung und verurteilte die Israelis wegen ihrer Doppelzüngigkeit im Friedensprozess. Sie zögen sich nicht wirklich aus den Gebieten zurück, sie hätten niemals aufgehört, Siedlungen zu bauen, sie würden in Jerusalem ethnische Säuberungen vornehmen und Apartheid-Gesetze erlassen, während sie Arafat dazu zwängen, zum Verräter zu werden, der palästinensische Aktivisten auf Befehl der Israelis verhaften ließe. Dies alles sei jedoch noch das kleinere Übel. Das eigentliche Verbrechen der Israelis bestehe darin, dass sie erwarteten, die Palästinenser würden den Konflikt für beendet erklären: »Die Palästinenser erkannten in diesem Sommer, dass Israel noch mehr Zugeständnisse wollte: Als Gegenleistung für ihre gesetzlich verbrieften Ansprüche auf eine effektive Selbstbestimmung sollten sie Israel einen Freibrief ausstellen. Für einen kurzlebigen Staat sollte Arafat alle Forderungen der Palästinenser gegenüber Israel fallen lassen. Ein Heftpflaster sollte eine tiefe und häßliche Wunde vergessen machen: den Exodus aus Palästina, die Schrecken von Massaker und Exil, das Recht auf Rückkehr; all dies anerkannt und bestätigt durch das Völkerrecht und die Resolutionen der Vereinten Nationen.«

Außerdem, so Llewellyn weiter, besäßen die Israelis die Unverfrorenheit, eine ständige Verbindung nach Ost-Jerusalem zu verlangen. Llewellyn scheint zu übersehen, dass seine Forderung der Schaffung eines palästinensischen Staates ohne formale Konfliktbeendigung der Schaffung eines Staates im Kriegszustand mit Israel gleichkommt, folglich einer tödlichen Gefahr für sein Überleben. Das können die Israelis natürlich niemals akzeptieren.

Die erschreckende Wahrheit besteht vielleicht darin, dass die meisten Palästinenser immer noch nicht das Existenzrecht Israels anerkennen, während sie sich gleichzeitig damit abgefunden haben, dass sie Israel militärisch nicht zerstören können. Stattdessen versuchen sie, es demographisch zu unterwandern, indem Millionen ihrer »Flüchtlinge« an Israels Grenzen zurückkehren, gefeiert von vielen Europäern und einigen Amerikanern. Die Symbole dieser Forderung sind die Heiligen Stätten Jerusalems, die von Israel noch vor der Räumung aufgegeben werden müssten, weil sie jegliche nicht-muslimische Kontrolle der Heiligen Stätten als Obszönität betrachten.

Trotz der paranoiden Vorstellungen vieler Palästinenser und ihrer Sympathisanten waren die Initiatoren des Oslo-Prozesses auf israelischer Seite – Leute wie Shimon Peres und Jossi Beilin – weder bösartig noch verschlagen. Sie gingen mit dem intellektuellen Handwerkszeug aufgeklärter Demokraten an die Lösung des Problems, wozu auch gehörte, jedes Ereignis aus mehreren Perspektiven zu betrachten, sich in den Gegner hineinzuversetzen, um dadurch sein Handeln besser verstehen zu können. Sie wussten, wo sich Israel falsch oder ungerecht verhielt, zum Beispiel in der Militärherrschaft über die entmündigten Palästinenser, und sie nahmen an, dass diese Ungerechtigkeiten die treibenden Kräfte des Konflikts sein mussten. In ihrem Bemühen, Israels Fehler zu korrigieren, redeten sie sich ein, dass sie den palästinensischen Hass beseitigen könnten. In ihrem Wunsch nach Normalität und Frieden redeten sie sich ein, dass die Palästinenser genau dasselbe wünschten, jedoch nicht über die Möglichkeiten verfügten, diese Ziele zu erreichen. Aber trotz all ihrer Intelligenz und Ausbildung waren die israelischen Unterstützer des Friedenprozesses unfähig oder vielleicht auch nicht willens zu erkennen, dass ihre Bemühungen auf einem einfachen logischen Trugschluss basierten: Wenn eine Seite Unrecht hat, muss die andere zwingend Recht haben.

Vielleicht hat Israel die Aufrichtigkeit der ägyptischen Friedensversuche in den frühen 1970er Jahren missdeutet. Zehn Jahre später interpretierte Israel die politische Situation des Libanon eindeutig falsch, wodurch es in eine Politik hineingezogen wurde, die sowohl strategisch falsch als auch moralisch verwerflich war. Während der ganzen Zeit nagte die palästinensische Besatzung, die zu ihrer Beibehaltung notwendige Repression nahm zu und als sich die besetzte Bevölkerung schließlich dagegen erhob, wurde der Irrglaube, die Besetzung könnte irgendwie aufrechterhalten werden, zerstört. Ende der 1980er Jahre lautete die allgemein anerkannte Interpretation des israelisch-palästinensischen Konflikts, es ginge um die israelische Besatzung und die Siedlungen, nicht um die arabische Weigerung, das Existenzrecht Israels anzuerkennen. Da Israel der mächtige Besatzer sei, liege der Schlüssel zur Beendigung der Besatzung und der Räumung der Siedlungen allein bei ihm. Durch seine Weigerung handle Israel nicht nur gegen seine eigenen Interessen, sondern sei auch moralisch im Unrecht.

Die Fehlschläge der 1980er Jahre bestärkten viele in ihrer Ansicht, Frieden wäre möglich, wenn nur Israel etwas entgegenkommender wäre. Mitte der 1980er Jahre zeichnete sich das Ende des Kalten Krieges ab, und bald fielen diktatorische Regime von Prag und Warschau bis Managua und Manila und wurden durch demokratisch gewählte Regierungen ersetzt. Selbst das sowjetische Imperium brach zusammen, was Hoffnungen auf Freiheit bei den Litauern, Ukrainern und Usbeken weckte. Das verhasste Apartheid-Regime Südafrikas fiel und einen Augenblick lang schien es so, als ob ganz Afrika von der Welle der Demokratie mitgerissen werde. Wo einst europäische Kolonialmächte das Sagen hatten, erprobten die jungen asiatischen Tiger ihre Stärke. Selbst in Nordirland gab es Anzeichen für Hoffnung. Francis Fukuyama verkündete optimistisch, dass durch den endgültigen Sieg der aufgeklärten Demokratie das blutige Kapitel der kriegerischen Geschichte der Menschheit bald beendet sein werde.

Offensichtlich weigerte sich lediglich Israel, das den Palästinensern immer noch das Recht auf Selbstbestimmung vorenthielt, sich an der Demokratisierungsbewegung zu beteiligen. Für Israelis, die sich nicht um den Rest der Welt scherten, war das nicht allzu schlimm, aber für die westlich orientierten Eliten mit ihren vielfältigen Bindungen an Europa und die Vereinigten Staaten war es äußerst unangenehm. Und als Erben der zionistischen Tradition, die Realität aktiv zu gestalten statt auf eine weit in der Ferne liegende Ankunft des Messias zu hoffen, machten sie sich daran, Israels Fehler zu korrigieren, trotz der Tatsache, dass niemand in der arabischen Welt das Ende der Geschichte prophezeit hatte und ohne zu fragen, ob die Palästinenser nicht vielleicht immer noch am selben Ziel festhielten, das sie seit Generationen verfolgten: die Zerstörung des Staates Israel.

Die erste Intifada ging offiziell im September 1993 zu Ende, als Itzhak Rabin und Jassir Arafat eine Grundsatzerklärung (DoP, Declaration of Principles) auf dem Rasen vor dem Weißen Haus unterzeichneten. Trotz ihrer heroischen Aura, die sie in zahlreichen Medien genoss, hatte die Intifada keine spürbaren Verbesserungen für das Leben der Palästinenser gebracht. Je länger sie dauerte, desto mehr gewöhnten sich die Israelis an sie. Vielleicht hat sie dazu geführt, dass einige zu Verhandlungen bereit waren, in denen präzis definierte Abkommen getroffen und dann unverzüglich umgesetzt werden sollten. Solche Verhandlungen begannen 1993 mit dem Osloer Friedensprozess, der im Jahre 2000 spektakulär scheiterte.

Diesen Fehlschlag hätte man vorhersehen können, sagten einige Schlaumeier, die damals keine Beachtung fanden. Einer der Gründe für das Scheitern hätte darin liegen können, dass eine oder beide

Seiten sich nicht mit ehrlichen Absichten an diesem Prozess beteiligten. Nach Meinung einiger rechtsgerichteter Israelis hatten die Palästinenser lediglich ihre Taktik geändert, indem sie die im »Zehn-Punkte-Programm« von 1974 definierte Strategie benutzten und beschlossen, ihre Position durch Verhandlungen zu stärken, um in Zukunft wieder Gewalt anzuwenden. Dagegen sahen einige Palästinenser das ganze Unterfangen als eine machiavellistische Verschwörung, bei der die Israelis ihre direkte und kostspielige Kontrolle über die Palästinenser durch billigere, aber ebenso effektive indirekte Methoden ersetzen wollten. Tatsächlich waren für das Scheitern des Oslo-Prozesses eher profane Gründe als kalkulierter Verrat verantwortlich.

Manchmal kann der vermutete Gang der Dinge bis zu einem gewissen Grad durch eine außergewöhnliche Persönlichkeit verändert werden. Eine Generation nach Sadat gibt es immer noch keine Anzeichen dafür, dass die ägyptische Bevölkerung Israel als Nachbarn akzeptiert hat, eher kann man den Eindruck gewinnen, dass die meisten Ägypter Israels Verschwinden begrüßen würden. Da Ägypten jedoch ein autoritärer Staat ist, wurde die Bevölkerung nicht nach ihrer Meinung gefragt, und angesichts der riesigen unbesiedelten Wüste zwischen den beiden Ländern konnte der sprichwörtliche Mann auf der Straße wenig gegen die offizielle Politik unternehmen. Israelis und Palästinenser verfügen nicht über diesen Luxus. Ihr Konflikt und seine Lösung *wird* sich auf ihr Alltagsleben auswirken; außerdem wird der Mann auf der Straße einiges über den Erfolg oder das Scheitern dieser Bemühungen sagen können. Der Frieden wird nur kommen, wenn beide Völker ein Interesse daran haben, und nur unter Bedingungen, die beide Seiten akzeptieren können. Die Aufgabe der Führer liegt deshalb nicht darin, einen Frieden gegen die eigene Bevölkerung durchzusetzen, sondern sie von seiner Notwendigkeit zu überzeugen.

Bis Ende der 1980er Jahre scheiterte eine Lösung des Konflikts nicht an den Extremisten, sondern daran, dass sich die Gemäßigten auf beiden Seiten nicht einigen konnten. Nicht die Siedler und die Muslim-Bruderschaft waren unfähig, eine Übereinkunft zu erzielen, sondern Israels Tauben und ihre gemäßigten palästinensischen Partner. Die israelischen Friedensstifter gingen davon aus, dass ein ernsthaftes Friedensangebot, so wie im Fall von Ägypten, von einer

Mehrheit der Israelis unterstützt werde. Solange aber die PLO zur Zerstörung Israels entschlossen war, sah eine klare Mehrheit der Friedensstifter keinen Grund für Zugeständnisse an die Palästinenser. Um aus dieser Sackgasse herauszukommen schien es am besten, den Wählern ein bereits ausgehandeltes Abkommen zu präsentieren; dadurch würden die Skeptiker in die Arme der Friedensstifter getrieben und die Siedler isoliert werden. Dann, so nahm man an, würden die Siedler und ihre politischen Unterstützer sich dem demokratischen Willen beugen.

Es hätte auch andere Wege geben können, dasselbe Ziel zu erreichen. Sadat hatte durch seine dramatische Geste und durch die Versicherung gegenüber den israelischen Skeptikern, dass der Krieg vorüber sei, den Teufelskreis durchbrochen. Da die Zugeständnisse an die Palästinenser für viele Israelis zweifellos schwieriger zu akzeptieren waren als ein Rückzug vom Sinai, hätte man vielleicht auch von Arafat eine dramatische Geste verlangen sollen, die dem gesamten Verhandlungsverlauf eine andere Richtung hätte geben können, und zwar am Beginn des Prozesses und nicht an seinem Ende.

Rückblickend betrachtet mag die Anwendung eines Taschenspielertricks in einem öffentlichen politischen Drama zum Scheitern des Prozesses und zum Tod vieler unschuldiger Menschen auf beiden Seiten geführt haben. Deshalb ist es wichtig herauszufinden, warum so gehandelt wurde. Ich sehe vier mögliche Erklärungen. Erstens, die Friedensstifter hatten ein schlechtes Gewissen wegen Israels Verhalten gegenüber den Palästinensern und glaubten nicht, dass sie irgendeine Art von entgegenkommender Geste von ihnen erwarten konnten. Zweitens, die Friedensstifter waren weniger sensibel als die Mehrheit der Israelis, was die Preisgabe der jüdischen Kontrolle des biblischen Herzlandes betraf. Drittens, sie waren ängstlich darum bemüht, die israelische Kontrolle über die Palästinenser zu beenden und sahen diesen Rückzug als einen Gewinn für Israel an, nicht als eine Konzession, für die ein Preis gezahlt werden musste. Schließlich, und das beunruhigt am meisten, haben sie vielleicht nach einer dramatischen Geste gesucht, aber ohne Erfolg. Und trotzdem haben sie weitergemacht. Diese vierte Möglichkeit trifft den Kern der Sache, nämlich die Grundvoraussetzung für den israelisch-arabischen Friedensprozess: Israel muss zuerst seine militärische Verteidigung abbauen und eroberte Territorien zurückgeben, um arabische Sicherheitsgarantien zu bekommen. Im Fall Ägyptens wurden diese Sicherheitsgarantien im Voraus glaubhaft abgegeben. Im Ergebnis erhielt Israel als Gegenleistung für die Schwächung seiner militärischen Verteidigung einen weit größeren strategischen Vorteil. Und wie verhielt es sich mit dem Oslo-Prozess?

Im Mai 1992 gewann die Arbeitspartei unter Itzhak Rabin knapp die Wahlen. Damit kehrte eine Regierung an die Macht zurück, die bereits den Austausch von Land gegen Frieden versprochen hatte. Eine Zeitlang schien nichts zu passieren, abgesehen von einer Welle von Hamas angestifteter Morde, die aufhörten, als die Regierung 412 Hamas-Führer in den Libanon abschob. Die internationale Gemeinschaft verurteilte die Abschiebung natürlich als Verstoß gegen das Völkerrecht, aber da sie zu einem sofortigen Ende der Morde führte, war die Aktion gerechtfertigt. Allerdings kehrten die Deportierten innerhalb eines Jahres wieder zurück. Vor diesem Hintergrund trafen sich Israelis und Palästinenser in Norwegen und führten inoffizielle Gespräche, die einen historischen Durchbruch erzielen sollten.

Zu Beginn waren die Gespräche nicht nur inoffiziell, sondern grenzten sogar an Landesverrat. In Demokratien wird die Außenpolitik von gewählten Politikern oder deren Repräsentanten umgesetzt. Diese Gespräche begannen, ohne dass die entscheidenden Repräsentanten überhaupt etwas davon wussten. Als die Gespräche Fortschritte machten, wurden sie von immer höherrangigen Beamten gebilligt, obwohl Rabin schon vom Geheimdienst über die Gespräche unterrichtet worden sein soll, bevor er offiziell von seinem Außenminister Shimon Peres darüber informiert wurde. Rabin intervenierte jedoch nicht und war schließlich entschlossen, die Gespräche zu unterstützen. Im August 1993 drangen die ersten Informationen an die Öffentlichkeit, und kurz danach wurde die »Taschenspieler-Taktik« angewendet, die damals als unglaublicher Erfolg erschien. Die Grundsatzerklärung wurde als das Ende des Konfliktes bejubelt, was selbst zum damaligen Zeitpunkt keine zutreffende Einschätzung war.

Die Osloer Vereinbarungen wurden von beiden Seiten als historischer Kompromiss gefeiert. Wie aber sah dieser Kompromiss im

Detail aus? Bei all den Jubelreden blieb das relativ vage. Im Gegensatz zu den Verhandlungen mit Ägypten, bei denen keine Vereinbarungen getroffen wurden, bevor nicht beide Seiten ein Abkommen über das Ziel der Verhandlungen unterzeichnet hatten, sah die Grundsatzerklärung einen »Prozess« gegenseitiger Konzessionen vor, in der Erwartung, dass im Zuge von Fortschritten das schwierigste Problem leichter zu lösen sei, da die einstigen Feinde Vertrauen zueinander fassen würden.

Beide Seiten kamen überein, dass der Konflikt durch die Teilung des Landes und die sofortige Schaffung einer palästinensischen Autonomiebehörde beendet werden könnte. Innerhalb eines Zeitraums von fünf Jahren sollten die noch offenen Probleme gelöst werden. Um die Schaffung der palästinensischen Autonomiebehörde zu ermöglichen, würde Israel mit der Räumung gemeinsam festgelegter Gebiete beginnen, angefangen mit dem größten Teil des Gazastreifens und dem Gebiet um Jericho.

Die Palästinenser gingen davon aus, dass sie am Ende einen unabhängigen Staat in den Grenzen von vor 1967 bekommen würden, einschließlich Ost-Jerusalems als ihrer Hauptstadt. Sie erwarteten, dass Israel seine Verantwortung für das Flüchtlingsproblem anerkenne und dass eine pragmatische Lösung gefunden werde, die das Recht auf Rückkehr für viele Flüchtlinge mit einschließe. Selbstverständlich erwarteten sie auch, dass die Siedler abziehen würden. Es waren höchstens einige kleine Grenzkorrekturen zwischen beiden Staaten im beiderseitigen Einverständnis vorstellbar. Da ein souveränes Palästina lediglich 22 Prozent des Mandatsgebietes Palästinas umfassen würde, betrachteten die Palästinenser diese Vereinbarung als einen historischen Kompromiss. Zu weiterer Konzessionen waren sie nicht bereit und die folgenden Verhandlungen sollten allein der Ausarbeitung technischer Details dienen. Angesichts des unglaublichen Kompromisses, zu dem sie bereit waren, bekommt man den Eindruck, dass sich die Palästinenser nach den Verhandlungen immer noch als Opfer fühlten: Sie mussten ein pragmatisches Abkommen mit einem Feind schließen, der zu stark war, um besiegt zu werden.

Auf der anderen Seite erwarteten die Israelis, dass der Krieg mit den Palästinensern nun vorüber sei und der Terror aufhöre. Der Traum einer jüdischen Kontrolle über das Heilige Land war ausgeträumt.

Ein großer Teil des biblischen Kernlandes würde den Palästinensern übergeben. Nicht ausdrücklich erwähnt, jedoch von allen anerkannt, wurde die Abmachung, dass viele der Siedlungen entweder geräumt oder unter palästinensische Souveränität gestellt würden, was so ziemlich das Gleiche bedeutete. In Jerusalem sollte die jüdische Verbindung aufrechterhalten werden, obwohl das Wie unklar war: Niemand erwartete, dass die jüdischen Viertel, die seit 1967 entstanden waren, einbezogen würden. Die Konturen des endgültigen Status, einschließlich der Grenzen, sollten in den Verhandlungen der kommenden Jahre festgelegt werden. Die meisten Israelis schienen begriffen zu haben, dass das Ergebnis all dieser Maßnahmen ein souveräner palästinensischer Staat sei und nicht eine Reihe zweitklassiger – rassistischer – »Homelands«, wie zum Teil in der Presse vermutet wurde. Das Flüchtlingsproblem galt als vorläufig eingefroren, und selbst hartgesottene Friedensaktivisten redeten sich ein, dass die Palästinenser verstünden, dass es kein absolutes »Recht auf Rückkehr« geben könne, da der Sinn der Teilung ja gerade darin bestand, dass jedes Volk seinen eigenen Staat besitze.

Einige der Missverständnisse wären sicher relativ unbedeutend gewesen, hätte der Friedensprozess sich positiv weiterentwickelt. Hätte der Terror aufgehört und beide Seiten sich für eine gemeinsame, friedliche Zukunft engagiert, hätten sich die meisten Israelis mit den Grenzen von 1967 abgefunden. Einige Probleme schienen jedoch so unlösbar – insbesondere Jerusalem und das Recht der Flüchtlinge auf Rückkehr –, dass es ein ungeheures Wagnis war, den Prozess zu beginnen, ohne im Voraus zu wissen, wie diese Probleme gelöst werden könnten. Unsere Sehnsucht nach Frieden muss wirklich verzweifelt gewesen sein, dass wir so blind waren gegenüber der drohenden Gefahr.

Und es handelte sich um eine tödliche Gefahr. Das dem gesamten Prozess zugrundeliegende Ungleichgewicht wirkte wie eine Zeitbombe. Nur eine Seite musste sich auf ein lebensgefährliches Spiel einlassen: die Israelis. Aber warum sollten sie das tun? 1993 war die Intifada erschöpft und stellte keine große Bedrohung mehr dar. Das Fiasko der palästinensischen Unterstützung des Irak im Golfkrieg von 1991 hatte die internationale und sogar die arabische Geduld mit der PLO erheblich strapaziert. Sicherlich war Israels Image in der Welt das einer brutalen Besatzungsmacht, aber die Juden hatten schon Schlimmeres erlebt. Durch den Zusammenbruch der Sowjetunion hatten die arabischen Staaten ihren wichtigsten militärischen Helfer und Waffenlieferanten verloren, während eine Million neuer Einwanderer nach Israel strömte, viele von ihnen sehr gebildet und alle hochmotiviert, sich ein besseres Leben aufzubauen.

In dieser optimistischen Stimmung waren die Israelis nun bereit, ein palästinensisches Gebiet mit wachsender Unabhängigkeit, Größe und militärischer Macht zu billigen. Die Palästinenser ihrerseits hatten ihren Anspruch auf das gesamte Gebiet, den sie sowieso nie hätten durchsetzten können, aufgegeben, und als Gegenleistung erhielten sie die Kontrolle über einen Teil des Landes, die sie niemals allein hätten erlangen können. Für Israel bedeutete das Zugeständnis an die Palästinenser, eine Art Staat zu bilden, eine Übertragung von Macht, die die Palästinenser militärisch niemals hätten gewinnen können, während sie freiwillig Einschränkungen in Kauf nahmen, die ihnen sonst allein eine militärische Niederlage hätte aufzwingen können. Zehntausenden bewaffneter Palästinenser wurde der Zutritt in Gebiete erlaubt, die zuvor von Israel kontrolliert worden waren, und den israelischen Streitkräften wurde die Rückkehr untersagt. Die gefürchtetste Militärmacht in der Region schwächte bewusst ihre Verteidigung und stärkte aktiv die militärische Schlagkraft eines eingeschworenen Feindes in der Hoffnung, der Feind würde dadurch zu einem friedlichen Nachbarn. Als Gegenleistung mussten die Palästinenser jedem Versuch eines bewaffneten Kampfes gegen Israel abschwören.

Im September 1993 gab Jassir Arafat durch die Unterzeichnung der Vereinbarung sein Wort, dass die Palästinenser nie wieder Gewalt zur Erreichung ihrer politischen Ziele anwenden würden. In den Jahren vor den Oslo-Verträgen wurden durchschnittlich 30 Israelis pro Jahr von Palästinensern getötet. Während der fünfzehn Wochen zwischen der feierlichen Vertragsunterzeichnung und dem Ende des Jahres gab es 14 tödliche Angriffe auf Israelis, bei denen 21 Menschen starben. Trotz Arafats Versprechen war das Jahr 1994 für die Israelis das blutigste Jahr seit 1948; 1995 verbesserte sich die Lage kaum und 1996 wurden sogar 81 Israelis getötet – soviel wie während der gesamten 1980er Jahre. Während der sechsundzwanzig Monate zwischen dem Oslo-Abkommen und der Wahl Netanjahus, also noch bevor die Aktivitäten der Siedler zunahmen, wurden fast 170 Israelis getötet.

Die Reaktion der Israelis auf diese Zunahme des palästinensischen Terrors kam überraschend. Denn die israelische Politik in den 1990er Jahren war das genaue Gegenteil dessen, was die Weltöffentlichkeit Israel unterstellte.

Seit den 1980er Jahren kam jede Meinungsumfrage in Israel zum selben Ergebnis: Einer großen Mehrheit – ungefähr zwei Drittel – war klar, dass es eines Tages ein souveränes Palästina auf der Westbank und in Gaza geben wird. Viele hielten das für keine gute Idee, dennoch waren sie von der Unvermeidbarkeit überzeugt. Mit der Zeit stieg die Zahl der überzeugten Unterstützer der Politik »Land für Frieden« weiter an. Rabins Wahl 1992 war ein klares Indiz, dass sie in der Diskussion über ein »Großisrael« die Oberhand gewonnen hatten. Eine knappe Mehrheit akzeptierte nicht nur die Unvermeidbarkeit der Teilung, sondern war sogar bereit, dafür zu stimmen.

Da die Grundsatzerklärung in der ersten Hälfte von Rabins Amtszeit unterzeichnet wurde, konnten die Wähler nicht darüber abstimmen, aber Meinungsumfragen deuteten eine breite Zustimmung an. Die Gegner des Oslo-Prozesses organisierten einige gigantische Protestdemonstrationen mit Hunderttausenden Teilnehmern, von denen die meisten jedoch Siedler zu sein schienen oder aus dem vorwiegend nationalreligiösen Hinterland der Siedler stammten.

Dann machte Rabin einen fatalen Fehler. Mit dem richtigen Gespür für die Stimmung seiner Wählerschaft und mit dem Gefühl, von einer soliden Mehrheit unterstützt zu werden, erlaubte er sich wiederholt, die Opposition in seiner gewohnt rüden Sprache herauszufordern (»Die sind mir sowieso alle egal«, lautete einer seiner freundlicheren Kommentare). Er weigerte sich hartnäckig, ein Scheitern des Prozesses auch nur in Betracht zu ziehen und ignorierte die Ausweitung des palästinensischen Terrors oder, noch schlimmer, tat so, als habe sie keinerlei Bedeutung und bezeichnete die Toten zynisch als »Friedensopfer«. Als der Terror noch weiter zunahm, begann sich die öffentliche Meinung zu ändern, Rabins Popularität sank und populistische Politiker der Opposition unter der Führung von Benjamin Netanjahu bekamen Aufwind. Im

Sommer 1995 kam die israelische Regierung den Palästinensern trotz des Terrors immer noch entgegen, während sie den Kontakt zu ihrer eigenen Bevölkerung zunehmend verlor. Die Spaltung im Inneren war ebenso tief wie 1982/83, als die Opposition an der Macht war. Die Entwicklung gipfelte in der Ermordung Itzhak Rabins am 5. November 1995 durch Jigal Amir.

Amir war Mitglied einer kleinen fanatischen Clique, die mit ihrer Unzufriedenheit mit Rabins Politik aber nicht allein stand. Die Weltöffentlichkeit interpretierte diese Tat so, dass die israelische Unterstützung des Friedensprozesses hauchdünn war und Israel noch nicht reif für den Frieden sei. Die israelische Linke, bis ins Mark getroffen durch das Ausmaß des gegenseitigen Hasses, rechtfertigte den Friedensprozess mit Rabins Blut. Es gab keinerlei Chance, das Verhalten der Palästinenser empirisch zu testen. Am interessantesten war jedoch die Reaktion der Rechten.

Am Vorabend der Ermordung besaßen Rabin und Netanjahu ungefähr die gleiche Popularität. Am Morgen danach wurde Netanjahu direkt mit dem Lager der Mörder in Verbindung gebracht und damit absolut unwählbar. – Sechs Monate später war er Premierminister.

Entsetzt über den Abgrund, in den sie zu stürzen begann, gab die politische Rechte ihren Widerstand auf. Es gab keine größeren Demonstrationen mehr gegen den Friedensprozess bis zum Ende der Amtszeit von Barak, mehr als fünf Jahre später. Die Sprecher der Siedler erklärten offen, dass sie es nicht wagten, der Regierung zu widersprechen, damit die Dämonen in ihren Reihen nicht erneut außer Kontrolle gerieten. Noch bemerkenswerter war jedoch das Verhalten Netanjahus. Im Vorfeld der Wahlen vom Frühjahr 1996 hielt er eine Reihe von Seminaren mit der Führung des Likud ab, in denen die Haltung der Partei zu den von Rabins Regierung geschaffenen Fakten diskutiert wurde. Am Ende dieser internen Debatten hatte er die Partei der Hardliner dazu gebracht, den Oslo-Prozess zu akzeptieren. Das Recht der Juden auf das ganze *Eretz Israel* war das identitätsstiftende Band der Likud-Partei gewesen. Netanjahu gab diese Position in aller Öffentlichkeit auf und ging mit einer Partei in den Wahlkampf, die den Friedensprozess mit Umsicht und Skepsis vorantreiben werde anstelle der unüberlegten Zugeständnisse der Arbeitspartei.

Diese Haltung wurde durch die Realität bestätigt, als im Februar und März die Hamas innerhalb von acht Tagen eine Serie von Selbstmordanschlägen verübte, bei denen Dutzende israelischer Zivilisten in Tel Aviv, Ashkelon und insbesondere in Jerusalem getötet wurden. Peres, der die Chancen seiner Wiederwahl auf null sinken sah, forderte von Arafat ein sofortiges Ende der Gewalt. Dass der Terror tatsächlich sofort aufhörte, trug jedoch sehr wenig zur Vertrauensbildung auf beiden Seiten bei: Wenn der Terror so leicht zu stoppen war, wieso hatte Arafat ihn dann überhaupt erlaubt, und weshalb hatte Peres nicht früher dagegen protestiert? Obwohl viele Wähler Netanjahus hofften, er würde den Oslo-Prozess stoppen, konnte er seine knappe Mehrheit nur dadurch erringen, dass er den Wählern der Mitte versicherte, genau das nicht zu tun.

Nach der Wahl erwies sich Netanjahu als katastrophaler Premierminister. Er war kein Hardliner, wie er von der internationalen Presse dargestellt wurde, vielmehr schien er überhaupt keine klare Linie zu verfolgen. Ganz gleich, welche Meinung er auch vertrat, man konnte darauf wetten, dass er sie innerhalb kurzer Zeit änderte. Er hetzte seine Verbündeten gegeneinander auf, verunsicherte seine Mitstreiter und Helfer, frustrierte seine Unterstützer und trieb diejenigen von uns zur Verzweiflung, die gegen ihn gestimmt hatten, jedoch gern eine angenehme Überraschung erlebt hätten.

Diese Orientierungslosigkeit wirkte sich auch verheerend auf den Friedensprozess aus, nicht weil er absichtlich zerstört wurde, sondern weil Netanjahu ständig hin und her schwankte. Er versicherte gegenüber jedem, dass er den Friedensprozess verlangsamen, nicht jedoch stoppen werde, und verlangte von den Palästinenser so genannte »Gegenseitigkeit« – womit er meinte, dass sie ihre Zugeständnisse einhalten sollten, eine Forderung, die Rabin und Peres sträflich vernachlässigt hatten. Dennoch konnte er die Palästinenser (oder auch andere) nicht davon überzeugen, dass diese Forderung etwas anderes war als ein Trick, mit dem der Friedensprozess selbst zu Fall gebracht werden sollte. Im Oktober 1996 eröffnete Jerusalems Bürgermeister Ehud Olmert überraschend eine neue Touristenattraktion: einen Tunnel durch die archäologischen Ausgrabungen entlang des *äußeren Randes* des Tempelberges. Die Palästinenser reagierten wie gewohnt. Sie redeten sich ein, dass die Juden Haram el-Sharif angriffen und riefen zu entschiedenem Widerstand gegenüber der zionistischen Aggression auf. Neu war nur, dass sie diesmal bewaffnet waren. Sie hatten den Israelis in Oslo versprochen, Gewalt gehöre der Vergangenheit an und deshalb war ihnen die Bewaffnung erlaubt worden. In fast allen palästinensischen Städten kam es zu gewaltsamen Massendemonstrationen. Israelische Soldaten, die sich am Rande der palästinensischen Enklaven aufhielten, wurden von bewaffneten Demonstranten beschossen. Fünfzehn israelische Soldaten und siebzig Palästinenser wurden innerhalb von zwei Tagen getötet. Präsident Clinton bestellte Netanjahu und Arafat eiligst ins Weiße Haus, wo sie mit dem kranken König Hussein von Jordanien zusammentrafen. Netanjahu gab alle Forderungen nach Gegenleistung auf und übergab den Palästinensern die letzte Stadt, die sie bislang noch nicht kontrollierten: Hebron. Jetzt lebten 90 Prozent der palästinensischen Bevölkerung nicht mehr unter israelischer Herrschaft. Daran sollte man sich erinnern, wenn Israels Kritiker von Jahrzehnten brutaler Besatzung sprechen.

Die Tatsache, dass ein Premierminister des Likud die Kontrolle über die älteste jüdische Siedlung der Welt aufgibt (lediglich ein winziger Teil blieb unter israelischer Kontrolle), unmittelbar nachdem die Palästinenser gegen ihr unwiderrufliches Versprechen, keine Gewalt anzuwenden, verstoßen hatten, hätte jeden davon überzeugen müssen, dass Israel voll und ganz hinter dem Friedensprozess stand. Das war jedoch nicht der Fall. Wir aus dem Friedenslager blieben wütend auf Netanjahu, weil er mit dem Friedensprozess spielte; der Rest der Welt zuckte mit den Schultern. Und die Palästinenser begriffen: Gewalt kann selbst einen Premierminister des Likud zu Zugeständnissen zwingen.

Nach diesem unglücklichen Beginn vergeudete Netanjahu die folgenden zweieinhalb Jahre mit knallharten Gesprächen und ausweglosen Verhandlungen, gab vor, ein Hardliner zu sein und versprach den Palästinensern zusätzliches Land, während er gleichzeitig den Bau neuer Siedlungen vorantrieb. Niemand wusste, was er eigentlich vorhatte oder ob er überhaupt wusste, was er tat. Trotz all seiner Unberechenbarkeit geschah jedoch eines: Der palästinensische Terror nahm ab und in Netanjahus letztem Amtsjahr hatte er praktisch aufgehört. Die Palästinenser schienen gespürt zu haben, dass es in ihrem Interesse lag, einem unberechenbaren Netanjahu keinen Grund für eine Verschleppung des Friedensprozesses zu geben.

Beabsichtigt oder nicht, der Rückgang des Terrors schien die israelische Wählerschaft davon zu überzeugen, dass die Palästinenser bereit waren, ihren Teil zum Friedensprozess beizutragen. Das war entscheidend, als Netanjahus Koalition Ende 1998 auseinanderbrach und Barak im Mai 1999 mit einem erdrutschartigen Sieg gewählt wurde. Die israelischen Wähler hatten sich eindeutig für einen offensichtlich besonnenen Führer entschieden, der sie durch diese letzte Phase des Friedensprozesses bringen sollte, wobei ihnen klar war, dass die Zeit des Schwankens vorüber war und endgültige Entscheidungen getroffen werden mussten. Kaum ein Jahr später war der Friedensprozess gescheitert und die Palästinenser begannen ihren wahnsinnigen Krieg gegen unsere Zivilbevölkerung.

Aus heutiger Sicht gibt es im Wesentlichen fünf Gründe für das Scheitern des Friedensprozesses:

Erstens, die Palästinenser hätten ihre Souveränität mit der Beendigung des Terrors bezahlen müssen. Das hätte eigentlich kein Problem sein dürfen, denn der Terror diente ursprünglich dazu, die Israelis zur Aufgabe ihrer Besatzung zu zwingen, und die war jetzt beendet. Arafat forderte für die Palästinensische Autonomiebehörde das Recht auf zuerst Tausende, dann Zehntausende bewaffneter Männer, um den Rückhalt von Hamas, Islamischem Djihad und anderen gewaltsamen Gegnern zu brechen. Für die Israelis, die sich an den Fall *Altalena* (siehe Kapitel 3) erinnerten, erschien diese Forderung durchaus sinnvoll. Aber die militärische Stärke des Gegners wurde nie gebrochen, oder zumindest wurde seine Bekämpfung nur halbherzig und niemals effektiv in Angriff genommen, was auf dasselbe hinausläuft. Arafat war nicht Ben-Gurion.

Zweitens, die palästinensische Führung hätte die Bevölkerung dazu erziehen und ermutigen sollen, friedlich an der Seite der Israelis zu leben. Dieser Anspruch richtete sich durchaus an beide Seiten, allerdings haben die Israelis ihre Kinder nie gelehrt, dass die Palästinenser der Abschaum der Menschheit seien, dass sie von Schweinen und Affen abstammen oder dass ihre Zerstörung Gottes Wille sei. Die Palästinenser haben ihre Kinder jahrelang mit genau solchen Hasstiraden gegen die Israelis (und alle Juden) gefüttert, auch noch während der Jahre des Friedensprozesses, und sie tun es bis heute, wie auch der größte Teil der arabischen Welt. Die überzeugendsten Beispiele dafür sind die Videoclips, die endlos von palästinensischen Fernsehern flimmern, in denen gezeigt wird, wie die heroischen Kinder himmlisch belohnt werden, die gegen die bösen Besatzer gekämpft haben: Man muss diese Clips gesehen haben, um das glauben zu können. Ich habe niemals etwas Vergleichbares im Zusammenhang mit einem anderen nationalen Konflikt gehört oder gesehen.

Die permanente Hetze führte dazu, dass die Anstifter und ihre Zuhörer am Ende die Lügen für die absolute Wahrheit hielten. Im August 2001 wurde der arabisch-israelische Journalist Said Kashua vom palästinensischen Fernsehsender in Ramallah eingeladen, um ihm zu beweisen, dass es keine Hasstiraden im palästinensischen Fernsehen gebe. Gastgeber war Zael Abu Rakti, Leiter der Nachrichtenredaktion des Senders. Abu Rakti führte Kashua ins Studio, wo er live eine Intellektuellen-Talkshow moderierte, an der der Mufti von Jerusalem, Scheich Akrama Sabri, Dr. Ibrahim Efanah, ein Archäologe, und Dr. Taysir Jebarah, der Rektor der Al-Quds-Universität teilnahmen. Der Mufti sprach über israelische Pläne zur Zerstörung der Moscheen auf dem Haram el-Sharif. Der Archäologe zeigte Karten, die diese Pläne illustrierten. Der Rektor erklärte, dass an der Klagemauer niemals etwas Jüdisches gewesen sei. Alle waren sich natürlich darüber einig, dass es niemals irgend etwas Jüdisches auf dem Haram gegeben habe und ganz gewiss keinen Tempel. Die Teilnehmer waren auch alle der Meinung, dass ein altes muslimisches Gesetz den Juden den Zutritt zu Jerusalem verbiete. Jemand schlug vor, die israelischen Araber aufzufordern, die Felder in Brand zu stecken, indem sie brennende Zigaretten aus ihren Autofenstern werfen sollten. Nach der Show verkündete Abu Rakti stolz seinem Gast: »Sehen Sie? Keinerlei Hetze!«

Während des Friedensprozesses weigerten sich seine Unterstützer, diese Fakten zu sehen. Statt dessen tat man sie ab mit der Versicherung, nach einem Friedensschluss werde die Hetze aufhören. Sie behaupteten, dass niemand solche Äußerungen tatsächlich ernst nehme und dass es den israelischen Kritikern lediglich darum ginge, dem Friedensprozess zu schaden, um so vielleicht die israelischen Siedlungen vor der Räumung zu bewahren. Sie redeten sich außerdem ein, dass es für das größere Ziel des Friedens notwendig sei, gelegentliche verbale Ausrutscher der Palästinenser zu übersehen.

Der dritte Grund für das Scheitern von Oslo lag darin, dass die Lebensverhältnisse der Palästinenser immer elender statt besser wurden. Nachdem sie Jahrzehnte im Schatten Israels gelebt hatten, das seinen Bewohnern westliche Freiheiten und einen wachsenden Lebensstandard bot, erwarteten sie nach dem Ende der israelischen Besatzung weitere Verbesserungen. Stattdessen erlebten sie das genaue Gegenteil, da sich die Palästinensische Autonomiebehörde zu einer typischen Dritte-Welt-Kleptokratie entwickelte, unter der Führung und zum Nutzen von Arafats engstem Kreis. Das war zum Teil das Ergebnis des zunehmenden Terrors gegen Israel, genau zu dem Zeitpunkt, als seine Kontrolle über die Palästinenser weiter eingeschränkt wurde. Zuvor hatte die Militärregierung eine Vielzahl schmutziger Tricks angewandt, wie Bestechung, Verhaftungen, bürokratische Schikanen, den Einsatz von Spitzeln und andere Unterdrückungsinstrumente. Erst nach dem Abzug der Israelis begriff man, dass diese Taktiken – mehrfach von allen Seiten beklagt – offensichtlich nützlich und verantwortungsvoll gewesen waren. 1995 hatten die israelischen Streitkräfte alle palästinensischen Städte und die meisten Dörfer verlassen. Als die Palästinenser daraus den Vorteil zogen, die Infrastruktur des Terrors aufzubauen, blieben Israel nur noch härtere Maßnahmen, zum Beispiel Straßensperren zwischen palästinensischen Enklaven oder das Verbot für palästinensische Arbeiter, zu ihren Arbeitsplätzen in Israel zu gelangen. Das führte zu Massenarbeitslosigkeit, Frustration und zusätzlichem Terror: Genau das hatten sich die Terroristen erhofft. Allerdings gingen die Angriffe während der Amtszeit von Netanjahu merklich zurück, Anti-Terrormaßnahmen wurden abgemildert, die Bewegungsfreiheit der Palästinenser wurde ausgeweitet und ökonomische Aktivitäten nahmen zu.

Der vierte Grund für das Scheitern des Friedensprozesses war das kontinuierliche Anwachsen der jüdischen Siedlungen in den besetzten Gebieten. Dafür trug Israel allein die Verantwortung und seine Versäumnisse lieferten den Palästinensern den Vorwand, ihre eigenen Fehler nicht zu korrigieren. Zwischen 1993 und 2000 wuchs die Bevölkerung in den Siedlungen um 30 bis 40 Prozent. Angesichts der Tatsache, dass Israel die meisten Gebiete aufgeben sollte, war die Siedlungspolitik in der Tat unverständlich und erweckte Zweifel an Israels Aufrichtigkeit. Es gab im Wesentlichen zwei Erklärungen für die Fortsetzung des Siedlungsbaus. Erstens habe der fortgesetzte Siedlungsbau genau in den Teilen der Westbank stattgefunden, die viele Israelis auf keinen Fall aufgeben wollten: im Gebiet rund um Jerusalem und auf den ersten Hügeln oberhalb des engen Küstenstreifens. Zweitens seien die israelischen Politiker davon ausgegangen, dass sie die Siedler durch die Erlaubnis zum Bau ruhigstellen könnten, wobei sie sich sicher waren, dass zum gegebenen Zeitpunkt eine Mehrheit der Wähler die Räumung der Siedlungen unterstützen würde, wie das beim Sinai der Fall gewesen war.

Der fünfte Fehler lag in Israels schleppendem Rückzug. Die Grundsatzerklärung schrieb unklugerweise vor, dass sich die israelischen Streitkräfte während des gesamten Prozesses zurückziehen würden, bis am Ende eine Einigung über den endgültigen Status erzielt werden würde, der mit dem sukzessiven Abzug der Israelis übereinstimmen sollte. Es gab jedoch kein Abkommen darüber, wie diese Phasen aussehen sollten. In der Zwischenzeit, als Terror und Aufwiegelung weitergingen, hatten viele Israelis das Gefühl, von ihnen würde die Aufgabe strategischer Vorteile verlangt, für die sie keinerlei Gegenleistung erhielten. Außerdem witterten sie eine Falle, in der Israel seine territorialen Trümpfe verspielte und dadurch am Ende des Konfliktes gezwungen wäre, seine Verbindung zu Jerusalem aufzugeben und das Recht auf Rückkehr zu akzeptieren. Die Palästinenser dagegen verstanden dieses Zögern als strategische Überlegung: Israel versuche, ihnen lediglich eine unzusammenhängende Ansammlung von Gebieten zu überlassen, die sie propagandistisch als »Homelands« bezeichneten. Vielleicht fürchteten die Palästinenser auch, Israel werde an seinen territorialen Verhandlungstrümpfen festhalten und darauf bestehen, das Recht auf Rückkehr abzulehnen und einige Verbindungen zu den Heiligen Stätten in Jerusalem aufrechtzuerhalten.

Die Schuld kann deshalb beiden Seiten angerechnet werden – aber nicht in gleichem Maße. Der entscheidende Unterschied zwischen den palästinensischen und den israelischen Fehlern liegt in ihren unwiderruflichen Folgen. Ermordete Zivilisten sind für immer tot. Zur Säuberung vergifteter Gedanken braucht man Jahrzehnte, wenn nicht Generationen. Siedlungen können dagegen innerhalb weniger Monate geräumt werden und Territorien, die in Interimsabkommen nicht eingeschlossen sind, können in das endgültige Statut aufgenommen werden. Außerdem kann der Wille, diese Territorien aufzugeben, in der Realität überprüft werden. Meinungen, subjektive Interpretationen und Wunschdenken spielen dabei keine Rolle.

Genau das hatte Ehud Barak im Juli 2000 in Camp David angeboten. Palästinensische Vertreter und unzählige ihrer Apologeten berichteten, wie kalt, verschlagen, impulsiv, durchtrieben, unzuverlässig, unglaubwürdig Barak gewesen sei. Ob das alles stimmte war jedoch völlig ohne Bedeutung. Wichtig war allein sein Angebot, die beiden Fehlentscheidungen, die Israel in den vorangegangenen sieben Jahren getroffen hatte, mit einem Schlag zu korrigieren. Darüber hinaus bot er den Palästinensern ein Abkommen über ein endgültiges Statut an, was bislang noch kein israelischer Führer getan hatte. Sicherlich bot er nicht alles an, was die Palästinenser wünschten. Er drohte ihnen jedoch keine Gewalt an, sollten sie sein Angebot ablehnen.

Wären die Palästinenser ehrlich gewesen, hätten sie im Gegenzug ihre eigenen schwerwiegenden Fehler zugegeben und die Verhandlungen fortgesetzt. Die Differenzen zwischen beiden Seiten waren jetzt in jeder Hinsicht geringer, da Barak angeboten hatte, die Siedlungen im Gazastreifen und die meisten auf der Westbank zu räumen und zugestimmt hatte, die Übergabe von Land als Gegenleistung für die Beibehaltung von Siedlungen, die er nicht räumen wollte, zu diskutieren. Er bot den Palästinensern zusammenhängende Territorien auf der Westbank und den gesamten Gazastreifen an, keine »Homelands«, wie die Kritiker Israels bewusst (und mit ziemlich bösartiger Ungenauigkeit) suggerierten, um Israel mit dem Südafrika der Apartheid gleichzusetzen. Barak war damit einverstanden, Jerusalem zu teilen, und zeigte sich sogar bereit, nach einer Lösung für das Flüchtlingsproblem zu suchen, obwohl er eine massenhafte Rückkehr der Flüchtlinge nach Israel ausschloss. Seine Angebote mussten von den israelischen Wählern gebilligt werden, aber die Meinungsumfragen zeigten eindeutig, dass die

Wähler nur unter einer Bedingung zustimmen würden: Die Palästinenser mussten bei diesem Abkommen garantieren, dass damit auch der Konflikt beendet sei. Das war keine unberechtigte Forderung, es war der Kern des gesamten Prozesses. Eine für beide Seiten akzeptable Resolution zu verabschieden, ohne gleichzeitig den Krieg zu beenden oder auf weitere Konzessionen zu warten, wäre verrückt gewesen.

Wenn das Ziel der Palästinenser im Oslo-Prozess das war, was die israelischen Initiatoren behaupteten, als sie die Unterstützung der Wähler erhielten, ist die heftige Ablehnung der Angebote Baraks von Camp David bis Taba unerklärlich, irrational und zutiefst frustrierend. »Wir versuchten, den Palästinensern das zu geben, was sie wollten und was ihnen zustand«, klagten israelische Friedenskämpfer, »aber sie verweigerten die Annahme. Wenn sie auf diesem Weg weitergehen, werden die Israelis sich zu fragen beginnen, ob Palästinenser mehr wollen, als wir ihnen anbieten können? Was geschieht dann mit dem Friedensprozess?« Ja, was wohl?

Das Middle East Media Research Institute (MEMRI), das auf seiner Website (www.memri.org) englische Übersetzungen arabischer Medienberichte zur Verfügung stellt, bietet den erhellenden Einblick, dass lange bevor Sharon den Tempelberg besuchte – tatsächlich lange vor den Verhandlungen von Camp David im Juli 2000 – prominente Palästinenser ganz offen Ziele (auf Arabisch) nannten, die keine israelische Regierung jemals akzeptieren könnte, und ihrer Bevölkerung sagten, dass im Falle eines Scheiterns auf dem Verhandlungswege nach anderen Mitteln gegriffen werde. Spätestens 1998 sagten einige von Arafats engsten Mitstreitern – keine Randfiguren, sondern Leute wie Abu Ala, Nabil Sha'at, Marwan Barghouti – offen, dass die Grundlage für die endgültige Friedensregelung der Teilungsplan von 1947 sein müsse. Der palästinensische Arbeitsminister Rafiq al-Natsheh gab in einem Interview mit dem Fernsehsender der Palästinensischen Autonomiebehörde vom 19. Februar 1999 eine genaue Prognose dessen, was achtzehn Monate später geschah: »Der Frieden, den wir uns erhofften, bedeutet die Befreiung des Landes und die Gründung eines Staates ... Wenn diese Prinzipien nicht umgesetzt werden, werden wir unseren politischen und nicht-politischen Kampf natürlich fortsetzen, bis unsere nationalen Ziele erreicht sind ... Wir werden nicht von unseren nationalen Zielen abweichen, solange das Flüchtlingsproblem nicht gelöst ist, egal zu welchem Preis. Wir werden nicht von unseren nationalen Zielen abweichen, bevor Jerusalem nicht zur einzigen und ewigen Hauptstadt des palästinensischen Staates geworden ist ... Das gilt für die Siedlungen und zuallererst für die Gefangenen ... Für all diese Ziele werden wir auch nach der Staatsgründung weiterkämpfen ... Das Land gehört uns, die Autorität gehört uns, Jerusalem gehört uns. Wir werden unsere Ziele nicht erreicht haben, solange die Flüchtlinge nicht zurückgekehrt sind und bevor Jerusalem nicht die Hauptstadt des palästinensischen Staates auf unserem eigenen Territorium wird.«

Gibt es einen grundlegenden Unterschied zwischen dieser Erklärung und der Position der palästinensischen Führung in den 1920er oder 1930er Jahren? »Das Land gehört uns, die Autorität gehört uns, Jerusalem gehört uns.« Rafiq al-Natsheh fügte nicht hinzu: »Die Juden sind unsere Hunde«, aber er war damals Minister der Autonomiebehörde und kein Mullah, der den Mob zum Genozid aufhetzte.

Unterstützer der Palästinenser und strenge israelische Friedensaktivisten versuchen in der Regel, die Kritik an solchen Äußerungen mit dem Hinweis auf ebenso abstoßende Erklärungen auf jüdischer Seite abzumildern. Nachdem sie sich dann selbst damit beruhigt haben, dass Worte nicht so wichtig sind, weil ja jeder schlecht über den anderen redet, gehen sie zur Tagesordnung über. Es ist allerdings nur schwer vorstellbar, dass ein hoher israelischer Politiker öffentlich verkündet, dass eine bereits erzielte Übereinkunft einfach wieder gebrochen werde, und dass existierende Vereinbarungen ignoriert würden, wenn es zu keinem Abkommen komme. Bei MEMRI finden sich viele solcher Äußerungen.

Die Unterstützer haben dennoch Recht, wenn sie auf die Bedeutung der Fakten hinweisen, und das betrifft insbesondere die so genannten Flüchtlinge. Zwischen 1993 und 2000 befand sich die Palästinensische Autonomiebehörde angeblich in einem Versöhnungsprozess mit Israel und kontrollierte auch viele jener berüchtigten Flüchtlingslager. Ihre Behandlung von Flüchtlingen während dieser Periode ist lehrreich.

In den 1970er Jahren startete Israel eine kühne Initiative zur

Neuansiedlung Hunderttausender Flüchtlinge, die damals in den Elendsunterkünften der von Israel kontrollierten Flüchtlingslager lebten. In der Nähe der Stadt Gaza baute die israelische Regierung ein vorbildliches Wohnviertel auf – Sheikh Raduan – und versuchte, die Leute dort anzusiedeln, doch nur mit mäßigem Erfolg. Anderswo konnten solche Projekte niemals verwirklicht werden. Die Bewohner wollten ihre Lager nicht verlassen, vielleicht aus Furcht, sie würden auseinander gerissen. Darüber hinaus fürchteten sie, ein mächtiges Symbol zu verlieren, ein Ziel, das die Israelis tatsächlich verfolgten.

Diese so genannten Flüchtlinge, tatsächlich sind die meisten von ihnen Nachkommen von Flüchtlingen, kamen 1993 unter palästinensische Herrschaft. Nach den nicht besonders verlässlichen Angaben der UNRWA übernahm die PA 1,2 Millionen Flüchtlinge (683.560 in Gaza und 517.412 auf der Westbank). Zu dieser Zeit registrierte die UNRWA 1.288.917 jordanische Bürger als palästinensische Flüchtlinge, 337.308 Syrer und 346.164 im Libanon. Ebenfalls UNRWA-Angaben zufolge bildeten die Flüchtlinge 75 Prozent der Bevölkerung in Gaza, 34 Prozent auf der Westbank und 33 Prozent in Jordanien. Mit anderen Worten, die Hälfte der von der PA beherrschten Bevölkerung betrachtete sich selbst als Flüchtlinge, ebenso wie fast zwei Millionen Syrer, Libanesen und Jordanier.

Wenn sich beide Seiten tatsächlich auf einen jüdischen Staat in den Grenzen von 1967 und einen palästinensischen auf der Westbank und in Gaza geeinigt hätten, hätte man erwarten können, dass sich diese Einigung auch in den Aktionen der PA bemerkbar machen werde. Zum Beispiel in großen Wohnungsbauprojekten von der Art von Sheikh Raduan oder in der Abschaffung der UNRWA, oder zumindest in ihren Beziehungen zu 39 Prozent derjenigen, die bereits in dem zukünftigen unabhängigen palästinensischen Staat lebten. Man hätte jedenfalls nicht erwartet, dass sieben Jahre vergehen würden ohne die geringste Änderung oder Verbesserung für diese Lager.

Peter Hanson, der Generalbeauftragte der UNRWA, gibt jeweils im November einen Jahresbericht an den Ausschuss für spezielle Politik und Dekolonisation der UNO heraus. 1996 berichtete er über das *Peace Implementation Program* (PIP), mit dem die

UNRWA Infrastrukturmaßnahmen durchführt. Auf der Westbank und in Gaza wurden insgesamt $177 Millionen investiert, außerdem $34 Millionen in Jordanien, Syrien und im Libanon. Dennoch gab es ein Problem: »Ich möchte Ihnen unsere Bestürzung über die Interpretation mitteilen, die unsere PIP-Aktivitäten in einigen Flüchtlingskreisen hervorrufen: Diese Expansion der Infrastruktur wird als Teil einer Verschwörung zur Ansiedlung von Flüchtlingen in Gastländern angesehen. Gleichzeitig wird behauptet, es gebe eine Reduzierung der Infrastruktur, was auf denselben Grund zurückgeführt wird, d.h. einen Wiederansiedlungsplan. Ich erwähne das nur am Rande, um zu zeigen, dass unsere Arbeit niemals einfach ist und jedes Wort oder jede Tat unsererseits keineswegs vor falschen Interpretationen gefeit ist.«

Weil den Palästinensern die Erhöhung der Mittel 1996 als Verschwörung gegen ihren einzigartigen Status erschien, gab es im folgenden Jahr eine Kürzung der Mittel. Das spielte aber keine Rolle, denn diese Maßnahme stieß bei den palästinensischen Flüchtlingen auf dieselbe Reaktion: Im November 1997, als die PA längst mit Großprojekten zur Verbesserung der Lebensbedingungen hätte beschäftigt sein sollen, berichtete Hanson folgendes:

»Seit 1950 hatten nachfolgende Generationen palästinensischer Flüchtlinge eine ›organische‹ Beziehung zur Behörde (UNRWA), die einzig für sie gegründet worden war. Alles, was die Behörde anging, betraf auch die palästinensischen Flüchtlinge, und umgekehrt. Keine andere funktionierende Behörde besitzt diesen »Zwillingscharakter«. Die andauernde finanzielle Krise der Behörde hat die Flüchtlinge im gesamten Wirkungsbereich sehr verunsichert. Sie sind davon überzeugt, dass die Finanzkrise Teil einer Verschwörung ist, die UNRWA abzuschaffen, bevor eine Lösung für die Flüchtlinge gefunden wird.

Und für die Flüchtlinge ist die UNRWA ein Symbol des Engagements und der Verpflichtung der internationalen Gemeinschaft für sie, solange das Flüchtlingsproblem andauert. Das Ende der UNRWA vor dieser Lösung wird als Aufgabe ihrer Sache interpretiert. Deshalb sehen die palästinensischen Flüchtlinge jede Kürzung der Unterstützung oder des Ausbaus der Infrastruktur als Preisgabe dieser internationalen Verpflichtung an. Bis zum heutigen Tag werde ich mit Forderungen überschüttet, das Nahrungsverteilungsprogramm wieder aufzunehmen, das Anfang der 1980er Jahre eingestellt wurde.«

Der Refrain wiederholte sich 1998 und 1999, nach der Wahl von Barak. Durch sein Festhalten am Friedensprozess kam Hanson auch wieder auf die palästinensischen Befürchtungen vor einer Verschwörung zu sprechen: »Die Bildung einer neuen israelischen Regierung, der wieder aufgenommene Friedensprozess und das Abkommen von Sharm el-Sheikh haben das Flüchtlingsproblem nach Ansicht der Flüchtlinge zum dringlichsten Problem gemacht. Konferenzen, Workshops und Seminare über das Flüchtlingsproblem finden überall statt. Es gab sogar Gerüchte und Berichte in den Medien während dieses Jahres, dass UNRWA aufgelöst oder geschlossen werden sollte und dass die Finanzkrise der Behörde durch eine ›Verschwörung‹ der internationalen Gemeinschaft zur ›Schließung der Flüchtlingsakte‹ initiiert wurde und um die Flüchtlinge zu zwingen, sich dort anzusiedeln, wo sie sind.«

As'ad Abd al-Rahman war zu dieser Zeit Vorsitzender der Flüchtlingsabteilung der PLO. Am 28. Februar 1999 hielt er eine Pressekonferenz in Ramallah ab, in der er die Haltung der PLO in Bezug auf die Lösung des Flüchtlingsproblems im endgültigen Statut mit Israel darlegte. MEMRI veröffentlichte Ausschnitte aus zwei palästinensischen Zeitungsberichten über dieses Ereignis (*Al-Hayat al-Jadida* und *Al-Ayyam*, 1. März 1999): »Abd Al-Rahman lehnte die Möglichkeit der Lösung des Flüchtlingsproblems durch die Aufnahme der Flüchtlinge in den zukünftigen palästinensischen Staat auf der Westbank und in Gaza ab. ›Die Flüchtlinge werden mit einer Staatsbürgerschaft im palästinensischen Staat nach seiner Gründung nicht zufrieden sein‹, sagte Abd Al-Rahman. Er fügte hinzu, dass der Palästinensische Staat einer der Aufnahmestaaten für die Flüchtlinge sein werde, die darauf bestünden, in ihre Häuser und ihre Heimat zurückzukehren, in Übereinstimmung mit Resolution 194 [des UN-Sicherheitsrates]. Abd Al-Rahman erklärte außerdem, dass das palästinensische Autonomiegebiet ein Gastland, aber kein Aufnahmeland für Flüchtlinge sei, ebenso wie der Libanon, Syrien und Jordanien, und das nach der Erklärung eines unabhängigen palästinensischen Staates auch bleiben werde.

Abd Al-Rahman fügte hinzu, dass für die palästinensische Führung kein anderes Szenario vorstellbar sei als die Umsetzung der Resolution 194 des UN-Sicherheitsrates, die das Recht auf Rückkehr und Entschädigung fordert. Die palästinensische Seite besteht in den multilateralen Verhandlungen über das Flüchtlingsproblem nur auf den Bestimmungen der Umsetzung von Resolution 194, da sie ›die einzige Lösung ist, an die wir glauben.‹ ›Wir werden keinerlei Alternativen diskutieren‹, fügte Al-Rahman hinzu.

Abd Al-Rahman erläuterte die Haltung der PLO-Flüchtlingsabteilung und nannte zwei ihrer Hauptaufgaben. Die erste Aufgabe ist ›der Schutz der politischen Rechte der Flüchtlinge auf Rückkehr in ihre Heimat und die Gewährung einer Entschädigung für 50 Jahre Leid und der Verlust ihres Eigentums.‹ Die andere Aufgabe ist die Linderung des Elends in den Flüchtlingslagern.

Abd Al-Rahman schätzte, dass achtzig Prozent der palästinensischen Flüchtlinge darauf bestünden, ihr Recht auf Rückkehr und Entschädigung vertraglich festzulegen, eine Tatsache, die sämtliche Versuche der letzten Jahre vereitelte, zur Lösung dieses Problems die Verleihung der Staatsbürgerschaft in den Aufnahmeländern zu verleihen.«

So unglaublich es auch scheint, die PA erwartete von einem Frieden mit Israel, dass mehr als zwei Millionen jordanische und syrische Staatsbürger, ebenso wie Hunderttausende entrechteter Libanesen der dritten und vierten Generation sowie die *Hälfte* der Bevölkerung der palästinensischen Autonomiegebiete alle das Recht auf Rückkehr nach Israel haben sollten, selbst nachdem ein souveräner palästinensischer Staat geschaffen worden wäre. Diese Vorstellung drückt im Grunde die Forderung nach einer Revision der arabischen Niederlage von 1948 aus, oder, um präziser zu sein, eine Wiederaufnahme dieser Aggression auf dem Verhandlungswege. Die PA blendet sämtliche Fehler der Palästinenser aus und stellt die Uhr einfach zu ihren Gunsten zurück. Man macht ausschließlich Israel verantwortlich für die Entschädigung der Flüchtlinge, wobei die Rolle der arabischen Staaten vollkommen ausgeblendet wird, deren Invasionen ursprünglich zur Vertreibung und militärischen Besatzung durch Israel geführt hatten. Schließlich zeigt sich in dieser Haltung deutlich die fortdauernde palästinensische Ablehnung des Zionismus, während man gleichzeitig ein Lippenbekenntnis über Israels Existenzrecht ablegt.

Man könnte das natürlich als bloße Rhetorik abtun oder als eine

Hardliner-Verhandlungstaktik, obwohl dabei die tödliche Realität übersehen wird, dass die PA nichts tat, um ihren Bürgern zu erklären, dass es an der Zeit war, bessere Lebensbedingungen zu schaffen, anstatt von etwas zu träumen, was ohne apokalyptische Kämpfe nicht erreicht werden kann. Aber letztlich konnte die Heuchelei, die Palästinenser wünschten lediglich die Beendigung der Besatzung, nur solange aufrechterhalten werden, bis eines Tages ein israelischer Regierungschef ihnen genau das anbot, und deshalb lehnten die Palästinenser Baraks Angebot in Camp David, Clintons Rahmenvorschläge vom Dezember 2000 und die israelischen Vorschläge in Taba vom Januar 2001 ab. Die Strategie der Palästinenser war weder unverständlich noch irrational. Sie war ganz einfach perfide. In den Augen der Palästinenser hatte der Oslo-Prozess das bestmögliche Ergebnis gebracht. Es war an der Zeit, die nächste Stufe zu erklimmen: Israel mit Gewalt niederzuringen, bis es weitere Zugeständnisse machen und schließlich seine Souveränität aufgeben würde.

Neuntes Kapitel

Die Jerusalem-Intifada: Entschlossenheit, Stärke und Moral

Das arabische Wort Intifada bedeutet »abschütteln«, etwa wie sich ein Hund das Fell schüttelt, wenn er aus dem Regen kommt. Das Wort wurde 1987 zum ersten Mal benutzt, als die Palästinenser sich schworen, die israelische Herrschaft abzuschütteln. Im September 2000 brauchten sie dies nicht zu tun, da die Israelis von sich aus angeboten hatten, die besetzten Gebiete zu verlassen und seit dem Sommer 1995 mehr als 95 Prozent der Palästinenser außerhalb der von Israel besetzten Gebiete lebten. Das wussten auch die Palästinenser sehr gut und nannten ihren Terror »Al-Aksa Intifada«: Dabei ging es nicht um israelische Dominanz, sondern um Israels Kontrolle über Haram el-Sharif. Während der nächsten Jahre verübten sie mehr Anschläge auf die jüdische Zivilbevölkerung in Jerusalem als in irgendeinem anderen Ort Israels. Dabei ging es ihnen nach eigenen Aussagen nicht um die nebensächlichen Aspekte des Konfliktes oder die letzten fünf Prozent der Westbank. Es ging um das Herzstück.

Seit die Araber Muslime waren, war Jerusalem – Al-Quds – eine heilige Stadt, der Haram el-Sharif besaß zwei Moscheen und er war (mit Ausnahme des Kreuzfahrerkönigreiches von Jerusalem und des Britischen Mandats) unter ihrer Kontrolle. Dass die Juden auch Ansprüche auf diesen Berg haben könnten, ist für sie unbegreiflich. Welche Bedeutung Jerusalem für die Juden hat, lässt sich in einfachste Worte fassen: Ihr Traum, der sie so lange überleben ließ, war, eines Tages nach Jerusalem zurückzukehren. Der 7. Juni 1967 war deshalb der bedeutendste Tag in zweitausend Jahren jüdischer Geschichte, denn an diesem Tag erfüllte sich der Traum.

Der seit September 2000 herrschende Terror sollte bei seinem wirklichen Namen genannt werden: »Jerusalem-Intifada«. Jerusalem, die Stadt, der Berg in ihrem Zentrum und die Beziehung jeder Seite dazu verkörpern den gesamten Konflikt. Solange Israelis und Palästinenser keinen Weg finden, die Beziehung des anderen zu Jerusalem und ganz besonders zum Tempelberg zu akzeptieren, wird es keinen Frieden geben. Bevor das geschieht, muss jede Seite sich über ihre eigene Beziehung klar werden und darüber, wie sie die Ansprüche der anderen einbeziehen kann. Dieser Prozess hat noch nicht einmal begonnen und er kann nicht von Außenstehenden vorangebracht werden, weder von den Europäern noch von den Vereinten Nationen oder gar vom Präsidenten der Vereinigten Staaten.

Sind die Juden in der Lage, die Kontrolle über die historischen Teile Jerusalems und den Tempelberg aufzugeben und trotzdem als Nation weiterzuexistieren? Diese Frage muss sorgfältig bedacht werden, denn sie wird alle Juden betreffen. Die Entscheidung, unseren Traum, an dem wir zweitausend Jahre lang festgehalten haben, jetzt aufzugeben, wird das Judentum entscheidend verändern. Vielleicht wird seine geistige Ausstrahlung gebrochen und verlöschen; vielleicht wird es sich anpassen. Zukünftige Generationen werden uns vielleicht dafür verdammen, ihr Erbe für das Trugbild eines flüchtigen Friedens aufgegeben zu haben. Es ist aber auch möglich, dass sie uns loben werden, dass wir so weitsichtig waren, einem uralten Volk zu neuer Lebenskraft zu verhelfen. Niemand, der heute lebt, wird das je wissen.

Die Preisgabe der Kontrolle über Jerusalem wäre die folgenschwerste Entscheidung der Juden, seit Rabbi Yochanan die Stadt verließ, um in Yavne seine Yeshiva aufzubauen. Welche Entscheidung hätte weitreichender sein können? Der jüdische Enthusiasmus für die Aufklärung erfasste allein die Aufklärer und ihre Nachkommen. Die Entscheidung für den Zionismus betraf ebenso wenig das gesamte Volk – der Konsens, dass die Juden einen Staat brauchen, wurde ihnen vom Nazismus, von der Gleichgültigkeit der Europäer gegenüber ihrem Schicksal und durch die arabischen Regime nach 1948 aufgezwungen. Der Entschluss, das Herz von Jerusalem aufzugeben, wird dagegen endgültig sein, da er vom ersten und einzigen jüdischen Staat seit 1900 Jahren gefasst wird. Zukünftige Generationen von Juden werden diese Entscheidung nicht nach Belieben aus der Geschichte streichen können.

Deshalb war es eine Anmaßung, als Ehud Barak im Juli 2000 die sechzehn Männer, die ihn nach Camp David begleitet hatten, zusammenrief und mit ihnen darüber beriet, welche Teile Jerusalems man den Palästinensern überlassen könnte. Er hatte dafür weder ein Mandat – ganz im Gegenteil, er war mit einem Parteiprogramm gewählt worden, das Anspruch auf eine israelische Kontrolle über die gesamte Stadt erhob –, noch hatten die Palästinenser so weitreichende Zugeständnisse gemacht, die eine solche Geste hätte rechtfertigen können.

Für die Palästinenser war der von Barak angebotene Kompromiss nicht einmal ansatzweise befriedigend. Die bloße Vorstellung, dass die Juden einen Anspruch auf ihren Haram el-Sharif haben könnten, war in ihren Augen absurd. Sie zeigten deutlich, dass sie absolut keine Geduld für interne jüdische Diskussionen über diese Frage hatten noch Verständnis für jüdische Befürchtungen über einen drohenden Verlust. Die Palästinenser erwarteten, dass die Israelis ihre heiligste Stätte zurückgeben, wie ein Dieb das gestohlene Gut an seinen rechtmäßigen Besitzer zurückgeben muss. Die internationale Gemeinschaft stimmte und stimmt bis heute größtenteils in diesem Punkt mit den Palästinensern überein. Aber als Barak diese Entscheidung so plötzlich traf, nahm die ganze Welt dieses Votum als endgültig und unwiderruflich wahr. Nur Ariel Sharon, der Oppositionsführer, wagte es, diese Entscheidung in Frage zu stellen.

Ariel Sharons Besuch auf dem Tempelberg am 28. September 2000, einen Tag nach dem Mord an David Biri in Netzarim, mag gedankenlos und provokant gewesen sein, aber er war absolut legitim. Barak hatte das Angebot, Jerusalem zu teilen, den Palästinensern gemacht, nicht jedoch dem souveränen israelischen Volk. Sharon versuchte mit seiner Aktion eine Debatte in Gang zu setzen, die eine derartige Entscheidung erfordert. Barak war zwar immer noch Premierminister, hatte jedoch die meisten seiner Koalitionspartner verloren und schien kurz vor dem Machtverlust. Baraks Angebot an die Palästinenser hatte Israels Verhandlungsposition erheblich geschwächt, ohne dafür im Gegenzug auch nur die geringsten Zugeständnisse zu erhalten. Sharons Handeln war der Protest gegen eine inkompetente Verhandlungsführung. Es gab sogar einen innerparteilichen Grund für Sharons Besuch auf dem Tempelberg: Er wollte damit seine Position als Parteiführer des Likud gegenüber Netanjahu stärken. Natürlich machte Sharon den Palästinensern auch deutlich, dass nicht alle Israelis mit ihrem Premierminister in seiner Eilfertigkeit übereinstimmten, die jüdischen Ansprüche auf den Tempelberg aufzugeben. Schließlich hatten die Palästinenser

Baraks Vorschläge weder akzeptiert, noch waren sie bereit, darüber zu diskutieren, und Sharon machte klar, dass nicht alle Juden der Meinung waren, der nächste Schritt liege in weiteren Zugeständnissen.

Gegenseitige Anerkennung bedeutet, dass jede Seite die Bedürfnisse der anderen respektiert, selbst wenn man sie nicht immer erfüllen kann. Sharons vielschichtige Demonstration war zum Teil so eine Geste der Anerkennung, denn er hielt sich von den beiden Moscheen fern und brachte damit zum Ausdruck, dass unter jüdischer Herrschaft über den Tempelberg das Heiligtum der Moscheen immer akzeptiert werde. Das entsprach der israelischen Politik seit 1967.

Die Reaktion der Palästinenser auf Sharons Besuch offenbarte die Irrelevanz derartiger Überlegungen. Da die Juden in ihren Augen keinerlei legitime Ansprüche auf den Tempelberg haben – tatsächlich seien sie fremde Besatzer –, war jede jüdische Aktion, die eine andere Ansicht erkennen ließ, ein casus belli, auf den man mit Verachtung, Zorn und Gewalt antworten musste. Das waren die Leute, von denen wir glaubten, wir könnten Frieden mit ihnen schließen.

Seit Anfang 2000 hatte der israelische Geheimdienst vor neuen Gewaltausbrüchen gewarnt, er nannte sogar den September als mögliches Datum. Der Angriff in der Nähe von Netzarim war der erste tödliche Vorfall. Sharons Besuch muss den Palästinensern als nahezu perfekte Inszenierung für eine Rückkehr zur Politik von 1996 erschienen sein. Allerdings ließen sie dabei zwei Entwicklungen außer Acht. Die erste war politischer Natur: Während wir aus dem Friedenslager noch alles, was 1996 schief gelaufen war, Netanjahu ankreiden wollten, waren wir nicht so schnell bereit, Barak nach seinen Angeboten von Camp David und der Zurückweisung durch die Palästinenser die Schuld für den Misserfolg zu geben.

Die zweite Entwicklung war militärischer Art. War der Oktober 1996 für die Palästinenser eine Art Testlauf für den September 2000, so galt das auch für die Befehlshaber der IDF. Trotz der feierlichen Abkommen musste man damit rechnen, dass die Palästinenser erneut die Waffen gegen ihre Vertragspartner richten würden. Die Generäle bereiteten sich darauf vor, diesmal keinen ihrer Soldaten zu verlieren, und als die Palästinenser im Herbst 2000 tatsächlich zur Gewalt zurückkehrten, gab es nur wenige israelische Opfer. Dennoch war das in der bizarren Logik dieses Konflikts für die restliche Welt einmal mehr der Beweis, dass die Israelis die Angreifer waren, eine bösartige und brutale Kolonialmacht, die harmlose Demonstranten niederschießt. Wenn die Palästinenser hofften, ihre Beziehungen zu Israel grundlegend zu verändern, statt immer nur marginale Konzessionen zu erzwingen, hätten sie sich nichts Besseres erträumen können.

Die Jerusalem-*Inifada* kann grob in vier Phasen eingeteilt werden: die ersten Tage, die Monate der palästinensischen Eskalation, die Kampagne der Selbstmordattentate und schließlich die Reaktionen der Israelis auf den Terror. Jede dieser Phasen kann aus vier Perspektiven betrachtet werden: aus der der Palästinenser, der Israelis, der arabischen Welt und der einflussreichsten westlichen Medien. Jede Phase kann man daraufhin untersuchen, was die Akteure glaubten, was geschah, wie sie darauf reagierten, und welche Vorstellungen und Erwartungen diesen Reaktionen zugrunde lagen.

Phase eins: Die ersten Tage
Es begann mit dem palästinensischen Angriff vom 27. September 2000 auf den IDF-Posten in der Nähe von Netzarim, bei dem David Biri getötet wurde. Am Tag darauf besuchte Ariel Sharon den Tempelberg und am 29. September begann mit dem Ausbruch ungehemmter Gewalt die erste Phase der Jerusalem-Intifada, die ungefähr einen Monat andauerte. Sie war begleitet von Großdemonstrationen palästinensischer Männer und Jugendlicher zu den Kontrollposten der IDF, die sich in der Regel außerhalb der palästinensischen Städte befanden, da sich die IDF längst aus den Städten zurückgezogen hatte. Deshalb mussten die Demonstranten zielstrebig zu den Brennpunkten marschieren. Häufig alarmierten sie die lokale oder internationale Presse, und sie verbargen vor den Journalisten nicht, dass beide Seiten bewaffnet waren. Das hinderte die Medien trotzdem nicht daran, den Konflikt einseitig darzustellen. So geschehen bei dem Vorfall in Netzarim, wo der zwölfjährige Muhammad al-Durrah getötet wurde. Der Zusammenstoß fand außerhalb des Ortes statt, die Kameraleute waren rechtzeitig eingeladen worden, die Schießerei ging von den Palästinensern aus und sie hätten sie jederzeit stoppen oder einfach unterbrechen können,

um das Kind in Sicherheit zu bringen. Da es keine Autopsie gab, wurde niemals geklärt, aus welchem Gewehr der tödliche Schuss kam, aber die Entfernung und der Winkel lassen es glaubwürdig erscheinen, dass es ein palästinensisches Gewehr war. (Seitdem haben wir zu unserem Schrecken gelernt, dass die Palästinenser bereit sind, ihre Kinder zu opfern, wenn dieses Opfer zum Tod von Israelis führt.)

Ende Oktober waren an die hundert Palästinenser von der IDF getötet worden, dreizehn israelische Araber und ein jüdischer Israeli waren bei internen Zusammenstößen gestorben, und zwölf Israelis waren von Palästinensern getötet worden. Die meisten der getöteten Israelis waren Zivilisten; lediglich vier fielen im Kampf, zwei wurden gelyncht. Die Zahl der Toten war auf beiden Seiten höher und ausgeglichener als während der ersten Intifada. Dieses Mal war es von Anfang an ein bewaffneter Konflikt.

Wie nicht anders zu erwarten, gab die israelische Linke der ersten israelischen Reaktion auf die Demonstrationen die Schuld an der Eskalation der Gewalt: Hätte Sharon nicht durch seinen Besuch auf dem Tempelberg den Zorn der Palästinenser provoziert und hätte es keine Opfer unter den Palästinensern während der ersten Tage gegeben, hätte sich ihr verständlicher Zorn von selbst aufgelöst und der Friedensprozess hätte fortgeführt werden können. Abgesehen von der erstaunlichen Ansicht, israelische Soldaten, die aus nächster Nähe beschossen wurden, hätten das Feuer nicht erwidern dürfen, bedeutete diese Interpretation auch, dass es kein anderes Motiv für die Gewalt der Palästinenser gab als die Enttäuschung über die Stagnation der Verhandlungen.

Es ist schwer zu sagen, was die Palästinenser mit ihrem Handeln zu bewirken hofften und weshalb sie so vorgingen, aber einige vorläufige Kommentare sind erlaubt. Die Israelis hatten in Camp David gerade ein substantielles Angebot gemacht, auf das die Palästinenser nicht reagiert hatten. Die Verhandlungen unmittelbar nach Camp David kamen langsam wieder in Gang. Die Kluft zwischen den palästinensischen Forderungen und dem israelischen Angebot schien gering zu sein (wenn man ihre englischsprachige Erklärung ernst nimmt). An diesem Punkt, egal wie man es betrachtet, entschieden die Palästinenser, die Grundregel zu brechen, dass nämlich Verhandlungen an die Stelle von Gewalt treten sollten. Handelten sie irrational? Unbeabsichtigt? Oder hofften sie auf eine Wiederholung der Ereignisse von 1996, als Gewalt die Israelis zwang, ihre Positionen zum Teil aufzugeben? Wahrscheinlich traf keine dieser Vermutungen zu, sondern es handelte sich um eine strategische Überlegung: Auf dem Verhandlungswege war nichts mehr herauszuholen, und es war an der Zeit, sich das zu nehmen, was bei den Verhandlungen erzielt worden war, und zur Gewalt zurückzukehren, um das zu bekommen, worüber nicht verhandelt wurde – nicht die letzten paar Prozent der Westbank, sondern das uneingeschränkte Recht auf Rückkehr und die Befreiung Jerusalems aus jüdischer Hand.

Als Sofortmaßnahme forderten die Palästinenser die Entsendung einer internationalen Streitmacht, die sie vor den aggressiven Israelis beschützen sollte. Das war im Endeffekt die Forderung, sie von den Israelis zu befreien, ohne dass es eine beiderseitige Erklärung zur offiziellen Beendigung des Konfliktes gegeben hätte. Dies hätte den Weg zu einem unabhängigen Palästina geebnet, das immer noch im Krieg mit Israel war und immer noch frei, das Recht auf Rückkehr als Preis für den Frieden zu fordern.

Es konnte nicht überraschen, dass die arabische Welt die Palästinenser lautstark unterstützte. Überraschender für die Israelis war dagegen die Antwort des Westens. Wenn es dort überhaupt Abscheu vor der Gewalt der Palästinenser gab, blieb sie stumm, während Israel wegen der Tötung »unbewaffneter Demonstranten« nahezu einhellig verurteilt wurde. Das Beste, was man noch erwarten konnte, war eine Verurteilung der sogenannten Gewaltspirale. Das Bild einer Gewaltspirale ist schon deshalb falsch, weil es davon ausgeht, dass der einzige Grund für das Andauern der Gewalt darin liegt, dass jede Seite darauf besteht, als letzte zu schießen. Aber selbst diese formale Verurteilung beider Seiten sollte sich zu Israels Ungunsten auswirken, denn, wie Jacques Chirac Barak erklärte, müsse Israel als der Stärkere den ersten Schritt tun. Bill Clinton flog in den Nahen Osten und versuchte im ägyptischen Badeort Sharm el-Sheikh, Barak und Arafat erneut für eine Verständigung zu gewinnen. Ein Waffenstillstand wurde vereinbart. Israel sollte seine Streitkräfte auf die Linien zurückziehen, die sie am 27. September eingenommen hatten. Die palästinensische Gewalt hörte trotzdem nicht auf. Die meisten Experten gaben beiden Seiten die Schuld, als ob Barak, der sein politisches Überleben an die friedliche Lösung des Konfliktes geknüpft hatte, insgeheim darauf aus gewesen wäre, ein Versprechen zu brechen, das er gerade dem Präsidenten der Vereinigten Staaten gegeben hatte. Arafat dagegen, der zu seinem Volk als Sieger zurückgekehrt war, weil er in Camp David nicht nachgegeben hatte, sei entsetzt über die Gewalt gewesen, hätte sie jedoch nicht stoppen können wegen der israelischen Aktionen. Das einzige Ergebnis dieses Treffens war die Einsetzung einer internationalen Untersuchungskommission über die Ursachen der Gewalt. Unter dem Vorsitz von Ex-Senator George Mitchell trat sie im Dezember zusammen.

Die Israelis waren fassungslos. Wir hatten den ganzen Sommer damit verbracht, uns gegenseitig Mut für die endgültige Räumung der Siedlungen zu machen und auf die Teilung Jerusalems tapfer zu reagieren und uns gegenseitig zu versichern, dass ein Leben in Frieden mit unseren Nachbarn die Aufgabe Jahrhunderte alter Träume wert war. Selbst viele der Siedler begannen sich auf die Räumung einzustellen. Im August hatte es weniger Anlass zu Hoffnung gegeben als im Juli, aber im September begann eine neue Verhandlungsrunde, und wir alle kannten den Preis, der zu bezahlen war. Und dann geriet alles außer Kontrolle: Sieben Jahre lang hatten wir uns gegenseitig versichert, dass wir uns auf ein Ende des Konflikts hin bewegten und uns darauf vorbereiteten, endlich in den Kreis der normalen Nationen aufgenommen zu werden – alle unsere Hoffnungen lösten sich auf, als in einer 52-Sekunden-Nachricht während der abendlichen Fernsehnachrichten der Tod eines völlig verängstigten palästinensischen Kindes gezeigt wurde. Wieder einmal wurden wir als das böse, anachronistisch koloniale Überbleibsel präsentiert, das den hilflosen und unterdrückten Palästinensern die Grundrechte verweigert, aus einem unerklärbaren rassistischen Drang zu ihrer Beherrschung und Kontrolle oder aus unersättlicher Gier nach ihrem Land. Nur konnten wir diesmal, im Unterschied zu 1996, nicht uns die Schuld dafür geben und auch nicht unseren angeblich so bösartigen Führern. Barak war Premierminister, nicht Netanjahu, und statt sturer Forderungen von Gegenleistungen war eine Erklärung über das Ende des Konfliktes alles, was wir von den Palästinensern verlangt hatten.

Später würden uns Leute der extremen Rechten sagen, dass sie die ganze Zeit gewusst hätten, dass dies passieren würde. Im Oktober 2000 jedoch war selbst die Mehrheit der Rechten fassungslos angesichts des Verrats der Palästinenser und der Unterstützung, die sie von so vielen weltweit erhielten. Da unsere Hoffnungen immer mehr schwanden, konzentrierten wir uns auf uns und auf die Wahrheit, die für uns offensichtlich war, wenn auch anscheinend für niemanden sonst: Unser Krieg ist gerecht.

Phase zwei: Eskalation des palästinensischen Terrors
Im November gab es noch viele blutige Zusammenstöße, aber ab Dezember wurden es weniger. Entscheidend dafür war, dass die palästinensischen Demonstrationen immer weniger und schließlich ganz eingestellt wurden. Vielleicht waren die Leute diese Veranstaltungen leid, die ohnehin nie wirklich ein spontaner Ausdruck von Zorn gewesen waren. Wahrscheinlicher war, dass sich die bewaffneten Palästinenser auf einen langen Marsch vorbereiteten. Wie dem auch sei, als die IDF-Posten nicht mehr angegriffen wurden, gab es auch plötzlich keine »Opfer« der israelischen »Aggression« mehr.
Die Zahl der israelischen Opfer stieg wieder an, als Siedler auf offener Straße erschossen wurden, und sank dann wieder, als die Armee gegen die tödlichen Hinterhalte der palästinensischen Angreifer vorging. Eine zweite entscheidende Entwicklung war, dass die PA die Terroristen freiließ, die auf Druck Israels seit 1996 inhaftiert worden waren. Durch diese Politik wurden die Leute mit dem Know-how, israelische Bürger in die Luft zu sprengen, ermutigt. Bei den ersten Angriffen wurden Autobomben verwendet, die in israelische Städte geschmuggelt worden waren. Einige wurden entdeckt, und selbst die Bomben, die explodierten, töteten in der Regel nur wenige Menschen. Das Schlimmste sollte erst noch kommen.
Unabhängig davon, ob die Palästinenser in die Gewalt hinein gestolpert waren oder sie sorgfältig geplant hatten, diese zweite Phase zeigte deutlich, dass sie nicht die Absicht hatten, den Terror zu beenden, ohne einen Erfolg verbuchen zu können. Wenn man ihren öffentlichen Erklärungen Glauben schenken darf, so waren sie davon überzeugt, einen Befreiungskrieg gegen einen zähen und brutalen Besatzer zu führen, der nur durch Gewalt verjagt werden

könne, so als ob die letzte Konferenz von Camp David niemals stattgefunden hätte. Sollten die Palästinenser von der Reaktion der Israelis, die sich von der von 1996 wesentlich unterschied, überrascht gewesen sein, äußerten sie sich nicht dazu und schienen nur zu glauben, dass noch mehr Druck alles sei, was zum Sieg nötig wäre. Aber während die israelische Reaktion eine Enttäuschung für die Palästinenser gewesen sein mag, muss die der internationalen Gemeinschaft ihnen äußerst willkommen gewesen sein. Niemand warf den Palästinensern vor, dass sie alles zerstört hätten, was zuvor aufgebaut worden war, und viele Europäer unterstützen die palästinensischen Forderungen nach einer internationalen Schutztruppe.

Die arabische Welt, die die Palästinenser mit großen Worten unterstützte, verhielt sich bei weitem nicht so hilfreich, wie diese gehofft hatten. Ägypten und Jordanien machten deutlich, dass sie weder zur Unterstützung der neuen Intifada in den Krieg ziehen würden, noch dass sie bereit seien, ihre Beziehungen zu Israel abzubrechen. Es gab viele Gesten, aber keine Taten.

Die ganze Welt verurteilte die Gewalt und rief beide Seiten wiederholt zur Mäßigung auf. Der Mythos von der »Gewaltspirale« war in dieser Phase immer populärer geworden, allerdings mit einem interessanten Trick: Was Israel auch tat, buchstäblich jede militärische Aktion wurde als Überreaktion beklagt. Israel wurde vorgeworfen, den Hass der Palästinenser noch zu vergrößern, dadurch Öl ins Feuer zu gießen und die Gewalt weiter anzuheizen. Obwohl die Zahl israelischer ziviler Todesopfer die der Kombattanten ständig überstieg, wurde keine unserer Verteidigungsmaßnahmen als legitim betrachtet. Vielleicht hat es die Weltöffentlichkeit so getroffen, dass es den Palästinensern nicht gelungen war, bei den Oslo-Verhandlungen die vollständige Souveränität zu erlangen, dass für sie neben diesem Ziel nichts anderes mehr wirklich wichtig war: weder die Verbrechen der Palästinenser noch die Versuche Israels, seine eigene Sicherheit zu gewährleisten. Das ist noch die freundlichste Erklärung, die man anbieten kann, es ist aber nicht die Einzige.

Die israelische Antwort auf den Terror war komplex. Das Militär suchte nach Wegen, die israelische Bevölkerung zu schützen und dabei weiterhin den jüdischen Verhaltenskodex einzuhalten. Angesichts eines Feindes, der töten will, gibt es keine andere Wahl, als in irgendeiner Form Gewalt anzuwenden, und die Anwendung von Gewalt ist selten angenehm. Dennoch ist es nicht unmöglich, Regeln für den jeweils angemessenen Einsatz von Gewalt festzulegen. Mord – und Rache – ist immer verboten. Töten sollte, wenn irgend möglich, vermieden werden, obwohl Menschen im Krieg töten müssen, und die Entscheidung zu kämpfen bedeutet, das zu akzeptieren. Dennoch sollte man alles daran setzen, das Töten auf Kombattanten zu beschränken. Andere Maßnahmen, wie die Zerstörung von Eigentum, sollten vermieden werden, es sei denn, sie ersetzen das Töten, denn materieller Schaden kann wiederhergestellt werden, die Toten sind dagegen endgültig tot.

Die Einsätze des israelischen Militärs waren zum großen Teil reine Drohgebärden wie zum Beispiel der Beschuss geräumter palästinensischer Polizeistationen von Hubschraubern aus, aber auch praktische Maßnahmen, um potenzielle Terroristen von der israelischen Bevölkerung fernzuhalten. Palästinensische Männer durften nicht mehr an ihre Arbeitsplätze in Israel zurückkehren – was zu hoher Arbeitslosigkeit und zunehmender Armut führte. Als die Angriffe der Palästinenser weitergingen, wurden alle palästinensischen Städte von Panzern und Straßensperren eingekreist und die Bewegungsfreiheit der palästinensischen Zivilisten eingeschränkt. Die israelischen Sicherheitskräfte bestätigten, dass diese Maßnahmen Selbstmordangriffe vereitelten. Allerdings verursachten sie ganz offensichtlich große Not unter der palästinensischen Bevölkerung. In dieser Situation konnte es nur Verlierer geben. Aber hatte man eine andere Wahl?

Genau das wollte die Regierung nun testen. Entgegen ihren eigenen politischen Vorgaben, denen zufolge es keine politischen Verhandlungen geben konnte, solange die Gewalt andauerte, nahm man die Gespräche wieder auf. Bill Clintons Tage im Weißen Haus waren gezählt, und bald würde es in Israel Wahlen geben. Es wurde also ein letzter verzweifelter Versuch unternommen, eine Übereinkunft zu erzielen. Ende Dezember diktierte der US-Präsident den Delegationen beider Seiten seine Bedingungen. Er machte ihnen klar, dass sie keine Wahl hatten. Die Bedingungen bedeuteten ein Entgegenkommen gegenüber den Palästinensern, fast hundert Prozent der Westbank sollten an die Palästinenser übergehen und ganz Jerusalem sollte entlang der ethnischen Wohnviertel geteilt werden. Die Palästinenser lehnten diese Bedingungen ab, ohne den Terror auch nur zu unterbrechen. Vielleicht aus dem Gefühl heraus, dass sie nichts mehr zu verlieren hatten, machten die israelischen Unterhändler weitere Zugeständnisse, die über das hinausgingen, wozu sie durch die Wahlen legitimiert waren. Diese Angebote wurden im Januar 2001 in dem Ferienort Taba am Roten Meer gemacht, obwohl die Ermordung israelischer Zivilisten weiterging. Wären sie an einer Verhandlungslösung interessiert gewesen, hätten die Palästinenser lediglich drei Wochen lang ihre Gewaltakte einstellen müssen, indem sie erklärten, dass ein Abkommen kurz vor der Verabschiedung stehe. Die israelische Wählerschaft wäre somit gezwungen gewesen, ihre Meinung dazu an den Wahlurnen abzugeben. Aber das taten die Palästinenser nicht.

Phase drei: Die Selbstmordattentäter
Der erste Selbstmordanschlag wurde am 22. Dezember 2000 verübt und richtete sich gegen eine Gruppe von Soldaten in Mechola im nördlichen Jordantal. Drei Soldaten wurden verwundet, der Angreifer starb. Das war einen Tag, bevor Bill Clinton seinen endgültigen Friedensplan präsentierte, drei Wochen vor den Gesprächen von Taba, und mehr als sechs Wochen vor der Wahl von Ariel Sharon. Vor Sharons Amtsantritt gab es noch drei weitere Angriffe – und danach noch viele mehr.

Die Selbstmordattentate forderten viele Tote, weil sie durch das präziseste Zielinstrument, das je entwickelt wurde, gesteuert wurden, durch die Bombenwerfer selbst, die immer versuchten, ihre Bomben an Orten zu zünden, wo sich möglichst viele Menschen aufhielten. Meistens wählten sie zivile Ziele aus: Restaurants, Busse, Hotels, Supermärkte, Diskotheken. Zwischen 1994 und 1996 hatten wir versucht, ein Muster für die Anschläge herauszufinden und waren überzeugt, dass der frühe Morgen die gefährlichste Zeit war, da die Mörder ihre letzte Nacht vorzugsweise im Gebet verbrachten. Aber dieses Muster traf nicht zu. Die Mörder schlugen zu jeder Tages- oder Nachtzeit und überall zu. Sie brauchten nur eine Gruppe von Israelis, auf die sie zielen konnten. Zu Anfang schien es, als gäbe es ein Standardprofil für diese Mörder – zornige junge Männer, von ihrer eigenen Gesellschaft marginalisiert. Aber auch diese Vermutung traf nicht zu. Die Attentäter konnten jedes Alter haben und kamen aus allen Schichten: Teenager und Großväter, Arme und Gebildete, Arbeitslose und politische Führer, und bald auch Frauen. Einmal ging ein siebzehnjähriges Mädchen morgens zur Schule, verließ diese am frühen Nachmittag und sprengte sich in einem Jerusalemer Supermarkt in die Luft. Eines Nachts wurden drei dreizehnjährige Jungen zum Töten und Getötetwerden in eine Siedlung in Gaza geschickt. Sie wurden entdeckt und erschossen, als sie in die Siedlung hineinschlichen. Erst nach ihrem Tod stellte man fest, dass es noch Kinder waren. Ein anderes Mal wurden zwei Brüder losgeschickt, zwölf und acht (!) Jahre alt. Der Achtjährige wurde zunächst von einer der israelischen Siedlerfamilien beschützt. Als sie erkannten, wen sie da schützten, übergaben sie ihn an die Wachen.

Zu Beginn hatten sich die Mörder von ihren Familien davongeschlichen, damit ihre Mütter sie nicht zurückhalten konnten. Ende des Jahres 2001 hatte sich das geändert. Trauernde Väter verkündeten in Anwesenheit ihrer verbliebenen Söhne, dass sie dafür beteten, diese mögen dem Vorbild ihrer Brüder nacheifern. Es sind Fälle dokumentiert, in denen Mütter vor Videokameras tanzen und ihre Söhne ermahnten, nicht zu zögern, wenn sie hinausgeschickt würden, um Juden zu töten. Denn danach würden sie direkt in den Himmel aufsteigen. Diese Videos wurden wiederholt im Fernsehen gezeigt und fanden große Zustimmung.

Langsam begriffen wir, dass dies keine radikale Verhandlungsstrategie war oder der verzweifelte Schrei eines unterdrückten Volkes, das unter seinem Joch ächzt. Das war etwas vollkommen Neues: eine ganze Gesellschaft in wahnhafter Liebe zum Tod. Es gibt kein politisches Ziel, dem dieser Wahnsinn nutzt. Von Zeit zu Zeit erfinden die Menschen neue Formen des Bösen, und Selbstmordattentate gehören eindeutig dazu. Vergeblich wird man in Geschichtsbüchern nach Vorbildern für diesen selbstmörderischen Drang der Palästinenser suchen, der in seiner Entschlossenheit zu sterben und dabei so viele Juden wie möglich mit in den Tod zu ziehen, sämtliche Hindernisse überwindet und dabei von der gesamten Gesellschaft unterstützt wird.

Und am 11. September 2001 begriff die ganze Welt, dass dieses Phänomen exportiert werden konnte. Die Feinde der Juden, so stellte sich heraus – nicht zum ersten Mal, wie wir mit bitterer Genugtuung feststellten –, waren die Feinde der Menschheit an sich. Man könnte versuchen, die Besessenheit der Palästinenser damit zu erklären, dass die Unterdrückung, unter der sie litten, in ihrer Härte ohne Beispiel sei, und deshalb auch ihre Reaktion über jedes vorstellbare Maß hinausginge. Zu behaupten, die israelische Unterdrückung sei beispiellos in ihrer Härte, ist einfach absurd. Dennoch wurde diese Anschuldigung immer wieder von westlich ausgebildeten palästinensischen Sprechern vorgebracht, in makellosem Englisch. Hanan Ashrawi, der Vertreter der Palästinenser auf dem Weltkongress gegen Rassismus im südafrikanischen Durban, sagte in seiner Rede vom 28. August 2001: »Selten hat der menschliche Verstand so viele verschiedene Mittel totaler Brutalisierung und Verfolgung ersonnen ... Schwestern und Brüder, niemals zuvor hat eine Besatzungsarmee einer hilflosen Zivilbevölkerung ein so erstickendes Belagerungsregime aufgezwungen, ihre Häuser und Städte zerstört, ihre Führer und Aktivisten ermordet, ihre Felder verwüstet, ihre Bäume vernichtet, ihr Land gestohlen, willkürlich Menschen ermordet, und dann noch erwartet, dass die Bevölkerung sich ruhig verhält und sich wie ein Lamm zur Schlachtbank führen lässt.«

Es waren nicht die fundamentalistischen – und aus westlicher Sicht ungebildeten – Extremisten der Hamas, die diese Märchen über die Medien verbreiteten, es waren die moderaten Palästinenser, die viel Erfahrung in konstruktiven Diskussionen mit den Israelis hatten. So unbegründet diese Anschuldigungen auch waren, muss man sich dennoch fragen, ob die Palästinenser sie tatsächlich glaubten. Starker Glaube ist, wie wir wissen, ein mächtiger Antrieb.

Ein weiterer Grund für die Beseitigung der natürlichen Ordnung der Dinge, in der Eltern ihre Kinder vor dem Tod schützen und Fremde unbehelligt lassen, könnte darin liegen, dass die natürliche Ordnung bereits zerstört war. Wenn zukünftig Wissenschaftler die palästinensische Todessorge analysieren, werden sie vielleicht feststellen, dass für viele Muslime die Vorstellung einer nicht-muslimischen Herrschaft über das Territorium im Herzen der muslimischen Welt, Dar el-Salaam, gegen die Ordnung selbst verstößt. Die christliche Reconquista der iberischen Halbinsel war schlimm genug, aber Juden, die die Straße nach Mekka blockieren, sind ein noch viel schlimmeres Übel. In Camp David und Taba diskutierte man im Unterschied zu den vorangegangenen Verhandlungen tatsächlich über das Ende des Konfliktes und das bedeutete für die Palästinenser, die Präsenz eines jüdischen Staates anerkennen zu müssen.

Außerdem ist es eine Tatsache, dass der Judenhass in der heutigen muslimischen Welt eine Intensität erreicht hat, die dem der Nazis gleichkommt. Und nicht nur in Gaza, sondern auch in Pakistan, wo niemals Juden lebten, sowie in den muslimischen Vorstädten von Paris. Die Schuld daran den israelischen Siedlern der Westbank zu geben, ist genauso unsinnig wie zu behaupten, den Holocaust habe es gegeben, weil Rosa Luxemburg Jüdin war. Die meisten Deutschen hätten 1933 niemals geglaubt, dass sie sich an einem Völkermord beteiligen würden – dennoch taten sie es später, direkt oder indirekt. Bis dahin verbrachten sie acht Jahre damit, den staatlich verordneten Hass zu verinnerlichen. Und es dauerte genau acht Jahre staatlich geförderten Hasses, bis diese Politik in Palästina Früchte trug, von 1993 bis 2001.

Die israelischen Bürger reagierten stoisch auf die permanente Bedrohung ihres Lebens und die Angriffe auf ihre Gesellschaft. Wir wägten sorgfältig das Risiko jeder noch so banalen alltäglichen Tätigkeit ab, wie zum Beispiel die Entscheidung, ob man mit dem Bus fahren, Besorgungen machen, den Vorortzug zur Arbeit nehmen oder im Supermarkt nebenan einkaufen konnte. Nicht unbedingt notwendige Ausgänge unterließ man ganz, verschob sie auf später oder arrangierte sich anders. Dennoch machten wir im Prinzip weiter wie bisher. Mindestens neunzehn Israelis wurden auf der Straße in meinem Wohnviertel in Jerusalem ermordet, bei so vielen Angriffen, dass ich aufgegeben habe, sie zu zählen. Aber alle gingen weiter auf die Straße, und es zogen auch nicht auffällig viele Familien aus dem Viertel weg.

Mit der Zeit lieferten unsere Sicherheitsdienste genauere Vorwarnungen für geplante Selbstmordattentate, und so unglaublich das auch erscheinen mag, wir lernten, damit so umzugehen wie mit dem Wetterbericht: »Okay, Kinder, wenn ihr in die Stadt müsst, ist das heute ein guter Tag, denn die Alarmstufe ist von ›besonders hoch in Jerusalem‹ auf lediglich ›allgemein hoch‹ gefallen.« Oder wenn eines der Kinder eine Freundin in Beit Shemesh, einem Vorort westlich von Jerusalem, besuchen wollte: »Verlass' ihr Haus nicht, bevor sie die Terroristen gefasst haben, die sie dort in der Nähe suchen.«

Anfang der 1990er Jahre, als die Palästinenser mit dieser abscheulichen Art der Kriegsführung begannen, sagten wir uns, dass es dagegen keine Verteidigung gebe. 2002 verhielten wir uns anders, weil wir jetzt in einem Staat mit ständiger Alarmbereitschaft lebten, mit einer Polizei und bewaffneten Bürgern, die zu jedem Zeitpunkt erreichbar waren. Immer häufiger entdeckten einfache Bürger rechtzeitig verdächtige Personen oder bemerkten einen Draht, der aus einem Hemd hervorschaute, und handelten. Ein junger arabischer Israeli fand heraus, was der Mann, der neben ihm an der Bushaltestelle wartete, vorhatte, fragte ihn ganz lässig, ob er ihm sein Handy für einen Moment leihen könne und alarmierte damit die Polizei, die sofort eintraf. Busfahrer warfen Selbstmordattentäter aus dem Bus oder schlugen ihnen die Tür vor der Nase zu; Fußgänger rissen ihnen die Sprengsätze aus den Händen, bevor sie explodieren konnten, und gaben allen anderen die Gelegenheit wegzurennen. In einigen Fällen, in denen es so aussah, als wollten die am Boden liegenden Mörder sich befreien, wurden sie einfach erschossen. Anfang November 2002 wurde ein potentieller Mörder, als er sich wehrte, aus nächster Näher erschossen, aber ein zweiter Schuss ließ seine mit Sprengstoff bestückte Weste explodieren und tötete drei der Männer, die versucht hatten, ihn aufzuhalten.

Bei diesen Aktionen kam es nie zu Verwechslungen: Kein unschuldiger Araber wurde auf der Straße niedergeschlagen oder erschossen. Israelis sind ziemlich vorsichtig mit ihren Waffen. Außerdem ist Israel ein kleines Land und jeder kennt jeden. Ich kenne niemanden, der diesen Alptraum nicht ohne ein Opfer in seinem Freundes- oder Bekanntenkreis durchlebt hat. Dennoch entwickelten wir bereits sehr früh die Fähigkeit, Nachrichten abzuwägen: »Ein Anschlag im Zentrum von Netanya? Kenne ich jemanden, der zu dieser Tageszeit dort sein könnte? Nein? Gut, dann zurück an die Arbeit.« Für diejenigen, die es traf, war es furchtbar und sie werden nie darüber hinwegkommen; für alle anderen war es verstörend und bedrohlich, aber nicht niederschmetternd. Die israelische Gesellschaft stand nie am Rande des Zusammenbruchs.

Das hätte auch den Palästinensern klar sein können. Die Erfolglosigkeit ließ ihre Strategie noch irrationaler und bizarrer erscheinen. Wenn sie auf diese makabre Weise versuchen wollten, uns etwas mitzuteilen, dann waren das die falschen Worte. Die Gewalt vom Herbst 2000 hätte noch als extreme Verhandlungstaktik für die letzten wenigen Gebiete verstanden werden können, die Barak noch nicht zur Räumung angeboten hatte. Am Ende jedoch wurden die Selbstmordattentate gegenüber der Zivilbevölkerung zum Selbstläufer. Diese Form von Terror war ein brutaler Versuch, Israel in die Knie zu zwingen. Sollte sie erfolgreich sein, würde diese Taktik immer wieder angewendet werden, in Israel und anderswo. Israels Reaktion wurde deshalb auch zum Testfall für die ganze Menschheit.

Dass die Israelis so gut wie keine bewaffnete Selbstverteidigung unternahmen, war nicht nur bewundernswert, sondern auch alles andere als selbstverständlich. Nichts wäre einfacher gewesen, als auf die Terroranschläge mit spontanen Vergeltungsmaßnahmen und Gegenangriffen zu antworten. Solche Reaktion wäre durchaus normal gewesen. Selbst wenn die Palästinenser ihre Verbrechen mit der Behauptung begründen, nur ihr schweres Leid treibe sie dazu, hätten die Israelis immer noch harte Gegenschläge damit rechtfertigen können, dass Nachbarn und Familienangehörige in Restaurants, Bussen oder auf der Straße ermordet worden waren. Aber das taten sie nicht. Obwohl diese Zurückhaltung uns seelischen Halt gab, löste sie nicht das Problem. Genauso wenig wie die verschärften Maßnahmen der IDF, die jetzt hart durchgriff und sämtliche palästinensischen Städte abwechselnd besetzte, räumte und wiederbesetzte. Die Sicherheitskräfte sagten, dass sie mehr Angreifer aufhalten konnten als durchkamen, aber das war ein schwacher Trost.

Und wie verhielten sich die angeblich neutralen Beobachter? Als die Morde weitergingen und jede Rechtfertigung verloren, änderten viele Amerikaner ihre Ansicht über die Politik der Palästinenser. Das wurde noch verstärkt durch die Angriffe des 11. September 2001. Aber diese neue Ernüchterung wirkte sich nicht auf die Haltung der Europäer gegenüber den Palästinensern aus. Selbst während der Ereignisse des 11. September gab es Beobachter, die weiterhin darauf bestanden, dass man den Terror nicht mit Gewalt aufhalten könne. Die einzig sinnvolle Lösung sei das Angebot an die leidenden Täter, ihnen ein besseres Leben zu garantieren – als ob ihre schrecklichen Verbrechen einzig das Ergebnis extremer Benachteiligung seien. Im Kontext der Jerusalem-Intifada bedeutete diese Forderung auch, die Israelis müssten noch weit über ihr Angebot von Taba hinausgehen. Zugegebenermaßen hätte das die Palästinenser nicht zufriedengestellt. Ein solches Entgegenkommen hätte ihren Appetit sogar noch vergrößern können, denn es hätte bedeutet, dass die Israelis dem Druck nachgeben. Es hätte sogar zum Untergang des jüdischen Staates durch eine Welle arabischer »Rückkehrer« führen können. Aber welche Alternative gab es?

Phase vier: Die israelischen Reaktionen

Im März 2002, als der Wahnsinn der Selbstmordanschläge seinen Höhepunkt erreichte, wurden über hundert Israelis getötet. Gegen Ende des Monats gab es täglich zwei erfolgreiche Anschläge. Der schlimmste fand im Park Hotel in Netanya statt, wo ein Mörder sich inmitten einer Seder-Feier in die Luft sprengte, dabei 29 Menschen tötete und 140 verletzte. Die Ägypter hatten 1973 an dem symbolischen Feiertag Jom Kippur zugeschlagen. Jetzt hatten die Palästinenser das Passahfest beschmutzt. Zurückhaltung war nun keine Option mehr.

Zurückhaltung? Was für eine Zurückhaltung? Es gab bereits mehr als tausend tote Palästinenser im März 2002.

Im Laufe der Jahre war im Denken der israelischen Militärstrategen ein Wandel vorgegangen: Ihre Entschlossenheit, bis zum Sieg zu kämpfen, war ins Wanken geraten. Und diese Entwicklung hatte vielleicht bereits 1973 begonnen. Die IDF hatte den Jom-Kippur-Krieg klar gewonnen, allerdings um einen hohen Preis. Die anfänglichen Erfolge der Araber und die Tatsache, dass am Ende der Kampfhandlungen ägyptische Truppen in zuvor von Israel gehaltenen Gebieten standen, verlieh der These der Araber, dass es sich um ein militärisches Patt zwischen Israel und Ägypten handelte, ein wenig Plausibilität. Dies erleichterte Sadat höchstwahrscheinlich seine große Friedensgeste. Vielleicht war gerade die Unklarheit des militärischen Ergebnisses ein Vorteil.

Im Libanon besiegte die israelische Armee die weit unterlegenen

Streitkräfte der PLO, konnte jedoch kein greifbares politisches Ziel erreichen. Vielleicht, so fragten wir uns, konnte man durch militärische Aktionen nichts weiter gewinnen, wenn unsere Existenz erst einmal sicher war? Die erste Intifada verstärkte dieses Gefühl sicherlich noch, während man aus der Operation Wüstensturm 1991 die Lehre gezogen hatte, dass Israel unter bestimmten Umständen davon profitiere, sich nicht auf Kämpfe einzulassen, selbst wenn seine eigenen Städte angegriffen würden. Die Osloer Verhandlungen basierten auf dem Grundsatz, dass Diplomatie das einzige Mittel zur Durchsetzung politischer Ziele sei. Selbst die Militärstrategen wurden nach 1996 von dieser Strategie angesteckt: Sollten Kämpfe ausbrechen, liege das Ziel nicht in der Zerstörung der militärischen Handlungsfähigkeit des Gegners, sondern in seiner Eindämmung. Schadensbegrenzung war das Ziel, nicht die Zerstörung der feindlichen Armee.

Als die Jerusalem-Intifada ausbrach, hatten sich israelische Verteidigungsexperten, politische Führung und Wähler auf eine neue Taktik geeinigt: Israel musste seine Fähigkeit zur Selbstverteidigung aufrechterhalten, und es würde diese Fähigkeit im Fall eines Angriffs auch einsetzen. Bei kleineren Übergriffen sollten die Aggressoren dadurch abgeschreckt werden, dass man sie lediglich an Israels Stärke erinnerte, statt sie tatsächlich anzuwenden. Sie sollten unter Druck gesetzt, aber nicht besiegt werden.

Mehr als drei Viertel der israelischen Opfer waren Zivilisten. Entgegen den palästinensischen Behauptungen, die Israelis begingen an der palästinensischen Bevölkerung einen zivilen »Holocaust«, waren über die Hälfte der getöteten Palästinenser Kämpfer und mehr als 95 Prozent davon waren männlich. (Detaillierte Statistiken findet man in der Analyse von Don Radlauer unter www.ict.org.il). Zu keinem Zeitpunkt schossen die israelischen Soldaten absichtlich auf Zivilisten. Manchmal wurden Zivilisten getroffen, und in manchen Fällen gab es Entschuldigungen, auch von Seiten des Premierministers. Aber die meisten dieser Zivilisten waren ins Kreuzfeuer von Kämpfern beider Seiten geraten und hätten deshalb auch von ihren eigenen Leuten getötet werden können. Palästinensische Polizeistationen wurden vollkommen zerstört, aber sehr wenige Polizisten wurden getroffen. In vielen Fällen kreisten die israelischen Militärhubschrauber zehn oder zwanzig Minuten lang über den

Zielen, um sicher zu gehen, dass alle genug Zeit hatten, die Gebäude zu verlassen. Als einundzwanzig Israelis, die meisten von ihnen junge Mädchen, vor einer Diskothek in Tel Aviv ermordet wurden, reagierte Israel nicht mit einem Gegenschlag, sondern man hoffte, trotz aller gegenteiligen Erfahrungen darauf, dass Arafat angesichts des internationalen Protests zu einem sofortigen Ende der Gewalt aufrufen werde. Sechs Wochen später, als fünfzehn Israelis in einer Pizzeria in Jerusalem ermordet wurden, war die israelische Reaktion geradezu furchterregend: Man ließ einige palästinensische Büros in Ost-Jerusalem schließen.

Das alles änderte sich am Tag nach dem Seder-Massaker. Selbst nach den besonderen Maßstäben des Nahen Ostens waren die Palästinenser diesmal zu weit gegangen. Die vielgepriesene Maxime, dass Terror nicht besiegt, sondern nur beschwichtigt werden kann, hatte sich erledigt. Zum ersten Mal seit zwanzig Jahren erhielt die IDF den Auftrag, den Feind zu bekämpfen und zu besiegen. Die Einsatzziele wurden genau festgelegt, so durfte Arafat selbst nicht angegriffen werden, unabhängig davon, inwieweit er direkt in den Terror involviert war. Die heiligen Stätten aller Religionen mussten respektiert werden, selbst wenn Mörder, die sich dort versteckt hielten, nicht gefangen genommen werden konnten. Wachsender amerikanischer Druck bedeutete auch, dass die Operation zeitlich begrenzt war. Darüber hinaus lauteten die Befehle, die bewaffneten Männer zu bekämpfen, nicht die Zivilbevölkerung, die sie offen unterstützte.

In Ramallah und Bethlehem waren die Kämpfe schnell beendet, in Tulkarm und Kalkilya gab es kaum welche. Aber in Nablus kam es zu einem zähen Ringen und in Jenin fanden die schwersten Gefechte seit Jahrzehnten statt.

Jenin nannte sich stolz »Hauptstadt der *Shahids*« (Märtyrer) und bevor die IDF einrückte, verminten die Terroristen Dutzende von Gebäuden. Nach der Genfer Konvention ist es verboten, aus den Reihen der Zivilbevölkerung heraus zu kämpfen, aber Menschen, die den Mord verherrlichen, scheren sich nicht um das Völkerrecht, außer um es gegen ihre Feinde zu wenden. Die meisten Minen wurden während des Kampfes gezündet und richteten großen Schaden an. In der letzten Kampfphase machten Bulldozer der IDF die restlichen Gebäude, die von palästinensischen Kämpfern nicht aufgeben wurden, dem Erdboden gleich. Einige ihrer Führer, die Dutzende von Selbstmordattentätern in den Tod geschickt hatten, ergaben sich. Nach Angaben von Human Rights Watch starben zweiundfünfzig Palästinenser im Kampf, zweiundzwanzig von ihnen waren Zivilisten – weniger als die toten Zivilisten am Seder-Tisch in Netanya. Dreiundzwanzig israelische Soldaten wurden getötet. Die IDF hätte diesen Teil des Flüchtlingslagers von Jenin leicht aus der Luft zerstören können. Dann wären die meisten Soldaten verschont geblieben, aber erheblich mehr Zivilisten getötet worden.

Die Operation »Verteidigungsschild« wurde von den Europäern mit lautstarkem Protest begleitet, wie man ihn seit dem Massaker von Sabra und Shatila 1982 nicht mehr gehört hatte. Parallel zu diesen Protesten fanden so viele Angriffe auf jüdische Einrichtungen in Europa statt wie seit dem Holocaust nicht mehr. Der Protest richtete sich ursprünglich in erster Linie gegen die israelische Belagerung von Arafats Hauptquartier. Arafat hatte sich selbst mit einer Kerze auf dem Tisch fotografiert, obwohl in seinem Zimmer das Licht brannte. Nach ein paar Tagen konzentrierte sich das Interesse der Europäer auf die Ereignisse in Jenin, aber die Beschuldigungen, denen Israel ausgesetzt war, hatten mit der Realität wenig zu tun. Washington schien unsicher in der Beurteilung der israelischen Operation, aber man war grundsätzlich bereit, Israel zu unterstützen, allerdings an die Erwartung geknüpft, dass die Operation so schnell wie möglich beendet werde.

Die Operation »Verteidigungsschild« unterbrach zwar die Serie der Selbstmordanschläge, beendete sie jedoch nicht. Ungefähr einmal pro Woche gab es einen erfolgreichen Anschlag, bis Ende Mai wurden fast täglich welche verübt. Als siebenundzwanzig Israelis an zwei aufeinanderfolgenden Tagen Mitte Juni in Jerusalem ermordet wurden, kehrten Einheiten der IDF in Städte der Westbank, die man zuvor auf Druck der USA geräumt hatte, zurück, dieses Mal auf unbegrenzte Zeit. Am selben Tag hielt Präsident George W. Bush seine lang erwartete Rede zum Nahost-Konflikt, in der er die palästinensische Souveränität mit der Herstellung von Demokratie verknüpfte.

Nachdem die Israelis die Initiative übernommen hatten, mussten schließlich doch die meisten zugeben, dass sich die Lage entspannt hatte: Es gab nur noch überraschend wenige zivile Opfer auf palästinensischer Seite und auch bei den Israelis ging die Zahl der zivilen Todesopfer erheblich zurück. So lange noch täglich israelische Bürger ermordet worden waren, hatte sich die weltweite Diskussion lediglich auf die dringende Notwendigkeit der Rückkehr an den Verhandlungstisch konzentriert. Jetzt, wo die PA sichtlich unter Druck stand und in Schwierigkeiten war, forderte man, dass für eine Wiederbelebung des Friedensprozesses eine neue Verhandlungsgrundlage geschaffen werden müsse, die auf Ehrlichkeit beruhen und den Verzicht auf Terror als Instrument der Politik beinhalten müsse. Die amerikanische Regierung brachte die neuen Vorgaben ein, denen aber viele Europäer nur zögerlich folgten. Bald gaben sogar die Palästinenser Reformpläne für ihre Sicherheitsapparate und die Abhaltung von Wahlen bekannt. Präsident Bush reagierte darauf mit der unmissverständlichen Aussage, dass der Weg zu einem unabhängigen Palästina ohne die Schaffung einer funktionierenden Demokratie undenkbar sei. Soweit wollten die Europäer nicht gehen, aber die Parameter der Diskussion hatten sich unwiderruflich verändert.

Die Palästinenser verloren die Jerusalem-Intifada im Sommer 2002, trotzdem geht das Morden immer noch weiter. Militärischer Druck hat zwar die Intensität der Angriffe erheblich verringert, das Leben in Israel wieder erträglicher gemacht, dennoch müssen die Israelis in Furcht leben, wie sie anderswo unbekannt ist. Für all das muss ein hoher Preis entrichtet werden – und den bezahlt das palästinensische Volk.

Hunderte von Straßensperren über die gesamte Westbank machen das Reisen fast unmöglich. Die IDF besetzt regelmäßig palästinensische Städte und Dörfer, dringt in Häuser ein und verhaftet Leute. Die Städte der nördlichen Westbank – Tulkarm, Kalkilya und Ramallah – wurden wiederholt von Einheiten der IDF besetzt, die Ausgangssperren verhängen und noch den letzten Rest eines normalen Lebens stören. In Jenin und Nablus ist die Präsenz der IDF zum Dauerzustand geworden und manchmal dauern die Ausgangssperren länger an als die Pausen dazwischen.

Die Zahl der palästinensischen Männer, die verhaftet wurden, geht in die Tausende, aber die meisten wirklich Unschuldigen bleiben nicht lang im Gefängnis, und dass die Verhaftungen die terroristischen Organisationen zumindest zeitweilig schwächten, beweist, dass viele der richtigen Leute verhaftet wurden. Die wirkliche Tragödie der Palästinenser liegt darin, dass ihre Gesellschaft zerstört wurde. Die Arbeitslosigkeit ist immens, die Armut allgegenwärtig und Freiheit existiert in keiner Form. Es gibt keine Hungersnot, aber erschreckendes Elend. Und das hat überhaupt nichts mit Zionismus zu tun.

Dennoch, um die schrillen Forderungen der Europäer und anderer aufzugreifen: Was ist die Alternative? Irgendwann 2001 hatte die Stadt Jericho auf der Westbank genug von der Intifada. Es gab keine Kämpfe mehr, keine IDF-Invasionen und keine Ausgangssperren. Im Spätsommer 2002 hatte die Bevölkerung von Bethlehem genug (mindestens ein Drittel der bewaffneten Männer waren tot, verhaftet oder ausgewiesen), und zog sich ebenfalls für einige Monate aus der Intifada zurück, bis einige Terroristen diesen Zustand dazu nützten, von dort einen Selbstmordattentäter loszuschicken. Es gab nie so etwas wie einen Zyklus der Gewalt, aber die Israelis beweisen, dass sie gerne einen Zyklus der Normalität hätten: Städte, die mit Israel in Frieden leben wollen, sind willkommen. Städte wie Jenin und Nablus wollen aber keinen Frieden. Jedes Mal, wenn die IDF sie für besiegt erklärt und mit dem Abzug beginnt, werden israelische Bürger erschossen, in die Luft gesprengt oder verbrannt, wie in Kfar Saba, Karkur oder im Kibbuz Metzer.

Diese grausamen Morde dienen keinem erkennbaren Ziel. Und solange sie andauern, wird kein gewählter Politiker Verhandlungen mit den Palästinensern in Betracht ziehen und diejenigen, die verhandeln wollen, werden keine Wahl gewinnen. Die Morde provozieren nur weiteren militärischen Druck, und die Hauptopfer sind die Palästinenser. Deshalb muss man seinen Blick anderswohin lenken, um die Motive der Mörder zu verstehen: zum Beispiel auf Nazi-Deutschland in seiner Endphase, als offensichtlich alles verloren war und trotzdem der Mord an den Juden bis zuletzt weiterging. Militärische Macht spielte eine entscheidende Rolle im Krieg gegen die Selbstmordattentate. Die Gefahr ist jedoch nicht vorüber, weder im Nahen Osten noch im weltweiten Krieg gegen den Terror. Selbstmordattentate sind zum Kampfmittel all jener geworden, die die Demokratie hassen. Die Menschheit beziehungsweise der Teil, der seine Existenz lieber auf Recht als auf brutale Macht gründen will, wurde gewarnt: Er muss eine wirksame Verteidigungsstrategie entwickeln.

Das Völkerrecht scheint in der Tat keinen adäquaten Schutz zu bieten. Dennoch kann eine genaue Anwendung völkerrechtlicher Abkommen die Entwicklung einer entsprechenden Verteidigung erlauben. An erster Stelle gibt es da die Doktrin des doppelten Effekts. Von katholischen Theologen des Mittelalters ersonnen, legt sie fest, dass Soldaten, die sich in einem legitimierten Krieg befinden und die nicht die Absicht haben, Zivilisten zu schädigen, keine moralische Verantwortung für die zivilen Todesopfer haben, solange es eine akzeptable Relation zwischen dem militärischen Erfolg und dem verursachten Schaden gibt. Das ist sehr weit entfernt von dem heutigen Anspruch, Kriege dürften keine Opfer in der Zivilbevölkerung fordern (ein Anspruch, der immer nur an Israelis und Amerikaner gerichtet ist, aber nicht an Terroristen). Michael Walzer hält die Doktrin in dieser Form für nicht mehr zeitgemäß und schlägt folgende Präzisierung vor: Wenn die Bombardierung legitimer militärischer Ziele unabsichtlich zivile Opfer fordert, ist das moralisch nur vertretbar, wenn die Strategen von vornherein versucht haben, dieses Risiko durch Präzisionsschläge zu mindern. Ein Spezial-Kommando zu diesem Zweck einzusetzen, wäre vielleicht wiederum ein zu hohes Risiko.

Walzer schrieb sein Buch *Just and Unjust Wars* 1977, bevor die so genannten »intelligenten Bomben« erfunden wurden, aber auch zu diesem Zeitpunkt war seine These bereits valide. Er anerkennt die Tatsache, dass im Krieg bestimmte Ziele erreicht werden müssen (wenn es nicht anders geht, auch auf Kosten der Zivilisten), verlangt aber gleichzeitig, die Befugnisse der Soldaten so weit wie möglich einzuschränken. Die IDF richtet ihre Kampfmethoden im Allgemeinen nach diesen Vorgaben, und die Vorkommnisse in Jenin sind in dieser Hinsicht besonders aussagekräftig: Die IDF war während der Gefechte in Jenin immer darum bemüht, die Zivilbevölkerung zu schonen. Die internationalen Proteste gegen Israel, das sich gegen Terroristen wehren musste, die israelische Zivilisten grausam abschlachteten, waren also völlig unangemessen. Ein weitaus komplizierterer Fall war die Ermordung des Terroristenführers Salah Shehade im Juli 2002, Gründer und Befehlshaber des militärischen Arms der Hamas. Die israelische Luftwaffe ermordete Shehade, indem man über seinem Haus in Gaza eine Ein-Tonnen-Präzisionsbombe abwarf. Die Bombe traf ihr Ziel, aber die Explosion tötete auch fünfzehn Zivilisten, viele von ihnen waren Kinder, die sich in den angrenzenden Gebäuden befanden; unter den Opfern waren auch Shehades Frau und Tochter. Dadurch kam die IDF einem Kriegsverbrechen sehr nahe, deshalb muss dieser Vorfall eingehender betrachtet werden.

Shehade war ein Profi-Killer; es gelang einfach nicht, ihn zu verhaften und vor Gericht zu stellen, und solange er lebte, hätte er weitergemordet. Ihn zu töten war eine vollkommen legitime Kriegshandlung. Siebenmal hätte die IDF ihn beinahe gefasst (so wurde uns berichtet); die Soldaten schreckten aber davor zurück, ihn zu töten (auch, wenn Shehade so weiterhin freie Hand hatte), weil ein solches Manöver auch seine Familie und andere Zivilisten in Gefahr gebracht hätte. Solche moralischen Erwägungen gehen weit über Walzers Maßstäbe hinaus. Das wirkliche moralische Problem für die IDF lag eher in der Wahl der Waffe. Natürlich hätten die Verantwortlichen der Armee vorhersehen müssen, dass die Explosion einer so schweren Bombe in einer dichtbesiedelten Gegend viele Unschuldige töten würde.

Verteidigungsminister Benjamin Ben Eliezer erklärte, dass Shehade genau zu diesem Zeitpunkt getötet wurde, um einen Angriff beispiellosen Ausmaßes zu vereiteln. So habe also der Tod von fünfzehn palästinensischen Zivilisten wahrscheinlich Hunderten von Israelis das Leben gerettet. Aber ich gebe zu, dass selbst diese Erklärung mich nicht überzeugt. Wenn die Israelis über den bevorstehenden Angriff Bescheid wussten, hätten sie ihn dann nicht auf andere Weise verhindern können? Die ernüchternde Schlussfolgerung scheint also zu sein, dass dies zwar ein Einzelfall war, aber trotzdem nicht zu rechtfertigen. Dennoch zeigen all diese Überlegungen, dass eine Gesellschaft trotz der Bedrohung noch moralische Grundsätze berücksichtigen kann, indem sie sich darum bemüht, sowohl die eigene Zivilbevölkerung als auch die feindliche zu schonen. Von einer solchen Haltung ist bei den Palästinensern gar nichts zu spüren.

Es gibt noch eine zweite Herangehensweise an moralische und juristische Probleme, die durch die Konfrontation mit einem skrupellosen Aggressor entstehen. Das ist die alte jüdische Lehre von der Gesetzesübertretung aus Notwehr.

Jede Rechtsordnung muss sich auf eine Autorität stützen, andernfalls würden die Menschen die Gesetze nicht befolgen. Im Judaismus ist Gott die letzte Autorität und Juden halten sich an die halachischen Vorschriften, weil sie Gottes Willen anerkennen. Andererseits muss jedes Rechtssystem an die sich verändernden Bedingungen der menschlichen Gesellschaft angepasst werden können. Deshalb ist Gesetzgebung ein nicht endender Prozess. Selbstverständlich muss es eine Beziehung zwischen den Gesetzgebern und dem Volk geben, um die Legitimität der neuen Gesetzgebung zu garantieren. Demokratische Parlamente erneuern diese Bindung durch Wahlen.

Das Judentum ist keine Demokratie, aber seine Weisen erkannten vor langer Zeit, dass die jüdischen Traditionen und Gesetze nur durch immer neue Anpassung lebendig gehalten werden konnten. Deshalb übertrugen sie die Gesetzgebung sich selbst und ihren Nachfolgern, unter der Bedingung, dass die Entscheidungen auf allgemein anerkannten Grundlagen gefällt werden. Die biblische Quelle dazu ist Deuteronomium, Kapitel 30, Vers 11–14: »Das Gesetz ist nicht im Himmel.«

Israels Feinde und sogar viele seiner Freunde verurteilen uns, weil wir Gewalt anwenden und werfen uns Brutalität vor. Sie sollten sich einmal vor Augen halten, was die Juden im zwanzigsten Jahrhundert alles erleiden mussten: Sie wurden an den Ohren an Zäune genagelt; man stieß ihnen heiße Metallstangen in den lebendigen Leib; man schlitzte ihnen (vorzugsweise den schwangeren Frauen) die Bäuche auf; man ließ die Juden erfrieren oder warf sie in kochendes Wasser, man schlachtete ganze Familien ab und noch Schlimmeres – doch genug! Solche Grausamkeiten haben Juden niemals auch nur irgendeinem Menschen zugefügt. In einem langen Krieg gegen einen Feind, der sich am Mord und am vergossenen Blut der Juden ergötzt, haben wir immer versucht, Böses nicht mit Bösen zu vergelten. Unsere Bilanz in dieser Hinsicht ist alles andere als perfekt, aber sie ist besser als jede andere.

Das bringt uns wieder zurück an den Anfang. Juden morden nicht, sie sind nicht willkürlich brutal, sie verlangen auch nicht nach Rache. Natürlich verüben einige diese Verbrechen, denn Menschen sind schwach und fehlbar. Aber wenn Juden morden oder foltern oder Rache nehmen, dann missbilligt das die Mehrheit in Israel und feiert die Täter nicht noch als Helden. In Jahrhunderten der Unterdrückung, häufig zusammengedrängt in engen Ghettos, ohne Hoffnung auf Befreiung, in ihrer Bewegungsfreiheit eingeschränkt und vollkommen abhängig von der Gunst des zuständigen Fürsten oder Bischofs, dachten die Juden niemals daran, ihre Kinder mithilfe mörderischer Rachefantasien aufzuhetzen. Vielmehr wandten sie sich nach innen und fanden Trost in ihren Traditionen und Schriften und in ihrem Glauben an eine bessere Zukunft. Es ist natürlich politisch völlig unkorrekt, diese Wahrheit auszusprechen: Juden (sowohl die Verfolgten von damals als auch die, die heute in einem souveränen Staat leben) verhalten sich im Allgemeinen moralischer als ihre Feinde. Die moralische Überlegenheit der Israelis über die Palästinenser ist die Quelle ihrer Stärke. Sie wird ihnen die Zuversicht und den Mut geben, weiter standzuhalten, egal um welchen Preis, wie lange es auch dauert – bis sich eines Tages die Palästinenser für Frieden mit Israel und den Juden entscheiden.

Zehntes Kapitel

Zukunftsentscheidungen: Leben im Krieg und Friedensschluss

Als ich vor einigen Jahren meine Tochter in die Notaufnahme eines Krankenhauses bringen musste, saß im Warteraum ein junges arabisches Elternpaar neben uns, deren dreijähriger Tochter es offensichtlich sehr schlecht ging. Der Vater sprach kaum Hebräisch, die Mutter überhaupt nicht. Die Ärztin, eine junge Frau, deren Muttersprache Russisch war, rief die Krankenschwester, die sich durch ihre Arbeit einigermaßen gut Arabisch angeeignet hatte. Sie merkte jedoch schnell, dass ihre Arabischkenntnisse in diesem Fall nicht ausreichten, deshalb rief die russische Ärztin den Leitenden Chefarzt der Nachtschicht. Zehn Minuten später erschien er in seinem grünen Arztkittel: ein israelischer Araber.

Die Krankenhäuser im jüdischen Jerusalem haben fast ebenso viele palästinensische wie israelische Patienten. Was sie auch sonst über uns denken mögen, sie vertrauen uns in medizinischen Notfällen ihr Leben an und verlassen sich darauf, dass wir unser Bestes tun, um ihnen zu helfen. Vielleicht können Juden und Palästinenser also doch friedlich zusammenleben?

In die palästinensische oder die jüdische Gesellschaft hineingeboren zu werden bedeutet nicht, dass damit die eigenen moralischen Entscheidungen vorbestimmt sind. Trotzdem hat natürlich die Gruppenzugehörigkeit Einfluss auf das Handeln eines Menschen. Einige Gesellschaften zeigen eine höhere Wertschätzung des menschlichen Lebens als andere. Das ist eine historische Tatsache, keine subjektive Interpretation. Eine andere Tatsache ist, dass Juden und Palästinenser seit dem Ersten Weltkrieg nicht in gleicher Weise das Leben ihrer jeweiligen Feinde respektiert haben. Wehrlose jüdische Zivilisten zu töten war und ist eine Konstante der palästinensischen Politik. Juden haben nur selten wehrlose Palästinenser ermordet, und wenn sie das taten, wurden sie von ihren eigenen Leuten verurteilt. Aber kein Jude hat jemals absichtlich ein palästinensisches Kind ermordet. Die palästinensischen Terroristen tun so etwas immer wieder.

Das ist keine theoretische Diskussion. Hier geht es um den Kern des Konflikts, dem ein moralisches Ungleichgewicht zugrunde liegt. Immer schon hatte die palästinensische Herrschaft über Juden weitaus schrecklichere Konsequenzen für die Betroffenen als die jüdische Herrschaft über die Palästinenser sie je hatte. Selbst 1948, als die Juden besonders hart gegen die Palästinenser vorgingen, als ungefähr ein Drittel der palästinensischen Bevölkerung vertrieben wurde und ein weiteres Drittel flüchtete, erlaubten sie dem restlichen Drittel zu bleiben, mit den gleichen Rechten, wenn auch unter ungleichen sozialen Bedingungen. Das geschah zu einem Zeitpunkt, als die Palästinenser, die einen großen Unterstützerkreis mobilisiert hatten, offen verkündeten, sie wollten das jüdische Leben in ihrem Land vernichten. Seit 1967 übte Israel die Herrschaft über einen großen Teil der palästinensischen Bevölkerung aus, und sein Verhalten kann in vieler Hinsicht kritisiert werden. Dennoch könnte nur ein Narr behaupten, dass sich die Palästinenser in der umgekehrten Situation mit den Maßnahmen, wie sie die Israelis getroffen haben, zufrieden geben würden. Sollten die Palästinenser jemals Herrschaft über die Juden erlangen, wird Palästina ebenso *judenrein* werden, wie es der größte Teil Europas heute ist: eine kleine Gemeinde hier und dort und Gespenster überall.

Um es so deutlich wie möglich zu sagen: Israel blockiert lediglich die nationalen Ambitionen der Palästinenser (beziehungsweise *hat das früher getan*), die Palästinenser hingegen bedrohen die nackte Existenz der Juden. Das ist der Hintergrund der einen entscheidenden Frage: Können Palästinenser und Israelis friedlich zusammenleben?

Alle Kriege enden früher oder später. Es kann eine Weile dauern – manchmal Generationen oder sogar Jahrhunderte –, aber schließlich erledigt sich jeder Krieg selbst: Es gibt einen klaren Sieger oder der Krieg ebbt einfach ab. Tatsächlich überdauern Kriege selten ihre Initiatoren. Der israelisch-palästinensische Konflikt dauert bereits über achtzig Jahre und ist damit einer der längsten der Welt. Irgendwann, so bleibt zu hoffen, ist auch dieser Krieg einmal zu Ende.

Es gibt aber auch Kriege, die endlos zu sein scheinen, weil sie aus tiefstem, irrationalen Hass und nicht aus rein politischen und militärstrategischen Gründen geführt werden. Die Europäer hassten die Juden so sehr, dass sie in weiten Teilen des Kontinents seit dem dritten Jahrhundert in regelmäßigen Abständen Juden töteten. Nach dem Zweiten Weltkrieg gab es dort fast keine Juden mehr. Die meisten überlebenden Juden haben Europa verlassen, trotzdem ist der Hass auf sie geblieben. Die entscheidende Frage lautet heute, ob der Konflikt im Nahen Osten ein langer Krieg ist oder der Ausdruck unauslöschlichen Hasses.

Nehmen wir ganz optimistisch einmal an, es handele sich lediglich um einen langen Krieg. Während ich das schrieb, im Mai 2003, diskutierte man über neue Friedensverhandlungen, angeregt durch die amerikanische Regierung, die gerade Saddam Husseins brutales Regime im Irak gestürzt hatte. Diese Verhandlungen wurden durch die Ereignisse seit Oktober 2000 stark beeinträchtigt. Die Enttäuschung der Palästinenser über Israel im Allgemeinen und über den »so genannten Friedensprozess« im Besonderen sitze tief, sagen die Kritiker Israels. Für die Israelis, oder für die Mehrheit von uns, die nicht »Verhandlungen um *jeden* Preis« wollen, sind grundlegende Voraussetzungen wie zu Beginn des Oslo-Prozesses nicht mehr gegeben. Die Machtübertragung an die Palästinenser, in der Hoffnung, dass so beide Seiten lernen, sich gegenseitig zu respektieren, hat nicht in diesem Sinne funktioniert. Die Palästinenser haben zweifelsfrei bewiesen, dass ihr Versprechen, sich an Abmachungen zu halten, wertlos ist, auch wenn es feierlich und schriftlich vor der ganzen Welt verkündet wurde. Außerdem hatte die übrige Welt am nächsten Tag sowieso schon längst vergessen, dass die Palästinenser überhaupt irgendwelche Verpflichtungen gegenüber den Israelis eingegangen waren. Angesichts dieser Grundstruktur des Konfliktes – Israel muss immer erst Positionen aufgeben, um dafür ein Versprechen für Wohlverhalten zu bekommen – können sich viele von uns nicht vorstellen, worüber eigentlich noch verhandelt werden sollte. Welche Sicherheiten können die Palästinenser geben, die uns überzeugen und uns dazu bringen würden, ihnen mehr Land zu überlassen oder die volle Souveränität zu gewähren, jetzt, wo wir wissen, wie viel Schaden sie durch das, was sie schon erreicht haben, anrichten können?

Gehen wir trotzdem einmal davon aus, es könne eine ausreichende Vertrauensbasis geschaffen werden, um aufs Neue sinnvolle Verhandlungen aufzunehmen. Stellen wir uns vor, ein freundlicher amerikanischer Präsident brächte beide Seiten an den Verhandlungstisch zurück. Was müsste passieren, damit Feindseligkeit und Blutvergießen endlich ein Ende hätten? Im Folgenden werde ich versuchen aufzuzeigen, wozu jede Seite bereit sein müsste beziehungsweise welche Zugeständnisse nicht gemacht werden können. Beginnen wir damit, was Israel den Palästinensern zugestehen muss: Land und Anerkennung.

Voraussetzung für den Frieden zwischen Israel und Palästina ist, dass Israel praktisch das gesamte 1967 eroberte Gebiet im Gazastreifen und auf der Westbank aufgibt. Nicht, weil die Grenzen von 1967 aus irgendeinem Grund unantastbar wären, sondern weil die Palästinenser ein Territorium brauchen, in dem sie ihr Leben als Nation gestalten können. Die Grenzen von 1967 wurden international anerkannt. Die meisten möglichen Änderungen dieser Grenze haben für Israel keine Vorteile, um die es sich zu kämpfen lohnt. Es kann kleinere Verschiebungen geben, wie beispielsweise die Eingliederung von Siedlungen direkt auf der Grenzlinie, aber das ist kaum von Bedeutung. Vorstellbar wäre auch, dass beide Seiten sich auf den Austausch kleinerer Gebiete einigen, wobei große Siedlungsblöcke innerhalb Israels bleiben, für die die Palästinenser einen Ausgleich bekommen. Aber das sollte für die Israelis kein Hinderungsgrund sein: Echter Frieden um den Preis der Siedlungen wäre fast jeder Alternative vorzuziehen, aber uns bietet niemand ein solches Abkommen an.

Das Entscheidende dabei ist, dass Israel seine Ansprüche auf das biblische Kernland aufgeben muss. Die Israelis müssten also ihren Blick von der Vergangenheit in die Zukunft richten und akzeptieren, dass die Aufgabe ihres Staates nicht darin liegt, sie dafür zu entschädigen, was sie in den Kriegen gegen die Römer verloren haben, sondern darin, den Juden eine normale nationale Existenz zu sichern. Dieser Staat bietet den Juden die Möglichkeit, ihre Vorstellungen von sozialer Gerechtigkeit, Wahrheit und Moral zu verwirklichen. Darauf kommt es an und nicht auf Hügel und Täler. Die weitsichtige Entscheidung, für den Frieden auf heiliges Land zu verzichten, wird ihren symbolischen Ausdruck darin finden, dass Israel die Kontrolle über den zweitheiligsten Ort der jüdischen Welt aufgibt – Hebron, wo die Patriarchen beerdigt sind. Darüber hinaus muss Israel die Palästinenser als gleichberechtigte

Nachbarn respektieren. Sie leben hier, weil sie hier zu Hause sind. Es ist keine Gnade Israels, ihre Souveränität anzuerkennen, sondern es ist nur recht und billig, sich nicht länger dem Aufbau einer normalen palästinensischen Gesellschaft entgegenzustellen. Außerdem kann und sollte Israel die historische Wahrheit anerkennen, dass es eine Mitverantwortung für das Leid der Palästinenser trägt. Das gilt natürlich auch für die Ägypter, Jordanier, Syrer und Libanesen; und die größte Schuld haben die Palästinenser selbst. Aber auch wenn Israel sich nicht bei den Palästinensern für die Rückkehr der Juden in ihre historische Heimat entschuldigen muss, kann es sich doch leisten, der Wahrheit ins Gesicht zu sehen, die immer noch nicht ganz so hässlich ist, wie so manche behaupten.

Teilweise rührt der derzeitige Stillstand daher, dass Israel den palästinensischen Forderungen bereits sehr weit entgegengekommen ist, dafür aber mit entsetzlichen Selbstmordattentaten bestraft wurde. All die Forderungen, man müsse doch an den Verhandlungstisch zurückkehren, damit der Terror beendet werden könne, ignorieren, dass von unserer Seite fast nichts mehr angeboten werden kann, was nicht schon abgelehnt worden wäre. Einen Meter dort, einen Zentimeter hier: Das ist es nicht, wofür die Palästinenser so viel Blut vergossen haben. Fakt ist, dass die Palästinenser einige ihrer grundlegenden Positionen ändern müssen, um echte Verhandlungen zu ermöglichen, die mehr als nutzlose und enttäuschende Versteckspiele sind. Wenn die Palästinenser wirklich Frieden wollen, müssen sie den Israelis Sicherheit, Respekt und Anerkennung garantieren.

Sicherheit ist die einfachste dieser drei Bedingungen, denn man kann sie eindeutig definieren: Frieden bedeutet, dass die Palästinenser keine Israelis töten. Israel wird keine Unterscheidung zwischen islamistischen Anhängern von Hamas und Djihad und dem »Mainstream« der PLO akzeptieren. Soweit waren wir bereits. Solange die Palästinenser Israelis töten, gibt es keinen Frieden. Und wenn es keinen Frieden gibt, werden wir auch nicht dafür bezahlen. Die Forderung, dass die Palästinenser uns respektieren und unser Recht, hier zu leben, anerkennen, so wie wir ihres anerkennen, ist schwieriger zu überprüfen, aber nicht weniger wichtig. Diese grundsätzliche Forderung der Israelis wurde im Oslo-Prozess völlig außer Acht gelassen. Dort war nicht festgeschrieben worden, dass es sich bei dem Land, mit dem die Palästinenser über den Frieden verhandeln, um den jüdischen Staat handelt. Man ließ die Möglichkeit offen, dass Israel am Ende ein binationaler Staat mit einer palästinensischen Mehrheit werden könnte. Wenn beide Seiten bereit sind, die Legitimität der anderen anzuerkennen, wird aus dem existenziellen Konflikt ein praktisches Problem, das durch einen einfachen Handel gelöst werden kann. Ganz klare Bedingung dafür ist auch, dass die Palästinenser ihre Forderung nach einem Rückkehrrecht aufgeben, die nicht nur der Existenz des jüdischen Staates widerspricht, sondern im Grunde eine »Rückkehr« zu der Situation vor 1948 verlangt. Die unrechtmäßigen Kriege, die die Palästinenser zur Zerstörung Israels führten und verloren, haben einen Preis. Das bedeutet, dass die Flüchtlinge sich dort ansiedeln müssen, wo sie im Augenblick leben, oder im souveränen Staat Palästina. Als Gegenleistung bietet Israel eine Vereinbarung über eine angemessene Wiedergutmachung an. Wie die Juden müssen selbstverständlich auch die Palästinenser nach vorne blicken und ihr Interesse auf eine stabile Gesellschaft richten, statt weiter an dem festzuhalten, was nicht verändert werden kann.

Alle Araber, die ich dazu befragt habe, stimmen darin überein, dass einige Palästinenser zwar widerwillig den Staat Israel zur Kenntnis nähmen, jedoch nicht bereit seien, das Recht der Juden auf diesen eigenen Staat in diesem Land anzuerkennen. Folglich stünde also die ganze Existenz Israels auf dem Spiel, sollte Israel jemals seine überwältigende militärische und ökonomische Überlegenheit über die Palästinenser verlieren. Der verstorbene Faisal Husseini, den der *Economist* »ein[en] Palästinenser für die Koexistenz mit Israel« nannte, sagte wiederholt – auf Arabisch – dass ein Friedensabkommen mit Israel lediglich eine Etappe im Konflikt darstelle, der mit andern Mitteln fortgesetzt werde.

Für eine solche Haltung gibt es viele Beispiele. Im Juli 2001, die Jerusalem-Intifada dauerte bereits neun Monate und Sharon war seit vier Monaten an der Regierung, beschloss eine Gruppe von ungefähr zwei Dutzend Intellektuellen beider Seiten, sich gemeinsam für den Frieden einzusetzen. Sie waren alle befreundet und kannten sich schon seit vielen Jahren. Sie hofften, genügend Gemeinsamkeiten zu finden, um die Politiker davon zu überzeugen, ihre Idee der Verständigung aufzugreifen. Als sie in den späten 1970er Jahren mit ihrer Arbeit begannen, waren sie in ihren jeweiligen Gesellschaften unpopuläre Außenseiter, die es wagten, dem Feind die Hand zu reichen. Durch ihre Beharrlichkeit hatten sie es jedoch geschafft, immer mehr Menschen auf ihre Seite zu ziehen, und aus Exzentrikern waren Meinungsführer geworden.

Ihr Vorschlag, den sie 2001 ausgearbeitet hatten, war einfach: Man müsse eine gemeinsame Erklärung abgeben, die die kriegführenden Parteien dazu auffordere, den Wahnsinn zu beenden und zu Verhandlungen zurückzukehren. Die Friedensfreunde würden einander die Hand reichen und mit ihrer moralischen Autorität die Politiker wieder zur Vernunft bringen. Die Palästinenser waren bereit, sich an dieser Aktion zu beteiligen und erklärten, es solle zwei unabhängige, nebeneinander bestehende Staaten geben. Die Israelis aber, gewarnt durch die Misserfolge von Camp David und Taba, verlangten, in der Erklärung klar und unmissverständlich festzulegen, dass Israel ein jüdischer und Palästina ein arabischer Staat sein werde. Das lehnten die Palästinenser ab. Das Judentum, sagten sie, sei eine Religion, keine Nationalität, und die Juden brauchten keinen eigenen Staat. Es stehe ihnen frei, in Israel zu leben, aber die palästinensischen Flüchtlinge würden zurückkehren, und irgendwann würde Israel dann sowieso kein jüdischer Staat mehr sein.

Wenn selbst die vehementesten Verfechter des Friedens sich nicht einigen können, bleibt eigentlich nichts mehr zu verhandeln. Dennoch schafften es einige Israelis, in ihrer verzweifelten Suche nach Gemeinsamkeiten, noch weitere Zugeständnisse zu machen. Am 28. September 2001 veröffentlichten acht israelische Menschenrechtsorganisationen eine ganzseitige Trauer-Anzeige in der Wochenendausgabe von *Haaretz*, mit den Namen aller Opfer, die im »Jahr der Gewalt« gestorben waren – etwa achthundert Menschen. Auffällig war, dass die toten Araber überwiegend Männer, die Mehrheit der toten Israelis hingegen Frauen waren. Was einem beim Lesen dieser Anzeige allerdings das Blut in den Adern gefrieren ließ, war, dass die Namen der palästinensischen Selbstmordattentäter neben denen ihrer jüdischen Opfer standen.

Aber das war noch nicht alles. Die israelischen Aktivisten hatten ursprünglich gehofft, dass sich ihre palästinensischen Kollegen ihrer Trauer um alle Toten anschließen würden, egal, wie sie gestorben waren. Die Anzeige sollte gleichzeitig in *Haaretz* und in einer palästinensischen Zeitung erscheinen. Die Palästinenser lehnten dies ab mit der Begründung, sie könnten nicht um tote jüdische Siedler trauern, auch nicht in einem Aufruf zur Beendigung der Gewalt. So führten die Juden ihre Aktion auf klägliche Weise alleine zu Ende.

Grundlage aller Menschenrechte ist das Recht auf Leben. Das Judentum betont dieses Recht seit jeher. Schon vor zweitausend Jahren wurde dieser Grundsatz im Talmud präzise formuliert. Man kann also durchaus die Meinung vertreten, dass die Auffassung von der Unverletzbarkeit des menschlichen Lebens, auf die sich die westlichen Zivilisationen berufen, jüdischen Ursprungs ist – mit Sicherheit kam sie nicht von den Römern. Die israelischen Menschenrechtsaktivisten, die diese perverse Anzeige veröffentlichten, haben ihre moralische Legitimation verloren, aber wenigstens hatten sie ursprünglich gute Absichten. Ihre palästinensischen Partner sind vielleicht die besten, die man überhaupt finden konnte: Es gibt keine religiösen Fanatiker unter ihnen. Dennoch gibt es keine Gemeinsamkeiten zwischen unserer moralischen Tradition und ihrer Position, dass Juden, die auf »arabischem Land« leben, den Tod verdienen.

Die israelische Forderung an die Palästinenser nach Verständigung und Anerkennung des Existenzrechts ist kein arrogantes Diktat einer Kolonialmacht, die das schwächere Nachbarland beherrschen will, sondern sie drückt den allgemeingültigen Anspruch auf ein friedliches Zusammenleben aus. Wenn dieses Prinzip in den Friedensverhandlungen keine Rolle spielt, werden sie scheitern, wie das Osloer Beispiel gezeigt hat. Beide Seiten müssen den Frieden wollen und sich dafür einsetzen.

Wenn erst einmal die Grundvoraussetzungen für ein Friedensabkommen erfüllt sind, wird es nur noch um technische Details gehen: Wo genau soll Land ausgetauscht werden? Wie kann man sich auf eine Regelung für ein begrenztes palästinensisches Rückkehrrecht einigen? Was muss getan werden, damit die Nachkommen der Flüchtlinge normale Bürger in ihren Ländern werden können, wenn sie noch nicht integriert sind? Wie werden die ökonomischen Beziehungen zwischen den beiden souveränen Staaten aussehen? Wie werden sie die Nutzung der gemeinsamen und begrenzten Wasserressourcen regulieren? Die Beamten werden eine Menge zu tun haben, und man kann davon ausgehen, dass es Monate und möglicherweise sogar noch Jahre dauern wird, bis alle Vereinbarungen umgesetzt sind. Aber beide Seiten werden davon profitieren.

Ein Prüfstein für den Frieden wird Jerusalem sein. Die Stadt zu teilen wird unweigerlich zum Krieg führen. Ein Beweis für wirklichen Frieden wird es hingegen sein, wenn Israelis und Palästinenser die Stadt miteinander teilen.

Jerusalem ist das Herzstück aller jüdischen Heiligtümer, und die Palästinenser müssen lernen, das zu akzeptieren. Bislang ist für sie klar: Nicht nur Haram el-Sharif gehört ihnen allein, sondern auch die Klagemauer. Am 20. Februar 2001 erließ der Mufti von Jerusalem ein religiöses Dekret (*fatwa*) darüber, dass die Klagemauer islamisches Eigentum sei. »Kein Stein der Klagemauer hat irgendeine Beziehung zur hebräischen Geschichte«, erklärte er und fügte hinzu, dass die Mauer lediglich die westliche Seite der Al-Aksa-Moschee sei. Sie solle nicht Westmauer oder Klagemauer genannt werden, sondern Al-Burak-Mauer, nach dem Namen des Pferdes von Mohammed.[19]

Aber wie üblich kam der heftigste Widerstand gegen die israelische Position nicht von den Extremisten oder dem muslimischen religiösen Establishment, sondern von der kleinen Minderheit der Palästinenser, die Jahre ihres Lebens dem Friedensprozess gewidmet haben, die viele persönliche Kontakte zu Israelis unterhalten, fließend Englisch sprechen, regelmäßig Kommentare in den wichtigsten westlichen Zeitungen veröffentlichen und die in den Vorzimmern der Macht überall im Westen willkommen sind. Im Juli 2001 gab Abu Ala dem einflussreichen jüdischen Magazin *Jerusalem Report* ein Interview. Er rekapitulierte in diesem Gespräch die gescheiterten Friedensverhandlungen von Camp David und beschrieb die divergierenden Positionen in Bezug auf den Tempelberg: »Der Haram ist nicht nur palästinensisches Eigentum. Er gehört allen Muslimen. Es ist ein heiliger Ort. Was beabsichtigen die Israelis, wenn sie fordern, dass wir ihr Recht auf den Haram anerkennen sollen? Wollen sie, dass wir diesen Ort mit ihnen tei-

---

19 Mohammed träumte, dass er auf seinem Pferd vom Tempelberg in den Himmel aufstieg.

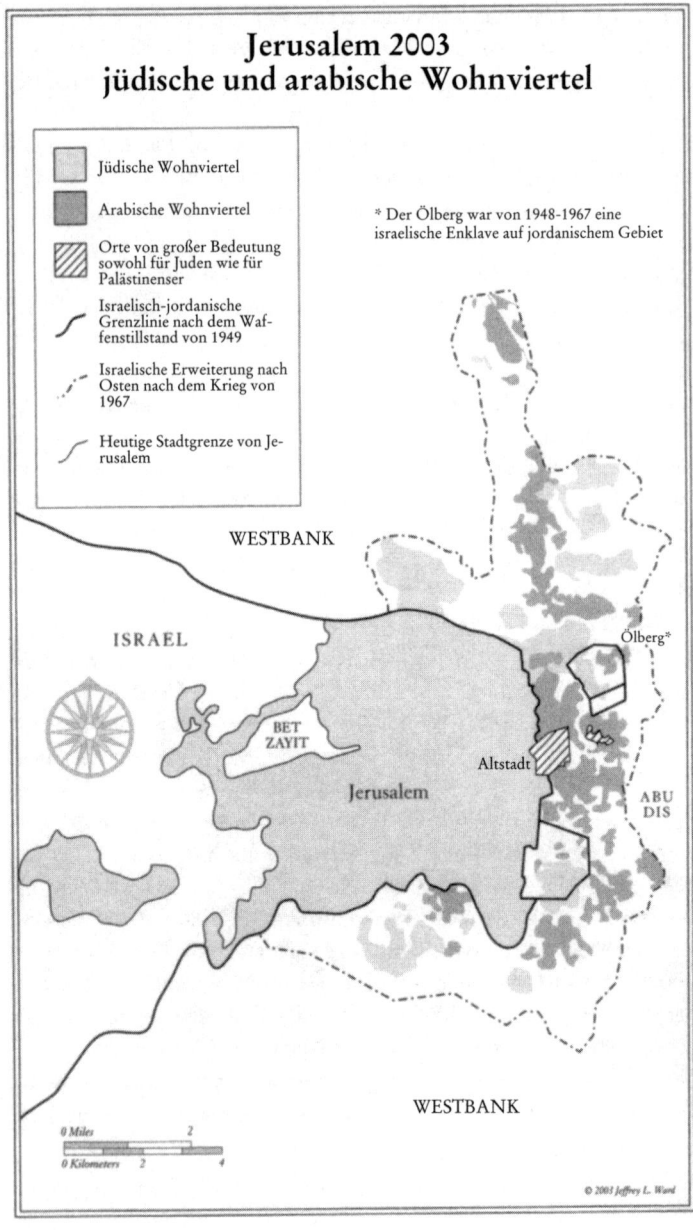

Jerusalem 2003
jüdische und arabische Wohnviertel

Jüdische Wohnviertel

Arabische Wohnviertel

Orte von großer Bedeutung sowohl für Juden wie für Palästinenser

Israelisch-jordanische Grenzlinie nach dem Waffenstillstand von 1949

Israelische Erweiterung nach Osten nach dem Krieg von 1967

Heutige Stadtgrenze von Jerusalem

* Der Ölberg war von 1948-1967 eine israelische Enklave auf jordanischem Gebiet

WESTBANK

ISRAEL

Ölberg*

BET ZAYIT

Altstadt

ABU DIS

Jerusalem

WESTBANK

0 Miles   2

0 Kilometers   2   4

© 2003 Jeffrey L. Ward

len? Oder dass wir ihn aufgeben? Es gibt dort zwei Moscheen. Sollen wir die mit den Juden teilen? Das ist inakzeptabel. Es ist unmöglich.« Mit anderen Worten: Die Juden sollen den Tempelberg übergeben und Schluss. Eine solche Haltung gegenüber einem unbesiegten Gegner, mit dem man doch irgendwann einmal in friedlicher Nachbarschaft leben will, ist völlig unangemessen und lässt nicht den geringsten guten Willen erkennen, der doch Grundvoraussetzung für eine Versöhnung ist.

Wegen der Bedeutung Jerusalems für die Juden werden die Israelis dort weiterhin ähnliche symbolische Aktionen durchführen wie schon in der Vergangenheit, beispielsweise 1929, als Bänke an der Klagemauer aufgestellt wurden, oder 1996, als Touristenführungen außerhalb der Mauern des Tempelbergs stattfanden oder 2000, als Sharon den Tempelberg besuchte. Schließlich ist dies für uns der wichtigste Ort der Welt. Die Palästinenser müssen akzeptieren, dass wir einen Grund für unser Leben in Jerusalem und einen ebenso klaren Anspruch auf den Tempelberg haben wie sie. Ohne eine solche gegenseitige Akzeptanz sind weitere Zusammenstöße in der Zukunft unvermeidlich. Und wenn die Palästinenser unseren Anspruch weiterhin mit Terror bekämpfen, wird die Gewalt auf beiden Seiten kein Ende finden. Frieden ist nur möglich, wenn es Palästinenser gibt, die unsere Identität anerkennen können, wie Barak ihre anerkannt hat. Erst dann werden wir uns gemeinsam um die Lösung dieses besonders komplizierten Problems bemühen können.

Die Teilung der Stadt wird jedoch keine Lösung sein, sie kann nicht funktionieren.

Angenommen, eine israelische Regierung (ähnlich wie die Baraks) würde sich über die tiefsten Gefühle vieler Juden hinwegsetzen und bei Wahlen genügend Unterstützung für die Teilung Jerusalems bekommen. Nehmen wir an, es käme zum Frieden und beide Seiten würden ihre Differenzen und Feindseligkeiten vergessen. Erlöst von der Last des Krieges würde Israel in die Gruppe der wohlhabendsten Länder der Welt aufsteigen, während das unabhängige Palästina den Weg aller arabischen Staaten nehmen würde, die kein Öl produzieren: Es würde ein armer Dritte-Welt-Staat werden, mit einer korrupten Führung, die alles schlecht verwaltet bis auf ihre eigenen Bankkonten. In Jerusalem gibt es Hunderte von Plätzen, wo zwischen palästinensischen und jüdischen Vierteln nur eine Straße liegt. Manchmal sind Palästinenser und Juden auch nur durch eine Mauer voneinander getrennt. Kann man sich eine reiche und eine arme Gesellschaft vorstellen, die gerade einmal siebeneinhalb Meter voneinander entfernt leben, jede mit ihrer eigenen Polizei, die die Reichen beschützt, aber keine Befugnisse gegenüber den Armen hat? In diesem Szenario ist der Weg zu Feindschaft und Gewalt vorgezeichnet.

Die andere Möglichkeit wäre, dass der Teilungsversuch von vornherein scheitert: Es gäbe keinen Frieden, sondern Verbitterung, Frustration, Zorn, Hass und Gewalt. Nur durch eine Straße getrennt, würden sich immer wieder feindliche Polizeikräfte gegenüberstehen. Was dann geschieht, kann sich nicht nur jeder vorstellen, es ist heute in Hebron schon Wirklichkeit. Seit Ende 1996 ist Hebron eine geteilte Stadt, so wie es die Friedensaktivisten auch für Jerusalem vorschlagen. Eines Tages, wenn alle Juden die Stadt verlassen haben, wird sich die Teilung Hebrons von selbst aufheben, aber so etwas wird in Jerusalem niemals geschehen.

Der Irrsinn, Jerusalem zu teilen, wird auch in der Tatsache offenbar, dass es kein friedliches Grenzgebiet zwischen der arabischen Welt und einem reichen westlichen demokratischen Land gibt, es sei denn, man wollte die muslimische Türkei dazuzählen, die aber auch in diesem Sinne keine wirklich westliche und prosperierende Demokratie ist. An Israels Grenzen zu Ägypten und Jordanien wird täglich vierundzwanzig Stunden lang patrouilliert, die Grenzen sind nur an bestimmten Stellen geöffnet und können nur nach langwierigen bürokratischen Prozeduren passiert werden. Außerdem gibt es weltweit und in der gesamten Geschichte kein Beispiel dafür, dass die Aufteilung einer Stadt zwischen zwei feindlichen Nationen eine gute Grundlage für den Frieden gewesen wäre. Die so genannten Visionäre, die uns glauben machen wollen, dass die Teilung Jerusalems den Hass der islamischen Welt auf den Westen besänftigen würde, haben eher Halluzinationen.

Ich muss leider zugeben, dass ich auch keine Lösung für Jerusalem weiß. Das übersteigt meine Vorstellungskraft. Andererseits dürfen wir unseren Nachkommen keinen Dauerkonflikt um diese Stadt hinterlassen. Ich gehe davon aus, dass im Falle eines Friedensabkommens zwischen Israelis und Palästinensern auch eine Regelung für dieses Problem gefunden wird. Da beide Parteien Ansprüche auf Jerusalem haben, werden sie eine innovative Lösung finden müssen, die den beiderseitigen Anspruch sichert, ohne in einer gewaltsamen Teilung zu enden. Mehr kann ich nicht sagen, außer nochmals zu betonen, dass ich selbst gegen jeden Friedensplan stimmen werde, der die Teilung Jerusalems vorsieht, und zwar nicht wegen der symbolischen Bedeutung Jerusalems für die Juden, sondern aus der Überzeugung heraus, dass dieser Plan nicht funktionieren wird.

Derzeit gibt es jedoch keine Anzeichen dafür, dass der Konflikt zur Zufriedenheit beider Seiten gelöst werden kann. Hass auf Juden gab es schon immer und er überlebte selbst die größten geschichtlichen Umwälzungen. Im Islam nimmt der Antisemitismus nicht ab, sondern gewinnt eine zentrale Bedeutung für die Selbstwahrnehmung vieler Muslime. Daher ist die Erwartung, dass diese tiefsitzende Feindschaft sich am Tag der palästinensischen Staatsgründung in Luft auflösen wird, weder moralisch noch intellektuell ernst zu nehmen. Es sei denn, man ist ernstlich der Meinung, dass der allgegenwärtige Antisemitismus in Pakistan und in den muslimischen Wohnvierteln von Manchester lediglich das Ergebnis angeblicher Gräueltaten Israels sei – in diesem Fall ist man offensichtlich vernünftigen Argumenten ganz einfach nicht zugänglich.

Was also tun, wenn Israel sich einem irrationalen Hass gegenüber sieht, der nicht durch Vernunft beseitigt werden kann? Erfahrungen aus der Vergangenheit zeigen, dass man nicht versuchen sollte, ihn zu beschwichtigen. Hasserfüllte Menschen besänftigen zu wollen erzeugt in ihnen nur noch mehr Hass. Wie Churchill sagte, werfen die, die den Gegner beschwichtigen wollen, die anderen den Krokodilen vor, in der Hoffnung, selbst als Letzte gefressen zu werden. Ein solcher Mechanismus könnte eine Erklärung für die einfache, aber von fast allen ignorierte Tatsache sein, dass während der sieben Jahre des Oslo-Prozesses, als Rabin und Peres an der Regierung waren, der Terror sehr intensiv war, jedoch schwächer wurde, als Netanjahu die Regierung übernahm.

Man darf aber auch nicht verzweifeln, sondern muss weiter versuchen, den Einfluss dieses Hasses zu verringern. Frieden gibt es nicht, solange die Palästinenser sich nicht eindeutig dafür entscheiden, aber Israel darf nicht den Glauben daran verlieren. Vielleicht der einzige Punkt, bei dem ich Israels Kritikern zustimme, ist der, dass es destruktiv ist, immer neue Siedlungen zu gründen und die bestehenden permanent zu vergrößern (die ohnehin, wie auch die Mehrheit der Israelis meint, eines Tages geräumt werden müssen), weil man auf diese Weise eine zukünftige Aufteilung des Landes schon vorwegnimmt. Aber der Ausbau jüdischer Wohnviertel in Jerusalem muss natürlich weitergehen.

Im Januar 2003 mussten sich die Wähler zwischen vier politischen Programmen entscheiden. Die Ultra-Falken der extremen Rechten hofften, aus der Verzweiflung der israelischen Bevölkerung, die bereits seit über zwei Jahren dem Terror ausgesetzt war, Vorteile ziehen zu können. Sie propagierten eine Politik der eisernen Faust gegenüber den palästinensischen Terroristen, die Fortsetzung des Siedlungsbaus und eine abgeschwächte Version des Teilungsplans. Es gab sogar eine Splitterpartei – Herut –, die vorschlug, man müsse, statt das Land aufzuteilen, die Palästinenser dazu bringen, sich anderswo in der arabischen Welt anzusiedeln. Drei religiöse Parteien und der rechte Flügel des Likud unterschieden sich von den Ultra-Falken darin, dass sie den damaligen Teilungsplan akzeptierten, obwohl die Bedingungen weniger großzügig waren als die von Barak in Camp David angebotenen und keine Teilung Jerusalems beinhalten. Die unbelehrbaren Linken bestanden darauf, dass Israel wieder an die Verhandlungen vom Januar 2001 in Taba anknüpfen und die Position der Palästinenser akzeptieren müsse, denn der Terror werde weitergehen, solange keine Lösung für den Konflikt gefunden sei. Die Zentristen vertraten die Ansicht, dass ein Frieden mit den Palästinensern in diesem Stadium nicht möglich sei und die Wähler deshalb ihre Entscheidung nicht davon abhängig machen sollten. Wenn die Palästinenser sich eines Tages unter für Israel akzeptablen Bedingungen für den Frieden entscheiden würden, sei man bereit, mit ihnen zu reden. Bis dahin jedoch hätten inner-israelische Probleme, beispielsweise der politische Einfluss der Orthodoxen, Priorität.

Ziemlich überraschend schlug sich die Arbeitspartei unter ihrem neuen Führer Amram Mitzna entschieden auf die Seite der Linken, ohne zu versuchen, Wähler der Mitte zu gewinnen. Ebenso überraschend positionierte Sharon sich kaum rechts von den Zentristen. Er verkündete laut und deutlich, dass er die Vorstellung eines souveränen palästinensischen Staates, der das Land mit Israel teile, akzeptiere und ließ gegenüber seinen Wählern keinen Zweifel daran, dass dazu schmerzhafte Kompromisse erforderlich seien, obwohl er nicht spezifizierte, worin diese bestanden.

2001 wurde nur der Premierminister neu gewählt, die Knesset blieb in der Zusammensetzung von 1999 bestehen. Die Wahlen von 2003 waren somit die ersten vollständigen Wahlen seit dem Scheitern des Friedensprozesses, und sie konnten sowohl als ein Referendum über die zukünftigen Verhandlungen verstanden werden wie auch als Urteil über Sharons Entschluss, die Palästinenser keinen Gewinn aus dem Terror ziehen zu lassen. Die Wähler würden mit ihrer Entscheidung auch ein Urteil über den palästinensischen Terror fällen: Diejenigen, die überzeugt davon waren, dass die Palästinenser sich nur aus Verzweiflung dem Terrorismus verschrieben hatten, würden die Lösung in Israels Wiederaufnahme der Verhandlungen sehen. Die anderen, die das palästinensische Verhalten jedoch als Versuch begriffen, Israel in die Knie zu zwingen, erwarteten, dass die Regierung die Palästinenser zu einem Gewaltverzicht bringen würde, ehe neu mit ihnen verhandelt werden konnte.

Die Entscheidung fiel eindeutig aus. Tatsächlich hatte es seit Begins erstem Wahlsieg 1977 kein so eindeutiges Ergebnis mehr gegeben. Die Ultra-Falken verloren über ein Viertel der Stimmen, die sie 1999 bekommen hatten, und die extreme Herut konnte keinen einzigen Abgeordneten in die Knesset schicken. Shas, rechts von Sharon, verlor ein Drittel ihrer Stimmen. Natan Sharanskys Russische Partei verlor zwei Drittel ihrer Wähler und tat sich eine Woche nach der Wahl mit dem Likud zusammen. Das war das Ende des russischen Blocks, gerade einmal zwölf Jahre nach dem Höhepunkt der russischen Einwanderungswelle. Die arabischen Parteien verloren ein Viertel ihrer Stimmen. Die meisten Stimmen jedoch büßte die zionistische Linke ein. Die Arbeitspartei verlor ein Viertel ihrer Wähler und Meretz, noch weiter links, verlor 40 Prozent. Die gesamte Linke, Zionisten und Araber zusammen, bekamen kaum mehr als ein Viertel der Stimmen.

Es gab zwei herausragende Gewinner. Die säkular-zentristische Shinui-Partei, ein Neuling auf der politischen Bühne, die 1999 zum ersten Mal angetreten war, wurde die drittstärkste Partei, nur vier Prozent hinter der Arbeitspartei. Und Sharons Likud verdoppelte seine Sitze in der Knesset von neunzehn auf achtunddreißig (bald darauf verstärkt durch die beiden russischen Abgeordneten). Auf jeden Wähler der Arbeitspartei kamen zwei Likud-Wähler.

In repräsentativen Demokratien wäre es unmöglich vorherzusagen, was die Politiker aus so einer Entscheidung machen, aber die Erwartungen der israelischen Öffentlichkeit sind eindeutig. Zehn Jahre nach dem Osloer Abkommen und zweieinhalb Jahre nach der gewaltsamen Sabotage der Verhandlungen durch die Palästinenser hat die Wählerschaft ihr Urteil gefällt: *Eretz Israel* wird zwischen Juden und Palästinensern geteilt werden, in zwei souveräne Staaten. Das wird geschehen, wenn die Palästinenser bereit sind, die Bedingungen für einen Friedensschluss zu akzeptieren. Bis dahin werden die Israelis dem Terrorismus mit großer Härte begegnen, sodass die Palästinenser den bewaffneten Kampf verlieren müssen. Da es wahrscheinlich noch lange dauert, bis die Palästinenser endgültig das Existenzrecht des Staates Israel anerkennen, ist es wichtig, dass die israelische Gesellschaft trotzdem weiter vom Mainstream bestimmt bleibt und dass die Extremisten – rechte, linke, *haredi*, Siedler – unter Kontrolle gehalten werden und nicht an Einfluss gewinnen.

Das ist – nach zweieinhalb Jahren brutaler Gewalt gegen die Zivilbevölkerung – die Position des demokratischen Israel. Will man den Frieden im Nahen Osten erreichen, kommt man an dieser Haltung nicht vorbei. Da die Palästinenser es nicht einmal mit ihren heimtückischsten Methoden geschafft haben, die israelische Gesellschaft zugrunde zu richten, wird Israel auch noch länger standhalten können. Die Israelis sind zum Frieden bereit, sie werden sich jedoch nicht mit Gewalt in die Kapitulation drängen lassen.

Drei Wochen nach meiner Hochzeit, 1982, wurde ich eingezogen und in den Krieg geschickt. Wir verbrachten den größten Teil der Nacht damit, von einem Mobilisierungszentrum ins nächste zu fahren und weitere Reservisten einzuziehen. Gegen zwei oder drei Uhr morgens verließen wir schließlich Jerusalem und fuhren nach Norden. Im blauen Licht der Morgendämmerung stand einer von uns hinten im Bus und begann mit dem Morgengebet; am Ende der Woche wurde er getötet. Als wir bei unserer Division ankamen, herrschte dort Hochbetrieb. Die zynische Fröhlichkeit, die normalerweise unter Reservisten herrscht, die auf dem Weg in die Armee sind, war gedämpft, wenn auch nicht ganz erloschen. Unser Tages-programm absolvierten wir mit ungewöhnlicher Ernsthaftigkeit, luden Granaten auf Panzer, prüften unsere Ausrüstung, erzählten uns Gerüchte, standen für unser Essen an, hörten dem Komman-deur zu, während er Pfeile auf eine Landkarte zeichnete, begrüßten Freunde, die wir seit Monaten oder einem Jahr nicht gesehen hat-ten, und auch einige andere, die wir niemals wieder sehen würden.

Das war nicht gerade der passende Ort für jemanden, der gerade vor drei Wochen geheiratet hatte, und ich fühlte mich ziemlich be-drückt. Einmal saß ich auf einem Panzerturm und unterhielt mich mit meinem Leutnant, der einige Jahre älter war als ich und bereits mehrere Kinder hatte. Normalerweise war er ein lustiger Mensch, seine Hauptsorge galt in der Regel der nächsten Kaffeepause. Nie-dergeschlagen fragte ich ihn, wie lange das noch so weiter gehen werde. Er schaute angestrengt auf sein Maschinengewehr, das er gerade auf den Panzerturm montierte, spielte mit seinem Schrau-benschlüssel herum und gab die einzig mögliche Antwort: »So lan-ge es eben dauert.«

Also, wie lange wird das alles noch weitergehen? Meiner Meinung nach werden wir mindestens noch 150 Jahre so weitermachen müs-sen. Die muslimische Welt widerstand den Kreuzrittern 200 Jahre lang, bis diese schließlich aufgaben und abzogen. Die Palästinenser sehen in uns die neuen Kreuzritter, Invasoren aus dem Westen. Wir gehören nicht in ihre Welt und sie wollen, dass wir verschwin-den. Manchmal bekämpfen sie uns, manchmal nicht. Wir haben ihrem Druck mehr als 50 Jahre standgehalten. Das ist mehr, als sie erwartet haben, aber sie erinnern sich, dass es noch länger dauerte, bis die christlichen Kreuzfahrer besiegt waren, und sie können warten. Unsere Geschichte ist allerdings eine andere – für uns be-deuten 200 Jahre nichts im Vergleich zu 2000. Wenn es so lange dauert, bis Frieden herrschen wird, dann soll es so sein.

ELFTES KAPITEL

Ausdauer: Die Entscheidung, durchzuhalten

Der Oslo-Prozess ist gescheitert. Amerikaner wie Israelis waren sich ursprünglich eines Erfolges sicher; eine solche Zuversicht kann sich allerdings auch als trügerisch erweisen. Die US-Regierung ließ zu, dass beide Seiten sich nicht genau an die Vereinbarungen hielten; die israelische Regierung ging davon aus, dass der Friedensprozess unumkehrbar sei und handelte auf dem Weg dorthin unverantwortlich. Die Siedlungen wurden weiter ausgebaut, was kein Signal dafür war, dass die Israelis begriffen hatten, dass ein Friedensabkommen nur gegen Aufgabe der Siedlungen zustande kommen würde. Auf der anderen Seite reagierte Israel auch nicht auf die zahlreichen palästinensischen Verstöße gegen die Vereinbarungen, insbesondere die systematische Propaganda und den ununterbrochenen Terror, und ließ dadurch die Palästinenser im Unklaren darüber, dass es einen palästinensischen Staat nur ohne Gewalt und Hass geben könne.

Amerikaner und Israelis täuschten sich beide in der Annahme, dass sich am Ende jeder rational verhalten und nach dem Erreichbaren statt nach dem Wünschbaren streben werde. Sie gingen davon aus, dass sich keine israelische Regierung mit Rücksicht auf ihre Wähler ein Scheitern des Prozesses erlauben könne. Früher oder später werde eine israelische Regierung einen weitreichenden Kompromissvorschlag auf den Tisch legen, die Palästinenser würden entsprechend handeln und die Fehler beider Seiten würden durch den Erfolg der Verhandlungen getilgt. Aber das sollte nicht der Fall sein, und diejenigen von uns, die den Osloer Prozess unterstützten, hatten sich getäuscht.

Wenn Israel keine weiteren Angebote mehr machen kann, um den Konflikt zu lösen, müssen zwei Fragen beantwortet werden. War der Oslo-Prozess den Versuch wert? Welchen Wert hat ein Leben in permanentem Kriegszustand?

Streng genommen: Oslo war den Versuch nicht wert. Er verbesserte die Fähigkeit der Palästinenser Juden zu töten, während die Schuld daran den Israelis zugeschoben wurde. Durch die Zunahme der Kampfhandlungen stieg auch die Zahl der getöteten Palästinenser erheblich. Auch das ist ein Grund, den Oslo-Prozess zu bedauern, denn die Tötung von Palästinensern ist nicht das Ziel des Zionismus. Trotz all der tödlichen Rückschläge hat der Oslo-Prozess Israels Entschlossenheit gestärkt, und das war schon etwas Besonderes in einem so langen Krieg.

In den späten 1970er Jahren beherrschten zwei Fehleinschätzungen die politische Debatte in Israel. Die Fehleinschätzung der Falken bestand in dem Glauben, dass sich das Palästinenserproblem endgültig lösen lasse, wenn die Israelis der Welt gegenüber Geschlossenheit demonstrierten. Das war Teil der Überlegungen, die hinter der Siedlungspolitik standen, die den Palästinensern ein perfektes Alibi für ihren mörderischen Hass lieferte. Die zweite Fehleinschätzung, die der Tauben, war der ebenso naive Glaube, die Palästinenser seien vernünftige Farmer geworden, die sich lediglich nach ein bisschen Frieden auf ihrem Land sehnten, und sich am freien Handel, an Fragen des Umweltschutzes und am gesellschaftlichen Diskurs beteiligen wollten, wovon sie lediglich durch unsere Unnachgiebigkeit und unseren Chauvinismus abgehalten würden.

Beide Lager kämpften gegen Windmühlen und beide redeten sich ein, dass es in der Macht der Juden stehe, das Denken und Handeln der Palästinenser zu bestimmen. Als ob sie in diesen mörderischen Hass, der so tief im Denken der Palästinenser verankert ist, nur dadurch hineingeraten wären, weil wir entweder nicht streng oder freundlich genug gewesen seien.

Oslo machte deutlich, was wir nie hätten vergessen sollen: dass der Wille, Juden zu ermorden, niemals das Ergebnis von Unterdrückung war und durch ihre Aufhebung nicht beseitigt werden kann. Die Tatsache, dass ein aufrichtiges Friedensangebot die Palästinenser in einen buchstäblichen Gewaltrausch versetzte, kann nur durch ihre Furcht vor dem Verhandlungsergebnis erklärt werden: Sie hätten sich nämlich verpflichten müssen, Verantwortung für ihr eigenes Schicksal zu übernehmen, statt weiterhin ihren unverantwortlichen Träumen nachzuhängen.

Oslo zerstörte auch die Naivität der Israelis. Die Siedler wissen, dass sie nicht die Unterstützung ihrer Landsleute haben, und die meisten Wähler wissen, dass das Land geteilt werden muss. Das Friedenslager oder zumindest sein breites Umfeld, ohne das es überhaupt nichts erreichen kann, weiß, dass die wahren Feinde jene sind, die den Tod unserer Kinder feiern, nicht andere Israelis, die mit ihnen über die Ziele des Zionismus uneins sind.

Vom Beginn des Oslo-Prozesses bis zu seinem Scheitern Anfang 2005 wurden etwa 1500 Israelis von palästinensischen Terroristen ermordet – ein hoher Preis für diese Erkenntnis. Wenn ich mir ihre Namen, ihr Alter, ihre Berufe und ihre schönen Fotos vergegenwärtige, frage ich mich, ob jene, die, wie ich selbst, dafür plädiert hatten, den Weg nach Oslo zu beschreiten, zu sorglos mit Menschenleben umgegangen sind. Wenn das der Fall ist, kann es kaum eine schwerwiegendere Beschuldigung geben.

Vorausgesetzt natürlich, dass es eine wirkliche Alternative gab. Israelis wurden auch vor Beginn des Oslo-Prozesses getötet, wenn auch nicht in einem solchen Ausmaß. Aber nachdem der nationale Konsens in der Folge der Libanon-Invasion und der vergeblichen Bekämpfung der ersten Intifada zerstört war, zeigte die israelische Gesellschaft ernsthafte Risse. In einer intakten Gesellschaft kann man, sogar in Kriegszeiten, über geringere Meinungsverschiedenheiten hinwegsehen, aber viele von uns lehnten die Libanon-Invasion und die erste Intifada als unnötige Konflikte ab. Das Scheitern von Oslo lenkte unsere Gedanken auf fundamentale Tatsachen: Bei diesem Krieg geht es nicht um Siedlungen oder den Versuch, den Palästinensern ihren eigenen Staat vorzuenthalten. Bei diesem Krieg geht es um das Recht der Juden auf Selbstbestimmung, in einer Welt, die sehr wohl auf sie verzichten würde.

Die in den 1950er und 1960er Jahren geborenen israelischen Kinder sollten aufwachsen, ohne in der Armee kämpfen zu müssen. Heute dienen ihre Kinder in der Armee, wie es die Kinder ihrer Kinder und danach auch deren Kinder tun werden. Ein ergreifendes, aber sehr populäres hebräisches Lied »Wir sind die Kinder von 1973« erzählt von dem Schock und der Trauer der jungen Männer, die in diesem kalten und dunklen Winter erschöpft von den Schlachtfeldern zurückkehrten und sich in ihrer Verzweiflung an die jungen Frauen klammerten. Wie sie ihren Kindern versprachen, eine friedlichere Welt zu schaffen. Das geschah nicht, aber – sagen nun die Kinder, die inzwischen Soldaten geworden sind – wir sind immer noch stark genug, weiterzumachen und können euren Teil übernehmen, wenn ihr nicht mehr kämpfen könnt.

Sie begleiten ihre Kinder durch die Kindheit, zählen die Jahre bis zu dem Tag, an dem sie zur Armee müssen – und zwar zu einer kämpfenden Armee. Menschen werden getötet und sie müssen selbst töten. Für diese achtzehnjährigen Rekruten scheint das Ganze wie ein gigantischer Spaß, bei dem man seinen Mut erproben kann. Für ihre Eltern, die schon im Krieg gekämpft und ihren Glauben an die Unsterblichkeit verloren haben, den Jugendliche im Allgemeinen besitzen, ist dieser Einsatz wesentlich beunruhigender. Weshalb tun wir uns das an, unseren Kindern, den Kindern unserer Kinder?

Die Frage ist irreführend, denn die meisten der jüdischen Opfer sind keine Soldaten, sondern Zivilisten: Kinder auf dem Weg zur Schule, Teenager in der Stadt, junge Paare, die irgendwo spazieren gehen, Männer beim Einkaufen, Frauen, die den Bus benutzen. So war es während der letzten achtzig Jahre und so wird es höchstwahrscheinlich weitergehen, mal mit mehr und mal mit weniger Opfern. Warum soll man solche Verluste hinnehmen, Generation um Generation?

Letztendlich deshalb, weil Juden das eben tun. Über die Jahrtausende hinweg haben Juden hier und dort ausgedehnte Perioden des Friedens und der Prosperität erleben können. Es stimmt nicht, dass die Geschichte der Juden eine einzige Katastrophe ist. Dennoch ist sie keine Geschichte des Friedens, die von gelegentlichen Schicksalsschlägen unterbrochen ist. Die schöpferische Kraft der Juden übersteht die härtesten Bedingungen. Sie fühlen sich der Tradition und ihrer Zukunft verpflichtet. Sie träumen von und arbeiten für eine utopische Zukunft, während sie ihr Bestes in einer sehr unzulänglichen Welt geben. Sie sind widersprüchlich, stellen alles in Frage und zweifeln, während sie gleichzeitig die Möglichkeit der Klarheit und Wahrheit verkünden.

Von dem hassidischen Rabbi von Kotsk, der im achtzehnten Jahrhundert lebte, stammt der berühmte Satz: »Es gibt nichts so Vollkommenes wie ein gebrochenes Herz«, und ich kann mir keine bessere Beschreibung des »Judeseins« vorstellen. Das Herz kann nicht gebrochen werden, wenn man nicht tief im Leben verwurzelt ist. Tief im Leben verwurzelt zu sein führt zu einem gebrochenen Herzen. Ein gebrochenes Herz ist das Letzte, was man sich wünscht, aber nur wenn es gebrochen ist, kann es wirklich vollkommen sein. Deshalb wird einen die Suche nach einem anderen Schicksal weniger vollkommen zurücklassen. Ein gebrochenes Herz ist Teil eines erfüllten Lebens – seine Voraussetzung, sein Preis.

In dieser Phase ihrer langen Geschichte hat nahezu die Hälfte der Juden entschieden, sich am Experiment eines souveränen Staates zu beteiligen – ebenso wie die Sambier, die Usbeken, die Bolivianer und die Norweger. Der Zionismus war nicht die Erfindung verzweifelter Flüchtlinge, die vor den Nazis geflohen sind – er war bereits vor dem Holocaust, in dem die meisten seiner potentiellen Bürger ermordet wurden, ein gutes Stück auf seinem Weg zur Erreichung seiner Ziele vorangekommen. Er war nicht die Entscheidung fundamentalistischer religiöser Fanatiker zur Verwirklichung eines uralten Traumes, sondern die Idee atheistischer, realistischer Kinder der Aufklärung. Er entsprang nicht dem europäischen Imperialismus und er war auch kein Bollwerk des Westens oder des Kommunismus. Er war auch keine Lösung des Antisemitismus. Vielmehr war er die beste Lebensversicherung für den Antisemitismus. Zionismus ist keine Verschwörung gegen die Araber, sondern das jüngste Kapitel in einer alten Geschichte, ein Versuch der Juden, ihren Platz in der modernen Welt zu definieren, und ihre Weigerung auszusterben oder einfach zu verschwinden.

Der Zionismus war weit erfolgreicher als seine Gründer zu träumen gewagt hatten. Israel muss jedoch noch ein einziges seiner utopischen Ziele erfüllen. Sein Aufbau war von mindestens so viel Unsicherheit, Unfähigkeit, Misstrauen, Verschwendung, schlechtem Geschmack, Gefühllosigkeit und Dummheit begleitet wir jedes andere Projekt dieser Größenordnung – obwohl es entschieden weniger Morde als bei den meisten anderen Prozessen der Nationbildung gab. Ist der Zionismus bei all seiner Unvollkommenheit es überhaupt wert, dass auch noch die Kinder unserer Kinder und deren Kinder dafür kämpfen und sterben? Natürlich ist er das.

Zeittafel

1880-1900: Erste zionistische Einwanderung und Siedlung (erste Aliyah).

1887: Erster zionistischer Kongress, von Theodor Herzl in Basel einberufen, gründet die zionistische Bewegung und ihre ersten Institutionen.

1903–1914: Zweite Aliyah. Die Einwanderer der zweiten Aliyah schufen das Ethos der Pioniergeneration und bildeten den Kern der zionistischen Führung über Jahrzehnte.

1917: Balfour-Deklaration zugunsten einer jüdischen Heimstatt in Palästina.

1920: Arabische Angriffe auf jüdische Siedlungen und auf die Juden von Jerusalem.

1921: Arabische Aufstände und Angriffe auf Juden in Jaffa und verschiedene neue Siedlungen.

1929: 133 getötete Juden bei Pogromen, Zerstörung der alten jüdischen Gemeinde von Hebron.

1936–1938: Die arabische Revolte: Ursprünglich ein Volksaufstand gegen die britische Herrschaft und die jüdische Immigration, entwickelt er sich zu einem inner-palästinensischen Kampf, der schließlich von den Briten niedergeschlagen wird.

1947: Der Teilungsplan der Vereinten Nationen schlägt die Aufteilung des Mandatsgebietes Palästina in zwei souveräne Staaten, Israel und Palästina, vor. Die arabische Welt lehnt den Plan ab und beginnt einen Krieg mit dem Ziel der Zerstörung des entstehenden jüdischen Staates.

1947–1948: Israelischer Unabhängigkeitskrieg, palästinensische Naqba (»Katastrophe«).

14. Mai 1948: Israels Unabhängigkeitserklärung, David Ben-Gurion wird provisorischer Premierminister.

1949: Waffenstillstandsvereinbarungen zwischen Israel und Ägypten, Transjordanien, Libanon und Syrien, die die Positionen der israelischen und arabischen Armeen am Ende der Kampfhandlungen widerspiegeln.

1948–1953: Ben-Gurion führt den neu gegründeten Staat an, Hunderttausende von Einwanderern werden aufgenommen und begründen den Großteil der Institutionen und politischen Traditionen des Landes. Nach einem kurzen Zwischenspiel unter Moshe Sharett wird Ben-Gurion von 1955–1963 erneut Premierminister.

1956: Sinai-Feldzug. Nach nahezu einer Dekade mörderischer Infiltration entlang der israelischen Grenzen führt der Sinai-Feldzug zu fast einem Jahrzehnt der Ruhe entlang der ägyptisch-israelischen Grenze – die friedlichsten Jahre, die Israel je erlebte.

1963–1969: Regierungszeit des Premierministers Levi Eshkol.

Juni 1967: Sechs-Tage-Krieg: Israels Sieg hat die Kontrolle über den Sinai, den Gazastreifen, die Golanhöhen, die Westbank sowie die Vereinigung Jerusalems unter israelischer Kontrolle zum Ergebnis.

1968–1970: Der von Nasser begonnene Abnutzungskrieg ist ein Versuch, Israel von seinen Stellungen am Ostufer des Suez-Kanals zu vertreiben, der endet, als israelische Bombenangriffe auf das ägyptische Kernland Nasser davon überzeugten, den amerikanischen Vermittlungsversuch zu akzeptieren (Rogers-Plan).

1969-1974: Premierministerin Golda Meir. Sie weist ägyptische Verhandlungsfühler brüsk zurück und ist nicht in der Lage, die Vorzeichen eines sich anbahnenden ägyptisch-syrischen Angriffs zu erkennen.

1973: Jom-Kippur-Krieg. Ein Angriff, den Israel nicht vorhersieht und auf den es nicht vorbereitet ist, wird unter großen Kosten in weniger als drei Wochen zurückgeschlagen. Aufgrund arabischer Teilerfolge können die Ägypter behaupten, die israelische Unbesiegbarkeit sei zerstört worden.

1974–1977: Premierminister Itzhak Rabin. Ein mittelmäßiger Führer, dessen Fehler zum Abstieg der Arbeitspartei als Mehrheitspartei und zum Aufstieg des nationalistischeren Likud führten.

1977–1983: Premierminister Menachem Begin. Im Gegensatz zu seinem Image als Falke ist Begins historische Leistung der Friedensschluss mit Ägypten, die Räumung des Sinai und der Siedlungen.

1977: Anwar Sadat beginnt seine Friedensinitiative mit einem Besuch in Israel.

1978: Camp-David-Abkommen zwischen Ägypten und Israel.

1982: Abschluss des israelischen Rückzugs aus den ägyptischen Territorien des Sinai.

1982: Israelische Invasion im Libanon: Israels einziger Versuch, als regionale Hegemonialmacht zu handeln, stürzt es in eine moralische und militärische Krise.

1983–1984: Premierminister Itzhak Shamir: An ihn erinnert man sich vor allem wegen seiner unnachgiebigen Weigerung, irgendeinen Schritt in irgendeine Richtung zu wagen.

1984–1986: Premierminister Shimon Peres: In einem erstaunlich kurzen Zeitraum von zwei Jahren zieht er die israelische Armee aus fast dem gesamten Libanon zurück und holt die israelische Wirtschaft aus der Hyperinflation.

1986–1992: Premierminister Itzhak Shamir: Sein einziger bemerkenswerter Erfolg liegt darin, nicht in den ersten amerikanisch-irakischen Krieg verwickelt zu werden, trotz der neununddreißig Raketen, die auf israelische Städte abgeschossen wurden.

1987–1993: Erste Intifada: Ein größtenteils gewaltloser Volksaufstand der Palästinenser gegen die israelische Besatzung, überzeugt sowohl Israel als auch die PLO von der Notwendigkeit eines Abkommens.

1992–1995: Premierminister Itzhak Rabin. In seiner zweiten Amtszeit beginnt Rabin eine Reihe entscheidender Reformen. Interne Spannungen, die durch seinen Versuch des Friedensschlusses mit den Palästinensern entfesselt wurden, führen zu seiner Ermordung durch einen israelischen Extremisten.

1993: Oslo-Abkommen zwischen Israel und der PLO.

1994: Friedensvertrag zwischen Israel und Jordanien.

1995-1996: Premierminister Shimon Peres. Während seiner kurzen zweiten Amtszeit ist Peres nicht in der Lage, irgendeinen seiner Erfolge aus seiner ersten Amtszeit zu wiederholen.

1996–1999: Premierminister Benjamin Netanjahu. Während seiner desaströsen Amtszeit stößt Netanjahu jeden vor den Kopf: die Palästinenser, israelische Unterstützer und Kritiker des Friedensprozesses, einen Großteil der internationalen Gemeinschaft und viele seiner engsten Mitarbeiter.

1999–2001: Premierminister Ehud Barak. Von einer nie zuvor gekannten knappen Mehrheit gewählt, um Netanjahus zahlreiche Fehler zu korrigieren, machen Baraks Aktionen die fundamentale Ablehnung Israels durch viele seiner Nachbarn sichtbar und auch die Bereitschaft eines Großteils der internationalen Gemeinschaft, diese Ablehnung zu akzeptieren.

2000: Premierminister Ehud Barak befiehlt den israelischen Rückzug der letzten verbliebenen Truppen aus dem Südlibanon.

27. September 2000: Auf die gescheiterten israelisch-palästinensischen Verhandlungen in Camp David vom Sommer 2000 und den Besuch Sharons auf dem Tempelberg folgt der Ausbruch der Al-Aksa-Intifada.

2001: Von einer großen Mehrheit gewählt und 2003 von einer ähnlich großen Mehrheit bestätigt, wird Ariel Sharon von den meisten

Israelis als der einzige Führer angesehen, der in der Lage ist, den Scherbenhaufen seiner Vorgänger zu beseitigen.

April 2002: Mit der Operation »Verteidigungsschild« antwortet Israel auf die Al-Aksa-Intifada.

November 2004: Der Tod Arafats und die darauffolgende Wahl Mahmud Abbas' (Abu Mazen) zum zweiten Palästinenserpräsidenten bringt keine sichtbaren Veränderungen. Der Kern des Konflikts ist offensichtlich stärker als seine Schlüsselfiguren.

August 2005: Nach mehr als einem Jahr Vorbereitung und endlosen innenpolitischen Auseinandersetzungen zieht Ariel Sharon sämtliche IDF-Einheiten aus Gaza ab und enteignet mehr als 7000 israelische Siedler. Die israelischen Truppen versammeln sich an den international anerkannten Grenzen von 1967. Dadurch geben sie den Palästinensern zum ersten Mal die Kontrolle über den Gazastreifen.

Januar 2006: Sharon erleidet einen Hirnschlag, von dem er sich nicht mehr erholt.

Februar 2006: Mit einer überwältigenden Mehrheit gewinnt die Hamas die Parlamentswahlen in Palästina. Während die internationale öffentliche Meinung dies als eine Ablehnung der Korruption in der PLO interpretiert, verstehen die Israelis den Wahlsieg der Hamas eher als einen Ausdruck der Ablehnung von Israels Existenzrecht, eine Position, die die Hamas selbst öffentlich vertritt.

März 2006: Sharons Nachfolger Ehud Olmert gewinnt knapp eine Parlamentswahl, nachdem er eindeutig klarstellt, dass seine Aufgabe darin besteht, die Truppen aus dem größten Teil der Westbank abzuziehen, was auch die Auflösung der dort bestehenden israelischen Siedlungen zur Folge hätte. Der Libanon und die Hisbollah spielten in keinem Wahlkampfprogramm irgendeiner Partei eine Rolle: Die Israelis hielten die Akte Libanon für geschlossen.

Sommer 2006: Vereinzelte Kämpfe in Gaza, Großangriffe gegen die Hisbollah im Libanon. Die meisten Israelis waren schon vorher der Ansicht, dass ein Friedensabkommen mit den Palästinensern niemals geschlossen werden kann und bereiteten sich auf eine dauerhafte Trennung und weitere Abgrenzung vor. Die Ereignisse dieses Sommers überzeugen eine überwältigende Mehrheit, dass selbst der Rückzug auf die Grenzen von 1967 die arabische Aggression, angeführt von Iran, noch weiter anheizen würde.

Register

340